Confédération Générale du Travail

XIXe CONGRÈS NATIONAL CORPORATIF

(XIIIe de la C. G. T.)

Tenu à Paris, Maison des Syndicats

du 15 au 18 Juillet 1918

COMPTE RENDU DES TRAVAUX

PARIS
IMPRIMERIE NOUVELLE (ASSOCIATION OUVRIÈRE)
11, Rue Cadet, 11

1919

IMPRIMERIE NOUVELLE

C. G. T.

SIÈGE SOCIAL : 33, Rue de la Grange-aux-Belles
PARIS (X^{e}) — TÉLÉPHONE : Nord 43-31

XIXe CONGRÈS NATIONAL CORPORATIF

(XIIIe DE LA C. G. T.)

Tenu à Paris, du 15 au 18 Juillet 1918

COMPTE RENDU DES TRAVAUX

DU CONGRÈS

PARIS
IMPRIMERIE NOUVELLE (ASSOCIATION OUVRIÈRE)
11, RUE CADET, 11

1919

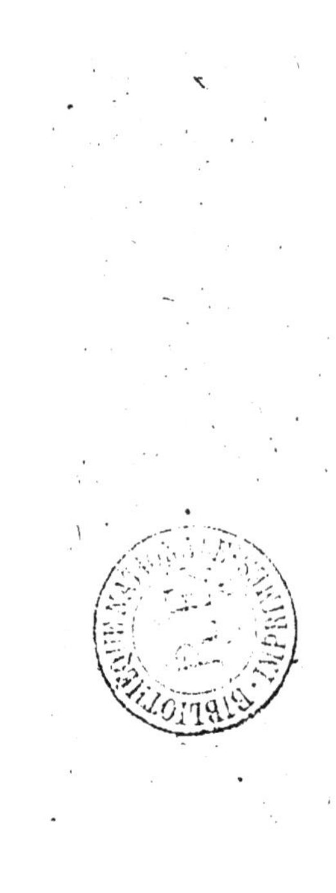

CONFÉDÉRATION GÉNÉRALE DU TRAVAIL

Siège Social : Maison des Fédérations

33, Rue de la Grange-aux-Belles. — PARIS (X^e^)

STATUTS

CHAPITRE PREMIER

But et Constitution.

ARTICLE PREMIER

La Confédération Générale du Travail, régie par les présents statuts, a pour but :

1° Le groupement des salariés pour la défense de leurs intérêts moraux et matériels, économiques et professionnels ;

2° Elle groupe, en dehors de toute école politique, tous les travailleurs conscients de la lutte à mener pour la disparition du Salariat et du Patronat.

Nul ne peut se servir de son titre de Confédéré ou d'une fonction de la Confédération dans un acte électoral politique quelconque.

ARTICLE 2

La Confédération Générale du Travail est constituée par :

1° Les Fédérations nationales d'industrie ;

2° Les Unions départementales de syndicats divers.

ARTICLE 3

Nul Syndicat ne pourra faire partie de la Confédération Générale du Travail s'il n'est fédéré nationalement et adhérent à l'Union départementale de Syndicats divers de son département.

L'abonnement à la revue confédérale La Voix du Peuple *est obligatoire pour les Unions, les Fédérations et les Syndicats.*

CHAPITRE II

Administration

ARTICLE 4

La Confédération Générale du Travail est administrée par un Comité National.

Chaque organisation adhérente sera représentée à ce Comité.

Ces délégués devront être nommés pour deux ans, d'un Congrès Confédéral à l'autre et être dans la mesure du possible les secrétaires des Fédérations et Unions départementales, ou à leur défaut membres des bureaux. Ces délégués pourront être relevés de leur mandat sur décision motivée de l'organisation qui les mandate.

Ils devront remplir les conditions stipulées à l'article 3 et être confédérés depuis au moins trois ans à partir de la constitution de l'Union départementale ou de la Fédération.

Les délégués des Unions devront toujours résider dans le département qu'ils représentent.

Article 5

Le Comité National nomme dans son sein une Commission de contrôle de six membres, et une Commission administrative de trente membres choisis parmi les délégués du Comité national résidant dans les départements de Seine, Seine-et-Oise et Seine-et-Marne.

Article 6

Tout différend ou conflit qui s'élèverait :

1° Entre syndicats ou entre syndicat et une ou plusieurs Fédérations ou Unions départementales ;

2° Entre Fédération et Union départementale ;

3° Entre diverses Fédérations ou Unions départementales, sera examiné et tranché par voie d'arbitrage.

A cet effet, au sein de la Commission administrative, une sous-commission de dix membres sera désignée, permettant aux parties en conflit de choisir chacune deux représentants arbitres respectifs.

La Commission administrative choisira un tiers-arbitre pour connaître et rapporter le conflit.

Les conclusions établies pour chacun des différends seront soumises pour examen ou modification à l'approbation de la Commission administrative qui, ainsi adoptée deviendrait la règle pour les parties intéressées.

Si l'une ou les parties intéressées n'acceptaient pas ces conclusions, elles pourraient faire appel de leur cas devant le Conseil National.

Cet appel pour tous différends ne s'établira que par écrit.

Commission de Contrôle.

Article 7

La Commission de contrôle est composée de six membres désignés par le C. N. C.

Elle nomme son secrétaire chargé de la convoquer et de rédiger les procès-verbaux.

Article 8

La Commission de contrôle a pour objet de veiller à la bonne gestion financière des divers services de la Confédération.

Les résultats de ses opérations sont consignés dans un rapport d'ensemble qui est soumis au C. N. C. et publié dans le journal de la Confédération.

Comité National.

Article 9

Le Comité National est formé par la réunion des délégués des Fédérations nationales et des Unions départementales. Il se réunit trois fois chaque année en mars, juillet et novembre, et extraordinairement sur convocation de la C. A. et du bureau.

Il est l'exécuteur des décisions des Congrès nationaux. Il intervient dans tous les événements de la vie ouvrière et prononce sur tous les points d'ordre général.

Article 10

Etant donné que tous les éléments qui constituent la Confédération doivent se tenir en dehors de toute école politique, les discussions, les conférences, causeries organisées par le Comité confédéral ne peuvent porter que sur des points d'ordre économique ou d'éducation syndicale et scientifique.

Bureau.

ARTICLE 11

Le Bureau de la Confédération nommé par le Comité National, et après chaque Congrès Confédéral est composé d'un Secrétaire général, de trois secrétaires-adjoints, d'un trésorier.

Le secrétaire général a la responsabilité du travail a accomplir au Bureau confédéral.

Tous les secrétaires-adjoints collaborent au même titre à l'activité confédérale.

Ils devront cependant s'intéresser particulièrement, et chacun d'eux :

1° De ce qui a trait aux relations des Fédérations et de la C. G. T.

2° Des rapports entre les U. D. et la C. G. T. ; de la statistique et de la documentation fournies par les rapports trimestriels adressés aux Unions.

De dresser un état de la vie nationale industrielle.

3° De la préparation, classification et rédaction, de tout ce qui a trait à la Revue mensuelle confédérale : la *Voix du Peuple.*

Les appointements des membres du bureau sont fixés par le Comité National.

Les employés, traducteur et sténographes occupés au Bureau confédéral ne font partie ni de la C. A. ni du bureau.

ARTICLE 12

Les membres du bureau sont élus et révocables par le Comité National. Ils sont rééligibles.

Quand un membre du C. N. sera nommé membre du Bureau confédéral, il sera pourvu à son remplacement au C. N. par l'organisation qu'il représentait.

Les fonctionnaires confédéraux ne pourront faire acte de candidat à une fonction politique. Leur acte de candidature impliquera leur démission du Bureau confédéral.

Le Bureau confédéral avisera les organisations adhérentes au moins un mois avant ce renouvellement, afin qu'elles puissent se réunir et désigner les candidats pour que les noms de ceux-ci puissent être publiés quinze jours avant l'élection.

Les membres du bureau devront être choisis parmi les membres du Comité National, ou leurs suppléants.

ARTICLE 13

Les appointements des employés, les frais de délégation des délégués confédéraux en province seront fixés par la C. A.

Les membres du Bureau, ou les délégués des Unions et Fédérations pourront être envoyés en délégation au nom de la C. G. T. par le C. A. et en cas d'urgence absolue par le Bureau confédéral.

La date et les motifs nécessitant ces délégations seront consignés sur un registre spécial, qui indiquera également, avec les noms des organisations visitées, les noms et organisations des délégués de la C. G. T.

Cotisations.

ARTICLE 14

Pour permettre à la Confédération Générale du Travail d'assurer ses divers services, les organisations confédérées sont tenues de verser des cotisations comme suit, représentées par des timbres mobiles.

1° Unions départementales et Fédérations d'industrie : vingt francs par mille membres et par mois ;

2° Syndicats isolés : vingt centimes par membre et par mois.

ARTICLE 15

Les Fédérations et Unions départementales devront adresser régulièrement leurs rapports financiers au Bureau confédéral, dans le but de faciliter le contrôle des cotisations payées par chaque organisation.

ARTICLE 16

Un prélèvement de 15 p. 100 sera opéré sur les cotisations confédérales pour assurer le fonctionnement du viaticum, régi par un règlement spécial.

CHAPITRE IV

Règlement intérieur.

ARTICLE 17

Seules, les organisations remplissant les conditions prescrites à l'article 3 des présents Statuts auront droit à la marque distinctive appelée Label confédéral.

ARTICLE 18

Toute organisation qui en mars de chaque année n'aurait pas demandé de timbres au Bureau confédéral, sera considérée comme démissionnaire, après lettre-avis restée sans effet et décision prise par le Comité National Confédéral.

La carte confédérale et le double timbre sont obligatoires et doivent être délivrés par tous les Syndicats confédérés à leurs adhérents.

ARTICLE 19

Pour tous les cas autres que ceux prévus à l'article précédent, la radiation ne pourra être prononcée que par un Congrès. Toutefois dans une circonstance grave, le COMITÉ NATIONAL CONFÉDÉRAL peut prononcer la suspension de l'organisation incriminée jusqu'au Congrès suivant, qui prononcera définitivement. Les cotisations versées par les organisations démissionnaires ou radiées resteront acquises à la Confédération.

ARTICLE 20

Les délégués au Comité national confédéral sont tenus d'assister régulièrement aux séances pour lesquelles ils sont convoqués, dans l'intérêt même des organisations qu'ils représentent.

Lorsqu'un délégué aura manqué à une réunion du Comité National sans excuse, le Bureau s'informera des raisons de cette absence auprès de l'organisation intéressée.

Les procès-verbaux de chacune des séances du Comité National donneront les noms des organisations représentées, excusées, et absentes.

La revue *La Voix du Peuple* donnera un compte rendu analytique de ces réunions.

Les délégués ne sont tenus de rendre compte des discussions des divers comités qu'à leurs mandants.

CHAPITRE V

Congrès et divers.

ARTICLE 21

La Confédération organise vers le mois de septembre, tous les deux ans, un Congrès National du Travail, auquel sont invitées à prendre part les organisations adhérentes à la Confédération.

L'ordre du jour de ces Congrès sera établi par les soins du Comité confédéral et adressé au moins deux mois à l'avance, aux organisations confédérées après les avoir consultées.

Le *Comité National Confédéral* peut déléguer partie de ses pouvoirs aux organisations confédérées ayant leur siège dans la ville où se tiendra le Congrès, sous réserve qu'il se sera assuré que les villes possèdent les éléments nécessaires.

Ne pourront assister au Congrès que les organisations ayant rempli leurs obligations envers la Confédération Générale du Travail, c'est-à-dire seront adhérents à la Fédération nationale de leur industrie, à leur Union départementale et abonnés à la revue la *Voix du Peuple.*

N'ont voix délibérative au Congrès que les unités syndicales; *les Fédérations* et *Unions* ont voix consultative.

ARTICLE 22

La Confédération Générale du Travail préparera pour chaque Congrès des rapports moraux et financier sur sa gestion, qui seront soumis à l'approbation du Congrès.

ARTICLE 23

Le compte rendu du Congrès sera publié sous la responsabilité de la Confédération Générale du Travail.

Un duplicata de la minute sténographique, les rapports des organisations et des Commissions, ainsi que les propositions déposées sur le Bureau seront versés aux archives de la Confédération.

ARTICLE 24

Chaque organisation représentée au Congrès n'aura droit qu'à une voix, chaque délégué ne pourra représenter que dix Syndicats au maximum.

Les mandats arrivés au Congrès après le premier jour seront déclarés nuls. Un règlement spécial des Congrès fixera les autres détails d'organisation.

ARTICLE 25

Les Unions départementales et les Fédérations pourront tenir des Conférences particulières après chaque Congrès et Comités Nationaux.

L'ordre du jour de ces Conférences sera établi par le Comité National.

ARTICLE 26

La C. G. T. est adhérente au Secrétariat International Syndical.

ARTICLE 27

La Confédération Générale du Travail, basée sur le principe du fédéralisme et de la liberté, assure et respecte la complète autonomie des organisations qui se seront conformées aux présents statuts.

ARTICLE 28

Le siège social de la Confédération Générale du Travail est fixé à Paris, 33, rue de la Grange-aux-Belles.

ARTICLE 29

Les présents statuts ne peuvent être modifiés que par un Congrès, à condition que le texte des propositions de modifications ait été publié dans l'ordre du jour de ce Congrès.

ARTICLE 30

Les présents statuts, modifiés par les Congrès d'Amiens 1906, de Marseille 1908, et du Havre 1912 et Paris 1918 et le Comité National de décembre 1918 sont en vigueur depuis le 1er janvier 1903.

XIXe CONGRÈS NATIONAL CORPORATIF

(XIIIe DE LA C. G. T.)

Tenu à Paris, du 15 au 18 Juillet 1918

AVANT-PROPOS

Le Congrès de la C. G. T. de Juillet 1918 marquera une grande date dans l'histoire du Syndicalisme ouvrier français. Quand se tinrent ces assises, la guerre, depuis quatre années, accumulait sur l'Europe les deuils et les ruines. La déclaration de guerre d'août 1914 avait empêché le Congrès régulier de se tenir, comme il devait le faire, en septembre de la même année, à Grenoble (Isère).

C'était donc, en plus de la gestion des quatre années de guerre, le contrôle de la gestion des deux années précédentes que le Congrès de Paris avait à exercer, mais, comme il est compréhensible, c'est surtout la période de guerre qui fit l'objet des discussions passionnées qui se déroulèrent.

Au fur et à mesure que les événements de guerre s'étaient succédés, diverses tendances s'étaient manifestées dans le Syndicalisme français qui n'avait pas échappé en cela au trouble profond que la guerre avait fait naitre au sein de toutes les grandes forces collectives. La lutte des tendances avait été menée âprement et ceux qui, du dehors, observaient la marche du mouvement ouvrier, estimaient à la veille du Congrès une scission comme possible.

Cette éventualité, qui aurait été pour les travailleurs français la plus grave des défaites, fut heureusement évitée et, au grand étonnement d'une opinion mal avertie, à la stupéfaction de ses adversaires, loin d'être diminuée par la clarté qu'avait apportée les débats du Congrès, la Confédération Générale du Travail en sortit plus affermie et mieux unie que jamais.

Mieux que tout commentaire, le compte rendu sténographique des débats montrera à quel degré les représentants des travailleurs eurent, en cette occasion, le souci de l'intérêt supérieur du prolétariat.

Première Partie

Rapports des Comités et des Commissions

RAPPORTS

DES

Comités et des Commissions

Pour l'Exercice 1914-1918

PRÉSENTÉS AU

XIXe CONGRÈS CORPORATIF

(XIIIe de la C. G. T.)

Tenu à Versailles, du 15 au 18 Juillet 1918

RAPPORT

SUR

L'ACTION GÉNÉRALE DE LA C. G. T.

depuis Août 1914

Les quatre années qui viennent de s'écouler n'ont pas été quatre années d'expectative et d'inactivité pour le Comité confédéral. Dès les premiers moments de la guerre, il essaya de surmonter les difficultés de l'heure et de remplir la mission de solidarité qui lui était dévolue à l'égard de la classe ouvrière non appelée aux armées.

La tâche était ardue, il s'agissait, tout d'abord, de rassembler et de redonner vie aux organisations, toutes atteintes, toutes démembrées par la mobilisation.

Sans continuité de vie des Unions de Syndicats, des Bourses du Travail, des Fédérations nationales corporatives, aucun effort sérieux et continu ne pouvait être tenté.

A cet effet, le Comité confédéral lança aux organisations plusieurs circulaires, les invitant à rassembler leurs forces diminuées et à constituer dans chaque centre des foyers de vie ouvrière.

CONFÉDÉRATION GÉNÉRALE DU TRAVAIL

Aux Organisations

Maintenant que la guerre est déclarée, en face de la période qui s'ouvre le Comité confédéral rappelle aux groupements ouvriers (Bourse du Travail et Union de Syndicats) que la besogne utile et impérieuse de l'heure présente, c'est l'organisation de la solidarité.

Des misères vont être à soulager, des femmes et des enfants à secourir ; c'est le devoir des organisations syndicales de venir en aide à ceux et à celles que la guerre a laissés sans soutien.

Comment peuvent-elles le faire ?

En mettant au plus vite et au mieux, leurs locaux à la disposition de tous; en donnant aux services de santé leurs cliniques syndicales ; en organisant les soupes communistes.

Cette pratique de la solidarité prouvera la force de notre mouvement, en même temps qu'elle en assurera la continuité.

Jamais les Bourses du Travail et les Unions des Syndicats n'auront eu un rôle aussi nécessaire, aussi urgent à remplir.

En soulageant les misères créées par la crise présente, les organisations syndicales affirmeront aux yeux de tous la valeur de notre doctrine d'entente et de solidarité humaines.

Cette besogne peut être aisément faite par les militants qui restent. Nous avons la conviction que chacun comprendra nos conseils ; ils nous sont dictés par les circonstances actuelles. Nos camarades s'emploieront à les mettre en pratique, dans l'intérêt général de la classe ouvrière.

Le Comité confédéral.

P.-S. — Malgré le départ d'un grand nombre de camarades du Comité confédéral, les services administratifs continueront à fonctionner dans la mesure du possible.

***

Pour la Jeunesse.

L'occupation de la jeunesse de treize à dix-huit ans, voilà une question dont la solution est aussi urgente que celle du chômage.

On a parlé d'utiliser différents moyens pour soustraire notre jeunesse aux dangers de l'oisiveté.

D'aucuns verraient dans la militarisation des jeunes gens, un résultat ; d'autres croyent qu'il serait utile de les mettre à la disposition des municipalités, pour les différents services de transmission diverses.

Ce sont là, assurément, des moyens qui peuvent remédier au désœuvrement présent, mais, selon nous, ils ne solutionnent pas la question.

A notre avis, il faut, sur ce terrain comme sur tous les autres, penser à l'avenir.

Or, que nous réserve demain ? Une diminution certaine de la main-d'œuvre professionnelle.

Il n'est pas douteux qu'un certain nombre — nous le souhaitons aussi réduit que possible — d'habiles professionnels, de ceux qui étaient les espoirs de leur métier, dont les mains maniaient habilement l'outil, resteront sur les champs de bataille.

Ce sera une perte sèche et pour l'humanité et pour l'industrie.

Ne devons-nous pas penser à les remplacer dans la mesure du possible, par la formation de jeunes techniciens ?

Parmi cette foule de jeunes hommes, aujourd'hui oisifs, il en est un certain nombre qui ont déjà des rudiments de connaissances professionnelles, qui ont commencé un apprentissage.

Ne pourrait-on pas leur permettre de continuer cet apprentissage pendant la durée des hostilités ? Nous aurions, ainsi, la guerre terminée, une armée de jeunes professionnels prets à prendre la place de leurs aînés disparus. Il n'y aurait pas, de cette façon, de gros à-coups dans le fonctionnement industriel. L'exemple qu'a donné le Syndicat de l'Ameublement en ouvrant pour les jeunes un atelier d'apprentissage, est à retenir et à imiter.

Il conviendrait tout d'abord, que les écoles professionnelles municipales et départementales rouvrent leurs portes. Que dans chaque quartier, des usines soient réquisitionnées pour être transformées en ateliers professionnels, placés sous la direction d'ouvriers expérimentés ayant les aptitudes nécessaires à cette fonction.

Ce qui se ferait pour Paris pourrait être répété en province, en déclarant *obligatoire* la fréquentation de ces écoles et ateliers professionnels.

Les dépenses seraient nulles en comparaison du résultat obtenu.

Les villes ou l'Etat prendraient à leur charge les frais des repas du midi. Les écoliers, ainsi, ne sortiraient que le soir.

Ces mesures éviteraient les entraînements fatals que la rue contient en elle, et les jeunes gens secourus sous cette forme, ne viendraient pas grossir l'armée d'oisifs déjà trop nombreuse.

Les dépenses de nourriture et autres, faites dans ces écoles et ateliers se retrouveront, demain, par les économies réalisées dans le service pénitentiaire.

Préparer pour demain une main-d'œuvre habile pour combler les vides causés par la guerre, empêcher le désœuvrement de gangrener des jeunes intelligences, telle est l'œuvre qui s'offre à tous ceux qui raisonnent, qui voient et qui veulent agir.

Pour la C. G. T. :
Le Secrétaire,
L. JOUHAUX.

* * *

CAMARADE SECRÉTAIRE,

Les circonstances actuelles ne doivent en aucune façon ralentir le fonctionnement de nos organisations, il nous faut, pendant et après cette épreuve, être capables d'accomplir la mission qui nous est dévolue.

Déjà nous avons indiqué le rôle humain que nous pouvons jouer par la mise en activité de nos institutions de solidarité.

Une deuxième besogne, aussi pressante que la première, reste à effectuer; il s'agit de nous faire connaître d'une façon *aussi précise que possible* le nombre de nos camarades syndiqués actuellement mobilisés.

Ce travail pourra se faire rapidement en procédant de la façon suivante : en consultant les livres des Syndicats et en défalquant du nombre des inscrits ceux qui restent, l'on aura immédiatement le total des mobilisés.

En second lieu, nous demandons aux Bourses du Travail et Unions de Syndicats de nous tenir au courant des cas de morts ou de blessures qui pourront s'être produits parmi les nôtres, de même nous indiquer tous ceux étant en traitement dans la région relevant de chaque Bourse. Les secrétaires indiqueront :

1º L'endroit et le jour ou sont tombés les morts ;

2º La nature des blessures et porteront également à notre connaissance si les familles ont été averties.

Ces renseignements nous serviront à faire un travail d'ensemble nécessaire à tous les points de vue.

Nous sommes sûrs que vous comprendrez l'utilité du travail que nous vous demandons et que vous vous appliquerez à le réaliser le plus promptement et le plus consciencieusement possible.

Dans cet espoir, recevez notre salut fraternel et syndicaliste.

Pour la C. G. T. :
Le Secrétaire,
L. JOUHAUX.

Ces appels ne restèrent heureusement pas sans réponse. Malgré les douleurs des séparations, malgré les perspectives angoissantes qui s'ouvraient pour tous, les militants restants comprirent la nécessité de ne pas se laisser submerger, de lutter pour conserver notre mouvement ouvrier.

Partout nos organismes syndicaux participèrent à l'organisation de l'aide à apporter aux familles nécessiteuses, la grande majorité de la population, pendant les premiers mois de la guerre.

Ce sera l'orgueil du mouvement ouvrier français de s'être spontanément assimilé les nécessités et d'avoir fait œuvre virile, utile, humanitaire, lui qui avait été tant calomnié et tant persécuté.

Le Secours national.

Dès les premiers mois de la guerre, la C. G. T. fut sollicitée de participer à la constitution d'un Comité de secours national, composé de délégués de tous les partis et de toutes les conceptions, agissant en dehors de toute préoccupation politique dans le but d'aider à soulager toutes les misères engendrées par la guerre.

Le Secrétaire confédéral et le Secrétaire de l'Union des Syndicats de la Seine y furent délégués.

Leur rôle s'exerça surtout à orienter les efforts du Comité vers l'assistance par le travail.

Sur leurs indications, le Comité de Secours national subventionna, avança des fonds aux ateliers professionnels, aux ouvroirs professionnels, permettant ainsi aux femmes des mobilisés de trouver une aide effective par un travail rémunérateur. Partout où sous le contrôle des organisations ouvrières, Bourses du Travail, Unions de Syndicats, des ateliers professionnels furent constitués, les prix des travaux de couture furent relevés et une barrière fut dressée contre l'exploitation des entrepreneurs de confection. Toujours sur la pression des organisations, des marchés directs de l'Intendance furent passés avec ces ateliers professionnels, ce qui excluait l'intermédiaire et remettait entre les mains des travailleurs la gestion de leur production.

Des écoles d'apprentissage eurent également l'aide du Comité.

Des œuvres d'assistance en nature, le Comité ayant exclu pour la plus grande part les secours en argent, furent créées à Paris et en province. Dans les repas populaires, les familles nécessiteuses trouvèrent gratuitement ou à des sommes minimes, des repas substantiels.

Ces œuvres des repas populaires fonctionnèrent, pour une grande part, dans les locaux des organisations ouvrières, sous le contrôle et la gestion des militants ouvriers. Plus de 8 millions de francs ont été employés par cette grande œuvre d'assistance.

Nous aurons montré l'importance et l'utilité de ces repas populaires en disant que pour 0 fr. 20 centimes, une femme ou un homme nécessiteux était assuré d'y trouver un repas complet : pain, viande et légumes.

Par leur pratique des repas communistes, armes des grèves ouvrières, les Syndicats, les Maisons communes et les Bourses du Travail purent réaliser, promptement et bien, dans ce domaine. Il est bon d'ajouter que la centralisation et la régularisation de tous ces repas populaires, de toutes les œuvres analogues instituées par les autres groupements, furent placées à la Maison des Syndicats sous la direction du Secrétaire de l'Union des Syndicats de la Seine.

Le Secours national développe et subventionne les œuvres de refuges et de vestiaire des réfugiés des pays envahis. Il coopère activement au ravitaillement et à la reconstruction des régions détruites. Enfin, il s'est préoccupé des orphelins de la guerre.

Auprès de lui, toutes les œuvres, constituées avant comme pendant la guerre, ont trouvé aide. Par le canal de nos organisations, de leurs orphelinats, il nous a permis de venir au secours de nos orphelins, en attendant que l'État paye la dette contractée par la Nation à leur égard.

La C. G. T. a centralisé les demandes des organisations syndicales pour les orphelins du monde du travail et réparti les subventions mensuelles.

On peut dire que sur le terrain de la solidarité nationale, en dehors de l'humiliante charité, le Secours national a réalisé un maximum, auquel organisations et militants ont participé.

La Commission du Travail

Presque à la même époque que celle de la constitution du Secours national, le gouvernement créa la Commission du Travail. Cette commission avait pour fonction, dans le bouleversement résultant de la mobilisation, de rechercher les moyens de parer à la crise du chômage.

Le Secrétaire confédéral y siégea avec des socialistes, les citoyens

Vaillant et Marcel Sembat, ce dernier y remplissant la fonction de président.

C'est dans cette Commission que furent examinées la reprise des travaux d'utilité publique, l'utilisation des chômeurs du bâtiment à la mise en état du camp retranché de Paris. La Commission se prononça également sur le travail des femmes dans les entreprises publiques en remplacement des hommes mobilisés. Sa décision fut que les salaires de ces femmes-remplaçantes devraient être les mêmes que ceux des ouvriers et qu'il ne pouvait s'agir que d'une utilisation temporaire, limitée à la durée de la guerre.

L'ouverture d'ateliers d'apprentissage pour les jeunes gens fut son œuvre. Elle traita également de la question de recensement industriel et esquissa l'idée de la mobilisation industrielle. Son travail, arrêté par la marche des armées allemandes sur Paris, ne fut jamais repris.

Les délégués à la Nation

Il ne s'agit pas là, à proprement parler, d'une action confédérale, puisque le Secrétaire confédéral n'accepta de la remplir qu'à titre purement personnel.

Qu'étaient-ce que les délégués à la Nation ?

Des hommes dont le mandat aurait été de parcourir le pays pour exposer à leur milieu respectif des thèses de vérité et pour les appeler à une action dirigée en vue de l'intérêt collectif.

Aucun mandat impératif ne leur était donné, aucun engagement ne leur était demandé.

Comprenant l'intérêt qui s'attachait à une telle besogne, qui n'était rien moins que de constituer une opinion publique, à une époque où l'état de siège régnait partout, le Secrétaire confédéral accepta.

Pour lui, il s'agissait de toucher tous les milieux ouvriers, de leur donner vie légale, malgré l'état de siège, de coordonner leurs efforts et de constituer ainsi une puissance d'action, qui eut été une force de vérité et de réalisation d'intérêt général, dans un moment où l'état de siège, fortifié par la censure, condamnait chacun à l'expectative.

Cette organisation devait être réalisée, après discussion, quand le départ du gouvernement à Bordeaux vint brusquer les choses.

C'est la veille de ce départ, à sept heures du soir, que le Secrétaire confédéral en fut avisé.

Avec quelques camarades, il fut décidé de convoquer pour le lendemain une réunion du Comité confédéral, pour le mettre au courant de la situation et aviser aux mesures à prendre.

A cette réunion, le Comité accepta, sans la prendre à sa charge, la décision du Secrétaire et décida, sur sa demande, d'envoyer à Bordeaux une délégation, dont le travail serait de se maintenir en relation avec les organisations de province — l'on parlait de l'investissement de Paris — et d'agir auprès du gouvernement si des événements survenaient à Paris. C'était une sage précaution qui nous était dictée par l'isolement de Paris et de la province, en 1871.

Les délégués à la Nation ne fonctionnèrent pas, des intrigues politiques s'étant nouées contre leur fonctionnement.

D'autres gens devinrent, pour d'autres buts et d'autres conceptions que les nôtres, des délégués à la Nation d'une forme particulière.

La délégation de Bordeaux, qui tous les jours se réunissait à la Bourse du Travail, envisagea alors de faire œuvre utile, en se partageant les centres de province et en remontant vers Paris, accomplissant une pure besogne d'action ouvrière, auprès des différents milieux syndicaux.

Pour cela, l'état de siège durant, des laissez-passer lui étaient accordés et elle accomplissait en même temps un travail de recensement industriel.

Le Comité confédéral, resté à Paris, demanda au Secrétaire confédéral de venir lui expliquer ce dont il s'agissait.

Au cours de cette réunion, après explications, le Comité n'ayant pas compris tous les avantages de cette tournée, le Secrétaire retournait à Bordeaux demander à ses camarades de rentrer à Paris sans faire quoi que ce soit.

A Bordeaux, la délégation n'était pas restée inactive. Elle s'était préoccupée d'aider les repas populaires organisés par la Bourse du Travail et d'obtenir pour eux une subvention du Secours national. Elle avait également accompli plusieurs démarches en vue de la mise en train de certains grands travaux de construction, susceptibles de remédier à la crise de chômage.

Le Comité d'action

Pendant ce temps et sur décision du Comité, les camarades restés à Paris avaient, d'accord avec les membres du Parti socialiste, constitué le Comité d'action, qui comprit plus tard des délégués des Coopératives.

Les diverses brochures et circulaires qui ont été adressées aux organisations ont mis celles-ci au courant des travaux accomplis par ce Comité d'action.

Travail, vie chère, loyers, secours aux réfugiés, aux soldats, aux permissionnaires, aux blessés, interventions contre des actes arbitraires, ravitaillement, reconstruction des régions envahies, etc. Toutes ces questions furent par lui envisagées sous l'angle des intérêts de la Nation, et l'on dut à son action la taxation du blé, qui a permis de conserver le pain à un prix à peu près normal; la taxation du sucre, les principes ouvriers inscrits dans le projet de loi des indemnités de guerre, un projet sur les loyers, des projets d'organisation de ravitaillement.

Partout où se sont agités et où s'agitent des intérêts ouvriers, le Comité d'action est intervenu, il n'a pas toujours obtenu ce qu'il demandait; il est bon cependant de dire que son action n'a pas été inefficace.

Première tournée de propagande

Le Comité organisa, en cette fin d'année 1914, une première tournée de propagande à travers le pays.

Le but était de reconstituer les centres syndicaux, de constater l'état des forces ouvrières, de relever la besogne faite et de déterminer l'action à faire, en la coordonnant.

Cette tournée, qui comprit la presque totalité des Unions départementales et une grande partie des Bourses du travail, permit au Comité d'asseoir un peu plus solidement son action et de diriger cette action vers des buts revendicatifs.

Délégation des gazlers en grève de Milan (Italie)

Les ouvriers de l'usine à gaz de Milan, s'étant mis en grève pour obtenir une augmentation de salaire, décidèrent, devant la résistance systématique de leur directeur, d'envoyer à Paris (février 1915) une délégation, trouver le Conseil d'administration de la Société des Gaz, qui est française.

La délégation s'adressa à la C. G. T. pour lui demander aide et assistance dans ces démarches. Assistée du Secrétaire confédéral, la délégation des travailleurs italiens fut assez heureuse pour obtenir satisfaction. Ses démarches terminées, elle proposa au Comité que le Secrétaire confédéral l'accompagnât pour en rendre compte aux grévistes et montrer ainsi que la solidarité internationale, même pendant la guerre, n'était pas un vain mot. Le Comité y consentit et le Secrétaire se rendit à Milan, en se tenant exclusivement dans les limites du mandat qui lui avait été tracé.

Les Commissions mixtes de reprise économique

Comprenant la nécessité de ne pas rester inactif devant les problèmes du travail à reconstituer, le Comité décida, en janvier 1915, de demander au ministre du Travail d'instituer, pour la durée de la guerre, des Commissions mixtes, composées de délégués des organisations ouvrières et patronales, dont le but serait, dans chaque centre, de rechercher l'utilisation des moyens et des ressources propres à faire revivre tout ou partie des industries arrêtées par la mobilisation.

Elles devaient également se préoccuper des conditions générales du travail après la guerre.

A la lettre du Comité confédéral, qui ne retranchait rien de son passé d'action et qui n'engageait nullement l'avenir, le ministre du Travail répondait par la lettre suivante :

Monsieur,

Vous m'avez fait parvenir une résolution tendant à la constitution, dans chaque centre industriel, de Commissions mixtes temporaires, limitées à la durée de la guerre, composées d'éléments patronaux et ouvriers des industries de la région, fonctionnant sous la direction d'un délégué du gouvernement de la République et qui auraient pour objet :

1° De rechercher, par des enquêtes, la possibilité de reprendre la vie économique ;

2° De fixer en accord les conditions de salaires et de temps de travail en prenant pour base les contrats professionnels déjà existants ;

3° De se préoccuper de la question de l'apprentissage.

Le gouvernement de la République ne s'est pas désintéressé des recherches que vous signalez. Dès le jour de la mobilisation, il s'y est attaché. C'est ainsi que, en ce qui le concerne, le ministère du Travail s'est tenu en communication avec la Commission permanente du Conseil supérieur du travail, avec les Syndicats patronaux et ouvriers ; qu'il a poursuivi par la Commission permanente, par les enquêteurs de l'Office du Travail, par les inspecteurs du travail, de très nombreuses enquêtes sur les moyens de faire reprendre ou de régulariser la vie économique ; que, à la date du 12 novembre, il invitait le Conseil des prud'hommes de Paris à une enquête de même nature, dont les indications lui semblaient devoir être précieuses. Il m'a semblé, après mûr examen, qu'il pouvait être utile de généraliser une action qui jusqu'ici a été efficace partout où elle s'est exercée. J'ai donc invité les préfets qui n'en ont pas encore pris l'initiative à constituer des Commissions mixtes. Il est permis d'espérer que de la collaboration des patrons et des ouvriers sortiront des vues pratiques, des moyens susceptibles d'activer la reprise du travail et de maintenir ainsi dans le pays les ressources nécessaires à sa défense.

En ce qui concerne le second objet que vous avez indiqué, je crois utile de rappeler que, pour de grandes catégories de travaux, la question que pose votre lettre est déjà résolue. Je veux parler des travaux exécutés pour le compte de l'Etat, des départements et des communes. A leur égard, les décrets du 10 août 1899 ont institué dans le but même indiqué par votre lettre, une procédure par voie de Commissions mixtes. Les constatations faites en prenant pour base les contrats professionnels déjà existants forment les bordereaux (salaire et durée de travail) qui doivent être annexés aux cahiers des charges pour les marchés de travaux et de fournitures.

Un certain nombre de Commissions, par exemple dans la Seine, publient les bordereaux. Les instructions ministérielles demandent que partout une large publicité leur soit assurée, mais il faut reconnaître que souvent cette publicité a fait un peu défaut.

Les décrets du 10 août 1899, je le rappelais plus haut, ne visent que les marchés de travaux et fournitures pour le compte des administrations publiques.

Mais, ainsi qu'il a été souvent constaté, l'action des bordereaux, lorsqu'ils sont publiés, peut dépasser le champ de ces marchés : ils font connaître en effet le cours des salaires établis par les contrats, fondé sur la pratique et le consentement général ; patrons et ouvriers les prennent tout naturellement pour base de leurs contrats nouveaux et même lorsqu'ils s'en écartent, en subissent l'influence régulatrice.

Il est donc permis de penser que c'est dans le développement de l'application des décrets de 1899, dans le fonctionnement régulier des Commissions mixtes qu'ils instituent, dans une large publicité donnée à leurs constatations, à leurs bordereaux, que l'on trouvera la plus efficace réalisation du deuxième objectif indiqué dans votre lettre.

Tenant compte de ces faits, les instructions que je viens de donner aux préfets définissent le rôle des Commissions nouvelles sur les trois points visés par votre lettre. Vous en trouverez ci-joint un exemplaire.

En vous exprimant ici tous mes remerciements pour les idées si intéressantes suggérées par votre lettre, je vous prie, Monsieur, de recevoir l'expression de mes sentiments les plus distingués.

Le ministre du Travail,
(Illisible).

Nous communiquions cette réponse aux organisations par la circulaire qui suit :

AUX FÉDÉRATIONS CORPORATIVES,
AUX UNIONS DE SYNDICATS.

CAMARADES,

Nous vous adressons ci-joint copie de la réponse du ministre du Travail, nous annonçant conformément à notre demande, la constitution des Commissions mixtes temporaires, limitées à la durée de la guerre. Armés de ce document, nous avons la certitude, que vous montrerez assez de vigilance, pour que ces nouveaux organismes ne se réalisent pas en dehors de nos organisations confédérées. Il y a intérêt majeur, à ce que ce soit nous, qui facilitions de notre point de vue, la reprise de l'activité et qui préparions, en accord avec nos intérêts, les conditions de travail de demain.

Par la même occasion, nous vous demandons de nous fournir un nouveau rapport sur ce qui a été tenté pour la reprise de la vie syndicale dans votre Fédération, dans votre région, sur les résultats obtenus ainsi que sur ceux que vous pouvez prévoir. Il est indispensable, que nous restions en communication constante, nos efforts seront ainsi plus cohérents et [illegible]e puissance en sera d'autant accrue.

Egalement, nous sollicitons que vous interveniez, que vous fassiez telle propagande qui fasse connaître aux réfugiés belges ou français qui se trouvent dans vos régions, que les portes de vos organisations leur sont largement ouvertes. Il faut essayer de ramener au Syndicat, tous ceux qui étaient organisés dans leur milieu.

Nous comptons que vous comprendrez la nécessité de l'effort demandé et que vous-mêmes et vos Syndicats, travaillerez sans relâche pour atteindre ce résultat.

Dans l'espérance de recevoir de vous une réponse satisfaisante, nous permettant d'espérer de plus amples résultats, recevez, camarades, notre salut fraternel et syndicaliste.

Pour le Comité confédéral :

Le Secrétaire,

L. JOUHAUX

Les Commissions constituées, les résultats de leurs travaux furent jusqu'ici, outre les actions locales, d'obtenir d'un point de vue général :

1° L'organisation du placement en France, sur des bases paritaires;

2° D'indiquer les conditions essentielles de l'apprentissage;

3° De s'affirmer pour le travail des femmes, en faveur de l'application du principe : « A travail égal, salaire égal »; de réclamer des mesures de garantie, de sécurité, d'hygiène, pour les femmes et les jeunes gens et les jeunes filles employés dans l'industrie;

4° De proclamer le droit pour l'ouvrier retour du front de retrouver la place qu'il occupait avant la guerre;

5° D'accepter le rapport confédéral sur les conditions d'importation et de contrôle ouvrier de la main-d'œuvre étrangère en France;

6° D'indiquer dans quel sens d'intérêt général, la réorganisation économique de demain doit se faire;

A l'obtention de ces résultats, qui ne sont pas tous devenus des réalités, nous le reconnaissons, les délégués ouvriers, sérieusement documentés, participèrent activement, en faisant presque toujours triompher leur point de vue.

La Commission supérieure des allocations militaires

En application de la loi du 5 août 1914, sur les indemnités aux femmes et compagnes des mobilisés, une commission supérieure des allocations fut instituée au ministère de l'Intérieur. Cette commission supérieure a pour tâche d'examiner toutes les demandes d'appel qui lui sont adressées par les intéressées qui se sont vu refuser le bénéfice de l'allocation par les commissions cantonales et d'arrondisssement.

Plusieurs membres du Comité confédéral et du Comité d'Action furent appelés à y siéger parmi lesquels le Secrétaire confédéral, les camarades Doumenq et Luquet.

Le travail de ces délégués ouvriers au sein de cette commission fut de réparer les décisions injustifiées prises à l'égard des femmes, compagnes, frères, pères, mères, et enfants de travailleurs mobilisés. C'est par milliers que ces réparations du droit se chiffrent.

Par leur action au sein de cette Commission, les délégués ouvriers ont contribué à obtenir :

Que les majorations soient de droit lorsque l'allocation principale est accordée, que ces majorations soient données, à tous les enfants au-dessous de seize ans, qui ne travaillent pas, dans le sens du gain; que les femmes de mobilisés dont le salaire n'est pas supérieur à 5 francs par jour continuent à toucher les allocations; qu'il ne fut pas retiré le bénéfice de l'allocation aux femmes des mobilisés industriels quand le salaire quotidien de ceux-ci ne sera pas supérieur à 7 francs, quand ils travailleraient dans une région autre que celle de leur résidence habituelle; que les fonctionnaires femmes de mobilisés bénéficient de l'allocation; que les réformés temporaires continuent à toucher leurs allocations et majorations quand à leur retour ils n'auraient pu retrouver leur situation d'avant-guerre.

En collaboration avec d'autres camarades, des démarches furent faites pour obtenir à Paris le relèvement des taux des majorations, ce qui a été fait depuis.

L'œuvre des délégués syndicaux au sein de cette Commission se traduit, pour la classe ouvrière, par la réparation de milliers d'injustices, réparations qui ont permis aux familles des travailleurs mobilisés de trouver dans l'allocation et les majorations l'aide dont elles avaient besoin, et, par l'application de principes généraux, réglant l'attribution des allocations, tous imprégnés des besoins et des droits des prolétaires.

Le 1er Mai 1915

A l'occasion de cette date de revendications ouvrières, ne voulant pas que la guerre rompît nos traditions prolétariennes, le Comité confédéral invita les Unions de Syndicats, les Bourses du Travail, à réunir leurs Syndicats. Il édita un numéro spécial de la *Voix du Peuple,* contenant l'exposé rétrospectif de l'action faite par la C. G. T. avant la guerre, en faveur de la Paix et donnant une vue d'ensemble de l'attitude observée depuis août 1914.

L'appel suivant fut lancé :

AUX ORGANISATIONS OUVRIÈRES

CAMARADES,

Puisque cette année, nous ne pouvons fêter notre 1er Mai, comme les années passées, que ce jour soit au moins, pour nous tous, pour ceux qui restent à la tâche que d'autres ont abandonnée pour répondre à l'appel de la mobilisation, un jour de réunion, de souvenir et de recueillement. De souvenir, sur la signification qu'emprunte dans le monde entier, pour le prolétariat mondial, cette date du 1er Mai. De recueillement pour que notre pensée s'en aille vers les champs de bataille, envelopper d'une atmosphère d'affectueuse solidarité ceux qui combattent et leur porter l'espoir.

Qu'en cette journée, nous haussant au-dessus de la mêlée présente, souhaitons ardemment que la calamité cesse bientôt et que les peuples, réconciliés, reprennent leur marche en avant.

Prenons également l'engagement solennel de rester attachés au principe de l'Internationale qui, seule, pourra être la sauvegarde de la paix universelle.

Travail, amour, telle doit rester notre devise. Nous avons une mission historique à remplir, la guerre atroce que nous subissons ne doit pas nous la faire oublier.

Indéfectiblement résolus à sauvegarder la civilisation, nous devons comprendre la besogne qui nous incombe ; besogne d'éducation et de réalisation pratique, à laquelle il faut nous préparer, dès l'heure présente, par une union plus étroite, entre tous ceux que réunit un même besoin de mieux-être, commandé par des mêmes intérêts.

Jour de 1er Mai, cette année aussi, tu es pour nous, prolétaires, un jour d'espérance. Nous élevons nos âmes dans une même communion d espoir, au-dessus des haines de races et des rivalités individuelles.

Pour ceux des nôtres qui sont morts, pour ceux qui combattent encore, et qui nous reviendront, nous aurons le courage de résister aux passions mauvaises que la guerre déchaîne, nous resterons ce que nous étions hier, des adversaires du mal, des amoureux du bien.

A ceux qu'anime un tel idéal, et c'est notre cas, nous avons le droit de crier, malgré la hideur des temps présents : « Courage et espoir ».

Reprise de la vie dans les organisations Action menée

Après le 1er Mai 1915, une vie un peu plus intime naquit dans les organisations, Fédérations, Unions et Bourses.

La vie chère, les loyers, le ravitaillement de la population civile, la rééducation des mutilés de la guerre, le taux des pensions aux orphelins, aux veuves, aux invalides, sollicitent l'attention du monde du travail et appellent son action.

Sur toutes ces questions le Comité confédéral a apporté des solutions conformes aux intérêts de prolétaires.

Ces solutions, il les a portées à la connaissance des organisations, leur demandant d'appuyer par leur effort personnel, leur réalisation. D'accord avec le Comité d'action, il fit connaître au gouvernement la nécessité de satisfaire aux demandes si justifiées du monde du travail.

Sur la vie chère, le Comité réclamait l'organisation collective de l'exploitation agricole; la réquisition et la taxation des produits de première nécessité; le contrôle de la répartition afin d'éviter le gaspillage.

Sur les loyers, le Comité se prononçait, dès cette époque, pour que soient exonérés totalement de leurs charges locatives, tous les mobilisés, tous les chômeurs. Il réclamait le vote d'une loi de liquidation générale, ayant à la base, avant toute appréciation, une exonération générale de 50 %, en raison de l'élévation du coût de l'existence.

Enfin, il demandait que l'Etat n'intervienne aucunement en ce qui concerne les indemnités aux propriétaires non payés de leurs locations.

Sur le ravitaillement de la population civile, le Comité indiquait la nécessité d'importer sous le contrôle de l'Etat, les denrées que ne nous fournissait pas notre sol ou qu'il ne fournissait plus en assez grande quantité. Il réclamait la limitation du frêt. Il dénonçait la manœuvre des Compagnies d'armement, débarquant leurs équipages, désarmant leurs navires, afin de créer une situation de difficultés, dont la conséquence serait d'obtenir l'augmentation des primes. Par des interventions, par des protestations écrites, ses délégués montraient le danger d'aboutir à une pénurie de matières, créant une crise de quantité et de prix. Ce qui s'est produit pour le charbon.

Se prononçant, d'accord avec le Comité d'action, pour l'importation des viandes frigorifiées, il réclama la construction d'une flotte et l'aménagement de wagons destinés au transport de cette denrée, ainsi que la construction de frigorifiques.

Sur la rééducation des mutilés de la guerre, le Comité indiqua la nécessité de créer des écoles ou ateliers d'apprentissage, spécialement aménagés à cet effet. Il montra également l'utilité de perfectionner les appareils de prothèse en usage et de les mettre en assez grand nombre à la disposition des mutilés.

Sur l'utilisation industrielle des mutilés, il se prononça pour que cette question fût étudiée, dès ce moment, sous l'angle des perfectionnements à apporter dans les industries, en vue de l'adaptation des mutilés à des travaux compatibles avec leurs forces physiques et tenant compte de leurs mutilations. Il réclama que la pension ne vienne pas jouer dans l'établissement de leurs salaires et que leur soit appliqué le principe : « A travail égal, salaire égal ».

Enfin il aida à la constitution d'une association ouvrière des mutilés de la guerre, placée sous l'égide de la C. G. T.

Sur la question des pensions, en accord avec le Comité d'action, il réclama et continue à revendiquer :

1° L'institution d'une assurance de tous les mobilisés et de leur famille, ainsi que de tous les civils victimes de la guerre ;

2° Obligation de la Nation pour :

a) Les secours, indemnités et pensions ;

b) La prise en tutelle des familles ;

3° Le droit légal de tout assuré à revendiquer les indemnités, secours, pensions, etc. ;

4° La création de l'association des assurés et la gestion avec le concours des Syndicats et organisations ouvrières ;

5° Le principe d'indemnité basé sur la perte du salaire ;

6° Les fonds nécessaires au fonctionnement de cette assurance devront être pris sur le budget et couverts par un prélèvement sur l'impôt global et progressif sur le revenu, le capital et les successions.

Les conditions du travail, de salaires, sont l'objet de réclamations, de démarches, que ses délégués accomplissent auprès des pouvoirs responsables.

A cet effet et pour pouvoir mener avec force sa campagne, le Comité adressa aux Unions de Syndicats la circulaire suivante :

AUX MEMBRES DU CONSEIL DE L'UNION DES SYNDICATS

Camarades,

Le Comité confédéral, dans sa séance du 31 décembre 1915, a décidé de vous faire appel, pour être les intermédiaires entre lui et les travailleurs mobilisés dans les usines de métallurgie, et toutes industries travaillant pour la défense nationale.

Saisi de réclamations particulières, le Comité n'a pu dresser un rapport d'ensemble, qui lui aurait permis d'agir vigoureusement pour obtenir, ce qui est son devoir, la disparition ou tout au moins l'atténuation de tous les actes arbitraires qui peuvent se commettre à l'égard des ouvriers et des ouvrières. Cette besogne urgente, indispensable, il pourra l'effectuer, si les Unions des Syndicats, les Bourses du Travail, recueillent les plaintes, *motivées*, les lui font parvenir par des rapports concis et objectifs, après enquête faite par le Secrétaire ou tout autre militant.

Les points principaux, sur lesquels votre attention devra porter sont :

1° Salaires : *a)* Y a-t-il augmentation ou diminution ; *b)* Dans quelle proportion par rapport aux anciens ;

2° Heures de travail ;

3° Conditions d'hygiène ;

4° Conditions de garanties ;

5° Assistance médicale ;

6° Punitions infligées ;

7° Retenues opérées sur les salaires, leur taux, leur destination ;

8° Marche des usines, les arrêts, leur durée, leurs causes, les ouvriers reçoivent-ils une indemnité pour ces interruptions de travail ?

9° Prix du coût de la vie, dans quelle proportion a-t-il augmenté ? *a)* Prix des denrées ; *b)* Prix des loyers ;

10° Y a-t-il de la main-d'œuvre féminine, dans quelle proportion ? de la main-d'œuvre étrangère, dans quelle proportion et de quelle nature ? A quelle condition de salaires par rapport à la main-d'œuvre masculine ?

11° Y aurait-il des améliorations à apporter (travail et prix de la vie) à la situation, les désigner selon leur nature et leur efficacité.

Vous comprendrez aisément l'utilité de la tâche qui vous est demandée par le Comité confédéral. Elle ressort de votre qualité d'organisme de la classe ouvrière. Ce que demande le Comité confédéral, c'est que vous soyez, dans la mesure des possibilités actuelles, le lien entre lui et les prolétaires des usines.

Ce rôle, il vous est facile de le remplir, puisque vous êtes sur place et en relation directe avec les travailleurs mobilisés.

Nous vous signalons tout particulièrement un point important, *l'exploitation de la main-d'œuvre féminine.*

Nous espérons que vous allez vous mettre à la besogne pour fournir au Comité confédéral les éléments qui lui sont indispensables pour remplir sa mission de défense ouvrière et pour pouvoir, demain, faire face à la campagne contre les mobilisés de l'usine, campagne qui déjà se dessine dans certains milieux.

Dans l'espoir d'accomplir, en unissant nos efforts, une œuvre utile et féconde, recevez, Camarade, notre salut fraternel et syndicaliste.

Pour le Comité confédéral :

Le Secrétaire,

L. Jouhaux.

La mobilisation industrielle faite en dépit du bon sens fut, en partie, redressée par l'institution au ministère des Munitions, d'un service ouvrier et par l'application de la loi Dalbiez, conséquence des protestations du mouvement ouvrier.

Si de plus grands et de plus effectifs résultats ne furent pas obtenus, la responsabilité du Comité confédéral est hors de cause, car il s'était déclaré prêt à engager sa responsabilité pour que soient respectées et appliquées des règles normales tenant compte des nécessités de la défense nationale, des droits des ouvriers professionnels et des intérêts collectifs de la Nation.

Au départ de cette mobilisation industrielle, le monde du travail avait réclamé la réquisition des usines et du matériel, estimant que seul l'intérêt général devait avoir voix au chapitre.

La Conférence nationale d'août 1915.

Désireux de connaître l'opinion des organisations de province sur la situation générale, sur les revendications à formuler, sur l'effort à faire, le Comité confédéral décidait la tenue d'une Conférence nationale des Fédérations nationales corporatives, des Unions de Syndicats et des Bourses du Travail. Cette Conférence ne pouvait certes pas avoir la valeur d'un Congrès — impossible en raison du démembrement des Syndicats — cependant elle devait donner une indication précise sur l'action générale, en même temps qu'elle permettrait de coordonner effectivement les efforts de tous en vue des résultats communs.

La circulaire suivante en fixa la date, la durée et l'ordre du jour :

Paris, le 30 juillet 1915.

CAMARADES,

La Conférence nationale des Fédérations, des Unions et des Bourses du Travail, est définitivement fixée au 15 août 1915. Elle se tiendra Grande Salle de l'Union des Syndicats, 33, rue de la Grange-aux-Belles.

La vérification des mandats aura lieu, le matin, à partir de huit heures.

Nous demandons aux organisations, de nous adresser, autant que possible, leur mandat avant le 15 août, pour que l'on ne perde pas un temps précieux à une vérification qui pourrait être faite la veille, par des membres du Comité confédéral.

La représentation est fixée à deux membres par organisation.

L'ordre du jour, sur lequel les organisations doivent mandater leurs délégués, reste :

« Examen de la situation générale créée aux Syndicats par l'état de guerre. Attitude à observer. »

Il y aura deux séances, une le matin, une l'après-midi. La séance du matin pourra commencer à neuf heures et demie, si les délégués sont diligents. Etant donné l'exiguïté du temps, nous espérons que tous seront exacts.

Nous rappelons qu'il est indispensable que chacun fasse effort pour faire de cette Conférence une manifestation de vie et de puissance qui prouve que le Syndicalisme reste debout, malgré la terrible calamité que nous traversons.

Comptant sur le raisonnement et la perspicacité de tous, recevez, camarades, notre salut fraternel et syndicaliste.

Les Trésoriers,
CH MARCK, CALVEYRACH.

Le Secrétaire,
L. JOUHAUX.

Les organisations répondirent nombreuses à cet appel, puisque 38 Fédérations nationales corporatives y furent représentées par 68 délégués ; 34 Unions départementales de Syndicats par 46 délégués; 46 Bourses du travail par 58 délégués. Au total : 118 organisations par 172 délégués.

La Conférence ne put aborder l'examen des questions d'organisation du travail qui se posaient déjà à cette époque, ses deux séances ayant été complètement prises par la discussion de l'attitude confédérale passée question qui ne devait pas venir à l'ordre du jour.

Il eut été souhaitable que cette Conférence fit un travail plus utile, plus positif. Que, terminée, elle ne laissa pas le Comité avec ses seules conceptions, en lutte avec des problèmes de plus en plus nombreux et face à des difficultés sans cesse augmentant. Telle quelle, cette première Conférence nationale fut cependant une manifestation importante de la vitalité du mouvement ouvrier.

Elle se termina par le vote de l'ordre du jour suivant, qui fut adopté, par 81 organisations, contre 27 et 10 abstentions.

Résolution votée à la Conférence.

La Conférence nationale des Fédérations corporatives, des Unions des Syndicats, des Bourses du Travail, tenue à la Maison des Syndicats, le 15 août 1915.

Rappelle que son opposition à la guerre s'est affirmée en toute circonstance dans l'action de la C. G. T., à l'occasion de sa propagande dans le pays comme dans ses rapports avec l'extérieur ;

Qu'en 1900-1901, au lendemain de Fachoda, qui vit se heurter la politique coloniale de la France à celle de l'Angleterre, heurt qui faillit dégénérer en un conflit guerrier, la C. G. T. se prêta à des manifestations qui eurent lieu à Paris et à Londres, en vue de rapprocher les prolétaires des deux pays ;

Qu'en 1906, la C. G. T., au lendemain de Tanger, a cherché à établir avec le prolétariat allemand une communauté d'action afin de créer une opposition à une guerre franco-allemande, au sujet du Maroc ;

Qu'en 1911, la C. G. T. s'est rendue à Berlin, sur appel des organisations ouvrières allemandes, dans l'unique but de travailler à une collaboration pacifique des deux peuples dans l'œuvre du progrès humain ;

Que dans ces diverses occasions, comme au cours de sa propagande, elle n'a eu pour préoccupation que de former dans l'esprit public une atmosphère de paix ;

Que, dans l'intérieur du pays comme à l'extérieur, elle a toujours tendu à affaiblir la force du militarisme de conquête, instrument guerrier considéré par l'Internationale comme l'ennemi de tout mouvement ouvrier ;

Qu'ainsi elle a participé pour une large part à la formation d'une opinion nationale hostile à toute provocation et à toute guerre ;

Qu'en agissant de la sorte, elle a rendu impossible toute agression française contre un pays quel qu'il fût et que, par là, elle s'inspirait des véritables sentiments internationalistes, qui considèrent tout peuple comme une agglomération humaine dont l'action et le concours sont indispensables à l'œuvre d'émancipation sociale, base de la C. .G T. ;

Que, dans ces conditions, elle a la conviction d'avoir en tous temps et en tous lieux agi en conformité des principes constitutifs de l'Internationale ;

Que, conséquemment, elle est prête, demain, à affronter le verdict des prolétariats des autres pays.

Par là, la C. G. T. affirme à la fois son amour de l'entente entre les peuples et son désir de voir se rétablir la paix, pour le maintien de laquelle elle a conscience d'avoir tout fait.

La Conférence désapprouvant toute politique de conquête, fait appel au prolétariat international pour que la paix, prix de tant de sacrifices et de tant d'horreurs, soit le triomphe définitif du droit sur la force ;

Que ces garanties acceptées pour tous les pays : « recours à l'arbitrage obligatoire, suppression de la diplomatie secrète, fin des armements à outrance », surgisse la possibilité de la constitution de la Fédération des Nations, assurant à tous les peuples le droit de disposer librement d'eux-mêmes et sauvegardant l'indépendance de toutes les nationalités.

La Conférence, dans le but d'affirmer avec force et efficacité le point de vue précité, demande instamment à tous les prolétariats organisés, d'accepter la proposition de l'American Federation of Labor, pour la tenue d'un Congrès international, aux mêmes lieu et date auxquels se tiendrait la Conférence des diplomates pour la fixation des conditions de paix.

Essai d'organisation du travail dans les ports

En cette fin d'année 1915, les nécessités d'importations se faisant plus exigeantes, l'encombrement des ports augmenta considérablement. Sur tous les quais, les matériaux et les denrées s'entassaient, pendant que de nombreux navires ne pouvaient être déchargés. Il en résultait des surestaries formidables, dont le coût venait augmenter d'autant le prix de vente des marchandises pourtant de première nécessité, tel le charbon.

Nombre de journaux et de personnalités voulaient faire remonter la responsabilité de cette situation aux ouvriers dockers. C'est alors que, d'accord avec la Fédération des ports et docks, nous proposâmes d'organiser le travail dans les ports, d'une façon telle, que le déchargement des navires en devait être considérablement intensifié.

Nous demandâmes qu'il fut institué, dans chaque port, un office de la main d'œuvre qui connaîtrait les ressources en travailleurs disponibles et les besoins des navires. Cet office aurait pu, très rapidement, répartir la main-d'œuvre professionnelle, éviter les chômages partiels — si fréquents dans les ports — et encadrer la main-d'œuvre non professionnelle, afin d'éviter les à-coups et d'obtenir un meilleur rendement. L'office devait fonctionner avec la collaboration officielle du Syndicat ouvrier. Ainsi constitué, cet organisme nouveau eut été à même d'apporter toutes les modifications nécessitées par les besoins du travail et d'adopter rapidement de nouvelles méthodes de travail à des exigences nouvelles. De son application serait résulté un grand bien pour les ouvriers, qui auraient vu diminuer le nombre de leurs heures de chômage, en raison d'un emploi plus rationnel de la main-d'œuvre prisonnière, pour la Nation tout entière qui, payant moins de surestaries, aurait été assurée d'une plus grande stabilité des prix en même temps que d'une plus grande suffisance des denrées et produits nécessaires.

Accepté par les autorités responsables, ce projet ne fut jamais appliqué, la résistance des bureaux s'y opposant.

Il est bon de noter cependant, que bien des réformes ont été apportées dans le travail des ports, sous le fait de cette action concertée, avec l'organisation nationale intéressée et techniquement désignée pour remplir ce rôle.

Appel à l'action méthodique

AUX FÉDÉRATIONS NATIONALES CORPORATIVES,
AUX UNIONS DE SYNDICATS,
AUX BOURSES DU TRAVAIL.

CAMARADES,

La Conférence nationale, tenue le 15 août dernier, n'a pu, étant donné l'exiguïté du temps, aborder l'examen des questions d'ordre économique que le Comité confédéral avait cru devoir porter à l'ordre du jour.

Cette impossibilité ne doit pas être une raison pour éluder jusqu'après les hostilités, l'examen des solutions à intervenir sur des questions qui intéressent au plus haut degré le mouvement ouvrier.

Nous l'avons souvent dit au cours des quatorze mois écoulés : la vie syndicale ne saurait s'arrêter; rien de ce qui constituait, hier, nos espérances d'avenir, nos espoirs de mieux-être, ne doit disparaître.

Aux difficultés de demain, il nous faudra savoir faire face, comme nous avons jusqu'ici, su le faire, dans la mesure de nos moyens.

Pour cela, il ne faut négliger aucun effort, ne disperser aucune force. Il faut surtout, maintenir l'activité de tous ceux qui restent, en donnant un but positif à leur action,

Déjà, en période de paix, les discussions poursuivies à l'infini deviennent des éléments déprimants. Quel danger ne constituent-elles donc pas à l'heure présente, où toute l'ambiance est saturée d'énervement, de lassitude !

Comment mieux lutter contre la dépression morale, cause de faiblesse, qu'en donnant à l'activité générale un objectif réel, qu'en coordonnant les actions particulières de chaque milieu, vers l'obtention des résultats désirables pour tous et perceptibles à tous. Faire renaître la confiance en soi, affirmer la force de la volonté sont, en même temps que la garantie du succès, le secret de notre puissance de demain.

La vie sans l'action ne constitue aucune des conditions nécessaires au développement, ne prépare aucune possibilité de reprise de la lutte économique.

Nous avons le devoir de parler au nom des intérêts de la classe ouvrière, comme nous devons savoir prévoir, pour un lendemain malheureusement encore éloigné, des conditions favorables à la réalisation de nos espérances prolétariennes.

A cet effet, nous soumettons à l'examen, au jugement des organisations confédérées, les principaux points de ce qui, pour nous, doit constituer les préoccupations dominantes du monde ouvrier.

En premier lieu, se place la *réparation des dommages causés par la guerre.* De ces réparations, nous entendons que ne soit pas exclu le *capital-travail*, seule propriété des prolétaires.

Cette question a déjà fait l'objet de discussions au sein du Comité confédéral, du Comité d'action (délégués de la C. G. T. et du Parti socialiste réunis), et c'est le résultat de ces discussions que nous soumettons à votre appréciation.

En seconde place, viennent les *problèmes de la réorganisation du travail et des conditions propres à assurer un développement progressif de nos industries.*

Ne serait-il pas désirable de connaître, pour être mieux armé dans la lutte, les raisons pour lesquelles certaines industries sont restées stationnaires, pourquoi d'autres ont dépéri, disparu de nos centres régionaux.

N'appartient-il pas à la classe ouvrière d'indiquer, en ce qui la concerne plus particulièrement, les remèdes à apporter à une situation dont dépend son avenir.

Les facultés d'observation, les aptitudes d'organisation des membres des groupements syndicaux doivent trouver, dans le cadre de cette question, les moyens de s'affirmer, pour le plus grand bénéfice de tous. Ces indications, produites publiquement, peuvent constituer un stimulant, qui réagira de façon heureuse contre les pratiques de routine et de laisser-aller qui, trop longtemps, ont eu cours dans ce pays.

Préparer une intensification de la production dans tous les domaines, c'est travailler à accroître le bien-être général, c'est favoriser l'obtention de plus grandes et plus profondes améliorations.

Les conséquences financières de la guerre vont peser lourdement sur la vie des peuples. Comment décharger, en partie, notre vie de ce lourd tribut, si ce n'est en poussant à l'exploitation de toutes les richesses du sol et du sous-sol, par des entreprises hardies, audacieuses, en stimulant la mise en activité de toutes les énergies productrices, ainsi que l'application de toutes les ressources créées par le progrès ?

Montrer que cette mise en œuvre de tous les perfectionnements techniques est chose faisable, que par elles surgiront des ressources nouvelles, sans demander au moteur humain, un travail excessif et déprimant, c'est faire œuvre syndicaliste.

Comme troisième point se pose la *question de la main-d'œuvre étrangère.*

La main-d'œuvre nationale, déjà rare hier, se fera encore plus rare demain avec les vides que la guerre aura creusés dans l'armée prolétarienne. De là, nécessité de faire appel, sur une large échelle, à la main-d'œuvre étrangère. Déjà, ce racolage en pays étranger a commencé.

Si nos intentions ne peuvent pas être de nous opposer à la venue de nos camarades des autres pays, nos intérêts nous commandent de réclamer la réglementation de l'immigration, sous des conditions de garantie pour nos salaires et pour le libre fonctionnement de nos organisations syndicales.

L'arbitraire, l'illégalisme qui avaient cours dans le bassin minier et métallurgiste de Meurthe-et-Moselle, et dans différentes autres régions, ne doivent pas, les hostilités terminées, se renouveler sur une plus grande échelle.

La classe ouvrière, qui aura consenti des sacrifices considérables, devra avoir le droit de s'organiser librement, sur le terrain de ses intérêts de classe, sans que le patronat vienne lui opposer, dans son action revendicative, d'autres prolétaires inorganisés, tenus en laisse par une absence complète de libertés et de garanties.

Pour cela, les conditions d'immigration de la main-d'œuvre étrangère doivent être le fait des deux parties intéressées, patrons et ouvriers ; pour cette question, doivent intervenir leurs organisations centrales respectives, sous le contrôle de l'Etat.

L'immigration sera recrutée et dirigée sur les lieux de production, après entente des organismes centraux de chaque prolétariat, sous leur contrôle et avec la garantie réciproque de chaque Etat, pour ce qui concerne ses nationaux.

La question de la main-d'œuvre étrangère, solutionnée sur un autre terrain que celui des principes internationalistes, le serait en dehors de nous et contre nous. Nous avons le devoir de conjurer ce péril redoutable.

Par des chiffres exacts, précis, il nous faut démontrer dans quelle proportion le coût de la vie a augmenté. Réagir contre les tendances qu'ont certains sénateurs et parlementaires à s'opposer à toute mesure indispensable.

Nous devons déclarer que la liberté du commerce ne doit pas constituer, plus encore dans les circonstances présentes, le droit à la spéculation sur le dos des consommateurs. Pour arriver à obtenir les mesures de garantie nécessaires : taxation, fixation d'un maximum, constitution de stocks, nous devons avoir en mains tous les éléments d'une intervention faite au nom des intérêts de tous. A cet effet, nous demandons à chaque organisme régional, local, de nous adresser un rapport détaillé sur le coût des denrées.

Enfin, nous voudrions voir les organisations ouvrières, chacune en ce qui les concerne, nous formuler un programme de mise à l'étude des modifications à apporter dans l'organisation du travail et le recrutement de la main-d'œuvre qui soit un premier pas fait vers la réalisation de la part de la direction qui revient aux travailleurs dans la mise en œuvre de la production.

Exemples : institution de bureaux de placement régionaux et départementaux; connaissement par les organisations ouvrières des cahiers des charges qui lient les entrepreneurs de travaux publics à la commune, au département, à l'Etat et aux administrations publiques ; institution des délégués ouvriers sur les chantiers de travaux publics ; organisation des délégués de fabriques, etc., etc.

Un tel ensemble de problèmes d'actualité, joint à la solution rapide des questions comme celles des *loyers*, du ravitaillement, des pensions aux invalides de la guerre, aux veuves, la prise en tutelle par la nation des orphelins de la guerre, la rééducation professionnelle des mutilés, sur laquelle les Fédérations corporatives se sont déjà prononcées, constitue un programme devant retenir l'attention du monde du travail et susceptible de déterminer un redoublement d'activité qui mettrait fin à l'inertie déprimante.

A son examen, nous convions instamment toutes les organisations. Qu'elles discutent, qu'elles décident, qu'elles nous livrent en des rapports condensés et clairs, le résultat de leurs observations et de leurs décisions, pour que nous puissions harmoniser, coordonner tous ces désirs, afin de constituer des courants capables d'influer sur l'opinion publique et sur les pouvoirs légiférants.

Ce faisant, nous aurons répondu aux espérances de ceux de nos camarades qui sont au front et qui ne comprendraient pas notre inactivité.

Nous ne voulons pas, en demandant cet effort justifié, faire croire aux organisations qu'il nous sera possible de solutionner favorablement tous ces points ; nous voulons simplement leur demander de marquer leur volonté de commencer la lutte, de prendre date, pour qu'un jour prochain nous puissions, avec force et conscience, réclamer ce à quoi nous avons droit.

Dans l'espérance de voir chacun se mettre sérieusement à la besogne, recevez, camarade, notre salut fraternel et syndicaliste.

Pour la C. G. T. :

Le Secrétaire, L. JOUHAUX

N.-B. — Le Comité confédéral a également décidé l'organisation d'une tournée générale à travers tous les centres ; les délégués auront mandat de s'entretenir avec vous de ce programme d'action et de vous indiquer dans quel sens vos efforts doivent se porter.

L. J.

Deuxième tournée de propagande

Soucieux de stimuler l'action, le Comité confédéral, voulant parfaire l'œuvre indiquée dans sa précédente circulaire, organisait une seconde tournée de conférences.

Par l'avis suivant, il portait cette décision à la connaissance des organisations :

Paris, le 26 novembre 1915.

CAMARADE SECRÉTAIRE,

Conformément à la décision prise par le Comité confédéral — organisation d'une tournée — vous êtes compris parmi les villes devant être visitées.

Vous voudrez bien, en conséquence, convoquer soit les membres militants de vos organisations, bureaux des syndicats, si vous croyez qu'une réunion plus élargie n'aurait pas de chance de succès, soit dans l'autre cas, tous les syndiqués non mobilisés, par voie de circulaires. Les circulaires pourront être adressées, par vos soins, directement ou par ceux des syndicats.

L'ordre du jour de ces conférences est contenu dans la circulaire que vous avez reçue contenant le programme d'action du mouvement syndical, nous y ajoutons la question de la main-d'œuvre féminine.

Il est inutile de vous rappeler longuement que ces conférences doivent avoir un plein succès, pour cela aucun élément de réussite ne doit être négligé.

Sûr que vous comprendrez l'effort à faire en raison des résultats à obtenir, recevez, camarades, notre salut fraternel et syndicaliste.

Pour la C. G. T. :
Le Secrétaire,
L. JOUHAUX.

Le 1er Mai 1916

Poursuivant son but de réalisations positives, le Comité confédéral se saisissait de la date du 1er Mai pour rappeler aux Syndicats la nécessité de coordonner départementalement leurs efforts et pour orienter l'action vers les problèmes que posaient les circonstances.

Les congrès d'Unions départementales lui semblaient d'une utilité incontestée et il en préconisait la tenue, de même qu'il invitait les organisations à se préoccuper des problèmes de demain, qui, résolus dans le sens des conceptions ouvrières, constitueraient des garanties de stabilité pour la paix de demain.

A cet effet, il adressait la circulaire ci-dessous :

AUX UNIONS DE SYNDICATS,
AUX BOURSES DU TRAVAIL,
AUX SYNDICATS.

La date du 1er Mai ne peut pas passer indifférente pour les masses ouvrières organisées.

Si terribles que soient les heures que nous vivons, si grandes soient les douleurs qui nous étreignent, nous devons continuer à porter nos regards vers l'avenir, nous avons l'obligation de préparer demain.

Pour agir dans ce sens, le Comité confédéral a pensé qu'il était utile d'indiquer aux Bourses du Travail et aux Unions départementales qu'il y avait lieu d'organiser des petits congrès régionaux, dont la conséquence immédiate, serait de renouer les relations entre les organisations syndicales d'une même Union départementale et ainsi de créer une renaissance syndicale.

Les Unions locales, les Bourses du Travail, les Unions départementales sont, pendant trop longtemps, restées isolées les unes des autres.

La vie syndicale, s'est de ce fait considérablement ralentie et le peu de puissance d'action que la guerre nous a laissé, s'est trouvé éparpillée, disséminée sans grande influence, sur le cours des événements.

Outre les problèmes d'actualité qui se posent à l'esprit des militants et à l'activité des organisations, nous approchons de l'époque où il nous faudra affirmer nettement et énergiquement notre point de vue sur les conditions de paix.

Notre influence ne sera effective, qu'autant que, dans chaque centre, les organisations se seront soudées entre elles, qu'autant qu'il y aura communauté d'action.

Les événements actuels sont pour nous une dure leçon, ils nous montrent l'obligation de rester unis et d'agir collectivement, malgré les divergences de conceptions ou de points de vue.

Demain, ne doit pas nous trouver désunis, impuissants pour agir dans le sens de notre idéal international.

Ce sont toutes ces considérations majeures qui ont dicté la décision du Comité confédéral de faire appel à tous pour la tenue de congrès départementaux.

Ces congrès ou conférences pourraient avoir lieu dans la semaine qui précède le 1er Mai, ou dans celle qui le suit, voire même pendant le cours du mois de mai.

Mais nous insistons pour que cette date soit marquée par un réveil ouvrier et par une affirmation très nette de ne pas rester inactif.

A l'ordre du jour, pourrait utilement être inscrites, en plus des conditions de reconstitution des Unions, les questions de la vie chère, main-d'œuvre étrangère et main-d'œuvre féminine.

Le numéro spécial de la *Voix du Peuple* donnera à chacun des rapports sur ces problèmes dont la solution s'impose, en même temps que des indications sur les clauses ouvrières à insérer dans le traité de paix.

Nous sommes assurés que tous, vous comprendrez la nécessité de l'effort qui vous est demandé et, que dès maintenant, vous allez vous mettre à l'œuvre pour la réaliser.

Dans cet espoir, recevez, camarades, avec nos encouragements, nos vœux les plus ardents pour la fin la plus rapide de l'atroce guerre.

Vive l'*Organisation Ouvrière* ;
Vive l'*Internationale Ouvrière*.

Pour la C. G. T. :
Le Secrétaire,
L. JOUHAUX.

Le Comité éditait, comme l'année précédente, un numéro spécial de la *Voix du Peuple*, portant la manchette « La Confédération convie les organisations à agir », et contenant un exposé des principaux problèmes avec leurs solutions possibles.

A l'occasion de ce 1er Mai, le Comité eut une réunion spéciale à laquelle assistaient les camarades O'Grady et Appleton, de la General Federation des Trades-Unions, Rigola et Quaglino, de la Confédération Italienne, et Gaspar, représentant la Commission Syndicale belge.

C'est à cette réunion que se décida la Conférence internationale des pays alliés, qui se tint à Leeds (Angleterre).

La main-d'œuvre étrangère

Cette question s'était posée avant la guerre, les circonstances actuelles en rendent sa solution plus impérieuse. Déjà, la Commission mixte du département de la Seine avait accepté le rapport qu'à ce sujet nous lui avions présenté. Mais chaque jour de guerre augmentant les besoin des production, toujours plus nombreux arrivaient les travailleurs des autres pays. Le recrutement ne se limitait plus aux seuls pays neutres européens, restés en dehors de la guerre, on allait recruter jusqu'en Chine.

Nous apprîmes que devaient incessamment arriver dans ce pays 50,000 ouvriers chinois, recrutés en dehors de toute garantie.

Le Comité, par son Secrétaire, intervint auprès du gouvernement contre ce fait. Il fut assez heureux d'obtenir que cet envoi fût limité à 5,000 travailleurs réservés exclusivement pour les arsenaux.

En même temps fut constituée la Commission interministérielle de la main-d'œuvre étrangère.

Le Secrétaire confédéral fut appelé à siéger au sein de cette Commission ; il s'y rendit après approbation du Comité.

Son action s'exerça surtout pour sauvegarder les droits et les libertés des ouvriers en général. C'est ainsi qu'il intervint pour empêcher que des mesures de police, que l'on considérait comme nécessaires, ne viennent profiter encore aux patrons exploiteurs. Par ses interventions et celles de ses camarades, la Commission admit et réalisa l'idée d'imposer pour les contrats d'engagement le salaire courant et normal et les conditions en usage dans la profession et la région.

Par cette Commission, nous avons obtenu la revision complète du premier contrat d'engagement des travailleurs chinois, qui seront désormais, pour un nombre limité et pour une durée déterminée, recrutés par les éléments républicains et révolutionnaires chinois.

Les camarades de ces organisations républicaines et révolutionnaires ont pris l'engagement que les ouvriers chinois recrutés par eux le seraient avec soin, que ce recrutement ne porterait que sur les élément les plus avancés et que leur but était uniquement, en même temps que d'aider aux besoins de la défense nationale de ce pays, de former des adeptes aux idées démocratiques et des agents de l'influence française en Chine.

Un autre danger de guerre menace le monde, nous dirent ces camarades, c'est le Japon ; ce danger ne peut être évité qu'à la condition que la Chine se développe socialement dans des idées de pacifisme. Nous comptons beaucoup pour cette propagande sur ceux des nôtres qui passeront en France et qui reviendront développer les idées acquises parmi nos populations.

Ajoutons, pour terminer, ce paragraphe que, par lettre du ministre du Travail, nous avons l'engagement du gouvernement « que la main-d'œuvre étrangère ne sera jamais un obstacle au travailleur retour du front pour reprendre sa place à l'usine, à l'atelier, au chantier, au bureau, à l'exploitation agricole ».

Le gouvernement a également pris l'engagement « d'employer la main-d'œuvre exotique en surnombre, à la cessation des hostilités, dans les colonies ».

Mentionnons encore que nous avons obtenu, pour la main-d'œuvre coloniale et exotique, l'institution d'écoles dans lesquelles le français serait appris à ces travailleurs.

Par nos efforts, cet appel à la main-d'œuvre peut-être, si nous savons veiller, contrôler et agir, une source de développement démocratique dans le monde, un relèvement des races considérées comme inférieures.

Poursuivant la réalisation du contrôle ouvrier de la main-d'œuvre étrangère, le Comité confédéral déléguait son Secrétaire pour se rencontrer avec Vicente Bario, secrétaire de l'Union générale des Travailleurs d'Espagne, dans le but de conclure un accord entre les deux organisations centrales.

Ci-dessous, le texte de cet accord, qui complète ceux déjà pris avec les organisations italiennes et qui nous permettront, si nous savons vouloir, de ne plus être, demain, dans le domaine de l'incohérence et de l'impuissance :

La C. G. T. de France et l'Union générale des Travailleurs d'Espagne, se sont mises d'accord pour contrôler l'émigration espagnole en France.

Par l'entente entre les deux organisations centrales, l'Union générale des Travailleurs servira d'intermédiaire pour le recrutement de la main-d'œuvre en Espagne, pour la France.

A cet effet, le gouvernement français donnera les garanties de liberté syndicale et de droit public pour les ouvriers émigrants et imposera aux patrons l'insertion dans les contrats des mêmes conditions de salaires et de travail, en usage dans les professions et les régions.

Pour le recrutement, l'Union générale des Travailleurs recevra par la C. G. T. française, les conditions d'heures de travail et de salaires par profession et par région. Elle les portera par le canal de ses organisations professionnelles et régionales, à la connaissance des ouvriers pouvant émigrer. Les organisations professionnelles et régionales espagnoles fourniront tous les renseignements et indications nécessaires à l'émigrant, pour le respect de ses droits et de ses libertés syndicales.

Elles dirigeront les émigrants sur les bureaux d'émigration, institués par l'Union générale des Travailleurs.

Deux bureaux d'émigration seront installés l'un à Saint-Sébastien, l'autre à Port-Bouc ou dans la région.

Ces deux bureaux donneront aux émigrants le lieu du siège de l'Union des Syndicats de la région française, dans laquelle se rend l'ouvrier, ainsi que le nom du secrétaire. Ces bureaux appliqueront sur la carte de l'émigrant le timbre de l'Union générale des Travailleurs. Ce timbre permettra aux organisations françaises de reconnaître l'émigrant et de lui donner aide et assistance dans tout ce qu'il pourra avoir besoin.

Les émigrants espagnols, à leur arrivée en France, se mettront en rapport avec les organisations professionnelles et régionales, appartenant à la C. G. T.

Les ouvriers émigrants espagnols jouiront du double contrôle et de la double défense des organisations ouvrières françaises et espagnoles.

Sous la double garantie des droits et des libertés syndicales et des conditions de salaires et de travail — garanties contrôlées par les organisations ouvrières — l'Union générale des Travailleurs d'Espagne pourra répondre de la valeur professionnelle et de la moralité des ouvriers. Sous cette même double garantie, la C. G. T. acceptera et défendra la main-d'œuvre espagnole en France.

Saint-Sébastien, le 28 octobre 1916.

Vicente Bario. L. Jouhaux.

La Commission du travail du ministère des Munitions.

Dans le but d'examiner tous les problèmes posés par l'intensification de la production, une Commission fut constituée au ministère des Munitions. Appelé à y participer, le Secrétaire confédéral accepta, après décision du Comité.

Dès la première séance, le sous-secrétaire d'Etat des Munitions, Albert Thomas, déclara que le rôle qu'il attribuait à cette Commission était « de l'aider à revenir aux moyens normaux et courants et de rétablir l'équilibre des salaires ».

Par une lettre, le Secrétaire confédéral fit connaître au sous-secrétaire d'Etat aux Munitions « que le travail de la Commission ne devait pas se borner à l'examen des questions se rapportant au personnel des établissements de l'Etat, mais qu'il devait s'étendre aux ouvriers de toutes les usines travaillant actuellement pour la guerre ».

Dans sa réponse, le sous-secrétaire d'Etat répondait affirmativement sur la question posée.

Cette Commission, qui n'a tenu que quelques sessions de deux jours, s'est affirmée :

1° Sur le relèvement des bas salaires dans les arsenaux et par extension dans toutes les usines de guerre ;

2° Sur l'emploi des mutilés de la guerre, en ne leur demandant que des travaux en rapport avec leurs forces physiques et à salaire égal avec avec les ouvriers de même emploi ;

3° Sur le respect des tarifs établis et sur leur relèvement par une prime de vie chère ;

4° Sur l'installation d'habitations ouvrières, confortables et hygiéniques ;

5° Sur l'institution de restaurants ouvriers ;

6° Sur la création de services médicaux et pharmaceutiques dans toutes les usines de munitions ;

7° Sur les conditions d'emploi des femmes et des enfants dans les industries de guerre ;

8° Sur l'application des mesures d'hygiène et de garantie pour tous les travailleurs et plus spécialement pour les femmes;

9° Sur les moyens de transport des ouvrières et ouvriers du lieu de résidence au lieu de travail ;

10° Sur l'application stricte des lois sociales dans les usines de guerre.

La Commission nationale de placement

Comme suite à l'acceptation de l'idée d'organisation du placement dans ce pays, le ministre du Travail constitua une Commission nationale de placement chargée de diriger et de coordonner l'action des offices départementaux de placement.

Dans cette Commission siègent des représentants du mouvement ouvrier, leur tâche est de sauvegarder les intérêts des travailleurs et les droits acquis des organisations ouvrières.

Cette Commission est en même temps la Commission supérieure de la main-d'œuvre étrangère et nous devons dire que le statut du règlement de cette question est, à peu de choses près, le rapport accepté à ce sujet par la C. G. T.

Là encore, si les organisations devaient se reposer entièrement sur le travail de cette Commission pour obtenir l'application et l'observation des droits acquis, il n'y aurait que moitié du travail de fait. C'est à l'énergie, à la perspicacité, à la vigilance des syndicats ouvriers qu'il appartient de passer du domaine de la théorie à celui de la réalisation pratique.

La Conférence nationale de décembre 1916

Une nouvelle conférence nationale des Fédérations, des Unions départementales et des Bourses du Travail se tint à Paris les 24 et 25 décembre 1916.

Le débat porta à nouveau sur l'attitude et l'action du Comité confédéral pendant la guerre.

Ce dernier se vit approuvé par :

Fédérations	31
Unions départementales	26
Bourses du Travail	42
Total général	99

6 Fédérations, 8 Unions, 12 Bourses ont voté contre, soit 26 organisations; 2 Fédérations, 5 Unions, 1 Bourse se sont abstenues, soit 8 organisations; 1 Fédération, 2 Unions, 1 Bourse n'ont pas pris part au vote, soit 4 organisations.

Les rapports sur les conditions de reprise du travail, sur les salaires ont été adoptés à mains levées.

Enfin, la Conférence a adopté à l'unanimité la motion suivante :

La Conférence des Fédérations nationales corporatives, des Unions de Syndicat, des Bourses du Travail; prenant acte de la note du président des Etats-Unis, invitant simultanément toutes les nations actuellement en guerre, à faire connaître par une déclaration publique leurs vues respectives quant aux conditions auxquelles la guerre pourrait être terminée.

Demande au gouvernement français de répondre favorablement à cette proposition.

Elle l'invite à prendre l'initiative d'une démarche identique auprès de ses alliés afin de hâter l'heure de la paix.

Elle déclare que la Fédération des Nations, qui est un des gages d'une paix définitive, ne saurait être assurée que pour l'indépendance, l'intégrité territoriale et la liberté politique et économique de toutes les nations, petites et grandes.

Les organisations représentées à la Conférence prennent l'engagement d'appuyer et de propager cette idée dans la masse des travailleurs, afin que cesse une situation d'incertitude, d'équivoque, seulement favorable à la diplomatie secrète, contre laquelle toujours la classe ouvrière s'est élevée.

Ravitaillement et production.

Au début de 1917, la circulaire suivante fut publiée à propos de l'organisation de la production agricole et de la consommation :

Le Comité confédéral, profondément ému, à la fois par l'insuffisance d'organisation pour atténuer la crise alimentaire et l'absence de moyens énergiques propres à neutraliser l'abus de la spéculation qui a causé la hausse des produits indispensables à la vie pendant la guerre, porte à la connaissance du pouvoir, du Parlement et de l'opinion publique les mesures efficaces et rapides qui, selon lui, peuvent être prises pour n'être pas acculé à une situation de tension extrême.

Il déclare qu'en recourant aux méthodes d'organisation qui n'ont cessé d'être indiquées, on peut encore prévenir un danger, qui ne peut que s'accroître dans l'état présent d'inorganisation.

La mobilisation des hommes, la réquisition des moyens de transport et de locomotion, chevaux, bétail, véhicules, ont complètement détruit la vie rurale. l'application du principe « tous aux armées » a eu dans ce pays, foncièrement agricole, comme répercussion de laisser une grande partie des terres incultes, réduisant ainsi le rendement des céréales, des fourrages, des tubercules, des racines potagères et sucrières, du vin et de l'élevage, enfin de tout ce qui est de première nécessité pour la vie humaine.

L'insuffisante récolte mondiale de blé aggrave cette situation au point d'inquiéter pour la soudure de la récolte en août prochain.

Trop compter sur l'importation, rendue de plus en plus difficile par la guerre sous-marine, est ménager au pays de grandes et dangereuses difficultés.

Quelle sera la situation l'année prochaine si rien ne vient corriger l'incurie administrative et le découragement des paysans, vieillards, femmes et enfants, abandonnant la culture d'une partie de leurs terres, parce que impuissants à tout faire ?

Retarder d'une heure les solutions à intervenir est commettre une faute grave.

Les méthodes de fortune ont fait leurs preuves, il est indispensable, vital, de recourir à des formes d'organisation plus rationnelles, plus productives.

Les grands domaines agricoles et viticoles ont eu, dans la plupart des cas, les bras les plus indispensables pour mettre les terres en rendement. Des permissions agricoles, des prisonniers, des étrangers ont permis, dans ces grands domaines, d'y faire une culture relativement importante, quoique beaucoup des gens employés aient été incompétents dans ces travaux. Mais chacun sait que la moyenne et la petite propriété, de beaucoup la plus nombreuse, est, faute de moyens mis à sa disposition, restée en grande partie inculte.

Cette situation ne peut s'éterniser, encore moins s'aggraver. Sur ce terrain, il faut surtout compter sur soi-même et prendre, en conséquence, toutes dispositions utiles.

La pénurie de matériel industriel et de munitions de guerre a été conjurée par le rappel des armées, même des unités du front, des ouvriers professionnels, Les munitions de bouche ont une importance égale pour les résultats de la guerre.

Les pouvoirs ont déjà trop tardé à prendre les mesures urgentes et impérieuses. que commande la situation.

La C. G. T. faillirait à sa mission envers les travailleurs, tous les travailleurs si, en face du danger, elle ne jetait son cri d'alarme.

Réquisitionner les terres en friche est une chose nécessaire, assurer la mise en valeur de toutes les terres en est une autre.

La petite et la moyenne culture doivent être immédiatement aidées, secourues, afin de donner le plein rendement d'une récolte dont l'urgence se fait sentir.

On doit regretter que les mesures pour les semailles de blé n'aient pas été prises, il y a un an. Aujourd'hui, les semis du printemps n'ont pas, pour l'alimentation humaine, les mêmes résultats ; l'avoine, l'orge ont d'autres utilités.

Mais il y a à utiliser les nombreuses terres délaissées, à les préparer à l'ensemencement des pommes de terre, des racines potagères et particulièrement des betteraves à sucre, que l'on pourrait cultiver dans les régions où existent des fabriques de sucre de betteraves. Il faut également préparer la terre pour les semailles d'automne, la récolte future doit être moins déficitaire que les précédentes.

Pour cette mise en culture de la plus grande quantité de terrain, il faut des professionnels de la terre, ceux-mêmes qui connaissent les lieux, la nature du sol et de son ensemencement.

Ces professionnels il faut les aller chercher où ils se trouvent, parmi les paysans mobilisés, moyens et petits propriétaires, ouvriers agricoles, fermiers et métayers.

Mettre en sursis d'appel les paysans R. A. T., même certaines classes territoriales et auxiliaires, est chose indispensable pour aboutir.

La devise doit être : « Faire rendre à la terre tout le possible ».

Les communes doivent, avec l'aide de l'Etat, organiser le travail de préparation, fournir les instruments aratoires, les moyens de locomotions, les engrais, les semences, surveiller les façonnages et s'organiser pour les récoltes qui doivent être communes. Les charrons, forgerons, maréchaux-ferrants devront être mis à la disposition des communes pour assurer l'entretien des outils aratoires.

Ainsi seulement, l'on pourra pousser à une production intensifiée, faite dans un but d'intérêt national et social.

Toute autre mesure, consistant à fournir pour les travaux des champs des hommes inexpérimentés, pris dans les dépôts, les sections et services auxiliaires, aurait un résultat illusoire, car, nous le répétons, ce sont des professionnels qu'il faut.

Cette organisation indispensable doit être réalisée sur l'heure, elle ne doit cependant pas exclure l'examen de l'état des ressources alimentaires. Il faut attendre les récoltes prochaines.

Pour cela, des mesures s'imposent également !

Le gâchis, le gaspillage, la trop grande prodigalité des classes fortunées doivent être réfrénés, abolis.

Le peuple ne doit pas payer de la faim, l'absence de mesures préventives élémentaires.

L'organisation de la consommation doit être réalisée, non selon les disponibilités financières de chacun, mais en tenant compte des besoins réels de chaque famille.

Il est inadmissible d'admettre que les foyers ouvriers pâtiront pendant que les foyers fortunés continueront à vivre à peu près normalement.

C'est un devoir national, de réglementer dès à présent, par des mesures appropriées, la consommation de tous, sur toute l'étendue du territoire.

Plus de laisser-faire, plus de laisser-aller, des mesures équitables, justes et énergiques, s'appliquant à tous, quelle que soit la situation sociale occupée.

L'égalité absolue de tous devant les exigences de la situation, le sacrifice de tous à l'intérêt général.

C'est à ce prix et à ce prix seulement que nous pourrons surmonter les difficultés qui s'annoncent considérables pour un avenir rapproché.

La C. G. T., en apportant cette requête au pouvoir, au Parlement, à l'opinion publique, n'envisage qu'un mieux pour tous nos nationaux et pour nos armées des moyens qui hâteront l'heure des résultats heureux pour la paix.

LE COMITÉ CONFÉDÉRAL.

Le Comité confédéral a de plus publié la déclaration que voici.

Le Comité confédéral, devant la situation présente, déclare que seule une politique économique s'inspirant des intérêts généraux et appliquée énergiquement, est le remède au mal présent.

Politique énergique.

Plus de laisser-faire, plus de passe-droit, tous égaux devant les nécessités actuelles, telle doit être la formule du gouvernement sur le terrain du ravitaillement.

Toute autre conception aboutirait inévitablement à l'aggravation des difficultés et à nous acculer à la disette.

Ravitaillement.

Déjà nous avons dit que la production agricole était aussi nécessaire que celle des munitions ; que dans ce domaine, seuls les professionnels étaient susceptibles de faire donner à la terre son rendement maximum.

L'utilisation de toutes les capacités professionnelles, d'après la formule « chacun à sa place », — ce qui est le contraire de la mobilisation civile, — aurait été la sauvegarde de la nation, elle reste encore combinée avec une répartition égale pour tous, le salut.

Un premier point doit être immédiatement solutionné : assurer la soudure entre les deux récoltes.

Comment y arriver ?

Il n'est pas possible de compter exclusivement sur les importations, de plus en plus réduites par la guerre sous-marine.

Il convient cependant de défendre nos transports de ravitaillement, en convoyant et en armant efficacement les navires transporteurs, en assurant surtout une plus grande part d'initiative au commandement et au personnel de la marine marchande.

Mieux que quiconque, par une expérience acquise au cours de ces trois années, le personnel naviguant est apte à parer aux dangers de la guerre sous-marine.

Ceci réalisé, les importations réglementées, il faut appliquer les mesures de réquisitions aux stocks de l'intérieur, ordonner leur utilisation la plus rationnelle et établir leur répartition la plus équitable.

Il ne doit plus exister un seul grain de blé inutilisé, quand la vie de la nation est en jeu.

Le gouvernement, ayant par devers lui les moyens de recherche, a pour devoir impérieux de faire sortir tout ce qui se cache dans l'unique but de spéculation.

L'augmentation du coût de la vie doit être enrayée par la taxation générale à la base.

La régularisation des prix de vente et la répartition égale des produits nécessaires à l'existence de tous peuvent être obtenues par la diffusion du système coopératif et par l'établissement des magasins communaux.

Toutes les mesures de restriction de la consommation ne peuvent être prises qu'à la condition essentielle que la preuve soit faite de leur absolue nécessité et que la réglementation s'applique à tous.

L'ordonnancement de l'abatage du bétail, excluant l'utilisation pour le ravitaillement des bêtes trop jeunes, est de beaucoup la mesure la plus efficace pour la conservation du cheptel national.

Il serait, d'autre part, dangereux de ne pas tenir compte des besoins particuliers des centres industriels. Pour produire, l'ouvrier a besoin de se substanter normalement.

Ceci est pour le présent. Pour l'avenir, il importe de prévoir.

Production.

Il est possible d'augmenter la production en app. quant dès maintenant les mesures que la C. G. T. n'a cessé de réclamer.

Dans le domaine agricole, que l'on rende à la terre les professionnels, tous les professionnels qui, connaissant les lieux, la nature du sol et de son ensemencement, seront capables d'obtenir le meilleur rendement.

La mise en valeur de toutes les terres en friche est chose nécessaire. Pour cela, les communes doivent, dès maintenant, avec l'aide de l'Etat, organiser le travail de préparation, se prémunir des instruments aratoires, des moyens de locomotion, des engrais, des semences, développer les systèmes d'association, qui trouveront un emploi utile pour les récoltes prochaines et leur battage.

Les produits du sous-sol.

Pour le charbon, notre sous-sol peut fournir une quantité plus considérable de combustible et de minerais, à condition que :

1° La nation exploite pour elle la totalité des matières contenues dans son sous-sol ;

2° Que cette exploitation soit intensifiée par l'application de la technique moderne ;

3° Que les mines soient outillées et approvisionnées de matériaux ;

4° Que le temps de l'ouvrier soit utilisé de façon qu'il puisse donner son maximum de rendement dans le délai le plus court, par l'application des trois postes de huit heures, dont deux d'extraction et un de réparation ;

5° Que l'ouvrier ait sa place marquée dans la gérance de l'exploitation, dont il est un facteur de développement ;

6° Que les spéculateurs soient poursuivis et les profiteurs du bien national écartés.

Transports.

Il convient également de remédier au mauvais état des transports.

« Si aucun grain de blé ne doit rester inutilisé », on peut dire avec la même force qu' « aucun wagon ne doit rester inemployé ».

Qu'il y a lieu d'établir immédiatement des rapports entre les lignes principales, les lignes secondaires et les voies fluviales. Que quantité de camions automobiles pourraient être employés pour établir la jonction entre les gares de chemins de fer et les gares d'eaux.

Qu'enfin une mesure s'impose, la suppression des commissaires militaires des gares.

Que les cheminots, par l'organe de leur Fédération nationale, aient voix délibérative pour l'exploitation des réseaux comme pour l'élaboration des règlements. Ainsi d'utiles indications seront données par les intéressés sur les réparations immédiates à faire au matériel, sur la meilleure utilisation des locomotives, sur les moyens d'obtenir le plus grand rendement — sans surmenage — du personnel du service roulant ; ainsi seulement l'on pourra éviter d'être bientôt acculé à une crise de matériel et de main-d'œuvre, crise irréparable.

Marine.

Pour les transports maritimes, il ne peut y avoir qu'un seul cri : construction !

Construisons pour nos nécessités d'aujourd'hui, construisons pour notre développement de demain.

Notre marine marchande est fortement atteinte, elle est insuffisante pour assurer nos ravitaillements, elle le sera plus encore demain.

Enfin, dans ce domaine, aussi s'impose une liaison entre tous les systèmes de transports, c'est pourquoi, en présence de la crise, nous réclamons la construction de l'organisme qui pourra juger d'ensemble et conséquemment pourra faire œuvre effective.

La direction générale des transports et manutentions s'impose.

Appel aux organisations syndicales.

Le Comité confédéral, convaincu que la réalisation de ces mesures immédiates et d'avenir permettrait de solutionner les graves problèmes actuels, demande aux organisations syndicales de faire campagne en leur faveur et au parlement et au gouvernement de les examiner attentivement et surtout d'en appliquer les principes essentiels.

Le Comité confédéral déclare que, si faute d'avoir pris les mesures nécessaires le gouvernement se trouvait en face d'une situation empirée, sa responsabilité serait, quant à lui, entièrement dégagée.

LE COMITÉ CONFÉDÉRAL.

La propagande

Ne voulant à aucun prix négliger la besogne de recrutement, le Comité confédéral, dans sa séance du 25 janvier 1917, décidait que la circulaire ci-après serait envoyée aux Unions de Syndicats et aux Bourses du Travail :

CAMARADES,

Les nécessités d'une propagande de recrutement plus intense, apparaissent chaque jour plus impérieuses.

Non seulement, il convient de secouer l'apathie des Syndicats depuis trop longtemps endormis, de redonner vie à ceux disparus ; mais il faut créer de nouvelles organisations, dans les centres industriels, nés de la guerre.

Il faut toucher tous les travailleurs, hommes et femmes, afin de les organiser.

Pour cela, une action méthodique et continue doit être sur l'heure entreprise, avec le concours de tous.

C'est pour établir avec précision, les bases de cette action que nous venons vous demander de bien vouloir répondre au questionnaire suivant :

1° Quel est l'état des organisations dans votre région ;

2° Nomenclature des Syndicats ayant une vie à peu près normale ;

3° Nomenclature des Syndicats n'ayant qu'une vie réduite ;

4° Causes de la stagnation, remèdes possibles selon vous, camarades, sur lesquels nous pouvons compter ;

5° Nomenclature des Syndicats dissous, les ouvriers de ces professions ont-ils tous disparu, état moral de ceux qui restent, ressources possibles pour les réorganiser ;

6° Centres industriels nouveaux dans votre région, nombre des ouvirers y employés, état d'esprit, possibilité de propagande, camarades sur lesquels on pourrait compter ;

7° Industries en voie de reprise ou susceptibles de renaissance à bref délai ;

8° Quelles sont vos perspectives sur l'industrialisation de votre région, dans quel sens industriel, à quels lieux, vos raisons sur ces pronostics ;

9° Etat des salaires par catégories de travail et par centre, dans votre région, coût moyen de la vie ;

10° Quels sont les camarades sur lesquels nous pouvons compter pour une propagande méthodique et positive, indiquer la profession à laquelle ils appartiennent.

Sûr que vous comprendrez, camarades, l'importance des renseignements demandés, recevez notre salut fraternel et syndicaliste.

Le Secrétaire,
L. JOUHAUX.

N.-B. — Y a-t-il des chômeurs, hommes ou femmes, dans votre région, quel nombre, quelles professions ?

Complétant cette circulaire, le Comité confédéral, par l'appel ci-joint, demanda aux organisations syndicales de formuler leur avis sur les conditions générales de la Paix, afin que la C. G. T. puisse utilement orienter son action :

AUX FÉDÉRATIONS NATIONALES CORPORATIVES,
AUX UNIONS DÉPARTEMENTALES DE SYNDICATS,
AUX BOURSES DU TRAVAIL.

CAMARADES,

Le Comité confédéral, dans sa séance du 25 janvier dernier, a eu à examiner a nouvelle proposition de l'A. F. of Labor, tendant à ce que « tous les groupements nationaux ouvriers fussent, par une délégation officielle adjointe à la délégation nationale de chaque pays, représenté au Congrès de la Paix ».

Le Comité, tout en regrettant que l'A. F. of Labor, ait abandonné sa première proposition : « Tenue d'un Congrès international aux mêmes lieu et date que le Congrès de la Paix », a cru devoir accepter cette seconde proposition, en y mettant comme condition essentielle que les délégations ouvrières auraient préalablement au Congrès de la Paix, une Conférence internationale.

Cette procédure permettrait de réaliser, sous une forme différente la première proposition de l'A. F. of Labor. Ainsi les délégués ouvriers pourraient se mettre d'accord sur les clauses et les points généraux qu'il est indispensable de faire insérer dans le futur traité de paix, afin d'aboutir à une paix durable et d'assurer à l'Internationale ouvrière un développement continu et progressif.

A cette occasion, le Comité confédéral demande aux Fédérations, aux Unions et aux Bourses de formuler leur avis sur les conditions générales de la Paix.

Il doit apparaître nécessaire à tous que cette guerre ait comme conclusion : la création de la Fédération des Nations et l'institution de l'arbitrage obligatoire pour tous les conflits entre peuples.

Toute autre conclusion ne ferait que continuer l'état de dualité entre les nations, d'engager, par répercussion, les peuples dans la voie des sur-armements et de perpétuer les causes de guerre à travers le monde.

La classe ouvrière se doit à elle-même, à sa mission, de mettre un terme à l'extension du militarisme, de barrer la route aux conflagrations et de bâtir par la libre coopération de tous les peuples, une Société humaine, ayant bannie toute idée de conquête et d'hégémonie et acquise au seul développement du progrès social.

Il est inadmissible que demain ce soit encore le régime de la force qui domine le monde.

L'Humanité doit, par la paix féconde, prétendre à une civilisation vraiment supérieure.

Pour aboutir à ce résultat hautement humain, le prolétariat doit agir. C'est pour engager cette action dont la conclusion doit être la reconnaissance, par le Congrès de la Paix, des conceptions qui sont nôtres, que nous vous demandons de nous faire connaître votre pensée, celle de vos adhérents, sur les conditions générales des rapports entre les peuples, après la tourmente actuelle.

Nous sommes assurés que vous comprendrez l'utilité de cette consultation et que vos réponses constitueront la base de notre intervention énergique, auprès des gouvernants, pour que la paix prochaine marque la fin de toutes ces guerres.

Dans cette espérance, recevez, camarade, notre salut fraternel et syndicaliste.

Pour le Comité confédéral,

LE SECRÉTAIRE,

P.-S. — Nous croyons également devoir soumettre à votre appréciation, la proposition suivante :

La C. G. T. ferait campagne pour qu à la signature de la Paix, le gouvernement français prenne l'initiative d'une proposition d'amnistie générale internationale, en faveur de tous les condamnés politiques de la guerre.

La Révolution russe

Le Comité confédéral salua en ces termes la Révolution russe qui, en mars 1917, jeta bas le tsarisme russe :

Au Prolétariat Russe,

Le Comité confédéral, représentation de la classe ouvrière française organisée, adresse l'expression de sa sympathie fraternelle et l'hommage de son admiration au Conseil des ouvriers russes, pour la persévérance et les sacrifices consentis par le prolétariat russe, en vue de l'avènement de la Révolution, jetant bas le pouvoir autocratique et absolutiste des tsars.

Nous admirons l'audace du prolétariat russe qui, en quelques jours, a réalisé contre l'ancien régime du tsarisme la plus grande conquête de liberté pour un monde nouveau.

Nous souhaitons ardemment saluer l'avènement de la République sociale libérant politiquement et économiquement les travailleurs russes.

Avec un profond respect, nous nous inclinons devant les tombes des martyrs russes, ceux du passé qui, de leur sang, ont semé les idées révolutionnaires, patrimoine précieux, que les héroïques combattants de Mars 1917 ont recueilli pour le répandre dans tous les prolétariats.

En proclamant l'autonomie et l'indépendance des nations polonaise, arménienne et finlandaise ; en établissant pour tous les peuples de Russie, sans distinction de race et de religion, l'égalité de droits, de libertés et de devoirs ; en affirmant par la voix du citoyen Kerensky, votre seul désir d'internationalisation des détroits, rejetant tout but de conquête sur Constantinople, vous avez grandi en nous notre espoir d'une paix prochaine et définitive, basée sur le droit, sur l'institution de l'arbitrage international obligatoire et sur la disparition de tout esprit de domination.

La confiance que vous témoignez à votre Comité exécutif pour la conduite à observer à l'égard de votre gouvernement provisoire et dans la direction des affaires publiques et de la guerre, nous apparaît heureuse pour tous les peuples

Les déclarations du citoyen Tcheidze : « Nous sommes résolus à défendre la liberté contre les atteintes réactionnaires intérieures et extérieures » sont pour nous la garantie que les résultats acquis seront conservés par la collaboration unie de tout le prolétariat russe, en vue de la continuation de l'œuvre émancipatrice en marche.

La Révolution russe, qui n'est pas à son terme définitif, doit soulever dans le peuple allemand des aspirations fécondes de liberté et de paix sans hégémonie ni conquête.

La classe ouvrière allemande doit comprendre que sont maintenant disparus les dangers slaves, tant clamés par les hobereaux prussiens pour l'entraîner dans la guerre et que la forme de son gouvernement est présentement la plus arbitraire du monde.

Les bienfaisants résultats de la Révolution russe nous font augurer la participation de tous les peuples à la constitution de la Société des Nations, ayant à sa base le droit de tous les peuples à disposer d'eux-mêmes.

Le prolétariat français est heureux de l'union des exploités russes, il les acclame, en attendant d'être réuni avec leurs mandataires dans l'Internationale rénovée.

Le Comité confédéral.

Le 1er Mai 1917

Un numéro spécial de la *Voix du Peuple* fut publié et le manifeste suivant adressé aux organisations :

AUX FÉDÉRATIONS NATIONALES CORPORATIVES,
AUX UNIONS DÉPARTEMENTALES DES SYNDICATS,
AUX BOURSES DU TRAVAIL,
AUX SYNDICATS,

CAMARADES,

Le 1er Mai 1917, sera le troisième 1er Mai de guerre, que les organisations ouvrières auront vécu depuis août 1914.

Quels que soient nos désirs ardents de voir, à nouveau régner la Paix féconde et bienfaisante, nous ne pourrons encore cette année, en ce jour de revendication, en fêter le retour.

L'heure de la Paix du droit, de la Paix des peuples, n'a pas encore sonné. Cependant, un événement heureux et formidable de conséquences d'avenir s'est déjà réalisé : la Révolution russe, a brisé l'odieux régime des tsars. Nos frères russes ont pu, dans cette guerre, jeter bas le gouvernement de violence et de trahison qui les opprimait et appeler à la vie libre, une démocratie de plus de 150 millions d'habitants.

En ce jour, de 1er Mai nous devons saluer avec joie l'avènement de la démocratie russe, qui sera demain, la République russe.

En pleine bataille, les travailleurs russes ont conquis leurs droits, notre plus ferme espoir est que le peuple allemand, instruit par l'expérience en fasse autant. Ce serait alors la fin du cauchemar et la réalisation de la Paix des Peuples donnant naissance à la Société des Nations, ainsi que le proclame la déclaration d'intervention de la démocratie américaine : « Pas de conquêtes, pas d'annexions ; une paix humaine et de justice, assurant aux peuples leur libre développement ».

Nous ne devons cependant pas borner à ces seuls espoirs, nos revendications il nous reste, à nous aussi, des droits nouveaux à conquérir. Notre tâche est de réaliser la démocratie économique, en libérant le travail de la tutelle humiliante du salariat.

Il ne peut plus y avoir, dans ce pays, de démocratie politique, d'aristocratie industrielle et financière.

Tous les hommes doivent être égaux en droits puisqu'ils le sont en devoir. Cette transformation sociale, à laquelle nous aspirons tous, il nous faut la conquérir.

Cette conquête, nous ne l'obtiendrons que de nos propres efforts. Plus que jamais, c'est dans la puissance de réalisation positive de nos organisations que réside notre avenir.

Que ce 1er Mai 1917 soit donc pour tous la raison d'un élan nouveau.

Que les ressentiments particuliers, que les causes de dissension disparaissent devant l'immensité de la tâche à remplir, devant l'obligation d'unité dans les revendications et dans l'action.

Que partout, dans les mesures des possibilités laissées par les circonstances présentes, nos organisations syndicales manifestent leur volonté de vivre et de se développer dans le progrès incessant.

Les questions ne manquent pas, qui appellent notre intervention agissante.

C'est dans l'ordre immédiat : la cherté de la vie ; la défense des veuves et des orphelins ; la question des salaires, celle des loyers ; la lutte contre l'exploitation de l'enfance, de la femme ; l'application des mesures d'hygiène, de salubrité ; l'organisation rationnelle du travail par la nomination de délégués ouvriers ; la rééducation des mutilés de la guerre et leur emploi dans l'industrie ; l'opposition aux restrictions de nos libertés et à la mobilisation civile ; l'incorporation du principe de l'invalidité dans la loi des retraites ouvrières et l'application des lois sociales à toutes les colonies ; la liberté syndicale pour tous.

C'est pour demain : l'organisation du placement et de la main-d'œuvre étrangère, réforme déjà commencée, mais dont il nous faut demander la réalisation complète sur la base des principes que nous avons émis ; la reconstruction dans les pays envahis, en conformité avec les intérêts collectifs et non avec les seuls intérêts particuliers ; la renaissance économique basée sur les droits nouveaux acquis par la classe ouvrière, droit de gestion, droit de contrôle, droit de discussion ; l'application des méthodes de progrès à la production dans son ensemble, industrielle, agricole, en prenant pour point de départ, non pas le retour aux longues journées de travail, mais la réalisation de la journée de huit heures, par application du principe : « Maximum de production pour le minimum de présence avec le maximum de salaire » ; réorganisation de notre régime général des ports et des transports, maritimes, fluviaux et voies ferrées avec, pour objectif, l'intérêt de tous, par le contrôle de la nation ; mise en exploitation au bénéfice de la collectivité de toutes les richesses naturelles.

C'est là un vaste programme, dont certaines parties peuvent et doivent recevoir satisfaction immédiate. A nous appartient, de savoir avec conscience et de vouloir avec ténacité. Ce jour de 1er mai peut affirmer cette volonté et préparer cette action.

La classe ouvrière ne faillira pas au programme de rénovation sociale, internationale, qu'est le sien ; pour cela, elle se dressera toujours plus unie, toujours plus cohérente, toujours plus combative contre les ennemis du progrès et de la liberté.

C'est la bienfaisante et réconfortante affirmation que nous apportera ce 1er mai 1917.

LE COMITÉ CONFÉDÉRAL.

Les bénéfices de guerre

En juillet, le Comité confédéral, fit entendre en ces termes sa protestation contre les profiteurs de la guerre :

Le Comité confédéral tient à faire entendre sa protestation contre l'inapplication de la loi sur les bénéfices de guerre, laisser-faire, qui permet de faire passer des millions imposables, à l'augmentation du capital nominal des sociétés industrielles, à l'heure même où l'on est obligé de recourir à l'impôt de consommation, pour équilibrer le budget.

Le Comité s'élève contre l'augmentation de la prime aux raffineurs de sucre qui, portée de 12 à 16 fr. 60, apportera à ces derniers plus de 10 millions de bénéfices supplémentaires.

Le Comité s'oppose à toute concession minière nouvelle, en particulier celles des mines de sel gemme, en Meurthe-et-Moselle, considérant que cela est contraire aux engagements pris par le gouvernement, qui de ce fait, aliène au profit d'intérêts particuliers, une partie du domaine public.

Le Comité dénonce le relèvement des tarifs des chemins de fer, comme contraire aux intérêts de la collectivité et ne comportant pas la solution rationnelle de la crise générale des moyens de transports.

Le Comité confédéral déclare que la seule politique admise dans les circonstances présentes, est celle qui fera faire retour à la Nation de toutes les propriétés nationales et qui développera dans le sens de l'intérêt général et sous le contrôle de la collectivité toutes les richesses nouvelles pouvant être exploitables.

Toute autre politique ne saurait être qu'une politique d'enrichissement individuel et de renforcement des privilèges capitalistes, contre laquelle la classe ouvrière aurait le devoir de se dresser.

LE COMITÉ CONFÉDÉRAL.

Contre la calomnie

A la suite d'insinuations malveillantes lancées par une presse sans honneur à l'égard de militants ouvriers, le Comité émit en novembre 1917 la protestation que voici :

Le Comité confédéral soucieux de l'honneur et de la probité du mouvement ouvrier dont il est l'expression,

Proteste contre les insinuations tendancieuses, lancées sans preuves à l'égard des militants syndicalistes.

Il dénonce comme un danger la campagne de calomnies, d'où qu'elle vienne.

Il déclare que dans cette question, il ne saurait seulement s'agir de la responsabilité des auteurs des délations, mais il s'agit essentiellement de la responsabilité gouvernementale.

Le devoir d'un gouvernement est de ne pas laisser la démoralisation se développer, de ne permettre qu'aucune accusation ne soit jetée dans la circulation, sans que les preuves irréfutables existent.

Son devoir est également de prendre à l'égard des diffamateurs toutes les sanctions que l'intérêt général de la Nation appelle.

Le pays ne peut pas vivre sous la dictature de la calomnie.

Le mouvement ouvrier ne saurait laisser se propager des erreurs monstrueuses qui permettraient demain à ses adversaires de renouveler leurs manœuvres diffamatoires en essayant de faire apparaître les revendications et l'action de la classe ouvrière comme inspirées, suscitées par l'argent étranger.

Le Comité confédéral, bien décidé à ne pas se laisser manœuvrer par ces campagnes odieuses de division, met en demeure les autorités responsables d'apporter les preuves des accusations insinuées, ou de faire justice de ces calomnies et des calomniateurs.

La classe ouvrière qui fait son devoir, tout son devoir, qui, cependant, se voit brimée dans l'exercice de ses libertés, quand les calomniateurs jouissent d'une tolérance abusive et révoltante, ne tolérera pas d'être atteinte à travers les personnalités de ses militants dans son honnêteté et dans son unité.

La Conférence nationale de Clermont-Ferrand

En septembre 1917, le Comité confédéral se prononça pour l'organisation d'une nouvelle conférence nationale. Il fit part de sa décision aux groupements ouvriers, en ces termes :

AUX ORGANISATIONS CONFÉDÉRÉES,
AUX FÉDÉRATIONS NATIONALES D'INDUSTRIE OU DE MÉTIERS,
AUX UNIONS DÉPARTEMENTALES DE SYNDICATS,
AUX BOURSES DU TRAVAIL.

CAMARADE SECRÉTAIRE,

Dans sa séance du Jeudi 30 août, le Comité confédéral a décidé le principe de la tenue d'une Conférence nationale des Fédérations, Unions et Bourses du Travail.

La date de cette Conférence sera fixée par le bureau confédéral dès que la date de la Conférence internationale de Stockholm sera définitivement arrêtée.

La Conférence nationale des Bourses, Unions et Fédérations aura à discuter et décider de l'attitude de la représentation ouvrière, dans la question de « L'Internationale et la Paix ».

A cet effet, nous croyons utile d'adresser aux organisations, pour qu'elles connaissent l'exposé de cette question et les résolutions déjà adoptées par le Comité confédéral et les deux Conférences nationales de 1915 et de 1916. (*Voix du Peuple*, décembre 1916.)

Le Comité confédéral a depuis cette époque, admis la participation à la Conférence interalliée syndicale de Londres, à la Conférence internationale syndicale de Berne et à la Conférence internationale de Stockholm.

La Conférence nationale, dont nous fixerons ultérieurement la date, se tiendrait à Paris, outre le programme ci-dessus énoncé, elle aurait également à décider d'un Manifeste du Travail devant selon nous, porter sur la politique économique générale à suivre et sur les droits nouveaux de la classe ouvrière.

Nous avons l'assurance que dès maintenant vous allez réunir vos camarades pour discuter de ces questions et que vous nous apporterez le point de vue réfléch de votre milieu ouvrier.

Recevez, camarade, nos salutations fraternelles et syndicalistes.

Le Secrétaire, L. JOUHAUX. — *Le Trésorier*, A. CALVEYRACH.

***

La Conférence nationale de Clermont-Ferrand se tint les 23, 24 et 25 décembre 1917. Elle réunit plus de cent cinquante organisations : Fédérations, Unions départementales et Bourses du Travail. Ses débats marquèrent une fois de plus l'esprit de clairvoyance et d'adaptation rapide aux événements qui est l'apanage du mouvement ouvrier.

Les congressistes décidèrent la tenue d'un Congrès national de la C. G. T. après un référendum aux organisations syndicales.

La résolution finale fut votée à l'unanimité des délégués moins deux voix.

La résolution d'unanimité.

La Conférence confédérale, devant la situation actuelle de la guerre et le trouble des esprits causé par les campagnes d'une presse sans conscience, qui favorise les entreprises de la réaction, devant les fautes de notre diplomatie et l'absence de toute précision sur les buts de guerre poursuivis par notre gouvernement, condamne toute continuation de la diplomatie secrète, réprouve les tractations qui ont été faites à l'insu de la Nation, réclame que celle-ci ait connaissance des conditions auxquelles la paix générale, juste et durable, la seule possible, pourrait être conclue.

La Conférence rappelle les formules suivantes, qui sont celles du président Wilson et de la Révolution Russe, et qui furent toujours et sont restées celles de la classe ouvrière française :

Pas d'annexion, droit des peuples à disposer d'eux-mêmes, reconstitution dans leur indépendance et dans leur intégrité territoriale des pays actuellement occupés, réparation des dommages causés, pas de contributions de guerre, pas de guerre économique succédant aux hostilités, liberté des détroits et des mers, institution de l'arbitrage obligatoire pour régler les différends internationaux, constitution de la Société des Nations.

La Conférence, interprète des sentiments des travailleurs de ce pays donne mandat à la C. G. T. d'agir de toutes ses forces, pour obtenir du gouvernement français l'énoncé précis et public des conditions de paix. Elle demande instamment aux classes ouvrières de tous les pays en guerre d'exiger de leurs gouvernements respectifs la publication, avec les mêmes précisions, de leurs conditions de paix.

Cette action générale, déjà demandée par la Révolution russe à ses débuts, et à laquelle nous souscrivons, apparaît à l'heure actuelle comme la seule qui soit de nature à éviter toute paix séparée.

Pour ces raisons, la Conférence affirme le droit pour la classe ouvrière de tous les pays, et pour celle de France en particulier, de participer à une Conférence internationale et de la susciter au besoin.

La fraction minoritaire avait tout d'abord déposé une motion. Celle-ci fut retirée par ses auteurs lors de la nomination d'une Commission chargée d'élaborer un texte unique.

Voici, à titre documentaire, le texte de cet ordre du jour :

La Conférence donne mandat à la C. G. T. d'agir de toutes ses forces et par tous les moyens en faveur d'une paix proche et acceptable pour tous les belligérants.

Elle estime que les récentes révélations des buts de conquête indiquent à la C. G. T. le devoir de se dégager de responsabilités inacceptables en reprenant son entière personnalité, son entière indépendance.

La formule d'*Union sacrée* ne peut être qu'une dérision, puisque l'antagonisme des classes est aussi patent en temps de guerre que pendant la paix. Elle ne saurait plus longtemps suffire à justifier l'abandon par le prolétariat de sa mission et de sa liberté d'action.

La Conférence indique que la Révolution russe a soumis à tous les gouvernements des pays en guerre des propositions qu'elle approuve : paix générale sans annexion, sans contribution, droit absolu pour les peuples de disposer d'eux-mêmes. Ces offres constituent pour toutes les nations engagées dans le conflit des bases sur lesquelles les peuples doivent préconiser et au besoin imposer une politique de paix à leurs gouvernements respectifs.

Elle affirme sa profonde sympathie, son respect pour tous les révolutionnaires russes et regrette que sur les suggestions de la première Révolution comme de la deuxième, les gouvernements de l'Entente n'aient pas consenti à la révisison de buts de guerre établis dans l'ombre par la diplomatie secrète, complice du tsarisme.

Elle regrette avec la même force la hautaine attitude des ces mêmes gouvernements se concertant pour s'opposer à toutes concessions aux exigences légitimes des Soviets : opposition à Stockholm, dédaigneux refus de reconnaître les pouvoirs des divers gouvernements provisoires, qui furent des manifestations d'hostilité inspirées avec lesquelles la C. G. T. ne saurait confondre ses sentiments, ni même son action.

La Conférence, avec l'abandon de toute prétention territoriale et de domination politique, demande l'abandon de toute menace de guerre économique qni continuerait sur le terrain industriel, commercial et douanier, la rivalité armée.

La Conférence, convaincue qu'une paix d'entente et de réconciliation ne peut être que la paix des peuples par les peuples, donne mandat également au Comité confédéral de renouer les relations internationales et de susciter une réunion de la classe ouvrière mondiale, non pour établir la responsabilité historique de telle ou telle nation, mais pour travailler à l'œuvre urgente de paix et de concorde.

Les Pupilles de la Nation.

A propos de la constitution des offices départementaux des Pupilles de la Nation, le Comité confédéral crut devoir faire connaître aux organisations ouvrières la ligne de conduite qu'elles avaient à suivre. La lettre suivante, adressée en février 1918, renseigna les Unions départementales de Syndicats sur la question :

AUX UNIONS DÉPARTEMENTALES DE SYNDICATS.

CAMARADES,

La loi instituant les Pupilles de la Nation, orphelins de la guerre, prévoit la constitution des Offices départementaux dans lesquels une représentation ouvrière est comprise.

Les listes d'inscription sont ouvertes, il conviendrait que toutes les organisations s'y fassent inscrire et que des réunions soient organisées pour que l'ensemble des syndicats de votre département se mette d'accord pour nommer leurs candidats.

Il faut éviter que les représentants ouvriers soient prix en dehors des organisations syndicales confédérées.

La question est assez importante, il s'agit de la gérance de l'éducation et de l'entretien des fils du peuple, privés de leurs pères par la guerre, pour que les organisations ouvrières fassent l'effort nécessaire afin que ce contrôle ne tombe pas entre les mains de nos adversaires.

S'il nous manquait des renseignements, vous pourriez vous adresser à la préfecture qui doit vous donner toutes indications.

Dans l'assurance que vous ferez le nécessaire, recevez, camarade, notre salut fraternel et syndicaliste.

Pour le Comité confédéral :

Le Secrétaire,

L. JOUHAUX.

Solidarité ouvrière.

Ne méconnaissant jamais les droits de la solidarité qui doit exister entre les prolétaires, le Comité, se rendant à l'invitation qui lui en était faite par la Fédération des Syndicats d'instituteurs et d'institutrices, demanda à la classe ouvrière de se solidariser avec des militants injustement frappés :

AUX FÉDÉRATIONS NATIONALES,
AUX UNIONS DE SYNDICATS,
AUX BOURSES DU TRAVAIL.

CAMARADE,

Nous vous transmettons un appel de la Fédération des Syndicats d'institutrices et d'instituteurs.

Il s'agit de la manifestation de la solidarité ouvrière, prouvant que dans les circonstances présentes, malgré les divergences d'opinion qui peuvent exister, la classe ouvrière entend défendre les libertés syndicales acquises.

Sûr que vous répondrez à cet appel, recevez, camarade, notre salut fraternel et syndicaliste.

Le Secrétaire,

L. JOUHAUX.

N.-B. — Adresser également un exemplaire de l'ordre du jour au Bureau confédéral, 33, rue de la Grange-aux-Belles, Paris (Xe).

L'ordre du jour de la Fédération Nationale des Syndicats d'Instituteurs.

A LA CONFÉDÉRATION GÉNÉRALE DU TRAVAIL.

Une fois de plus, la Fédération des Syndicats d'instituteurs a l'honneur d'attirer l'attention du gouvernement et de subir ses persécutions politico-judiciaires.

Nos militants sont menacés, tracassés, poursuivis par l'administration, la police et la justice, déplacés, suspendus, révoqués et emprisonnés. Encore cela ne suffit pas ; ils sont aussi l'objet d'attaques venimeuses de la part de la grande presse alors qu'il est rigoureusement interdit à la presse d'idées de les défendre.

De ces heures difficiles, nous venons demander à la C. G. T. son appui et prier le Comité confédéral de transmettre notre appel aux Fédérations de métier, aux Bourses du Travail et aux Unions départementales, pour que ces organisations en saisissent elles-mêmes leurs syndicats adhérents.

Ce n'est pas seulement notre petite Fédération que le gouvernement entend brimer et briser, c'est l'école laïque, c'est la classe ouvrière tout entière, c'est l'idée républicaine elle-même qu'il veut atteindre. Nous résistons jusqu'au bout et nous espérons que le prolétariat organisé se fera une obligation de résister avec nous.

C'est de tout notre cœur que nous avons adhéré à la C. G. T. pour sauvegarder le principe de l'unité ouvrière, indispensable à notre émancipation. La bourgeoisie, au contraire, prétend conserver la haute main sur l'école primaire qui a toujours été et est encore dans une trop large mesure, une machine à fabriquer des admirateurs du régime capitaliste. Les travailleurs de l'Etat en général, les instituteurs en particulier, doivent donc trouver place dans les rangs de l'armée prolétarienne. Ce gouvernement a mis une obstination remarquable à nous diviser, contestant à ses fonctionnaires les droits qu'il prétend faire respecter des autres patrons. Notre ténacité a eu raison de la sienne et si nos syndicats sont encore peu nombreux, le principe est admis et ne saurait être remis en question.

Aujourd'hui que nos effectifs sont encore réduits par la mobilisation qui a causé la mort de tant des nôtres, le pouvoir veut en profiter pour nous casser les reins. Nous sommes persuadés qu'il ne réussira pas et nous venons vous crier : à l'aide !

La Fédération nationale des Syndicats d'institutrices et d'instituteurs de France et des colonies.

P.-S. — Nous remercions vivement les groupements qui, spontanément, ont déjà accompli un geste de solidarité.

Envoyer les ordres du jour à Loriot, secrétaire fédéral intérimaire, 9, Avenue du Pont-de-Flandre, Paris (XIXe) et à M. le président du conseil des Ministres (franchise postale pour ce dernier).

Précédemment, à propos d'incidents assez graves, le Comité confédéral avait affirmé en ces termes son indéfectible attachement à la cause de la liberté individuelle :

Décembre 1917.

Le Comité confédéral, au nom de la liberté de pensée, n'a cessé de protester contre les poursuites intentées pour délits d'opinion à des militants syndicalistes ou socialistes.

Aujourd'hui, d'autres militants ouvriers, parmi lesquels Hélène Brion, secrétaire de la Fédération des instituteurs et institutrices, sont arrêtés, emprisonnés.

Sans attendre les résultats de l'instruction, au mépris de la loi qui veut que tout accusé soit considéré comme innocent jusqu'à ce que la preuve de sa culpabilité soit faite, la presse d'affaires sur laquelle pèsent de si graves présomptions de vénalité, a commencé et continue une campagne de mensonges et de calomnies.

En cherchant perfidement à égarer l'opinion publique et à peser sur la décision des juges, les auteurs de ces campagnes visent à masquer leur responsabilité dans la situation actuelle.

Les journaux le *Matin* et le *Petit Parisien*, qui se sont placés au premier rang dans la diffamation, n'ont pu entreprendre et poursuivre leur œuvre que grâce à des complaisances coupables sur lesquelles la lumière doit être faite et des sanctions prises.

Considérant :

Qu'aux termes de la loi du 27 avril 1916, la justice militaire est incompétente pour connaître les infractions à la loi du 5 août 1914 — tous les délits d'opinion sont de la compétence des tribunaux ordinaires.

Le Comité confédéral proteste contre ces arrestations, contre la transmission des dossiers d'instruction à la justice militaire ; il flétrit comme il convient l'odieuse campagne de presse qui tend à représenter des inculpés pour propagande pacifiste, comme des criminels propagateurs défaitistes.

Il engage toutes les organisations confédérées à affirmer leur solidarité et à protester pour faire connaître la vérité au pays.

Le Comité confédéral proteste également contre les mesures arbitraires qui, à l'occasion de l'exercice de leur mandat, frappent des militants des organisations syndicales et des délégués ouvriers, comme ce fut le cas, tout récemment, du camarade Andrieu, secrétaire du Syndicat des Métallurgistes de Firminy.

Le Comité confédéral considère qu'une telle situation ne peut se prolonger. Il dénonce ces violences qui appellent et légitiment les mouvements de solidarité dans lesquels n'entre nul désir égoïste. Une telle attitude est susceptible de créer dans la classe ouvrière une désaffection dangereuse pour l'intérêt général du pays qui se confond avec l'intérêt supérieur de l'Humanité.

LE COMITÉ CONFÉDÉRAL.

Entre temps, le comité à propos de l'application prochaine de la carte de pain, avait fait entendre la protestation ci-dessous :

Le Comité confédéral proteste contre l'établissement de la carte de pain limitée à certains centres et contre la fixation purement arbitraire de la ration de pain affectée aux ouvriers.

Considérant que le pain est à la base de l'alimentation ouvrière et que 300 grammes par jour, sont manifestement inférieurs à ce qui est nécessaire, demande que soit augmentée cette ration insuffisante.

Réclame que l'on mette à la disposition de la population ouvrière des denrées de remplacement à des prix inférieurs, telles que : pommes de terre et légumes secs.

Emet l'avis, qu'indifférent au principe de la liberté de commerce, le gouvernement prenne toutes mesures pour éviter la hausse probable des autres denrées alimentaires.

LE COMITÉ CONFÉDÉRAL.

La préparation du Congrès confédéral

Se conformant au désir exprimé par la Conférence nationale de Clermont-Ferrand, le bureau de la C. G. T. prit les dispositions utiles pour préparer le Congrès confédéral.

La circulaire suivante fut adressée par ses soins aux organisations ouvrières françaises :

AUX ORGANISATIONS SYNDICALES.

Février 1918.

CAMARADES,

En application de la décision prise par la Conférence nationale de Clermont-Ferrand, concernant la tenue d'un Congrès national, le Comité confédéral, par le canal de vos Fédérations respectives, vient vous demander de formuler votre avis sur les questions suivantes :

1° Votre Syndicat est-il à même de se faire représenter directement à un Congrès national ?

2° Votre Syndicat est-il d'avis de tenir ce Congrès ?

En décidant de poser ces questions directement aux Syndicats, la Conférence nationale de Clermont-Ferrand a voulu que l'organisation du Congrès confédéral soit le fait de la volonté des Syndicats confédérés, étant entendu que par avance, dans la mesure du possible, le Congrès national sera précédé des Congrès nationaux corporatifs.

Par cette consultation, la C. G. T. connaîtra si le Congrès à organiser représentera exactement toutes les forces syndicales groupées par notre C. G. T..

Le Comité confédéral espère que, comprenant l'importance des questions posées, chaque syndicat les examinera en toute conscience et nous fera parvenir un avis dûment motivé.

Recevez, camarade, nos saluts fraternels et syndicalistes.

Le Secrétaire du Comité confédéral,
L. JOUHAUX.

Puis, le Comité confédéral ayant choisi la ville de Limoges, comme lieu d'assises nationales du syndicalisme la nouvelle lettre suivante vint fixer les organisations sur la date du Congrès et son ordre du jour :

AUX FÉDÉRATIONS NATIONALES D'INDUSTRIE ET DE MÉTIER,
AUX UNIONS DÉPARTEMENTALES,
AUX BOURSES DU TRAVAIL,
AUX SYNDICATS,

CAMARADES,

Le Congrès confédéral national est définitivement fixé, par décision du Comité confédéral du 16 mai, aux 15, 16, 17 et 18 juillet prochain. Le lieu choisi est la ville de Limoges (Haute-Vienne). La situation centrale de cette ville, les facilités d'accès, les possibilités de logements pour les délégués, sont autant de raisons qui motivèrent la décision du Comité confédéral.

Le Congrès aura lieu dans la grande salle de la Coopérative, dont la superficie permet un aménagement facile, pour les travaux de nos assises nationales.

D'ores et déjà, les syndicats sont invités à prendre des mesures pour se faire représenter directement afin que ce Congrès soit bien la représentation des organisations syndicales.

Comme à tous les Congrès nationaux, seuls les Syndicats auront voix délibérative.

L'ordre du jour a été fixé par le Comité confédéral, quoique les statuts précisent que cela doive se faire par referendum auprès des Syndicats, en raison de la situation et de la nécessité d'aller vite.

Par la nature des questions portées à l'ordre du jour, les camarades se rendront compte que toutes les questions qui passionnent les organisations ouvrières, seront discutées.

Questions à l'ordre du jour.

1° Attitude et action de la C. G. T. et du Comité confédéral au cours des années passées ;

2° La Conférence internationale ;

3° Questions économiques, réorganisation du travail. Bases et principes généraux. revendications ouvrières.

Nous demandons aux Syndicats de nous adresser leur mandat, portant les timbres exigés, Fédération, Union départementale et signature du Secrétaire de l'organisation.

Dans l'attente de votre réponse, recevez, camarade, notre salut fraternel et syndicaliste.

Pour le Comité confédéral :
Le Bureau,
LE SECRÉTAIRE, LE TRÉSORIER.

P.-S. — Adresser les mandats au siège de la C. G. T., pour le 10 juillet, dernier délai, à Calveyrach, trésorier, 33, rue de la Grange-aux-Belles, Paris (X^{e}) ; afin que la vérification puisse en être effectuée avant l'ouverture du Congrès.

Le droit d'adhésion des syndicats reste fixé, comme antérieurement, à 5 francs.

Le 1er Mai 1918

A l'occasion du 4e premier mai de guerre, un numéro spécial de la *Voix du Peuple*, apporta aux organisateurs et aux militants les preuves de la continuité de l'action du Comité confédéral.

Celui-ci lança de plus l'appel suivant :

LA C. G. T.
AUX TRAVAILLEURS DE FRANCE !

CAMARADES,

A la veille du 1er Mai, les événements qui présentement se déroulent, font que nous connaissons une fois de plus les affres d'une situation, au milieu de laquelle se joue l'avenir des démocraties.

Cette situation angoissante, le prolétariat organisé, mieux que tout autre, en mesure la gravité.

Aussi, la C. G. T. ne pourra-t-elle pas, cette année encore, organiser la manifestation du 1er Mai, comme elle avait l'habitude de le faire en période de paix.

La C. G. T. ne conviera donc pas les travailleurs au chômage traditionnel qui, en d'autres temps, signifiait dans le geste solennel d'arrêt du travail, la volonté des prolétaires de réaliser pleinement les conditions d'une vie meilleure.

A l'heure présente, la première condition d'une vie meilleure, c'est que la paix puisse être rétablie. Que cette paix fasse que dans l'avenir, tous les peuples égaux et libres puissent se remettre à l'œuvre de civilisation ébauchée, et que soient à jamais vaincues les forces mauvaises déchaînées.

Pour obtenir cette paix, la coopération de tous les peuples au sein de l'Internationale, à nouveau réunie, est nécessaire.

C'est l'affirmation faite par la C. G. T., le 25 décembre 1917, en sa Conférence de Clermont-Ferrand. C'est cette affirmation qui se trouve confirmée par le mémorandum, issu de la Conférence interalliée de Londres, à laquelle participèrent les représentants des classes ouvrières des pays de l'Entente.

La volonté des travailleurs est que, pour cette œuvre de paix, les forces d'action ouvrière internationale soient enfin utilisées.

La réalisation de cette volonté est fonction du contrôle vigilant que le prolétariat doit exercer sur la chose publique, s'il veut que l'esprit de routine et de réaction ne se substitue pas à l'esprit d'audace, de justice et de liberté.

Dans ce but, la C. G. T. indique aux organisations ouvrières se trouvant en possibilité de tenir, à l'occasion de ce 1er Mai, des réunions, d'organiser celles-ci en leur conservant un caractère strictement syndical. Au cours de ces réunions, seront diffusés et commentés la résolution de Clermont-Ferrand et le mémorandum de Londres.

La C. G. T. soucieuse de tenir un compte exact des obligations créées par la situation du moment, n'entend pas, cependant aliéner sa liberté d'action.

Le salut de la Nation, l'avènement de la Paix des Peuples, sans annexion, ni indemnités pénales, tel que l'a définie le président Wilson en un noble langage. en dépendent.

TRAVAILLEURS,

Vous devez vous préparer à affirmer, quand l'heure en sera venue, par une manifestation générale et unanime, votre volonté de voir les gouvernants s'engager dans cette voie de la Paix, juste et durable.

Cette manifestation, dont le moment et les modalités seront portés à la connaissance des organisations ouvrières, devra revêtir le caractère grandiose, digne de la cause qu'elle défendra.

Camarades,

Pour ces fins, vous devez vous tenir prêts.
La C. G. T. compte sur vous.

Le Comité confédéral.

La C. G. T. et la situation présente

Des mouvements de grèves ayant éclaté dans les usines de munitions de la région parisienne, la C. G. T. intervint sur appel des organisations ouvrières.

D'accord avec les Fédérations interressées, elle accomplit toutes les démarches nécessaires, pour donner à ce conflit, commencé en dehors des Syndicats et des Fédérations, une solution honorable et pour réclamer que la situation ne soit pas aggravée par des mesures de sanction.

Pour rétablir la vérité, dans une opinion publique égarée, par des récits tendancieux et mensongers et aussi pour fixer son attitude, le Comité confédéral lança la proclamation suivante :

La C. G. T. devant la situation ouvrière.
La leçon des faits.

Les récents mouvements ouvriers qui viennent de se dérouler furent l'explosion d'un état d'esprit général, dont il serait dangereux de ne pas tenir un compte exact.

Depuis quatre années de guerre, les arbitraires, les exactions n'ont cessé de frapper les ouvriers des usines de guerre et ont ajouté aux difficultés, sans cesse croissantes de la vie, au manque de compréhension patronale, toujours figée dans son principe d'autorité et aux relèves faites trop souvent dans la confusion et en dehors des règles du droit.

Maintenant que l'effervescence est apaisée, il nous sera permis de dire que la responsabilité de ces mouvements est aussi dans les fautes lourdes, diplomatiques, politiques et militaires qui se succèdent depuis le début des hostilités.

La C. G. T. s est fait un devoir de rappeler, à tous moments de la guerre, la nécessité pour les gouvernements de rester en contact avec les masses populaires et d'éclairer le jugement de celles-ci, par une diplomatie au grand jour, rejetant loin d'elle toutes tractations obscures d'ambition et de convoitise.

Elle a indiqué que la vie publique ne devait pas être ralentie mais, au contraire accentuée par la connaissance exacte et précise de la vérité sur la marche des événements.

Elle a réclamé une politique de ravitaillement, basée, non sur les restrictions, mais sur l'utilisation rationnelle de toutes les ressources, des transports et sur l'augmentation de la production agricole.

Elle a protesté contre les profits scandaleux que les fournisseurs tiraient des nécessités de la Défense nationale.

Elle a enfin réclamé que toutes les forces morales soient mises en œuvre pour concourir avec les forces militaires à l'avènement rapide de la Paix des Peuples, telle que l'a défini le président Wilson.

Pour cela, elle a demandé que le gouvernement fasse publiquement connaître ses buts de guerre et qu'il permette aux représentants des classes ouvrières d'aller au sein des Conférences internationales pour y réaliser l'accord nécessaire à la Paix juste et durable, sur les bases déjà définies par les Conférences ouvrières nationales et interalliées.

A ces questions, à ces demandes réitérées, la défiance envers la classe ouvrière incita soit au refus, soit au silence.

Cette incompréhension de la volonté et des sentiments de la classe ouvrière, qui sont ceux du pays, fut cause du malaise et des soupçons qui s'établirent et qui ne firent que grandir à la faveur de l'ignorance des masses populaires sur les événements auxquels leur destinée était liée et dont, par surcroît, le jugement fut faussé par la Presse.

Les incidents qui éclatèrent ces jours derniers furent une première conséquence de ce malaise général et profond.

Ces causes subsistent et nous déclarons que ce n'est pas une politique de répression, plus ou moins ouverte, qui pourra être l'obstacle à de nouvelles perturbations que nous pressentons et dont la gravité serait peut-être plus irréparable.

Seule, une politique d'apaisement, de confiance et de loyauté, peut prévenir ces éventualités et prédisposer les esprits aux besognes de réorganisation et de progrès social.

Le gouvernement ferait œuvre imprévoyante et impolitique si, dans un esprit de rancune, par des manœuvres répressives, il créait ainsi la fausse impression que la Défense nationale est, pour la classe ouvrière, incompatible avec ses droits, ses sentiments de dignité et son devoir de solidarité.

Ces principes de droit et de liberté, la C. G. T., loin de les abdiquer, les a proclamés plus indispensables que jamais. Sur eux, elle a basé sa règle de conduite, par eux, doit être déterminée la discipline syndicale, en dehors de laquelle il n'est ni puissance d'expression, ni puissance de réalisation.

Tenir compte de la dignité des travailleurs ; accorder à la classe ouvrière les libertés de pensée et d'action indispensables à sa mission ; bannir toutes pratiques occultes ; agir sincèrement et laisser agir les forces ouvrières organisées pour l'avènement de la Paix des Peuples, apparaît dans les circonstances présentes la ligne de conduite que doit observer tout gouvernement soucieux des intérêts généraux du pays.

LE COMITÉ CONFÉDÉRAL.

La délégation confédérale devant les parlementaires de gauche

Poursuivant son action en faveur des camarades, frappés à l'occasion des grèves, le Comité confédéral décida l'envoi d'une délégation auprès des parlementaires des groupes de gauche, dans le but de les entretenir de la situation créée et aussi pour préciser l'attitude de la C. G. T., eu égard aux événements présents.

A l'entrevue qui eut lieu, deux déclarations furent faites, dont nous donnons ci-dessous les textes :

Discours de Jouhaux.

MESSIEURS,

C'est sans aucune préoccupation politique que nous nous adressons à vous. Nous avons pensé que dans les circonstances actuelles, il convenait de montrer, par un acte, que nous considérions que la représentation nationale devait continuer d'exercer son contrôle, toujours plus vigilant, sur la marche des événements et apporter ainsi au pays le concours nécessaire pour sauvegarder à la fois le présent et l'avenir.

Nous venons ici, en toute sincérité et en dehors de toute passion, vous parler de la situation générale eu égard à la situation particulière de la classe ouvrière et aux pensées qui animent le monde du travail.

Nous ne vous apprendrons rien en vous disant qu'un malaise grave persiste dans nos milieux ouvriers ; ce malaise grave, né de malentendus, pourrait, s'il se continuait, être un danger assez grand pour les heures critiques que ce pays peut être appelé à traverser.

Depuis quatre années, la classe ouvrière, avec la Nation, vit dans l'ignorance des événements militaires et diplomatiques qui se déroulent et auxquels est liée l'existence même du pays.

Jamais, malgré nos demandes réitérées, malgré les multiples suggestions que nous avons adressées aux pouvoirs, nous n'avons pu obtenir les éclaircissements qui nous étaient indispensables pour établir la vérité aux yeux des masses. C'est parce que nous sentions le danger croissant de ce malaise que nous sommes intervenus et c'est aussi la raison pour laquelle nous intervenons à l'heure présente.

Nous considérons que les moments difficiles que nous traversons et que nous serons appelés à traverser, appellent une politique de loyauté, de confiance à l'égard de la classe ouvrière et condamment toute politique de répression qui ne ferait, en avivant les ressentiments et les rancœurs, qu'augmenter les malentendus et rendre plus redoutable le malaise déjà existant.

Nous voudrions que vous compreniez la nécessité de revenir sur des sanctions prises à l'égard de travailleurs qui n'ont commis d'autre faute que celle d'user du droit légal de grève. Nous voudrions aussi que les arrestations qui se sont produites à la suite de manifestations, que le gouvernement a autorisées, soient rapportées.

Ces grèves et manifestations ont pour point de départ l'ignorance de la situation dans laquelle nous nous trouvons et des conséquences qui peuvent en découler, à la fois pour la classe ouvrière et pour la nation tout entière ; on ne peut pas dire qu'elles furent déterminées par le désir de porter entrave à la Défense nationale, encore moins a-t-on le droit de laisser circuler le bruit qu'elles furent le fait « de complicité avec des agents de l'ennemi ».

Ce serait une mesure hautement politique qui pourrait apporter un adoucissement et clarifier la situation, que celle qui consisterait à passer l'éponge sur ces faits et à donner ainsi à la classe ouvrière, une preuve éclatante de la confiance que l'on met en elle.

Il est une chose qu'il faut à tout prix éviter : c'est de donner la fausse impression que la Défense nationale est, pour la classe ouvrière, incompatible avec ses sentiments de dignité, de solidarité, avec ses droits et ses libertés.

C'est pourquoi nous nous appesantissons un peu sur les faits que nous venons de vous exposer et sur les considérations qui en découlent.

La classe ouvrière qui a toujours vu l'exercice de ses libertés entravé, qui n'a obtenu, aux suggestions et aux revendications formulées que refus dédaigneux ou silence méprisant, réclame aujourd'hui qu'on lui fasse la place qu'elle doit occuper, pour qu'elle puisse, en toute liberté, réaliser la mission qui lui échoit.

Nous pensons que le gouvernement ne diminuerait en rien la Défense nationale si, répondant aux désirs formulés à plusieurs reprises par les organisations ouvrières il apportait, publiquement, les précisions qui sont indispensables à la formule trop générale : « Nous voulons une paix juste et durable ».

En proclamant ce que la Paix doit apporter à tous les peuples, belligérants ou neutres, c'est-à-dire la liberté, l'indépendance, la disparition de tous les militarismes, de tous les impérialismes par la constitution de la Société des Nations, c'est une grande œuvre politique, d'une portée morale incomparable, qu'accomplirait le gouvernement de ce pays et qui, en même temps qu'elle resserrerait les liens nationaux, favoriserait l'éclosion des sentiments populaires à travers tous les pays et hâterait, par conséquent, l'heure de la paix des peuples.

Ce que nous demandons, c'est qu'il soit pratiqué une diplomatie de grand jour, diplomatie populaire, basée sur les volontés des peuples et non sur les prétentions de quelques personnalités.

Nous ne voulons pas que demain puisse se reproduire des faits comme ceux dont nous avons eu connaissance et qui feraient que les destinées de notre pays pourraient être livrées aux tractations plus ou moins claires de quelques personnalités.

La classe ouvrière veut pouvoir juger l'heure de la Paix en connaissance de cause. Elle ne veut pas non plus que des propositions de paix, d'où qu'elles viennent, soient rejetées sans discussion, sans que la Nation, sans que le Parlement en aient connaissance.

Faire remonter à un seul homme fut-il le chef du gouvernement, toutes les responsabilités, toutes les possibilités de décision, nous apparaît comme contraire aux principes démocratiques et, sans demander que les pourparlers de paix se débattent sur la place publique, nous voulons néanmoins les connaître, pour pouvoir dire notre mot et ne pas laisser passer l'heure de la Paix honorable et durable, si elle se présentait.

Il nous semble que l'heure est venue de reconnaître sincèrement à la classe ouvrière, le droit de dire son mot sur les affaires publiques, par la voix autorisée de son organisation syndicale, seule qualifiée pour défendre ses intérêts moraux et matériels, qui s'identifient avec ceux de la nation tout entière.

En réclamant la pleine liberté d'exercice pour notre action, nous répondons à un besoin des circonstances qui montre qu'en dehors des rapports organisés en dehors de l'intervention des organisations syndicales, il ne peut y avoir que gâchis et incohérence. Les organisations ouvrières doivent, dans le présent, se voir reconnaître leur droit de contrôle et de gestion, si on veut assurer la stabilité dans la production et préparer l'organisation rationnelle et démocratique du domaine industriel de l'avenir.

C'est un fait qui saute aux yeux des moins avertis, que l'inorganisation actuelle du marché du travail, l'incohérence dans laquelle se plaisent les patrons, toujours figés dans leurs principes d'autorité, portent des préjudices considérables, à la fois aux intérêts particuliers des travailleurs et à l'intérêt supérieur du pays.

Il convient donc d'y remédier, en faisant au travail la place qui lui revient.

D'autre part, on a, un jour, à la tribune de la Chambre, dit très justement, que la Paix serait la conséquence des interventions et des discussions de toutes les forces sociales organisées internationalement, qui, en déblayant le terrain, diminueraient la complexité des problèmes posés, et rendraient plus faciles et plus claires les bases de la paix générale.

Cela est absolument vrai, et c'est au nom de cette raison, que nous revendiquons pour nous classe ouvrière, le droit d'agir internationalement et de préparer par des accords avec les représentants des prolétariats de tous les pays, les bases générales sur lesquelles, malgré la volonté des gouvernements autocratiques, la Paix doit être conclue.

Ce droit qui a été accordé à d'autres éléments sociaux de notre nation, nous voulons également en jouir. Nous ne protestons pas contre la liberté laissée à d'autres, nous la reconnaissons utile, mais nous considérons également que cette utilité, si elle est manifeste pour d'autres, doit l'être également pour nous, et, qu'il y a lieu de nous accorder toute possibilité de pouvoir accomplir notre mission internationale par notre participation directe aux Conférences ou Congrès internationaux qui peuvent se tenir.

Nous résumons notre pensée en disant que dans les circonstances actuelles il convient d'abord de pratiquer une politique de confiance, de rejeter toute idée de répression, de rapporter les sanctions prises à l'égard de nos camarades frappés à la suite des mouvements derniers, de revenir sur les arrestations qui nous apparaissent injustifiées et d'accorder à la classe ouvrière toute liberté d'action pour que, nationalement et internationalement, elle puisse pleinement accomplir la mission qui lui est dévolue.

Si ces libertés nous sont accordées, si, d'autre part, le gouvernement de ce pays parle franchement et publiquement sur les buts de guerre et les conditions générales de la paix, s'il ne laisse passer aucune occasion de discuter toutes propositions de paix, d'où qu'elles viennent, nous avons l'assurance que la situation internationale sera clarifiée et que l'heure de la paix, telle que nous l'avons définie par nos résolutions nationales de Clermont-Ferrand et interalliée de Londres, en accord avec les principes stipulés par le président Wilson, sera rapprochée.

C'est dans cet esprit que nous sommes venus, c'est pour ces buts que nous vous avons parlé, certains d'être compris, car il ne peut faire de doute pour personne, que les intérêts de la classe ouvrière ne sauraient être séparés de ceux de la Nation tout entière.

Discours de Merrheim.

Messieurs,

On me demande d'exposer les raisons qui ont provoqué les récentes grèves dans la région parisienne.

On a dit que l'application de la loi Mourier était la seule, sinon la principale cause de ces mouvements.

En réalité, comme je l'ai déclaré à M. le président du Conseil, la relève n'a été que la cause déterminante du mouvement, parce que d'autres préoccupations dominaient depuis longtemps la pensée des ouvriers.

En effet, quand a été votée la loi Mourier, on a fait appel à la Fédération des Métaux. Il s'agissait d'appliquer la loi. Dès cette époque, comme nous l'avions d'ailleurs toujours déclaré, nous disions que le fait d'être métallurgiste ne constituait pas un privilège, un droit pour ces ouvriers de ne pas aller dans les tranchées. Ce n'est pas la classe ouvrière qui a créé cette situation. Nous ne sommes pas responsables si, contrairement aux guerres anciennes, les nécessités de cette terrible guerre font qu'il doit obligatoirement y avoir deux armées : une armée industrielle dans les usines ; une armée dans les tranchées, alimentée pour les combats par celle des usines. Aussi, tout ce que nous demandions, tout ce que nous avons demandé, c'est que la loi Mourier soit appliquée avec justice et équité.

Comment concevions-nous cette justice et cette équité ?

Nous la concevions par la relève, classe par classe, de tous les ouvriers sans exception, quelle que soit leur profession ou leur qualité, en commençant par les plus jeunes classes. Et si nous demandions cela, c'est parce que nous savions par expérience que les patrons en profiteraient pour faire relever ceux qui, dans les ateliers et les usines, manifestaient plus énergiquement que les autres leur volonté d'obtenir un salaire raisonnable et imposent le respect de leur dignité.

En fait, il y eut un commencement d'application de la loi Mourier. Dans ce sens, le ministère de l'Armement fit relever dans les usines les classes 13 et 14. Il mettait ainsi à la disposition du G. Q. G. 4,600 hommes environ, représentant la totalité de ces deux classes. On devait les remplacer dans les usines par des hommes des vieilles classes et procéder à d'autres relèves au fur et à mesure que ce placement s'effectuerait. Non seulement on ne l'a pas fait, mais brusquement, les nécessités militaires y obligeant le gouvernement, on décide de procéder à la relève de trois classes : les classes 12, 11 et 10, et on commence l'application de la loi Mourier pour les classes 1909 à 1903 inclus.

C'est ici que j'estime que les industriels eurent une grande part de responsabilité dans les mouvements de la Seine. Dès qu'ils eurent connaissance que la relève des jeunes classes allait s'opérer, des noms de ceux qui allaient être relevés, ils en avisèrent les intéressés de leurs propres usines. Ces derniers protestèrent. Ils vinrent à la Fédération des Métaux demander qu'un mouvement ait lieu pour empêcher le départ des jeunes classes. Nous leur avons répondu que jamais les organisations ne prendraient la responsabilité d'un mouvement pour empêcher la relève des jeunes classes. Que nous considérions, comme je l'ai dit tout à l'heure, que le fait d'être métallurgiste ne constituait pas un privilège pour ne pas aller au front et que nous avions dans les tranchées de nombreux camarades appartenant à de vieilles classes, métallurgistes également, qui ne comprendraient pas que les organisations s'opposent au départ des jeunes classes, quand eux étaient depuis trois et quatre ans dans les tranchées.

Pourquoi la protestation de ces jeunes gens trouva-t-elle un écho aussi profond parmi les masses ouvrières et fit que dans la région parisienne, à un certain moment, le mercredi et le jeudi, il y eut plus de 180,000 ouvriers métallurgistes en grève ?

C'est que, Messieurs, — je répéterai ici ce que j'ai dit à M. le Président du Conseil, quand les grévistes m'envoyèrent auprès de lui en délégation, — les ouvriers disent couramment :

« Quand l'armée italienne bat en retraite, c'est nous qui allons renforcer cette armée.

« Quand il y a défaillance dans l'armée anglaise, c'est nous qui allons prendre la place des Anglais.

« Quand il y a besoin de troupes à Salonique, c'est nous qui allons à Salonique. Encore nous, toujours nous, partout nous. Nous voulons savoir enfin pourquoi on exige de nous tant de sacrifices et pourquoi nous nous battons. »

D'autre part, la main-d'œuvre américaine les inquiète depuis longtemps. Certes, Messieurs, les ouvriers ne craignent pas d'être remplacés dans les usines par des ouvriers américains. Mais ils constatent quotidiennement que l'on a amené des professionnels américains dans les usines françaises. Ces derniers se sont mis au courant de certaines fabrications et ils sont retournés en Amérique. Les ouvriers ont alors constaté que l'on a envoyé là-bas, en Amérique, des plans et modèles pour produire, usiner ce qui se fabriquait auparavant en France dans leurs usines.

Ils constatent également que l'on construit en France des usines américaines qui fonctionneront avec un personnel américain. Alors nos camarades pensent et ils se disent :

« C'est nous que l'on saignera jusqu'au bout. C'est nous que l'on prendra pour remplacer les effectifs nécessaires sur le front. »

C'est pour cette raison aussi qu'ils demandent et veulent savoir ce que comptent faire les gouvernants pour la Paix.

Enfin, et permettez-moi de vous le dire sans s'immiscer aucunement dans les questions politiques, on a publié une lettre de l'empereur d'Autriche, puis on a clôt le débat sans donner aucune explication.

Les ouvriers alors se sont dit :

« Mais si on refuse de nous faire connaître les propositions faites, si on a craint de les discuter publiquement, c'est que peut-être il y avait à ce moment-là possibilité de faire la Paix. »

Cette pensée les hante et tout naturellement, ils disent et répètent :

« Nous voulons savoir. Nous voulons connaître comment les gouvernants comptent faire une action en faveur de la paix et s'ils pensent la réaliser bientôt.

Voilà, Messieurs, les principales préoccupations qui agitaient les masses ouvrières et qui ont fait que par suite du rappel des jeunes classes, 180,000 ouvriers métallurgistes sont sortis des usines, non pas pour empêcher la relève, car aucun d'eux n'en a jamais eu la pensée, mais pour obliger le gouvernement à parler de la Paix, à agir en faveur de la Paix.

Dites-vous bien, Messieurs, que ces faits ne se seraient pas produits si on avait parlé à la classe ouvrière. Il faut, on doit parler clair aux ouvriers, leur expliquer les buts que l'on poursuit dans cette guerre, leur donner l'impression que l'on fait quelque chose pour la paix.

C'est cette idée de paix qui a dominé le mouvement et c'est pourquoi nous avons environ 150 de nos camarades qui sont à Châlons-sur-Marne attendant les sanctions qui seront prises contre eux.

Cependant, ces camarades frappés ne sont pas plus responsables du mouvement que les organisations. Comme les organisations, ils ont été débordés par la masse pour les raisons que je viens de vous indiquer et de résumer brièvement.

Que demandons-nous ? Nous demandons qu'ils soient tous, sans distinction, remis dans les ateliers et pans les usines. Nous réclamons cela parce que, comme je l'ai dit à M. le président du Conseil : Comment, vous voulez rendre les délégués d'ateliers responsables du mouvement ? Mais le responsable c'est le gouvernement, qui a mis ces délégués dans l'obligation d'assumer cette responsabilité.

En effet, Messieurs, si les organisations ouvrières avaient joué le rôle qu'elles doivent remplir dans la société économique présente, ces délégués n'auraient eu aucune responsabilité dans le mouvement, parce qu'ils n'auraient pas été obligés d'en prendre. Ils ont été obligés de les prendre parce que jamais les patrons n'ont voulu reconnaître les organisations syndicales. Non seulement, ils n'ont pas voulu les reconnaître, mais ils ont tout fait pour disqualifier leur action et leurs militants. C'est ce qui obligea M. Albert Thomas, ministre à l'époque, à créer, les délégués d'ateliers.

Que leur reproche-t-on surtout ? On reproche à ces délégués d'atelier leur attidute dans le mouvement. Mais, par leurs fonctions, ils étaient obligés de prendre cette attitdue et les responsabilités qu'ils ont prises et qui en découlaient normalement.

Que prétend-on exiger d'eux ? Qu'ils limitent leur action. Comment ! Messieurs, on veut que ces délégués limitent leur action à leur atelier propre et méconnaissent, dans la même usine, les délégués d'atelier qui sont à côté d'eux, dans le même établissement.

Mais, Messieurs, le gouvernement lui-même et les industriels également ont été obligés de dépasser ce cadre, de les faire sortir de ces limites. Soit quand ils voulaient examiner une question de transport, soit quand ils voulaient traiter des questions de ravitaillement ou de conditions générales de travail, ils faisaient appeler une délégation des délégués d'atelier.

Et, je le répète, si les organisations avaient pu remplir le rôle qu'elles doivent jouer dans la société économique présente, c'est-à-dire avoir accès auprès des industriels, les délégués d'atelier n'auraient eu à prendre aucune responsabilité. Ce sont les organisations qui les auraient toutes prises. Dans ces conditions, nous ne pouvons pas admettre, et la classe ouvrière ne comprendrait pas, que l'on prenne des sanctions contre ces délégués. Elle a déjà admis difficilement que l'on ait envoyé à Châlons-sur-Marne les ouvriers frappés, alors qu'on pouvait les laisser au dépôt des métallurgistes à Paris, et prendre rapidement la seule décision qui s'imposait : leur remise en usine. Vous avez le devoir de le faire comprendre au gouvernement.

J'ajoute, Messieurs, pour traduire exactement tout l'état d'esprit de mes camarades ouvriers, qu'au lendemain du départ des ouvriers frappés à Châlons-sur-Marne, il faillit y avoir un nouveau mouvement pour les raisons que je viens de vous indiquer. Il ne s'est pas produit parce qu'on a fait confiance aux organisations.

Ainsi donc, des sanctions ne pourront qu'aggraver cet état d'esprit, provoquer d'autres mouvements. Je ne l'ai pas dissimulé d'ailleurs à M. le président du Conseil quand, au nom des grévistes, nous discutions avec lui.

Il y a aussi le mouvement de la Loire et des mouvements qui ont éclaté dans les autres régions. Dans ces dernières, ils ont eu le même caractère que celui de la Seine. Je ne conteste pas que les grèves de la Loire ont un caractère particulier. Je dirai un jour dans quelles conditions, le 11 février dernier, j'ai pu éviter aux organisations le piège dans lequel on voulait les faire tomber et dans lequel les militants sont tombés, malheureusement. Je ne veux pas, ici, y insister plus longuement. Mais il faut tenir compte que c'est dans la Loire, qu'à tout point de vue, les ouvriers ont le plus souffert. Le plus souvent, ou ils ont été mal ravitaillés, les choses les plus nécessaires leur manquaient pendant plusieurs jours.

Il ne faut pas oublier que le patronat de la Loire est un patronat arrogant, intransigeant et féodal. Féodal, non seulement dans son esprit, mais aussi par le mauvais outillage de ses usines, imposant d'énormes et d'inutiles fatigues aux ouvriers et leur payant les plus bas salaires de France. Ce n'est qu'à force de sacrifices et de réclamations, d'actions quotidiennes que les ouvriers ont pu, depuis l'année dernière, améliorer ces salaires.

Certes, Messieurs, je ne partage pas toute la pensée d'Andrieux et de ses camarades, ni celle de notre camarade Péricat, aujourd'hui emprisonné ; mais ce que je puis vous jurer sur ma parole et mon honneur de militant, c'est que jamais dans leur pensée, ni dans leurs actes, ils n'ont eu l'intention d'appuyer l'action de l'ennemi, encore moins avoir avec lui la moindre des relations.

Pour eux aussi, nous ne comprendrions pas les sanctions, car ils sont innocents. Ils ont simplement défendu leurs principes et leurs opinions, pas autre chose.

Ah ! Messieurs, je l'ai dit à M. le président du Conseil, qui croyait voir dans mes paroles une menace : il est temps de parler à la classe ouvrière, si vous ne voulez pas voir en France les mêmes événements que ceux qui, en Russie, ont abouti à la paix de Brest-Litowsk.

Et tenez, Messieurs, pour bien montrer la profondeur de cet état d'esprit dans la classe ouvrière, je veux vous dire ce que j'ai constaté ces jours-ci :

Je reviens d'une tournée de réunions, qu'il m'avait été impossible de remettre. Je ne vous parlerai pas de l'état d'esprit des ouvriers de Bordeaux, Le Boucau, où je suis allé, car vous pourriez douter, en raison du caractère particulier de ces organisations, de la propagande qui a été faite dans ces localités.

Mais je suis passé à Fumel. Nous avons là un ancien Syndicat qui, depuis une douzaine d'années, discute avec la direction des usines.

Cette dernière a compris qu'elle devait discuter avec l'organisation. Il n'y a jamais eu de grèves depuis que le Syndicat existe. La journée de huit heures est appliquée à la presque totalité des femmes ainsi qu'aux aciéries et hauts-fourneaux.

C'est vous dire l'état d'esprit qui règne à Fumel. Eh bien, quand j'ai interrogé les militants, quand je leur ai demandé ce que pensaient, ce que disaient les ouvriers, ils m'ont répondu : « Il y a un gros malaise à l'usine. On ne travaille pas comme on devrait le faire. Nos camarades sont inquiets de la situation. Ils demandent, ils voudraient savoir, connaître la vérité. »

Cet exemple est caractéristique. Savoir ! Voilà ce que demande la classe ouvrière. Ne pas parler, à l'heure présente, à la classe ouvrière, c'est aller au devant de nouveaux et graves conflits qui déborderont les organisations ouvrières et les militants. Tous seront débordés.

Voilà, Messieurs, les explications que je voulais vous donner ici. Croyez ce que vous disent les représentants de la C. G. T. : Il est temps. Il faut parler à la classe ouvrière, si vous ne voulez pas que demain cette classe ouvrière refuse de se battre.

***

Pour renforcer ces déclarations le Comité confédéral, adressa à la représentation nationale les commentaires et les précisions suivantes :

Lettre à la Représentation Nationale.

Juin 1918.

Devant la situation faite au pays, la C. G. T. croit de son devoir de parler.

Par une délégation auprès de la représentation nationale de gauche, la C. G. T. a marqué la nécessité de donner à la classe ouvrière des garanties morales, afin que soient dissipés les malentendus qui risquaient de créer la fausse impression que la Défense nationale est, pour la classe ouvrière, incompatible avec ses droits, ses sentiments de dignité et son devoir de solidarité.

Nous croyons devoir compléter cette délégation par un exposé des raisons et des motifs qui légitiment notre point de vue.

Depuis quatre années, la classe ouvrière, avec la Nation, vit dans l'ignorance des événements militaires et diplomatiques qui se déroulent et auxquels est liée l'existence même du pays.

Tour à tour persimiste ou optimiste, la presse mensongère par intérêt, ou incomplète par l'exercice de la censure, a abouti à fausser le jugement des masses.

Dans cette atmosphère de renseignements incomplets ou faux, les angoisses les plus légitimes ont étreint les cœurs des travailleurs qui ne pouvaient obtenir connaissance exacte des directives suivies par les gouvernements, tant sur la conduite militaire que diplomatique de la guerre et sur les buts poursuivis. Dans de telles conditions, les bruits les plus contradictoires devaient trouver créance dans l'esprit du peuple et déclancher après eux des mouvements impulsifs.

A plusieurs reprises, la C. G. T. sentant le danger d'une telle situation, réclama du gouvernement qu'il fit connaître publiquement ses buts de guerre et les conditions générales auxquelles la Paix pourrait être signée.

A ces demandes motivées par une connaissance exacte de l'état d'esprit populaire et par un juste souci de parer à des difficultés pressenties et que les événements ont malheureusement vérifiées, on ne répondit que par un silence dédaigneux ou par des déclarations trop générales.

« Notre but est la paix juste et durable », est une formule qui demande à être expliquée et précisée.

Ces explications et ces précisions nous ont été jusqu'ici refusées, tandis que dans le même temps nous apprenions que l'on menait certaines campagnes annexionistes, que l'on se prêtait à certaines tractations individuelles, que l'on repoussait sans discussion des propositions de paix qui restaient ignorées de la Nation et même du Parlement.

Pour pallier aux mauvaises répercussions de ces pratiques inadmissibles, la C. G. T. affirmait son droit à accomplir son œuvre de diplomatie ouvrière en participant aux conférences internationales. Ce droit cependant accordé à d'autres éléments de notre nation, nous fut refusé.

Ainsi, tant sur le terrain des explications nécessaires sur les buts de guerre que sur le droit à agir nationalement et internationalement, les organisations ouvrières n'essuyaient que dédain et refus.

Pendant ce temps, les événements se précipitaient et la situation s'empirait.

Les gouvernements de notre pays et de l'Entente auraient-ils diminué la Défense nationale si, répondant au désir de la classe ouvrière, ils avaient, après accord entre eux, défini publiquement les buts donnés aux efforts militaires, affirmé devant le monde ce que le traité de paix doit donner à tous les peuples, belligérants ou neutres : indépendance et sécurité, par la disparition de tous les militarismes et de tous les impérialismes et par la constitution de la Société des Nations.

Nous ne le pensons pas. Nous avons, au contraire, la certitude absolue qu'une action diplomatique s'exerçant dans cette voie, en accord avec la pensée intime des peuples de l'Entente eut prévenu certains revers et réagi salutairement sur les menées des diplomates des gouvernements autocratiques des empires centraux.

Combinée avec l'action internationale des classes ouvrières des pays de l'Entente, cette diplomatie de grand jour eut éveillé des échos sympathiques chez les peuples des Empires centraux et hâté l'heure de la Paix des Peuples.

Si ce but n'eut pas été atteint, tout-au-moins aurait-on éclairci la situation internationale et précisé les responsabilités de la continuation de la guerre.

Les fautes graves dont nous venons de parler se sont compliquées de fautes militaires qui, sans qu'elles aient été précisées, n'en ont pas moins eu leur écho dans la Nation. De là, des causes de mécontentements, aggravés par l'incompréhension d'un patronat toujours figé dans son principe d'autorité.

Cette situation d'incertitude sur le lendemain, cette méconnaissance du rôle que doivent jouer, nationalement et internationalement, les organisations ouvrières, ne peuvent persister.

La C. G. T. parlant au nom de la classe ouvrière, réclame que le gouvernement de notre pays fasse entendre les paroles de vérité qui justifieront la thèse du droit soutenue par l'Entente et rassureront le pays.

La classe ouvrière organisée a exprimé ses sentiments à ce sujet, tant dans sa résolution nationale de Clermont-Ferrand que dans la motion ouvrière interalliée de Londres, dont nous annexons deux exemplaires à ce document.

Le gouvernement, les Chambres doivent se prononcer sur les principes généraux de ces résolutions qui ne sont inspirées que par des idées d'indépendance, de justice et de fraternité humaine, dans le droit rétabli contre la force.

La C. G. T. réclame également, au nom de millions de travaileurs, du front et de l'arrière, que les propositions de paix, d'où qu'elles viennent ne soient pas rejetées sans discussion et que le gouvernement saisisse toutes les occasions pour faire entendre le langage de la raison et du bon sens.

La classe ouvrière ne veut pas que l'heure de la Paix puisse, si elle se présente, être méconnue.

La C. G. T. affirme son droit de participer, dans la plénitude de sa liberté, à l'action ouvrière internationale, convaincue que des assises du prolétariat international ne peuvent sortir que des décisions favorables à la cause du droit des peuples.

La C. G. T. indique que seule une politique de confiance, rejetant toute arrière pensée de répression, admettant l'intervention de l'organisations syndicale dans toutes les manifestations de la vie ouvrière, est seule capable de prévenir de nouvelles perturbations que nous pressentons et dont la gravité serait peut-être irréparable.

L'heure est venue de reconnaître, sans réserve, à la classe ouvrière le droit de dire son mot sur les affaires de la Nation par la voix autorisée de son organisation syndicale, seule qualifiée pour défendre ses intérêts moraux et matériels qui s'identifient avec ceux de la Nation tout entière.

En résumé et pour préciser notre pensée en ces heures particulièrement graves, nous réclamons :

Une connaissance exacte des buts de guerre et des conditions générales de la paix ;

Que la Nation tout entière puisse exercer son contrôle vigilant sur la marche des événements afin qu'aucune possibilité de paix, juste et durable, ne soit méconnue ;

Que la vie publique puisse s'intensifier dans un régime de liberté, seulement limité par la responsabilité de chacun, eu égard aux intérêts supérieurs du pays ;

Que toute politique répressive disparaisse de nos mœurs ;

Que la liberté individuelle soit sauvegardée par l'application d'une justice impartiale, indépendante des pouvoirs, des partis et des castes ;

Que le mouvement ouvrier puisse, dans sa liberté de pensée et d'action, accomplir sa mission nationale et internationale.

La C. G. T. déclare que c'est dans ces con- ditions et dans un tel régime de liberté vraie et de confiance mutuelle que le pays pourra être sauvé des pires catastrophes et que sera rapprochée l'heure de la Paix des Peuples, sur les bases définies par le président Wilson et dont les principes se trouvent inclus dans nos résolutions de Clermont-Ferrand et de Londres.

Le Comité confédéral.

L'ACTION INTERNATIONALE DE LA C. G. T.

dans les jours qui précédèrent la déclaration de guerre.

Les journées qui ont précédé le grand conflit mondial ont été pour la C. G. T. l'occasion d'affirmer ses sentiments internationalistes, par une action extrêmement vigoureuse qui, dans l'esprit de ses militants, devait être de nature à stimuler les peuples des autres pays pour les engager dans la voie des protestations viriles contre la guerre.

L'action internationale de la C. G. T. fut, en conséquence, en 1914, de deux ordres : d'abord, l'action préventive, qui va plus particulièrement de l'instant où la menace de guerre apparaît clairement jusqu'à la journée fatale du 2 août, et qui est surtout caractérisée par une action à l'intérieur du pays, contre la guerre.

Puis, dans la suite, l'action destinée à renouer les relations internationales et à faire que la grande force morale de l'Internationale ouvrière soit en mesure de se reconstituer et de remplir dans la mesure qui lui serait possible la mission que lui assignèrent dans le monde ses glorieux fondateurs.

L'action préventive immédiate se place du milieu à la fin de juillet.

L'action contre la guerre.

C'est d'abord l'entrevue du Secrétaire confédéral et de Legien, président de la Centrale syndicale allemande, à Bruxelles, où tous deux se trouvaient, à l'occasion du Congrès national syndical belge.

Au cours d'une conversation hors séance du Congrès, le Secrétaire confédéral interroge Legien. Ce dernier a relaté dans un discours qu'il prononça en 1917, à Brême, la conversation qui eut lieu à Bruxelles :

> Un camarade français, qui occupe en France le même poste que moi en Allemagne, me demanda quelle serait l'attitude de la Social-Démocratie en cas de guerre. Je lui répondis que, dans ce cas, les soldats allemands marcheraient...

Et quand Jouhaux, peu satisfait d'une semblable réponse, insistait en disant :

> Que comptez-vous faire pour éviter la guerre qui se prépare ? Etes-vous résolu à faire un mouvement ? Nous sommes, pour notre compte, prêts à répondre à votre appel ou à marcher en même temps, si nous en décidons ainsi ?

Legien restait muet...

Malgré le caractère décevant de cette conversation, la C. G. T. n'en persiste pas moins à tenter tous ses efforts pour conjurer le péril.

De retour à Paris, le Secrétaire confédéral faisait part des impressions qu'il rapportait de Bruxelles, et le mardi 28 juillet le Comité confédéral se réunissait pour prendre position en face de la situation, qui devient de plus en plus menaçante.

Déjà, le lundi 27 juillet, l'Union des Syndicats de la Seine et la *Bataille Syndicaliste* ont appelé les travailleurs parisiens à manifester publiquement.

La Serbie a accepté l'ultimatum, mais l'Autriche-Hongrie a répondu par l'agression.

Le conflit menace de s'élargir et d'entraîner dans son rayon sanglant les peuples de la Triple-Entente et de la Triple-Alliance.

Le Comité confédéral adopte le manifeste suivant :

A LA POPULATION !
AUX TRAVAILLEURS FRANCAIS !

Dans la grave situation présente, la C. G. T. rappelle à tous qu'elle reste irréductiblement opposée à toute guerre.

Que le devoir des travailleurs organisés est de se montrer à la hauteur des circonstances, en évitant, par une action collective, consciente, harmonisée à travers tout le pays, internationalement et par dessus les frontières, le plus grave péril mondial de se réaliser.

La C. G. T. déclare que la guerre européenne peut, doit-être évitée, si la protestation ouvrière, jointe à celle de tous les partisans de la paix, est assez formidable pour faire taire les clameurs guerrières.

Paris, ouvrier populaire, a déjà manifesté ses sentiments pacifistes, que la province, que tous les centres ouvriers se joignent à lui.

L'heure est tragique, et nul n'a le droit de rester indifférent.

L'action du prolétariat doit venir renforcer celle de tous les hommes qui, comprenant le péril couru par l'Humanité tout entière, veulent mettre toutes leurs forces et leur conscience au service de la civilisation contre la barbarie.

L'Autriche porte une lourde responsabilité devant l'histoire, mais la responsabilité des autres nations européennes ne serait pas moins lourde si elles ne s'employaient pas activement, loyalement pour que le conflit ne s'étende pas.

Dans cette action, les gouvernants de ce pays ont le peuple français avec eux si, comme on le dit, ils travaillent sincèrement pour la paix.

C'est une force qui, mieux que les traités secrets, doit leur assurer le succès définitif.

La C. G. T. croit fermement que la volonté populaire peut empêcher le cataclysme effroyable que serait une guerre européenne.

Aussi, rappelant la déclaration de l'Internationale : « Tous les peuples sont frères » et les déclarations de ses Congrès nationaux : « Toute guerre est un attentat contre la classe ouvrière, qu'elle est un moyen sanglant et terrible de faire diversion à ses revendications », elle réclame de toutes les organisations ouvrières une attitude ferme, dictée par le souci de conserver les droits acquis par le travail dans la paix.

La guerre n'est, en aucune façon, une solution aux problèmes posés, elle est et reste la plus effroyable des calamités humaines.

Faisons tout pour l'éviter, que partout, dans toutes les villes industrielles, comme dans toutes les communes agricoles, sans aucun mot d'ordre, la protestation populaire s'élargisse, se fortifiant, s'intensifiant, au fur et à mesure que les dangers deviendront plus pressants.

A bas la guerre !

Vive la paix !

LE COMITÉ CONFÉDÉRAL.

Une Commission est désignée pour s'entendre avec les délégués du Parti socialiste, pour donner aux manifestations plus d'ampleur et plus de vigueur. Un meeting monstre est, d'accord avec l'Union des Syndicats de la Seine, organisé pour le mercredi 29, dans les salles Wagram.

Le meeting est interdit; les travailleurs s'y sont, malgré tout, rendus en masse.

Le jeudi 30, le bureau de la C. G. T. et celui de l'Union des Syndicats de la Seine lancent l'appel suivant :

Vigilance de tous les Instants.

Malgré les menaces de voir le conflit austro-serbe emporter dans son tourbillon fratricide les peuples de la Triple-Entente et de la Triple-Alliance, la Paix reste possible. Elle doit triompher !

La volonté froide, résolue, de tous ceux qui se dressent contre cette éventualité criminelle doit être la plus forte.

Dans ces moments d'angoisse, au cours desquels se jouent les vies de millions d'êtres humains, la voix de la raison doit avoir le dernier mot.

Nul ne peut penser sans un frisson d'épouvante, aux conséquences effroyables que serait un choc armé entre les nations européennes.

Dans ces circonstances critiques, mais non désespérées, la classe ouvrière de tous les pays joue ses destinées. Son avenir risque de sombrer.

En face de ce péril, l'union de toutes les forces pacifistes est indispensable.

Les violences de la police ne parviendront pas à étouffer la liberté de parole.

A l'arbitraire, d'où qu'il vienne, la classe ouvrière doit y faire face.

La C. G. T., l'Union des Syndicats de la Seine, tout en protestant énergiquement contre les brutalités policières de mercredi dernier, pensent que l'interdiction du meeting de la salle Wagram ne peut être qu'une mesure d'affolement sans lendemain.

Le droit de manifestation en faveur de la Paix doit être inviolable.

Aussi la C. G. T. et l'Union des Syndicats de la Seine, se préoccupent-elles, dès maintenant, d'organiser une manifestation d'une importance et d'un retentissement plus considérables.

D'autre part, les Unions de Syndicats des grands centres : Lyon, Marseille, Toulouse, Bordeaux, Limoges, Nantes, Rennes, Le Havre, Rouen, Bourges, Amiens, Lille, etc., etc., organisent de leur côté de grandes manifestations publiques identiques à celle de Paris.

D'un bout à l'autre du pays, la voix ouvrière doit s'élever, créant une même atmosphère de protestation contre la guerre.

La date de ces démonstrations sera décidée par le Comité confédéral, les deux sections réunies, qui aura lieu ce soir, vendredi, à 9 heures, 33, rue de la Grange-aux-Belles.

Nous répétons à toutes les organisations que la période présente recommande le plus grand sang-froid.

Pas de décision précipitée, pas de panique, une vigilance de tous les instants, là est le salut !

LES BUREAUX DE LA C. G. T. ET DE
L'UNION DES SYNDICATS DE LA SEINE.

La réunion avec les délégués du Parti socialiste a eu lieu le même jour, à neuf heures du soir, dans les bureaux du journal *l'Humanité*.

Les délégués confédéraux voudraient une manifestation d'ensemble dans le délai le plus rapproché; les délégués du Parti demandent que cette manifestation ait lieu le dimanche 9 août.

Jaurès expose que le Congrès socialiste international ayant lieu à cette date, la manifestation organisée pour son ouverture empruntera un véritable caractère international et n'en aura que plus d'ampleur et plus de répercussion.

Ce qui est adopté.

Le vendredi 30, le Secrétaire confédéral adresse au Secrétaire international Legien le télégramme suivant :

Legien, Engel-Ufer, 15, Berlin.

C. G. T. française résolument contre la guerre, demande Prolétariat international intervenir par pression sur gouvernements pour obtenir localisation du conflit.

La paix reste possible, doit triompher, si les travailleurs organisés internationalement restent unis dans même pensée : opposition à toute conflagration.

Cette paix est entre les mains de la classe ouvrière internationale, si elle sait être à la hauteur du péril.

Ici manifestations pacifistes se poursuivent. Nous croyons fermement à la paix car sommes énergiquement résolus à éviter la guerre.

A bas la huerre ! Vive la paix garantie par Internationale ouvrière.

JOUHAUX.

Ce télégramme, qui resta sans réponse, fut la suprême et dernière tentative pour faire agir contre la guerre les forces communes des prolétariats français et allemands.

Le samedi 1er août, les militants confédéraux se réunissent, salle de l'Egalitaire. Ils sentent que très peu d'espoir reste de maintenir la paix européenne. De partout montent des bruits de mobilisation. Ils veulent cependant douter encore et ils adressent au prolétariat ce suprême appel :

LA C. G. T. AUX PROLÉTAIRES DE FRANCE

Une heure grave vient de sonner

Les forces mauvaises sont sur le point de triompher. Une lueur d'espoir perce encore, mais si faible qu'il faut envisager les pires éventualités.

Cependant qu'entraînés vers le gouffre, nous voulons conserver l'espoir d'une paix possible.

Jusqu'à cette heure, le Comité confédéral est resté à son poste de combat, luttant pour la cause de la Paix.

Hier encore, il adressait à l'Internationale ouvrière un suprême appel.

Si ses efforts ne paraissent pas avoir donné ce que nous étions en droit d'attendre, ce que la classe ouvrière organisée espérait, c'est que les événements nous ont submergé. C'est aussi, nous devons le dire à ce moment suprême, que le prolétariat n'a pas assez unanimement compris tout ce qu'il fallait d'efforts continus pour préserver l'Humanité des horreurs d'une guerre.

Femmes, qui pleurez en ce moment, nous avons tout fait pour vous épargner cette douleur. Mais, hélas ! nous ne pouvons aujourd'hui que déplorer le fait accompli.

Pouvions-nous demander à nos camarades un sacrifice plus grand ?

Quoiqu'il nous en coûte, nous répondons : Non.

Ce que nous réclamons de tous, c'est un inébranlable attachement au syndicalisme, qui doit traverser et survivre la crise qui s'ouvre.

Aussi fermement qu'hier, nous devons conserver l'intégralité de nos idées et la foi dans leur triomphe définitif.

L'Internationale ouvrière restera toujours le but de nos efforts.

Convergence de nos espoirs, nous ne voulons pas qu'elle soit anéantie dans la tourmente.

Car nous savons qu'un jour viendra, quand les peuples auront fait plus de confiance et auront assuré sa force, où elle constituera l'unique sauvegarde de la Paix et de la Civilisation.

LA CONFÉDÉRATION GÉNÉRALE DU TRAVAIL

L'ACTION INTERNATIONALE DE LA C. G. T.

depuis Août 1914 à Juin 1918

La guerre, devenue un fait, ne permit pas à la C. G. T., durant les premières semaines surtout, de reprendre à nouveau avec fruit les relations internationales.

Le dernier télégramme du Secrétaire confédéral, au président de la Centrale allemande, secrétaire de l'internationale syndicale faisait apparaître, toute action comme inefficace.

Le coup foudroyant, qu'avait été la déclaration de guerre de l'Allemagne et la fièvre qui règnait en conséquence dans tous les pays d'Europe, avait fait que les mouvements ouvriers restaient quelque peu isolés. Ce ne fut que momentané.

Dans la première quinzaine de septembre 1914 parvenait au secrétariat confédéral, une lettre de Suisse, signée du camarade Graber agissant au nom du Secrétariat syndical international.

C'est Merrheim, secrétaire confédéral intérimaire, qui le 3 octobre lui répondait dans les termes suivants :

Paris, le 3 octobre 1914.

Au camarade Ach. Graber,

Arêtes 24, à la Chaux-de-Fonds (Suisse).

Bien reçu votre lettre du 10 septembre. Je l'ai soumise au Comité confédéral du 20 du même mois et la réponse a été approuvée par le Comité du 27 septembre.

Dans votre lettre, vous demandez que la C. G. T. vous envoie des documents et les numéros de *La Voix du Peuple*, pour vous permettre de publier un ou deux numéros du *Bulletin international* des Centrales syndicales auxquelles vous étiez attaché à Berlin.

A notre grand regret, nous ne pouvons vous donner satisfaction. En effet, la mobilisation de milliers, de millions de travailleurs français nous a enlevé l'immense majorité des militants de nos organisations syndicales et fédérales. L'Etat paie aux familles des mobilisés une indemnité de 1 fr. 25 par jour et, en plus, 0 fr. 50 par enfant ainsi qu'aux chômeurs nécessiteux.

En présence de cette situation, dès la déclaration de guerre, Syndicats et Fédérations — par répercussion la C. G. T. elle-même — ont suspendu le paiement des cotisations. La besogne des organisations consiste à aider les travailleurs à traverser cette horrible épreuve avec le minimum de privations.

En conséquence, la *Voix du Peuple* a cessé de paraître. Le Comité confédéral a, par l'organe d'une Commission exécutive, constitué un Comité d'action avec le Parti socialiste ; il a pour mission de faire face aux événements actuels et à ceux pouvant surgir, menaçant nos libertés, et aux difficultés de la situation présente. Les Syndicats, Bourses du Travail et Unions départementales, dirigent ou font fonctionner — avec l'aide d'un Comité de Secours national et des municipalités — des soupes populaires. Ces dernières délivrent, à raison de 0 fr. 20 par personne des repas comprenant à midi : soupe, viande, légumes et pain, en attendant de pouvoir faire reprendre l'action syndicale. Telle est, en résumé, la situation actuelle en France.

A ce résumé, pourrait se borner la présente. Mais, dans votre lettre, vous avez cru nécessaire de nous faire part des sentiments des ouvriers Allemands qui, écrivez-vous : « Partent à la guerre contre la France avec le plus grand regret » et vous ajoutez : « Ils se sentent menacés par le tzarisme et craignent qu'une victoire de ce régime ait une répercussion néfaste en Europe et, particulièrement, sur le mouvement ouvrier ».

Permettez-nous de vous dire que l'heure n'est pas aux regrets, qui ne sauraient atténuer les horreurs auxquelles nous assistons. Ce n'est pas non plus le moment de chercher à atténuer ou à établir les responsabilités des uns ou des autres. Pour nous, le fait brutal, c'est que chaque jour, des milliers de travailleurs belges, allemands, anglais, autrichiens et français sont fauchés par la mitraille, couchés, blessés ou morts sur les champs de carnage de l'Europe. Qu'au milieu de leurs souffrances, ils entremêlent leurs cris d'angoisses et de douleurs, leurs plaintes atroces et leurs râles d'agonie, sans parler des centaines d'estropiés, invalides que nous retrouverons après la guerre.

Leurs souffrances à tous sont les nôtres. Les douleurs inguérissables et le deuil de leurs parents, femmes ou fiancée sont-les nôtres parce qu'ils sont de notre classe : des travailleurs. Parce que notre idéal aspire à les voir tous réunis, ayant au cœur un seul symbole : leur libération, non par la guerre, mais par la liberté conquise par la conscience et l'organisation internationale du prolétariat tout entier. Aucun d'eux ne saurait être, ni apparaître à nos yeux, comme un adversaire ni un ennemi.

C'est pourquoi nous nous permettons de vous faire observer que, malgré toute notre bonne volonté, nous ne parvenons pas à saisir la différence qui existerait entre l'impérialisme du kaiser étouffant, sous le poids du militarisme, les libertés en Allemagne et l'impérialisme du tzar moscovite les étranglant à Saint-Pétersbourg.

Les libertés ouvrières se valent dans l'un et l'autre de ces pays. Elles y sont inconnues, ou à peu près, dans l'un comme dans l'autre.

Aussi nous ne voyons pas ce que gagneront, vainqueurs ou vaincus, les ouvriers allemands à fortifier dans des fleuves de sang et sur des montagnes de cadavres, l'*impérialisme du kaiser* et des hobereaux militaires allemands dont ils ont été et ne peuvent qu'être les perpétuelles dupes ou victimes. En revanche, nous sentons trop ce qu'ils peuvent y perdre et, avec eux, la liberté de l'Europe.

En conclusion, tout ce que nous pouvons et voulons dire pour l'instant, c'est que la C. G. T. et le Parti socialiste français ont, cette fois-ci, — comme dans les crises précédentes au cours desquelles notre action fut d'un poids immense pour la paix — fait tout leur devoir pour éviter la guerre et les monstrueuses horreurs actuelles qui en sont la conséquence.

Recevez, camarade, nos salutations internationales et fraternelles.

Pour le Comité confédéral et par mandat :
Le Secrétaire par intérim,
A. Merrheim.

Le 31 octobre 1914, le secrétaire confédéral, à une lettre de Beaumeister, écrivant de Copenhague, au nom du secrétariat syndical international, répondait :

Paris, le 31 octobre 1914

A M. Beaumeister (Copenhague).

Camarade,

En réponse à votre lettre du 23 septembre, je puis répondre, au nom de la C. G. T. française, que nous restons, aujourd'hui comme hier, aussi fermement attaché à la cause de l'Internationae et aussi résolus à poursuivre l'émancipation économique du prolétariat. Les tragiques circonstances qu'actuellement nous traversons, n'ont nullement atteint notre idéal et nous resterons, malgré les douleurs présentes, des pionniers de la libération humaine.

Jusqu'au bout nous avons rempli notre devoir de travailleurs pacifistes, luttant contre l'approche de la catastrophe que nous sentions devoir être terrible dans ses conséquences. Malheureusement, il ne dépendait pas de nous seuls, que cette échéance fatale fut reculée, rejetée à jamais dans la nuit des temps.

Quand la violation du Luxembourg et de l'héroïque Belgique d'une part, quand l'envahissement de notre pays, d'autre part, furent choses faites, nous ne pouvions rester spectateurs indifférents dans cette bataille où se jouaient à la fois, le droit des petits peuples, l'existence de notre pays et l'avenir de la démocratie.

Nous qui avons toujours combattu le militarisme, nous comprenions plus que jamais, à cette heure terrible, que le militarisme allemand était un danger qui nous obligeait à combattre et que l'impérialisme prussien était au même titre que l'impérialisme russe, un principe mauvais, dont la disparition s'impose pour la paix du monde, que nous voulons la plus prochaine possible.

Nullement animés de désirs de conquêtes, les nôtres sont partis, gardant au cœur l'espoir que leurs sacrifices ne seraient pas inutiles et que cette guerre pourrait être la dernière si, comme conclusion, chaque peuple ayant fait son devoir démocratique intérieur, on réalisait les Etats-Unis d'Europe.

Nous ne voulons pas pour l'instant discuter les responsabilités, tout entiers préoccupés du soulagement à apporter à la misère des nôtres, frappés dans leur affection.

Cependant, nous permettra-t-on de vous dire, que le manifeste des intellectuels allemands déclarant : « la culture allemande reposant dans la force du militarisme et justifiant la destruction de Louvain », est une déclaration indigne de la civilisation.

Certes, nous ne rendons pas le peuple allemand responsable de ces élucubrations férocement orgueilleuses. Nous conservons le souvenir de ce prolétariat si vibrant le jour du meeting international de la salle du Nouveau-Monde, et n'avons d'autres aspirations, si les circonstances nous le permettent, que de l'aider à conquérir les libertés pour lesquelles il luttait hier.

En terminant, nous estimons que ce n'est pas dans le regret du conflit, mais dans l'action des masses asservies à des régimes contraires aux principes démocratiques, qui doivent être notre guide dans notre marche vers l'avenir.

Nous avons tenu à vous relater ces sentiments, pour détruire les affirmations de ceux qui parlent de démembrement de l'Allemagne et d'extermination de la nation allemande.

Recevez notre salut fraternel et syndicaliste.

Le Secrétaire,

L. JOUHAUX.

Le Comité confédéral reçut d'autre part une proposition, venant des Partis socialistes des pays scandinaves, d'avoir à donner son opinion sur la tenue d'une conférence des neutres qui discuteraient de la paix.

Le Comité confédéral discuta à savoir : si dans notre réponse nous devions demander aux pays neutres de se prononcer d'abord sur la question de la violation de la Belgique et de la Serbie — ou si nous devions répondre purement et simplement, en nous affirmant en faveur de la proposition.

Une commission fut nommée pour rédiger une résolution. Elle ne parvint pas à se mettre d'accord et c'est finalement une proposition de la Fédération du Bâtiment qui obtint à la majorité l'assentiment du Comité.

Considérant que les efforts du prolétariat organisé de France ont été dirigés en vue de maintenir l'état de paix.

Que toujours ces sentiments se sont affirmés et que c'est seulement le caractère défensif de celui-ci qui l'a obligé à prendre part au conflit terrible qui sème la désolation parmi tous les pays européens,

Que cette guerre défensive que nous subissons actuellement apparaît, tant par les documents diplomatiques que par la violation de la Belgique et du Luxembourg, comme déchaînée par le parti impérialiste et militariste d'Allemagne,

Considérant qu'il appartient surtout aux organisations socialistes et syndicalistes d'Allemagne, pays agresseur, de faire le geste qui limiterait dans ses horreurs et dans sa durée, la guerre que nous n'avons pas voulu,

Etant donné les conditions d'investissement subies par la Belgique, les départements du Nord et de l'Est de ce pays, passe à l'ordre du jour.

Fin 1914, le Secrétariat confédéral recevait de la Fédération américaine du Travail une proposition tendant « à la tenue, aux mêmes lieu et jour où se tiendrait le Congrès pour la Paix, d'une Conférence internationale des Centrales syndicales nationales pour aider au rétablissement des bons rapports entre les prolétariats organisés et faire participer ceux-ci à l'établissement des bases d'une paix durable et définitive ».

Après examen de cette proposition, le Comité confédéral l'acceptait et décidait d'adresser à cette occasion un manifeste-circulaire à toutes les Centrales nationales syndicales ainsi conçu :

A L'INTERNATIONALE OUVRIÈRE,
AUX ORGANISATIONS CENTRALES NATIONALES.

CAMARADES,

Malgré la terrible tourmente qui sévit actuellement sur l'Europe, tourmente déchaînée contre sa volonté et son action, la C. G. T. française tient à affirmer, une fois de plus, son inébranlablable attachement à la cause ouvrière internationale.

La guerre reste pour elle le plus abominable des crimes sociaux. Aucun argument ne saurait atténuer la responsabilité de ceux qui l'ont déchaînée. C'est dire que la C. G. T. reste, aujourd'hui comme hier, partisan de la paix entre les peuples.

Depuis toujours, sa propagande, son action se sont affirmées contraires au nationalisme de bas étage, au militarisme de conquête, comme elles se sont opposées au retour des régimes déchus.

Son désir aurait été d'entraîner l'Internationale tout entière dans cette voie de lutte contre les forces mauvaises. Elle avait compris qu'il était indispensable, sur ce point précis, de créer une unité de pensée, déterminant une unité d'attitude dans les prolétariats organisés de tous les pays, de façon que, les circonstances l'exigeant, il puisse en découler une unité d'action contre un péril commun.

(Proposition à la Conférence internationale d'Amsterdam (1905) ; Intervention de la C. G. T. par son secrétaire auprès des Syndicats allemands (1905) ; Proposition à la Conférence internationale (Paris 1909) ; Délégation de la C. G. T en Allemagne (1910) ; Intervention auprès de Legien, à Bruxelles (Juillet 1914).

C'est en partie pour ne pas avoir reconnu la valeur de ce point de vue que l'Internationale ouvrière fut impuissante à empêcher la guerre.

Depuis six mois nous subissons cette guerre et toutes les horreurs de l'invasion. Nous avons vu violer la neutralité du Luxembourg et de la Belgique, envahir les départements du Nord et l'Est de notre pays, et les visions de carnage que nous vivons n'ont fait que fortifier notre point de vue quant à l'attitude que devait et que doit observer le prolétariat internationalement uni contre la guerre.

Cependant, si ardent que soit en nous le désir de rétablir la paix entre les peuples aujourd'hui belligérants, nous ne pouvons oublier que le territoire belge encore est presque entièrement occupé et que nos départements du Nord et de l'Est sont dans la même situation.

Que, d'autre part, les conditions essentielles de progrès social sont l'inviolabilité et l'indépendance des peuples.

Nous avons trop souvent protesté contre les expéditions coloniales pour oublier, aujourd'hui, les raisons profondes de nos protestations.

L'Humanité ne se développera dans le sens d'une civilisation toujours plus élevée, elle ne créera des relations sociales plus en rapport avec le droit humain, qu'autant que la force brutale disparaîtra comme moyen d'asservissement, pour se transformer en un auxiliaire de l'intelligence mise au service du travail.

Les Etats-Unis du monde, forme d'organisation humaine que nous devons tendre à réaliser ne seront, que le jour où chaque nationalité, si faible soit-elle, ayant l'assurance d'être respectée dans son développement intérieur, la collaboration de tous les peuples sera ainsi rendue possible.

Ce jour verra s'établir le vrai régime de la liberté internationale, résultant du jeu normal et sans contrainte de toutes les libertés nationales.

Dans une telle constitution, le militarisme devenant sans objet, s'éliminera de lui-même. Cette conception de l'avenir, qui est nôtre, malgré les heures terribles que nous vivons, nous ne perdons nul espoir de la réaliser, si chaque prolétariat veut apporter sa part de travail sincère à l'édification de l'œuvre commune de libération.

Adopter cet idéal, c'est bannir de soi toute idée d'hégémonie, c'est vouloir l'harmonie entre tous les humains, par l'égalité de tous les peuples.

S'il n'est pas possible, dans les circonstances présentes, à la C. G. T. française de formuler les conditions d'une paix qu'elle appelle la plus proche possible, il lui est cependant permis d'indiquer que l'effort pacifique, pour s'employer utilement, doit s'orienter vers un but qui fasse que cette guerre soit la dernière des guerres.

Avec ceux qui accomplissent cette œuvre, la C. G. T. est de cœur. A nouveau, en ces heures terribles, elle demande que les classes ouvrières de tous les pays s'associent à elle pour affirmer et prendre l'engagement formel d'agir pour faire pénétrer dans la pensée des travailleurs du monde entier que, même sous la forme des Etats-Unis du monde, la Paix ne sera définitive et assurée, que le jour où toutes les classes ouvrières de toutes les nations auront acquis, au sein de leurs organisations, une conscience morale profonde de leurs devoirs réciproques et, par cela même, une puissance d'action véritable, capable d'empêcher toute guerre par l'opposition directe des forces organisées et agissantes dans l'Internationale ouvrière.

La C. G. T. approuve et accepte la proposition de l'A. F. of L. tendant à la tenue « aux mêmes lieu et jours, que la Conférence générale pour la Paix, qui se tiendra sans doute à la fin de la guerre» d'un *Congrès des représentants des organisations ouvrières des différentes nations* pour aider à rétablir les fraternelles relations, protéger les intérêts des travailleurs et, partout, aider à constituer les fondations pour une paix durable » sur les bases de la :

1° Suppression du régime des traités secrets ;

2° Du respect absolu des nationalités ;

3° De la limitation immédiate et internationale des armements, mesure qui doit précipiter leur suppression totale ;

4° L'application du recours à l'arbitrage obligatoire pour tous les conflits entre nations.

Vive l'Internationale ! toujours et quand même.

Pour le Comité et par mandat
Le Secrétaire,
L. JOUHAUX.

Il est bon de noter que la proposition de l'A. F. of Labor ne reçut de Legien, secrétaire international, qu'une réponse : « Une telle conférence ne serait d'aucune utilité. Qu'elle était impraticable. »

La Conférence de Londres de 1915

Poursuivant ses efforts, la C. G. T., sur une nouvelle invitation du Parti socialiste français, envoyait une délégation de cinq membres à une Conférence des socialistes des pays alliés qui se tenait à Londres, le dimanche 14 février 1915, et acceptait avec l'unanimité des délégués présents moins deux voix, les résolutions de la Conférence qui proclamaient hautement l'attachement des mouvements ouvriers des pays de l'Entente aux principes internationalistes, et concluaient dans le sens d'une union toujours plus intime des peuples en vue de leur affranchissement et contre toute guerre.

Le 5 janvier précédent, le bureau confédéral, en conformité d'une résolution du Comité confédéral, adressait au camarade Appleton, secrétaire de la Fédération des Trades-Unions anglaises, une lettre lui demandant l'avis de son Comité sur le transfert, pendant les hostilités, du siège du

Secrétariat syndical international dans un pays neutre, son fonctionnement étant assuré par des éléments neutres.

A l'occasion de la Conférence de Londres, les délégués de la C. G. T. et ceux de la Fédération des Trades-Unions se réunirent au local de cette dernière et décidèrent d'adresser collectivement au Secrétariat international syndical, la demande de transfert, en déclarant, par avance, qu'il n'y avait, de leur part, aucun sentiment de suspicion à l'égard des fonctionnaires actuels. Il fut également décidé de faire parvenir cette demande par le canal du camarade Gompers, secrétaire de l'ancienne F. of Labor d'Amérique.

Un rapport de la C. G. T.

La C. G. T. ne s'est pas bornée à entretenir, par une correspondance avec les neutres, les rapports internationaux nouvellement rétablis. Elle songea à rendre efficace le jeu de ces rapports, et faire qu'ils se traduisent au jour de la paix, par des réalités tangibles. C'est dans cet esprit et pour ces fins que le Comité confédéral discuta et adopta le rapport suivant, qui peut se résumer par cette formule claire :

Obtenir par des mesures appropriées, que le travailleur devienne vraiment un citoyen du monde, libre et égal en droit dans tous les pays où il portera son effort de travail.

Considérant que la classe ouvrière qui a, sans marchander, payé son large tribut à la défense du pays, a le droit de faire entendre sa voix, pour la défense de ses propres intérêts, lors de la conclusion du traité de paix, qui mettra fin à la guerre européenne.

Que, d'ailleurs, ses intérêts sont conformes à ceux des prolétaires de tous les pays.

Que, pour s'opposer à chacune des revendications de la classe ouvrière, le patronat invoque la concurrence internationale, qu'il y a donc lieu de profiter du prochain traité de paix, pour faire disparaître cette concurrence, en ce qui concerne les conditions de travail.

Que, par conséquent, il sera indispensable d'insérer dans ce traité, des clauses économiques ouvrières assurant, d'une façon internationale, la protection ouvrière notamment en ce qui concerne la durée du travail (horaire journalier, semaine anglaise) les usines à feu continu (système des trois équipes, etc.), la protection spéciale des femmes et des enfants, les assurances sociales (accidents, maladies professionnelles, etc.), les poisons industriels, les garanties syndicales, etc., etc.

Décide :

1° De mettre immédiatement à son ordre du jour ces clauses ouvrières ;

2° D'entamer immédiatement une active propagande pour la réalisation de ce projet ;

3° De proposer l'inscription de cette question à l'ordre du jour de la Conférence syndicale internationale qui devra se réunir conformément à la proposition de l'A. F. of L.

La Conférence confédérale du 15 août 1915, n'ayant pas abordé l'examen des questions économiques portées à son ordre du jour, le Comité confédéral décidait l'envoi d'une circulaire esquissant un plan d'activité économique immédiate et quelques-uns des points que devait comporter ce plan.

Il semble qu'il ne faille pas attendre au dernier moment pour examiner et dresser le programme des clauses ouvrières à insérer au traité de paix, pour attirer l'attention de l'opinion publique sur elles et créer un mouvement d'opinion favorable.

Comme de même il nous semble qu'il serait sage de ne pas remettre au lendemain de la paix la poursuite de toutes nos revendications d'avant-guerre et de celles qui ont surgi de la tourmente. Il faut que nous précisions davantage les quelques points de notre programme de revendications et de desiderata immédiats et que nous intensifions nos efforts pour obtenir, dès maintenant, quelques réalisations. Ce serait encore le meilleur moyen d'éviter le recul des quelques améliorations que nous avons conquis jusqu'à ce jour. Cette guerre peut être une guerre de liberté et de libération, si elle apporte aux peuples politiquement asservis la liberté, l'indépendance politique et économique, la suppression des diplomaties secrètes, le désarmement et l'arbitrage obligatoire entre les nations. Le traité de paix qui la clôturera peut être la première assise des Etats-Unis d'Europe.

C'est pourquoi les organisations ouvrières doivent s'efforcer de faire prévaloir ces points de vue dans l'opinion publique et les faire inscrire dans le traité de paix. Cela créerait une atmosphère meilleure pour le développement de nos organisations et de notre propagande.

Ce serait déjà beaucoup. Mais ce n'est pas assez. Il faut aussi que cette guerre apporte quelques compensations à la classe ouvrière. Mais pour cela, il faut que celle-ci sache le vouloir.

Au lendemain de la démobilisation, les charges financières qui pèseront sur les peuples seront lourdes. Il faudra payer les intérêts des emprunts, amortir ceux-ci, assurer la vie des mutilés, des veuves des orphelins. Il faudra réparer les désastres, relever les ruines.

Si la classe ouvrière laisse faire, elle peut être sûre que la bourgeoisie lui en fera porter toutes les charges. Non seulement les charges indirectes, car il est bien évident qu'en fin de compte, c'est sur le travail seul que finit par retomber toute charge financière. Mais en imposant aux travailleurs un recul sur leurs conditions actuelles de travail.

Par la voix de ses représentants, le grand patronat parle déjà d'une augmentation de la journée de travail, de dérogation aux lois de protection.

Cela nous ne devons pas le permettre. Au contraire. La classe ouvrière qui aura largement répandu son sang sur les champs de bataille a bien le droit de réclamer sa part de plus de bien-être et de liberté.

Et au fait ce n'est pas par un redoublement de misère de la classe ouvrière, que l'on fait un pays et une industrie prospères. Au contraire, c'est avec une classe ouvrière à plus hauts salaires, à meilleures conditions de vie, jouissant de plus de liberté que l'on développe au plus haut point un marché intérieur, une plus forte consommation et que l'on intensifie davantage l'industrie.

Et puis chaque amélioration conquise par la classe ouvrière, augmentation de salaire ou diminution de la journée de travail, proscription des produits nocifs ou interdiction de procédés dangereux a été l'occasion de nouveaux perfectionnements techniques.

Mais cela, hélas! notre bourgeoisie paresseuse et routinière ne semble pas l'avoir compris. Pour lutter contre le machinisme perfectionné de ses concurrents, elle ne pense qu'aux longues journées et aux bas salaires. Et hier encore, elle opposait à beaucoup de nos revendications le prétexte de la concurrence internationale.

Il faut lui enlever ce dernier prétexte et profiter de la paix pour insérer dans le traité quelques clauses ouvrières. Non pas seulement pour retirer à notre patronat le prétexte de la concurrence internationale, mais aussi et surtout, pour que les prolétariats de tous les pays bénéficient de ces clauses. Parce qu'ainsi s'élèverait un peu le niveau de vie de la classe ouvrière européenne et notre pays aurait la gloire d'avoir semé sur le monde des idées de justice et de solidarité. Parce qu'ainsi serait tissé un nouveau maillon du réseau des conventions internationales qui nous achemineraient vers la Fédération des Etats-Unis du monde.

Origines de la législation internationale.

L'idée d'une entente internationale pour la protection légale des travailleurs n'est d'ailleurs point nouvelle. C'est Robert Diven qui en est le père, comme il est celui des premières lois protectrices anglaises. En octobre 1818, il adresse aux plénipotentiaires de la Sainte-Alliance, réunis à Aix-la-Chapelle, le mémoire qui est, en somme, la première expression de l'idée de protection internationale.

Plus tard, c'est un industriel alsacien, Daniel Le Grand, qui prend prétexte de la promulgation de la loi prussienne de 1839 sur le travail des enfants pour réclamer par un mémoire qu'il adresse aux gouvernements français, suisse et des États du Zollverein allemand, son extension à leurs pays respectifs. Dans un autre mémoire de 1841, il demande qu'une loi internationale limite à 9 heures par jour la marche des moteurs mécaniques.

Puis ce sont pendant les cinquante années qui suivirent, des études doctrinaires, des vœux de congrès, du Conseil municipal de Paris, des discussions parlementaires.

Puis une première fois, en 1881, la Suisse fait pressentir les gouvernements d'Allemagne, d'Autriche, de Belgique, de France, de Grande-Bretagne et d'Italie. Les réponses furent loin d'être encourageantes.

Une seconde fois, le 15 mars 1889, le gouvernement helvétique adressait aux divers gouvernements européens une circulaire les invitant à une Conférence préparatoire pour chercher les bases d'une convention internationale sur l'interdiction du travail du dimanche, la fixation de l'âge d'admission des enfants, le maximum de la journée des adolescents, l'interdiction du travail des femmes dans les industries dangereuses, la restriction du travail de nuit pour les femmes et les jeunes gens, le mode d'exécution des conventions.

L'Autriche-Hongrie, la Belgique, la France, le Luxembourg, les Pays-Bas, le Portugal acceptèrent la proposition. La réunion de la Conférence fut fixée au 5 mai 1890.

Mais, brusquement, l'empereur d'Allemagne, Guillaume II, chargeait son chancelier de poser officiellement la question de savoir si les gouververnements sont disposés à entrer en négociations et, le cas échéant, de convoquer la Conférence. La Suisse renonça à son propre projet et la Conférence se réunit le 15 mars 1890 à Berlin.

Quatorze Etats y étaient représentés : l'Allemagne, l'Angleterre, l'Autriche, la Belgique, le Danemark, la France, la Hongrie, l'Italie, le Luxembourg, la Norvège, les Pays-Bas, le Portugal, la Suède et la Suisse. La Conférence composée surtout de diplomates de carrière et d'hommes d'Etat dura quinze jours et ne put aboutir. Elle se contenta d'émettre un certain nombre de vœux.

Cependant, durant les années qui suivirent, l'idée fit du progrès. Les ordres du jour de congrès, les vœux, les études furent nombreux. En 1893, la Fédération des ouvriers suisses décidait de convoquer en Congrès des délégués des organisations ouvrières des différents pays en vue de délibérer sur la question de la protection légale internationale des travailleurs. Mais ce ne fut qu'en 1897 qu'il fut possible de réunir ce Congrès qui se tint à Zurich.

La même année se réunissait à Bruxelles le Congrès international de législation du travail. En 1900, à Paris, se tenait le second Congrès international pour la protection légale des travailleurs. Entre ces deux Congrès. des pourparlers s'étaient engagés entre les partisans de la protection légale des travailleurs qui aboutirent à la création de l'Association internationale pour la protection légale des travailleuss au Congrès de Paris, auquel participa la C. G. T. Cette association fut définitivement instituée au Congrès de Bâle, en 1901.

Elle est composée de sections nationales qui œuvrent dans leurs pays respectifs pour le développement de la protection légale des travailleurs. Dans ses Congrès internationaux qui se réunissent tous les deux ans, elle étudie la législation internationale du travail.

Conventions internationales et traités de travail

C'est l'Association internationale pour la protection légale des travailleurs qui a préparé le terrain pour l'adoption des deux convocations internationales de Berne (1906) et c'est l'influence de sa propagande qui a contribué à la signature des traités bilatéraux de travail.

A son Congrès de Cologne (1902), l'Association internationale pour la protection légale des travailleurs chargeait une commission spéciale de rechercher les moyens de faire adopter par les Etats l'interdiction générale du travail de nuit des femmes dans l'industrie et l'interdiction de l'emploi du phosphore blanc dans l'industrie des allumettes. Cette commission réunie à Bâle (1903) arrêta les bases des résolutions. Le bureau de l'Association fit parvenir aux gouvernements deux mémoires explicatifs et sollicita le gouvernement suisse de vouloir bien convoquer une Conférence internationale pour examiner les deux questions.

Celle-ci se réunit à Berne, en 1905, et adopta les bases d'ententes pour les deux conventions qui furent définitivement adoptées à une Conférence diplomatique à Berne, en septembre 1906.

A la Convention internationale portant prohibition du phosphore blanc, 41 Etats ou colonies ont adhéré. 7 Etats ou colonies, sans adhérer formellement, ont cependant, à la suite de la convention, interdit le phosphore blanc. A la Convention sur l'interdiction du travail de nuit des femmes, ont adhéré 25 Etats ou colonies.

A la demande de l'Association internationale pour la P. L. des T., le gouvernement suisse a convoqué une nouvelle Conférence internationale qui s'est réunie à Berne. 13 Etats y étaient représentés. Elle a arrêté les bases d'ententes pour deux nouvelles conventions internationales : l'une sur l'interdiction du travail de nuit des jeunes ouvriers employés dans l'industrie, l'autre sur la fixation de la journée de travail pour les femmes et les jeunes ouvriers employés dans l'industrie.

La déclaration de guerre a empêché la ratification diplomatique de ces deux nouvelles conventions.

Déjà, le 31 mai 1882, puis le 4 mars 1897, la France et la Belgique avaient conclu des conventions relatives au fonctionnement des caisses d'épargne et assurant aux déposants de plus grandes facilités de dépôt, de transfert et de remboursement entre les deux pays. Mais le premier traité de travail fut vraiment celui signé le 15 avril 1904 entre la France et l'Italie.

Il avait pour but, dit l'exposé des motifs, d'assurer à la personne du travailleur des garanties de réciprocité analogues à celles que les traités de commerce ont prévues pour les produits du travail et particulièrement :

1° Faciliter à leurs nationaux travaillant à l'étranger la jouissance de leurs épargnes et leur ménager le bénéfice des assurances sociales ;

2° Garantir aux travailleurs le maintien des mesures de protections déjà édictées en leur faveur et concourir au progrès de la législation ouvrière.

Le traité prévoit :

1° Des facilités pour le transfert des fonds déposés dans les caisses d'épargne ;

2° L'admission des ressortissants des deux pays aux retraites ouvrières dans leurs lieux de résidence;

3° Des facilités pour le versement des cotisations et le versement des rentes des caisses nationales de retraites actuellement existantes dans les deux pays:

4° Le fonctionnement des assurances contre les accidents du travail;

5° L'admission des ressortissants des deux pays à l'assurance chômage quand elle sera créée dans l'un ou l'autre pays;

6° La protection des jeunes gens employés dans l'industrie;

7° Que l'adhésion d'un des deux pays à une Conférence internationale, dans le but d'unifier par des conventions certaines l'application des lois protectrices des travailleurs entraînerait, de la part de l'autre gouvernement, une réponse favorable en principe.

Enfin, par ce traité, le gouvernement italien prend l'engagement de compléter l'organisation dans tout le royaume, et plus particulièrement, dans les régions où le travail industriel est développé, d'un service d'inspection fonctionnant sous l'autorité de l'Etat et offrant, pour l'application des lois, des garanties analogues à celles que présente le service de l'inspection du travail en France, de publier un rapport annuel détaillé sur l'application des lois et règlements relatifs au travail des femmes et des enfants. Le gouvernement italien déclare en outre qu'il a l'intention de mettre à l'étude et de réaliser graduellement la réduction progressive de la durée du travail journalier des femmes dans l'industrie.

Les détails d'application des principes ci-dessus stipulés devaient être réglés par des arrangements spéciaux. Un premier arrangement, signé en même temps que le traité et complété par un second du 20 janvier 1906, a trait aux caisses d'épargne. Un arrangement du 9 août 1910 règle les conditions d'application du traité, en ce qui concerne les caisses de retraites.

Un arrangement du 9 juin 1906 consacre l'assimilation complète des nationaux aux ressortissants de l'autre état, en ce qui concerne l'assurance accidents. Enfin, un arrangement du 15 juin 1910 règle la protection des jeunes italiens travaillant en France et *vice versa*.

Certes, ce traité était plus plein de promesses que de réalités immédiates; cependant, quelques-unes ont été réalisées. Et il a été, d'autre part, un excellent instrument pour le développement de la législation protectrice en Italie.

Aucun autre traité de cette ampleur n'a encore été signé jusqu'à présent. Mais depuis, un grand nombre de conventions relatives surtout à l'assurance accidents ont été conclues, dont quelques-unes incluses en des traités de commerce entre Italie-Suisse (juillet 1904); Italie-Allemagne (3 décembre 1904); Allemagne-Autriche (19 janvier 1905); Belgique-Luxembourg (11 mai 1906); Luxembourg-France (27 juin 1906); Allemagne-Hollande (27 août 1907); France-Angleterre (3 juillet 1909); Grande-Bretagne-Suède (18 juin 1909); Italie-Hongrie (19 septembre 1909); Allemagne-Belgique (6 juillet 1912); Italie-Allemagne (31 juillet 1912); Espagne-Allemagne (30 novembre 1912, 12 février 1913); Italie-Amérique (25 février 1913); Allemagne-Luxembourg (2 septembre 1905); France-Belgique (21 février 1906); Belgique-Luxembourg (22 mai 1906).

Signalons également un traité entre le Transvaal et la Mozambique pour la protection des travailleurs indigènes et que le traité franco-danois d'arbitrage du 9 août 1911 prévoit, parmi les questions sujettes à arbitrage, celles relatives à la protection internationale des travailleurs.

Dernièrement, dans une interview, M. Dato, alors président du conseil des ministres d'Espagne, déclarait que son gouvernement était tout disposé à s'entendre avec le gouvernement français pour la conclusion des conventions relatives à la protection ouvrière.

Assurances sociales.

Les conventions internationales et les traités de travail ne sont point choses nouvelles. Il s'agit simplement d'élargir ces conventions et ces traités en étendue et en contenu.

La plupart des pays européens ont aujourd'hui une législation sur la réparation des accidents du travail, basée sur le principe du risque industriel et de la réparation forfaitaire. Mais les unes : celles de Grande-Bretagne, d'Italie, d'Espagne, de Belgique, des Pays-Bas et de Suisse ne font point de distinction entre nationaux et étrangers. Tandis que les autres : les lois autrichiennes, norvégiennes, grecques et danoises frappent les étrangers de déchéance absolue dès qu'ils ne résident plus dans le pays. Enfin, une troisième série, les lois russes, allemandes, françaises, hongroises et luxembourgeoises, tout en frappant de déchéance, prévoient la possibilité d'assimilation aux nationaux, en vertu d'arrangements diplomatiques.

Le nombre considérable d'arrangements relatifs aux *assurances d'accidents* permet de penser qu'il serait sans doute très facile d'aboutir à une entente sur ce point.

L'accord pourrait et devrait se faire sur le principe de l'assimilation pure et simple aux nationaux des victimes d'accidents et de leurs ayants droit, quels que soient leur nationalité et le lieu de leur résidence ordinaire.

Il faudrait aussi, en même temps, régler le conflit des lois, en ce qui concerne par exemple l'accident survenu à l'étranger à un ouvrier employé travaillant pour une entreprise de sa nationalité, ou dans un pays pour un ouvrier employé par une entreprise d'une nationalité différente de la sienne, et les employés des entreprises de transport (publiques et privées). Prévoir les arrangements nécessaires pour les enquêtes et les formalités à accomplir hors frontières et les facilités pour le versement des rentes aux invalides et ayants droit, résidant hors du pays ou a été réglé le sinistre.

Les autres formes d'assurances sociales contre la maladie, l'invalidité, la vieillesse, le chômage, ne sont pas aussi développées et ne sont pas également développées dans les divers pays.

En Allemagne, en Autriche, en Hongrie, en Angleterre, l'assurance-maladie est obligatoire, sauf restrictions en ce qui concerne l'administration et la participation aux subventions de l'Etat, les étrangers sont traités sur un pied d'égalité. Ailleurs, notamment en France et en Belgique, l'assurance-maladie est libre et assurée par des sociétés de secours mutuels. Les étrangers peuvent adhérer à ces sociétés. Ils ont même le droit d'en constituer qui soient uniquement composées d'étrangers. La loi du 13 juin 1911 n'impose pas l'obligation de l'assurance, mais elle accorde des subventions auxquelles peuvent prétendre toutes les sociétés qui satisfont aux conditions de la loi.

La loi anglaise prévoit les arrangements internationaux. Il serait possible, sur ce point, d'amorcer la question et d'insérer une clause par laquelle les gouvernements s'engageraient à mettre à l'étude et à réaliser dans un délai déterminé des lois sur l'assurance-maladie et à accorder le bénéfice de leurs dispositions aux étrangers, ainsi qu'à prévoir les arrangements pour assurer sans interruption le bénéfice de l'assurance aux travailleurs appelés à changer de résidence, le fonctionnement du contrôle et le versement des indemnités hors des frontières respectives. Des engagements de cette nature, rappelons-le, ont été pris déjà dans le traité franco-italien du 13 avril 1904.

Cependant, de suite, il pourrait être stipulé que là ou n'existerait pas encore l'assurance-maladie, les maladies professionnelles seraient assimilées pour la réparation aux accidents du travail.

Cette assimilation s'étendrait à toute maladie manifestement provoquée par l'exercice de la profession.

L'invalidité et l'assurance-vieillesse retraites ouvrières, sont de dates récentes, la législation est diverse. Dans les lois anglaise et danoise, la retaite est versée tout entière des fonds de l'État. Dans les lois allemandes, autrichienne, française, elle est contituée surtout ou exclusivement par les versements obligatoires des employés et des employeurs. Dans les lois belge et italienne, l'État majore simplement les retraites que les ouvriers se constituent eux-mêmes par des versements obligatoires.

Seule, jusqu'à présent, l'Angleterre a organisé une assurance nationale contre le chômage et encore est-elle limitée aux industries du bâtiment, des travaux publics, des constructions navales, de la métallurgie et du bois.

Rappelons, cependant que tant sur la question des retraites ouvrières que sur l'assurance chômage, le traité franco-italien du 15 avril 1904 contient des engagements. Engagements plus moraux que précis, il est vrai.

Il nous semble qu'élargissant les termes du traité franco-italien, les gouvernements pourraient s'engager à mettre à l'étude, à réaliser dans un délai donné, ces assurances et a en assurer l'extention aux travailleurs étrangers.

Limitation du temps de travail.

Il semble qu'une entente sur la limitation du temps de travail soit également assez facile. Déjà, le Congrès de Berlin (1890) émettait une série de vœux. Sur l'âge d'admission des enfants, que celui-ci soit fixé à douze ans pour l'industrie en général et 14 ans pour les mines, sous réserve que les enfants aient préalablement satisfait aux prescriptions concernant l'instruction primaire, et que les enfants au-dessous de quatorze ans ne travaillent ni la nuit, ni le dimanche, ni plus de six heures par jour, ni dans les industries insalubres et dangereuses et ceux de quatorze à quinze ans ne travaillent ni la nuit, ni le dimanche, ni plus de dix heures par jour. Sur le travail des femmes : qu'elles ne puissent travailler la nuit, ni plus de onze heures par jour; sur le repos hebdomadaire, que celui-ci soit étendu à tous les ouvriers de l'industrie.

La Convention internationale de Berne (1906) a déjà interdit le travail de nuit des femmes dans l'industrie, sauf quelques exceptions. A cette convention adhèrent notamment l'Allemagne, l'Autriche, la Hongrie, la Belgique, le Danemark, l'Espagne, la France, l'Angleterre, l'Italie, le Luxembourg, la Hollande, le Portugal, la Suède et la Suisse.

La seconde Conférence internationale de Berne (1913), où quatorze Etats étaient représentés, a préparé les bases de deux nouvelles conventions sur l'interdiction du travail de nuit des jeunes ouvriers employés dans l'industrie et sur la fixation de la journée de travail pour les femmes et les jeunes ouvriers employés dans l'industrie.

La première prévoit l'interdiction du travail de nuit aux jeunes ouvriers jusqu'à l'âge de seize ans. Elle permet quelques exceptions, mais l'interdiction est absolue pour ceux de moins de quatorze ans. La seconde prévoit la limitation à dix heures de la journée des femmes et des jeunes ouvriers de moins de seize ans sous réserve de quelques exceptions et d'un certain délai pour quelques industries.

Cependant, la Convention prévoit la faculté à porter la journée à dix heures à condition que le travail de la semaine ne dépasse pas soixante heures.

Le repos du samedi après-midi est déjà inscrit, en tout ou partie pour les enfants, les femmes et même parfois les adultes, dans les législations allemande, anglaise, belge, grecque, hollandaise et suisse ; elle est au premier plan des revendications ouvrières dans un certain nombre de pays. Le dernier congrès de l'A. I. P. L. T. des travailleurs a demandé que son application fasse tout au moins pour les femmes et les enfants l'objet d'une convention internationale.

Les enquêtes internationales ont démontré que le système de trois équipes de huit heures pour les usines à feu continu était nécessaire et parfaitement réalisable. Aussi l'A. I. pour la P. L. T. avait également reconnu que le moment était venu d'en consacrer la réalisation par une convention internationale.

Ainsi, il nous apparaît qu'un accord pourrait se réaliser sur :

a) La fixation à quatorze ans de l'âge d'admission des enfants au travail industriel, commercial, agricole et la prolongation jusqu'à cet âge de la scolarité. Mesure déjà adoptée par la Commission mixte du département de la Seine.

b) L'interdiction du travail de nuit et dans les industries à feu continu aux femmes et aux adolescents de moins de dix-huit ans.

c) L'obligation du repos hebdomadaire du dimanche et du samedi après-midi, sauf exceptions pour quelques professions où le repos du samedi après-midi serait reporté sur un autre jour de la semaine.

d) La fixation à huit heures de la durée maximum de la journée de travail pour tous les travailleurs.

e) La réduction de cette durée à huit heures pour les mines, les usines à feu continu et les industries insalubres.

Hygiène et Sécurité.

Les lois d'hygiène et de sécurité des travailleurs sont plus ou moins développées et varient considérablement d'un Etat à l'autre. Elles n'ont pas encore fait l'objet d'études au point de vue international. Mais le développement capitaliste tend à unifier dans tous les pays les méthodes d'exploitation technique, et les progrès scientifiques sont internationaux. Il serait intéressant que les diverses législations tendent, sinon à s'unifier complètement, du moins à se rapprocher sensiblement.

Cependant, d'ores et déjà, des conventions pourraient être prises sur l'application, dans un délai très rapproché, d'un système unique pour tous les chemins de fer, d'accouplement automatique applicable à tous les wagons.

Egalement devrait être prévue une entente pour la lutte commune contre les poisons industriels, les procédés dangereux et les maladies professionnelles.

Contrôle et Statistique.

Comment assurer, entre les divers pays, l'entente permanente que nécessite la lutte contre les poisons industriels, les procédés dangereux et insalubres de fabrication, les maladies professionnelles? Comment, d'une façon méthodique, coordonner les efforts.

D'autre part, comment assurer l'exécution des clauses ouvrières d'un traité international, de la part des Etats, comme de celle des particuliers? L'exécution des clauses politiques, des clauses économiques dépendent exclusivement des gouvernements et on en connaît les sanctions plus ou moins positives.

Mais quand un gouvernement, pour satisfaire à ses engagements diplomatiques, a fait passer dans ses lois telle ou telle clause de protection ouvrière, il peut se désintéresser de son application. Il se heurte presque sûrement à l'hostilité d'une fraction patronale. Il peut rencontrer l'opposition d'une certaine partie de l'opinion publique mal éclairée, ou de certains partis politiques. Comment résistera-t-il, comment tiendra-t-il énergiquement la main pour l'application réelle des stipulations du traité?

D'autre part, le texte des Conventions internationales peut donner lieu à des interprétations différentes. Le paragraphe 3 de l'article 1er de la Convention de Berne sur l'interdiction du travail de nuit des femmes dit : « A chacun des Etats contractants incombe le soin de définir ce qu'il faut entendre par entreprises industrielles. »

L'article 3 déclare : l'interdiction pourra être levée :

1° En cas de force majeure;

2° Dans le cas où le travail s'applique, soit à des matières premières, soit à des matières en élaboration, qui seraient susceptibles d'altération très rapide.

Ces textes permettent des opinions contradictoires qui peuvent en fait annuler la convention.

Pour assurer l'application des Conventions, il y a lieu d'établir des règlements, des ententes de détail, n'est-il pas nécessaire dans ces conditions d'unifier autant que possible le texte de ces ententes et de ces règlements.

L'unification des méthodes de statistique, en ce qui concerne les questions ouvrières apparaît aussi indispensable, si on veut permettre les comparaisons utiles et l'utilisation rationnelle de ces statistiques.

La nécessité de contrôle de l'exécution des clauses des traités bilatéraux ou des convention internationales est d'ailleurs déjà admise en principe.

Par le traité du 15 avril 1914 le gouvernement italien prend l'engagement de compléter l'organisation dans tout le royaume et plus particulièrement dans les régions où le travail industriel est développé, d'un service d'inspection fonctionnant sous l'autorité de l'Etat et offrant pour l'application des lois des garanties analogues à celles que présente le service de l'inspection en France... Le gouvernement italien accepte de publier un rapport annuel, détaillé, sur l'application des lois et règlements relatifs au travail des femmes et des enfants, le gouvernement français prend le même engagement.

La Convention internationale de Berne (1906), sur l'interdiction du travail de nuit des femmes, prévoit que : « Les gouvernements se communiqueront par la voie diplomatique des lois et règlements sur la matière de la présente convention qui sont ou seront en vigueur dans leur pays, ainsi que les rapports périodiques concernant l'application de ces lois et règlements.

Le traité d'arbitrage franco-danois, du 9 août 1911, stipule que les différends relatifs à la protection internationale ouvrière sont ceux qui doivent être soumis à l'arbitrage.

A la Conférence internationale de Berne (1906), l'Angleterre avait proposé la constitution d'une Commission chargée de surveiller l'exécution des dispositions de la présente convention... La Commission aura pour mission d'émettre un avis sur les questions litigieuses et les plaintes qui lui seront soumises. Elle n'aura qu'une mission de constatation et d'examen. Elle fera sur toutes les questions et les plaintes qui lui seront soumises, un rapport qui sera communiqué aux Etats intéressés.

En dernier ressort, une question en litige sera sur la demande d'une des parties contractantes soumise à l'arbitrage.

Dans les cas où les hautes parties contractantes seraient disposées à réunir les conférences au sujet de la condition des travailleurs, la Commission se chargera d'en discuter le programme et servira d'organe pour les échanges de vues préliminaires.

Devant l'opposition irréductible de l'Allemagne, la proposition fut retirée et transformée en vœu, accepté par le Danemarck, l'Espagne, la France, l'Angleterre, l'Italie, le Luxembourg, les Pays-Bas, le Portugal, la Suède et la Suisse.

C'est surtout sous le prétexte que tout contrôle international était une atteinte à la souveraineté nationale des Etats que l'Allemagne repoussait la proposition anglaise. Mais la Convention internationale des sucres, du 5 mars 1902, a institué une Commission internationale chargée de surveiller l'exécution des dispositions de la présente convention.

Cette Commission aura pour mission :

a) De constater si, dans les états contractants, il n'est accordé aucune prime directe ou indirecte à l'exportation des sucres ;

b) De constater si les états prévus à l'article 6 (l'Espagne, l'Italie et la Suède), continuent à se conformer à la condition spéciale prévue (de ne pas exporter de sucres);

c) De constater l'existence des primes dans les États non signataires et d'en évaluer le montant en vue de l'application de l'article 4 : (droit d'entrée spécial frappant les sucres originaires de pays accordant des primes);

d) D'émettre un avis sur les questions litigieuses ;

e) D'instruire les demandes d'admission à l'Union des Etats qui n'ont point pris part à la présente convention.

Les pouvoirs de cette Commission sont donc très étendus et il semble bien que les Etats aient porté là une atteinte plus grave à leur souveraineté que l'eut été celle résultant de l'adoption de la proposition anglaire.

La Paix doit permettre de passer outre à l'opposition allemande et de faire, de l'institution d'une telle Commission internationale, une des bases qui préparaient la Fédération des Etats-Unis d'Europe.

Ce qui n'empêcherait pas, au contraire, les Etats de s'engager à créer ou à développer dans leurs pays respectifs l'inspection nationale du travail. Mais comme ce sont surtout les travailleurs de chaque pays qui sont les plus intéressés à l'application de cette législation internationale du travail, une des meilleures garanties internationales de sa stricte application serait encore d'appeler les organisations ouvrières nationales de chaque pays à participer activement au contrôle de cette application.

Déjà, l'Association internationale pour la protection légale des travailleurs a créé un office international du travail, non officiel, quoique subventionné par un certain nombre de gouvernements et dont le siège est à Berne.

On pourrait charger cet office, d'accord avec le Secrétariat syndical international, de la coordination des diverses enquêtes, études statistiques, rapports nationaux sur l'application des lois ouvrières, de l'unification des méthodes des statistiques, des rapports comparatifs sur les conventions internationales, de la préparation des enquêtes internationales, de l'étude de tout ce qui a trait au développement et l'application de la législation du travail, de la protection, de l'hygiène et à la sécurité des travailleurs. Les gouvernements contribuant aux dépenses, dans une proportion à déterminer.

Emigration et immigration

Mais suffit-il d'assurer à tous les travailleurs un certain nombre de réciprocités, garanties d'ordre matériel, en ce qui concerne les assurances sociales, la limitation du temps de travail, l'hygiène et la sécurité ? Ne peut-il pas leur assurer également un certain nombre de garanties, garanties d'ordre moral, en ce qui concerne le droit au travail et le corollaire, le contrat de travail, la sauvegarde de leur liberté et de leur dignité ouvrières ?

Le développement du capitalisme, les besoins sans cesse grandissants de la grande industrie moderne en main-d'œuvre, le déplacement, surtout dans les Etats industriels, des populations rurales vers les centres urbains, que les facultés de communication avaient multiplié dans des proportions formidables, les émigrations ouvrières, émigration saisonnière ou émigration de plus longue durée.

Au lendemain de la guerre, alors qu'il faudra combler les vides creusés par les hécatombes des champs de bataille, alors qu'on ne peut prévoir un essor nouveau de l'industrie, un intense besoin de main-d'œuvre étrangère va se faire sentir dans tous les pays industriels d'Europe.

Nul ne conteste plus, aujourd'hui, le principe même du droit qu'a tout homme de travailler là où il peut occuper son activité, même hors de son propre pays. La classe ouvrière française, fidèle à ses principes internationalistes, moins que quiconque.

Mais, en tous pays, le capitalisme a fait de l'importation en masse de la main-d'œuvre étrangère une arme de lutte contre la main-d'œuvre nationale. Libre-échangistes ou protectionnistes sont les adversaires de toute mesure de protection de la main-d'œuvre. Ils n'ont jamais compris qu'une telle importation, sans nécessité et sans mesure, n'avait pour résultat que d'abaisser le niveau de vie de toute la classe ouvrière et, par suite, de porter un réel préjudice à leur propre industrie nationale, à son développement technique et au progrès général.

C'est dans le sens de la justice et de l'équité qu'il faut trouver la solution. Et la Paix, qui doit être, nous dit-on, la victoire du droit et de la justice, doit nous l'apporter.

Le travail, comme le capital, s'internationalise de plus en plus. Comme le capital, il doit avoir ses règles juridiques internationales d'exécution des clauses des contrats de travail, qui doivent être assurées comme le sont les clauses d'un marché industriel ou commercial.

En tous pays doit être reconnu le droit syndical du travailleur. Et le travailleur étranger doit jouir, là où il travaille, de toutes les garanties syndicales dont jouit le travailleur national. Et même, le cas échéant, le droit de faire partie de l'administration de son Syndicat. Il ne doit plus être livré à l'arbitraire d'une administration aux ordres du patronat. Le droit d'expulsion administratif doit être limité et plus admis pour faits d'ordre syndical ou corporatif. Les arrêtés d'expulsion devraient d'ailleurs toujours être susceptibles d'appel devant un tribunal d'ordre judiciaire. Les émigrations ouvrières devraient être organisées méthodiquement. C'est une question de placement international. Les ouvriers émigrants devraient être dirigés là, et là seulement, où le manque de bras se fait rudement sentir. Les émigrants ne devraient jamais recevoir de salaires, ni subir de conditions inférieures aux salaires normaux et aux conditions de travail en usage dans la ville ou dans la région pour les ouvriers de la même profession ou de la même spécialité. Les salaires et conditions doivent être ceux spécifiés dans les contrats passés entre syndicats patronaux et ouvriers ou, à défaut de contrats, ces salaires et conditions constatés par des Commissions mixtes composées de délégués des Syndicats patronaux et ouvriers, comme nous en formulons notre désir dans notre rapport sur la main-d'œuvre étrangère.

Les pays d'émigration ont, au règlement de la question, un intérêt égal à celui des pays d'immigration. Autant il importe aux uns que les émigrants ne viennent pas inconsidérément troubler le marché du travail, augmenter l'intensité du chômage, diminuer le niveau général de la vie, autant les autres ont intérêt à ce que les émigrants ne soient pas exposés à la misère et au chômage, à l'exploitation sans scrupule et sans mesure, sans garantie contre les flibustiers de la grande industrie ou les forbans de la petite. Un certain nombre de pays exportateurs de main-d'œuvre ont déjà établi des services d'émigration et sont disposés à s'entendre pour la réglementation de la question. Il semble qu'un accord soit facile sur cette question.

Au service d'émigration des pays exportateurs, il faudra répondre par le service d'immigration des pays importateurs (rapport sur la main-d'œuvre étrangère).

Mais en raison du développement industriel qui, sans doute, va se manifester dans quelques-uns des pays européens, qui étaient jusqu'ici de gros exportateurs de main-d'œuvre, leur émigration va graduellement se ralentir. Aussi va-t-on, et on a déjà commencé, rechercher de la main-d'œuvre parmi les populations à niveau de vie encore inférieur, parmi les indigènes de nos colonies d'Afrique et d'Asie, chez les Chinois, les Japonais ou les Hindous.

C'est, et ce sera alors le devoir des pays démocratiques de ne pas permettre que ces éléments soient traités en parias, livrés sans merci à l'exploitation capitaliste. Ce sera le devoir des peuples qui importeront cette main-d'œuvre de faire leur instruction et leur éducation et de les élever au niveau de vie des ouvriers du pays.

Des prescriptions très sévères devront être édictées pour que cette main-d'œuvre ne soit pas exploitée non plus par des négriers (tâcherons, agents de recrutement, marchands de soupe, etc.). Le recrutement et l'embauchage et l'emploi de cette main-d'œuvre devront être soumis aux mêmes conditions que celles prévues pour la main-d'œuvre européenne. Elle devra jouir de toutes les garanties syndicales, de toutes les lois d'assurances, de limitation de temps de travail, d'hygiène et de sécurité.

Au même titre que la main-d'œuvre nationale, avoir les mêmes salaires et conditions de travail.

Et peut-être, même, y aura-t-il lieu d'organiser un contrôle spécial pour les usines ou régions où elle sera employée.

Conférence internationale.

Pour toutes ces questions, il y a intérêt à ce que nous les discussions avec nos camarades de l'Internationale ouvrière et que nous les portions à l'ordre du jour de la Conférence syndicale internationale que l'A. F. of L. propose de tenir aux mêmes lieu et date que la Conférence qui se réunira pour le traité de paix.

Nous pourrions, dès à présent, communiquer notre proposition à toutes les centrales nationales syndicales. Elles auraient le temps de l'étudier et d'y intéresser l'opinion publique de leurs pays.

Ce serait donner, même en ce moment, un but commun et immédiat à l'action internationale ouvrière. L'habituer à ce qu'elle n'a jamais connu, et pour cause, à des campagnes internationales, et préparer sa renaissance et son développement futur.

La Conférence syndicale internationale aurait ainsi une formidable autorité morale pour réclamer l'insertion de ces clauses ouvrières dans le traité de paix.

Sans préjudice, d'ailleurs, de l'intensification de notre action sur notre propre terrain national, sur lequel nous devons exiger de larges réalisations.

La Conférence de Leeds.

Le 1er Mai 1916, le Comité confédéral, auquel assistaient les camarades Appleton et O'Grady, pour les Trades-Unions anglaises; Cabrini député italien, Rigola et Qualino, pour la C. G. T. italienne; Gaspar, pour la Commission syndicale belge, décidait la tenue d'une Conférence internationale des Prolétariats des pays alliés, à l'effet d'examiner les conditions générales de la paix au point de vue ouvrier.

Cette Conférence eut lieu à Leeds, Angleterre, en juillet de la même année. Y assistaient, outre les délégués français et anglais, Gaspar et Mahlmann, pour la Belgique ; Cabrini, Calda et Bonfiglio, pour une fraction de 80,000 membres de la C. G. T. italienne, le Comité de cette dernière ayant rejeté la proposition acceptée par les délégués Rigola, secrétaire confédéral, Quaglino, secrétaire de la Fédération du Bâtiment ; enfin de Ambris et Bazzi y représentaient le Comité syndicaliste italien, comptant 140,000 membres.

A l'ordre du jour de cette Conférence figuraient, outre l'organisation de l'émigration, main-d'œuvre étrangère, les clauses générales ouvrières à faire insérer dans le traité de paix, déjà publiées dans la *Voix du Peuple*, numéro du 1er mai 1916.

La Conférence eut également à examiner la propositon de l'A. F. of Labor, tendant à la tenue d'un Congrès ouvrier international aux mêmes lieu et jour que la Conférence des diplomates pour la paix, proposition déjà accceptée par la C. G. T. française dès la fin de 1914.

Sur cette question, les Anglais déclarèrent dès l'abord, qu'ils la repoussaient, étant donné son côté non pratique, et pour la raison qu'ils n'entendaient pas se rencontrer avec des délégués ouvriers des empires centraux avant que les territoires français et belges ne fussent libérés.

Sur intervention de la délégation française, déclarant être partisante de ce Congrès international, le principe en fût conservé, mais la date qui doit être située avant l'ouverture des débats diplomatiques, le lieu et les invitations furent laissés momentanément en suspens. Les délégués français se rallièrent à ce point de vue, déclarant cependant que leur décision concernant la proposition américaine restait pleine et entière.

La discussion porta ensuite sur le transfert du Secrétariat international syndical dans un pays neutre, son fonctionnement devant être assuré par un personnel ressortissant d'un pays neutre. Proposition faite à l'Internationale syndicale par la France et l'Angleterre dès février 1915, et à laquelle s'étaient ralliées complètement l'Amérique, l'Australie et avec des restrictions la Suisse.

La Conférence confirma cette proposition, devenue pour l'avenir même de l'Internationale ouvrière d'une nécessité absolue, et décida, en outre, pour la période transitoire, de constituer un bureau de correspondance, dont le siège fut fixé à Paris et ayant comme correspondant le Secrétaire confédéral.

La Conférence de Leeds ayant suscité des interprétations tendancieuses, représentants les participants comme ayant voulu jeter les bases d'une nouvelle internationale, le Secrétaire confédéral prit alors l'initiative d'adresser aux Centrales nationales syndicales adhérantes au Secrétariat syndical international, afin de rétablir les faits, une circulaire explicative.

On retrouve, dans les décisions de Leeds, conscrétisés, les principes contenus dans le rapport confédéral cité plus haut.

La circulaire était ainsi conçue :

AUX CENTRALES NATIONALES SYNDICALES

CAMARADES,

Les représentants des prolétariats des pays alliés, France, Angleterre, Belgique et Italie, pour une fraction, ont tenu, en Juillet 1916, à Leeds (Angleterre), une Conférence internationale.

Cette Conférence avait pour but de discuter, sur un minimum de questions du travail, constituant « les clauses ouvrières » à faire insérer dans le traité de paix.

Ces questions ne furent nullement traitées dans un sentiment d'égoïsme national, ni avec un esprit exclusiviste.

En discutant ces questions, nous n'avons eu en vue que l'intérêt général du prolétariat mondial et le souci, en unifiant le plus possible les conditions ouvrières, de resserrer les liens entre les travailleurs de tous les pays et de faire disparaître, en partie, la concurrence économique que se font les Etats, au détriment des classes productrices.

De tous temps, lorsque les travailleurs organisés d'un pays réclamaient une amélioration générale, la réponse patronale était « que l'on ne pouvait pas accorder satisfaction, en raison de la concurrence et des conditions inégales de salaires et de durée de travail dans les autres pays ».

Il nous a paru que les classes ouvrières devaient profiter du prochain traité de paix pour, par l'adoption de conventions internationales, faire disparaître ces mauvaises raisons.

Le travailleur est citoyen du monde, disons-nous ; il ne le sera vraiment que le jour où, partout il portera son effort travail, il jouira des mêmes droits et des mêmes libertés que les ouvriers nationaux.

La Conférence, après avoir adopté les conclusions ci-contre, a décidé de les communiquer à toutes les organisations syndicales de tous les pays, leur demandant de les examiner, et, si elles les adoptaient, d'engager une action auprès de l'opinion publique et du gouvernement de leur pays, pour qu'au prochain traité de paix cette volonté prolétarienne fusse inscrite dans les clauses internationales à intervenir.

Les clauses ouvrières.

La Conférence déclare que le traité de paix qui mettra fin à la guerre actuelle qui assurera aux peuples la liberté et l'indépendance politique et économique doit également mettre hors des atteintes de la concurrence capitaliste internationale et assurer à la classe ouvrière de tous les pays un minimum de garanties d'ordre moral et matériel relatives au droit au travail, au droit syndical, aux migrations, aux assurances sociales, à la durée, à l'hygiène et à la sécurité du travail.

Ces garanties doivent être basées sur les principes suivants :

1° *Droit au travail, droit syndical*

Tout travailleur, quelle que soit sa nationalité, a le droit de travailler là où il peut occuper son activité. Tout travailleur doit jouir, dans le pays où il exerce cette activité de toutes les garanties d'ordre syndical dont jouit le travailleur national, notamment du droit de participer personnellement à l'administration de son syndicat.

Aucun travailleur ne peut être expulsé pour fait d'ordre syndical ou corporatif.

Les arrêtés d'expulsion sont toujours susceptibles d'appel devant un tribunal d'ordre judiciaire.

Aucun travailleur étranger ne doit recevoir de salaire, ni subir de conditions inférieures au salaire normal et courant et aux conditions de travail en usage dans la ville où la région pour les travailleurs de la même profession ou de la même spécialité.

Ces salaires et conditions sont ceux spécifiés dans les contrats passés entre syndicats patronaux et ouvriers. A défaut de ces contrats ces salaires et conditions seront constatés par des commissions mixtes composées de délégués des syndicats patronaux et ouvriers.

2° *Migrations*

Les migrations ouvrières sont organisées et basées sur les organisations nationales de placement.

Chaque pays doit organiser une Commission spéciale des migrations où sont représentées, à côté du gouvernement, les organisations nationales patronale et ouvrière.

Le recrutement des travailleurs dans un pays étranger n'est autorisé qu'après avis favorable des commissions des pays intéressés qui ont à examiner si, et dans quelles limites ce recrutement correspond aux besoins réels d'une industrie ou d'une région et si les contrats d'embauche précisent clairement des salaires et conditions de travail conformes aux prescriptions indiquées ci-dessus.

Le recrutement des émigrants est placé sous le contrôle de l'organisation ouvrière du pays d'émigration.

L'exécution des contrats de travail est placée sous le contrôle de l'organisation ouvrière du pays d'immigration.

Au cas où il serait nécessaire de faire appel à la main-d'œuvre de couleur, son recrutement est soumis aux mêmes conditions que celui de la main-d'œuvre européenne, et elle jouit des mêmes garanties.

De plus, les industriels qui emploient cette main-d'œuvre doivent organiser, à leurs frais et sous le contrôle du service de l'Instruction publique, les cours nécessaires pour apprendre aux travailleurs de couleur à parler, lire et écrire dans la langue du pays où ils sont employés.

3° *Assurances sociales*

a) Les travailleurs, victimes d'accidents du travail, et leurs ayants droit, quelle que soit leur nationalité et le lieu de leur résidence, sont, en ce qui concerne la réparation des dommages résultant des accidents du travail, assimilés purement et simplement aux travailleurs nationaux.

La situation des travailleurs occupés temporairement hors du pays où l'entreprise qui les emploie a son siège et les travailleurs attachés à des entreprises de transport et qui sont occupés de façon intermittente, et même habituellement, sur le territoire de plusieurs Etats, est réglée d'après la législation de l'Etat où est le siège de l'entreprise qui les emploie.

Les autorités des divers Etats doivent se prêter mutuellement leurs bons offices en vue de faciliter, de toutes parts, l'exécution des lois relatives aux accidents du travail.

Tous les actes, certificats, documents passés ou délivrés dans un Etat aux fins d'exécution de lois d'un autre Etat, en matière d'accidents du travail, jouiront, le cas échéant, des exemptions de droits fiscaux et de la délivrance gratuite stipulées par la législation de l'Etat où se fait la passation ou la délivrance.

b) Les pays qui n'ont pas encore organisé l'assurance-maladie, l'assurance-invalidité et vieillesse, et l'assurance-chômage, doivent s'engager à l'organiser dans de très brefs délais.

A l'expiration de ces délais, dans tous les pays, tous les travailleurs, quelle que soit leur nationalité, bénéficieront de ces assurances au même titre que les travailleurs nationaux.

Il doit être prévu les arrangements nécessaires pour assurer, sans interruption le bénéfice de ces assurances aux travailleurs appelés à changer de résidence ainsi que le contrôle et le versement des indemnités hors des frontières respectives.

c) Néanmoins, il doit être spécifié que, de suite, dans tous les pays, et en attendant le fonctionnement de l'assurance-maladie, les maladies professionnelles sont assimilées pour leur réparation aux accidents de travail.

4° *Limitation du temps de travail*

L'âge d'admission des enfants au travail industriel, commercial et agricole et la prolongation de la scolarité est fixé à quatorze ans.

Le travail de nuit et dans les industries à feu continu est interdit aux femmes et aux adolescents de moins de dix-huit ans.

Un repos hebdomadaire d'une journée et demie par semaine est obligatoire. Il est fixé au dimanche et au samedi après-midi, sauf exceptions pour quelques industries qui peuvent être autorisées à reporter ces repos sur d'autres jours de la semaine.

La journée de travail ne doit pas avoir une durée de plus de dix heures pour tous les travailleurs.

Cette durée est réduite à un maximum de huit heures dans les mines, les usines à feu continu et les industries insalubres.

5° *Hygiène et sécurité*

a) Les divers pays doivent prendre l'engagement de développer leur législation sur l'hygiène et la sécurité du travail et des travailleurs. Ils devront s'efforcer d'unifier ces législations pour chaque branche d'industrie. Ils devront notamment prévoir une entente permanente pour la lutte commune contre les poisons industriels, les procédés de fabrication défectueux ou dangereux et les maladies professionnelles.

b) Dans un bref délai (deux à cinq ans), les chemins de fer de tous les pays devront mettre en usage un même système d'accouplement automatique applicable à tous les wagons.

6° *Contrôle et statistique*

a) Les divers pays doivent prendre l'engagement de créer ou de compléter un service d'inspection du travail chargé de contrôler l'application des lois relatives à la durée, à l'hygiène et à la sécurité du travail et des travailleurs, notamment de celles prévues par les conventions internationales.

Les gouvernements se communiquent réciproquement les lois et règlements sur ces matières qui sont ou seront, en vertu des clauses internationales, en vigueur dans leurs pays respectifs ainsi que les rapports annuels concernant l'application de ces lois et règlements.

Les organisation ouvrières sont appelées à participer activement au contrôle de cette application.

b) Il est constitué une Commission internationale chargée de surveiller l'exécution des clauses du traité relatives aux assurances sociales, aux migrations, à la durée, à l'hygiène et à la sécurité du travail. Cette Commission est chargée d'émettre un avis sur toutes les questions et les plaintes qui lui seront soumises. Son avis est transmis à tous les intéressés. En dernier ressort une question en litige est, sur la demande d'un des partis, soumise au tribunal international d'arbitrage.

Cette Commission internationale est également chargée des pourparlers préliminaires et de l'organisation des conférences ultérieures que les gouvernements des divers pays devront réunir pour l'amélioration et le développement de la législation du travail.

c) Il est créé un Office international du travail chargé de la coordination des diverses enquêtes, études et statistiques, rapports nationaux, sur l'application des lois ouvrières, de l'unification des méthodes de statistique, des rapports comparatifs sur les conventions internationales, de la préparation des enquêtes internationales, de l'étude de tout ce qui a trait au développement et à l'application de la législation du travail, à la protection, à l'hygiène et à la sécurité des travailleurs.

L'Office déjà créé par l'Association internationale pour la protection légale des travailleurs, peut être choisi pour l'exécution de ce programme, qu'il réalisera avec la collaboration du Secrétariat ouvrier international.

Il ne vous échappera pas que l'adoption de ces conclusions aura une double influence :

1° Par l'action pour leur réalisation, elle serait une reprise effective de la vie de l'Internationale ouvrière, sur des bases d'égalité, d'efforts et de responsabilité, le but étant bénéficiable à tous les pays ;

2° Par leur acceptation, qui constituerait une des bases de stabilité et de durée de la paix entre les peuples, but que nous devons, aujourd'hui encore plus qu'hier nous efforcer d'atteindre.

Outre ces conclusions, la Conférence de Leeds a renouvelé la proposition faite en février 1915, par la France et l'Angleterre, « « de transfert du Secrétariat international dans un pays neutre, son fonctionnement étant assuré par un personnel ressortissant d'un pays neutre», proposition déjà acceptée d'une façon complète par l'A. F. of L., la Fédération syndicale d'Australie, et avec des restrictions par la Commission syndicale Suisse.

Pour la période transitoire, la Conférence de Leeds a institué, entre les pays alliés, un « centre provisoire de correspondance », dont le siège est à Paris, le correspondant étant le secrétaire de la C. G. T. française.

Dès la réception de ce document, vous voudrez bien en examiner la teneur, et si votre organisation le juge utile, m'adresser, soit votre acceptation, soit vos modifications, soit votre refus d'adhérer à ces conclusions.

Recevez, camarades, mon salut fraternel et syndicaliste.

Le Correspondant du Centre provisoire de correspondance.

L. Jouhaux.

Transfert du Secrétariat Syndical International

Entre temps, le 5 janvier 1915, le Bureau confédéral, en conformité d'une résolution du Comité confédéral, adressait au camarade Appleton, secrétaire de la Fédération des Trades-Unions anglaises, une lettre lui demandant l'avis de son Comité sur le transfert, pendant les hostilités, du siège du Secrétariat international dans un pays neutre, son fonctionnement étant assuré par des éléments neutres.

A l'occasion de la Confernce de Londres, les délégués de la C. G. T. et ceux de la Fédération de Trades Unions se réunirent au local de cette dernière et décidèrent d'adresser collectivement au Secrétariat international syndical, la demande de transfert, en déclarant, par avance, qu'il n'y avait, de leur part, aucun sentiment de suspicion à l'égard des fonctionnaires actuels. Il fut également décidé de faire parvenir cette demande par le canal du camarade Gompers, secrétaire de l'A. F. of Labor.

A cette première circulaire, faite dans un esprit qui ne pouvait blesser personne et qui n'était qu'un appel au bon sens, Legien nous fit savoir par l'entremise du camarade Oudegeest, secrétaire de la Centrale Nationale Syndicale de Hollande, qu'une telle proposition était contraire aux décisions des conférences internationales de Budapest et de Zurich, qui avaient établies le siège et les règles du Secrétariat syndical international. C'était une fin de non recevoir opposée à notre proposition. Dans une circulaire adressée aux Centrales nationales des pays neutres, le Secrétaire international ajoutait :

« Que répondre favorablement à la proposition franco-anglaise, c'était préjuger des rapports dans l'avenir avec les Syndicats allemands ».

Avec la fin de non-recevoir, la menace. Cela au moment même où les Socialistes allemands demandaient que le Secrétariat international socialiste fut retiré aux Belges, devenus belligérants par la volonté du kaiser,

De ce fait, peu de réponses nous parvinrent. Seuls, l'Amérique, l'Australie acceptèrent sans réserve notre proposition.

La Suisse en admit le principe sans en accepter la réalisation.

Puis on nous invita à formuler notre avis sur une conférence qui discuterait de la question et enfin; sans plus tenir compte de la propositiou, qui était pour nous une condition essentielle de la reprise des relations avec le Secrétariat international, ont nous demanda de collaborer au *Bulletin International*, qui devait reparaître.

A cette occasion, nous adressâmes aux Centrales nationales, la circulaire suivante :

AUX CENTRALES NATIONALES SYNDICALES

CAMARADES,

En février 1915, nous portions à la connaissance des Centrales nationales syndicales adhérentes au Secrétariat syndical international, d'accord avec la *General Federation* des Trades-Unions d'Angleterre, une proposition de transfert du siège du bureau international dans un pays neutre, son fonctionnement devant être assuré par un personnel appartenant également à un pays neutre. A titre d'indication, nous donnions le nom de la ville de Berne (Suisse), comme celle pouvant être choisie pour siège provisoire du bureau syndical international. Notre proposition visait à une solution momentanée, rendue nécessaire, estimions-nous, par la guerre actuelle.

Dans notre esprit, comme dans celui de la *General Federation* des Trades-Unions, n'entrait nul sentiment d'animosité, nulle haine de nationalité

Nous voulions que l'Internationale ouvrière puisse continuer à travailler pour le bien de tous, même pendant cette période critique.

Des réponses favorables ne nous sont parvenues que celles de l'A. F. of Labor d'Amérique, de la F. of Labor d'Australie, de la Centrale syndicale suisse, cette dernière avec des réserves.

Les autres pays adhérents se sont abstenus ou ont été mis, par les circonstances dans l'impossibilité de répondre. C'est le cas pour la Belgique.

Comme contre-proposition à la nôtre, nous avons reçu une invitation à formuler notre avis sur une Conférence internationale qui aurait à discuter de la question.

Notre réponse fut négative.

De la non-réalisation de cette seconde proposition, nous en concluons qu'elle fut rejetée par une majorité des Centrales consultées.

Aujourd'hui, nous recevons une invitation à collaborer au *Bulletin international*, organe officiel du bureau syndical international qui, nous dit-on, va reparaître dans les mêmes conditions qu'antérieurement à la guerre.

A cette troisième proposition, nous sommes dans l'obligation de répondre négativement, notre collaboration à la publication du *Bulletin international* serait, en fait, notre adhésion au fonctionnement sans modification de personnel et de lieux du Secrétariat syndical international.

Cette situation d'expectative et d'inertie risque de s'éterniser pour le plus grand préjudice de l'Internationale.

C'est pourquoi nous portons à nouveau à la connaissance des Centrales nationales syndicales, notre proposition de transfert du siège du bureau syndical international dans un pays neutre, son fonctionnement étant assuré par un personnel ressortissant également d'un pays neutre.

Bien loyalement, nous déclarons aux camarades de tous les pays, que notre solution est la seule qui puisse permettre un fonctionnement effectif et efficace de l'Internationale ouvrière pendant la guerre.

Nous conjurons toutes les organisations ouvrières de ne voir, dans notre proposition, que le désir d'aider à rétablir la vie internationale des peuples organisés sur le terrain de la production.

La neutralisation du bureau international est une mesure que les circonstances imposent.

Sans arrière-pensée à l'égard d'aucune personnalité du mouvement syndical international, nous pensons qu'il serait bienfaisant de rallier à nouveau les prolétariats organisés de tous les pays, en donnant à chacun d'eux une possibilité complète de collaboration à l'œuvre commune. Pour cela, il est indispensable que l'on comprenne le sens élevé, dégagé de tout calcul personnel, de notre proposition et que l'on y fasse droit.

Raisonner objectivement, en tenant compte des événements que nous sommes impuissants à dominer, serait faire œuvre de conscience internationale ; ce serait également, nous n'hésitons pas à le dire, accepter notre solution provisoire, limitée à la durée de la guerre.

Nous avons bon espoir dans l'esprit d'impartialité des militants de toutes les Centrales nationales syndicales, dans leur attachement à l'Internationale, et c'est dans cette espérance que nous vous adressons notre salut fraternel et syndicaliste.

Paris, le 20 septembre 1915.

Pour la C. G T. :
Le Secrétaire,
L. JOUHAUX.

A cette seconde circulaire, nous ne recevions qu'une seule réponse d'Italie, que nous transmettions aux Centrales nationales :

AUX CENTRALES NATIONALES DES ORGANISATIONS SYNDICALES

Paris, le 13 novembre 1915.

CAMARADES,

A la suite de l'envoi de notre seconde circulaire relative au transfert du siège du Secrétariat international dans un pays neutre, nous avons reçu de la C. G. T. Italienne la proposition suivante :

« Etant donné que les résultats ne sont actuellement possibles qu'entre les pays de la quadruple entente et certains neutres, pourquoi ne pourriez-vous pas faire de Paris, le centre d'une correspondance internationale entre les susdits pays et les pays neutres qui voudraient échanger leurs correspondances, en attendant la réalisation de votre proposition de transfert. »

Le Comité confédéral a cru devoir accepter favorablement la proposition italienne, étant entendu qu'il ne s'agira pas de fonder un bureau international, mais tout simplement de permettre l'échange momentané de correspondances entre les différents pays qui voudraient correspondre par cette voie.

En conséquence, nous vous soumettons la proposition sus-mentionnée, avec l'avis du Comité confédéral français, vous demandant de bien vouloir nous faire connaître votre opinion à ce sujet et nous indiquer telle autre mesure qui permettrait de renouer une correspondance internationale, but de nos efforts.

Dans l'attente de votre réponse, recevez ,camarades, notre salut fraternel et internationaliste.

Pour la G. C. T. :
Le Secrétaire,
L. JOUHAUX.

Depuis cette époque, nous attendons que l'on veuille bien prendre en considération notre proposition qui, réalisé, redonnerait vie à l'Internationale.

En septembre 1917, se tint à Londres une Conférence des Centrales syndicales des pays de l'Entente, à laquelle participa la C. G. T. et au cours de laquelle fut adoptée la résolution suivante sur le caractère que doit revêtir le traité de paix :

1° Que la paix marque la fin de tout militarisme ; que disparaisse, non seulement en Allemagne, mais dans tous les pays, toute idée d'hégémonie ; que dans l'avenir aucune tentative de ce genre ne puisse naître dans l'esprit d'un peuple qui se considérerait comme le plus fort ;

2° Pour la suppression de toute diplomatie secrète dans les relations entre les peuples, les principes démocratiques, qui doivent être demain la règle des relations internationales, exigeant que les peuples aient une connaissance exacte et précise des responsabilités et des engagements pris en leur nom ;

3° Pour la reconstitution dans leur indépendance de toutes les nationalités violées et opprimées ;

4° Contre toute annexion par la force, les peuples seuls ayant le droit de disposer d'eux-mêmes ;

5° Pour la liberté du trafic et des transports commerciaux dans l'avenir ;

6° Sur les moyens de perpétuer la durée de la paix ; demander l'organisation d'un système international ayant à sa base l'égalité de droits de toutes les nations petites et grandes;

7° Pour assurer le respect des nationalités et perpétuer l'état de paix, il est indispensable que la fin des hostilités ait pour conséquence la constitution de la Société des Nations et non la division des peuples en deux Fédérations distinctes et hostiles ;

8° La constitution de la Société des Nations ou Etats-Unis du Monde doit avoir pour complément l'institution de l'arbitrage obligatoire réglant pacifiquement tous les conflits internationaux ; chaque Etat ayant le droit de faire appel à ce tribunal international et chaque Etat ayant l'obligation de se soumettre à sa sentence ;

9° La limitation des armements — mesure précédant le désarmement international général — non pas dans le sens de l'équilibre qui, jusqu'ici a été seul envisagé, mais dans une limitation pour le droit ;

10° Affirme que toutes ces mesures nécessaires ne vaudront qu'autant que les prolétariats de tous les pays, unis dans l'Internationale ouvrière, sauront par un état d'esprit vraiment international, en imposer la réalisation et en assurer la continuité.

Pour la Conférence de Berne

Au mois de mai 1917 l'Union suisse des Fédérations syndicales prenait l'initiative de réunir à Berne, une Conférence syndicale internationale.

Le Comité confédéral en discutait dans une séance au cours de laquelle étaient examinées d'autres propositions venues d'Angleterre et de Hollande et concluait dans le sens indiqué par la lettre suivante adressée aux organisations :

Camarades,

Dans sa séance du 2 juin 1917, le Comité confédéral eut à examiner trois propositions, la première en date, venue de la Suisse et proposant la tenue d'une Conférence internationale syndicale en Suisse ; la seconde, était un vœu du Comité central de la G. F. des Trades-Unions anglaises, tendant à la tenue d'un Congrès des organisations ouvrières des pays de l'Entente, la troisième consistait en un télégramme, adressé par la Centrale syndicale hollandaise, au nom du Secrétariat syndical international et nous invitant à désigner nos délégués pour une Conférence qui devait se tenir à Stockholm.

Le Comité confédéral, fidèle à sa ligne de conduite, décida, à l'unanimité des membres présents, d'accepter la proposition de la Suisse, étant entendu qu'une Conférence préalable des pays de l'Entente aurait lieu, et si possible dans la même ville que la Conférence internationale.

La Conférence en Suisse aura à s'occuper du transfert du Secrétariat syndical international dans un pays neutre, ainsi que le Comité n'a jamais cessé de le réclamer depuis octobre 1914.

C'est ce point de vue qui, aujourd'hui, triomphe, comme c'est le programme ouvrier adopté par la Conférence de Leeds, juillet 1916, qui est accepté par toutes les Centrales nationales syndicales de tous les pays, ainsi qu'en témoigne un télégramme reçu des pays scandinaves au nom de toutes les organisations ayant participé à la Conférence de Stockholm.

Nous avions donc raison, lorsque nous déclarions être allé faire à Leeds une œuvre éminemment utile et efficace, au point de vue ouvrier international.

La Conférence suisse, conférence convoquée par des neutres, pourra accomplir une œuvre grandiose, sans déterminer la paix, elle en hâtera l'heure, en permettant à l'Internationale ouvrière, enfin neutralisée, de réaliser une action dans laquelle tous les prolétariats auront des intérêts communs.

Nous portons cette importante décision à la connaissance de toutes les organisations ouvrières confédérées, certains qu'elle recevra leur approbation unanime.

Recevez, camarade, notre salut fraternel et syndicaliste.

Pour le Comité confédéral.
Le Secrétaire,
L. JOUHAUX.

Le refus des passeports opposé à la délégation nommée par le Comité confédéral, ce dernier protesta dans les termes suivants contre la mesure gouvernementale.

Protestation.

Le gouvernement a cru devoir refuser les passeports nécessaires à la délégation de la C. G. T., pour se rendre à la Conférence syndicale internationale convoquée à Berne pour le 1er octobre, par la Centrale syndicale suisse.

Nous ne voulons pas analyser les raisons qui ont dicté la décision du gouvernement, nous déclarons seulement que ces raisons ne sauraient se justifier, alors que tout récemment, pour une autre Conférence internationale, celle-là religieuse, à laquelle participaient également des délégués des Empires centraux, les passeports ont été accordés aux délégués français.

Pourquoi la C. G. T. française voulait-elle aller à la Conférence syndicale internationale de Berne ?

D'abord parce que cette Conférence était convoquée par un pays neutre, la Suisse et ensuite, parce qu'elle avait pour objet d'obtenir « le transfert du siège du Secrétariat syndical international — actuellement à Berlin — dans un pays neutre, son fonctionnement étant assuré par un personnel neutre ». Enfin parce que la C. G. T. française est intervenue pour ce transfert auprès des Centrales syndicales successivement en octobre 1914-Février 1915 et juillet 1916.

Nous estimons nécessaire la reconstitution de l'Internationale ouvrière. Pour résoudre toutes les graves questions de droit ouvrier international que la guerre a soulevé, que pose la « constitution de la Société des Nations », il sera indispensable de donner la parole aux mouvements prolétariens de tous les pays, sans le concours desquels rien de durable et d'effectif ne saurait être fait.

Le Comité confédéral, expression ds la classe ouvrière française ne peut passer sous silence ce refus des passeports. Surtout qu'il s'agissait d'une question de pure politique ouvrière, dans laquelle les gouvernements ne peuvent s'immiscer sans immédiatement paraître tenir en tutelle les mouvements ouvriers, ce que la C. G. T. française ne saurait, à aucun moment, tolérer.

Le Comité déclare que par ce refus le gouvernement suspecte les intentions et l'action des délégués, régulièrement désignés par les organisations syndicales, que ce faisant, il porte atteinte à la dignité ouvrière et limite l'exercice des libertés de la classe ouvrière, sans tenir compte des immenses sacrifices consentis par elle, depuis août 1914.

Le Comité ne saurait, sans protester, laisser s'établir la pratique d'une politique aussi restrictive.

Attaché à la cause de la liberté des peuples, de laquelle il ne sépare pas celle de la classe ouvrière française, il dénonce la politique de suspicion pratiquée à l'égard du mouvement ouvrier.

Le Comité veut croire que dans l'avenir, le gouvernement, en conformité du droit, accordera les passeports que nécessitera la prochaine Conférence syndicale internationale.

Le Comité confédéral portant ces faits à la connaissance des organisations syndicales est assuré que l'unanimité de la classe ouvrière sera avec lui, pour réclamer le triomphe de la politique de dignité et de liberté, qu'il a faite sienne en conformité des aspirations populaires.

LE COMITÉ CONFÉDÉRAL.

Pour la Conférence de Stockholm

Les 18 et 20 août 1917, le Comité confédéral recevait à leur retour d'Italie, les délégués russes du Soviet de Pétrograd. Ceux-ci, invitèrent la C. G. T. à se faire représenter à la Conférence de Stockholm qui devait se tenir en septembre ou octobre suivants.

Après les explications fournies par le citoyen Goldenberg, l'un des délégués russes, le Comité confédéral, à l'unanimité moins deux abstentions décidait de participer à la Conférence et en avisait immédiatement les organisations.

Le refus de délivrer les passeports aux délègués, opposé dans la plupart des pays de l'entente ne permit pas la tenue de la Conférence.

En acceptant la proposition des délégués russes, le Comité confédéral avait déclaré qu'il entendait voir discuter par la Conférence internationale la question des responsabilités dans la déclaration de la guerre.

De même, avait-il dit, les résolutiens prises ne le seraient qu'avec des garanties formelles.

La Conférence interalliée de Londres.

L'année 1918, est marquée, dans l'action internationale ouvrière, par la Conférence interalliée socialiste et syndicaliste de Londres à laquelle participa la C. G. T. et qui se tint dans la deuxième quinzaine de février.

Cette Conférence devait permettre aux classes ouvrières des pays de l'Entente de se mettre d'accord sur un mémorandum commun définissant les conditions propres à fixer les bases d'une paix générale. Y étaient conviés, dans chaque pays, les partis socialistes et les Centrales syndicales. La C. G. T. accepta d'y participer.

Le Comité confédéral désigna une Commission chargée de s'aboucher avec la Commission nommée par le Parti socialiste pour présenter à la Conférence le point de vue français.

La Commission confédérale rédigea le texte ci-dessous qui fut présenté par elle à Londres au nom de la C. G. T. :

MÉMORANDUM DU MOUVEMENT OUVRIER FRANÇAIS

I

La guerre.

La C. G. T. déclare que, quelles que puissent avoir été les causes qui ont provoqué la guerre, il est évident que les peuples d'Europe, qui sont nécessairement les principales victimes des horreurs du conflit, n'y ont eux-mêmes aucune responsabilité. Il est actuellement de leur intérêt commun d'aboutir à la conclusion d'une paix générale, sûre et durable pour le monde entier.

II

Le monde doit être ouvert à la démocratie.

Quels que puissent être les buts pour lesquels la guerre a été entreprise, l'intention fondamentale de la C. G. T., est d'assurer pour l'avenir à la démocratie toute possibilité de développement.

De tous les buts de Paix, aucun n'est si important, pour tous les peuples du monde entier, que de faire en sorte qu'il n'y ait plus de guerre à l'avenir.

Pour parvenir à cette fin, la C. G. T. compte très fortement sur une démocratisation complète de tous les pays ; sur l'abandon sincère de toute forme d'impérialisme, sur la suppression de la diplomatie secrète et sur la soumission de la politique extérieure, comme de la politique intérieure, au contrôle des assemblées législatives, élues par le peuple ; sur la responsabilité absolue du ministre des Affaires étrangères de tous les pays devant le Parlement ; sur une action aussi concertée que possible pour l'abolition universelle des armées de caserne ; sur la limitation générale des armements, dont tous les peuples sont surchargés ; sur la suppression radicale des entreprises privées de guerre, qui profitent des armements et dont l'intérêt est de provoquer sans cesse des menaces de guerre. Mais elle demande en outre, qu'une clause essentielle du traité de paix lui-même crée une autorité supranationale ou ligue des nations, à laquelle ne devront pas seulement adhérer tous les belligérants actuels, mais à laquelle tous les autres Etats souverains et indépendants seront instamment invités à se joindre ; l'établissement immédiat, par cette Société des Nations, non seulement d'une haute-cour internationale pour le jugement de toutes les contestations entre Etats, mais aussi la formation d'une Assemblée législative internationale, dans laquelle les représentants de tous les Etats civilisés auront une place déterminée ; le développement graduel d'une législation internationale, acceptée par tous, et les liant d'une manière précise par un engagement solennel, donnant l'assurance que les conflits entre deux ou plusieurs Etats seront soumis au jugement indiqué ci-dessus et que tous feront nécessairement cause commune contre tout l'Etat ou contre tous Etats, par tous les moyens à leur disposition, pour les contraindre à adhérer aux termes de cet accord.

III

Questions territoriales.

La C. G. T. réprouve les tentatives faites, tantôt dans un camp, tantôt dans un autre, pour transformer la guerre présente en guerre de conquête. Dès que les conditions d'une paix permanente seront assurées, la lutte ne pourra être prolongée d'un seul jour, en vue d'étendre les frontières d'un Etat. Mais il est impossible d'ignorer le fait, que non seulement des restitutions et des réparations, mais aussi certains remaniements territoriaux peuvent, sur la base de la liberté, des peuples à disposer d'eux-mêmes, apparaître nécessaires, si l'on veut éviter le renouvellement des armements et le retour de la guerre.

a) *La Belgique.*

La C. G. T. déclare que la Belgique doit être considérée complètement restaurée comme Etat indépendant et souverain .

b) *L'Alsace-Lorraine.*

La C. G. T. considère que ce fut une grave erreur politique commise contre la paix quand, en 1871, l'Alsace et la Lorraine ont été arrachées à la France par violence. Elle sympathise profondément avec les infortunés habitants de l'Alsace et de la Lorraine ; elle demande que les Alsaciens-Loorains aient le droit de décider librement de leur propre sort, sous la protection et la garantie d'une Commission internationale.

c) *Les Balkans.*

La C. G. T. estime que dans l'intérêt de la Paix du Monde et pour écarter toute domination étrangère, cause de conflit, les Etats balkaniques constitueront une Fédération balkanique.

Cette Fédération, basée sur la tolérance religieuse et sur l'égalité politique, de toutes les races, constituera une Union douanière, comprenant l'assemblée des Nations balkaniques et une Fédération pour régler, par consentement mutuel, toutes les questions d'intérêt commun.

Pour atteindre ce but, les peuples balkaniques doivent avoir liberté complète de déterminer leur propre destinée et de procéder à leur réorganisation administrative et politique, sans devoir tenir compte d'aucune prétention de domination étrangère.

d) *L'Italie.*

La C. G. T. témoigne sa sympathie à tous les peuples de langue et de race italienne, que les accords diplomatiques du passé ont laissé en dehors de l'unité italienne.

Rejetant tous les buts de conquête de l'impérialisme italien, elle pense qu'il peut être donné satisfaction à tous les désirs légitimes du peuple italien, y compris ceux touchant la réunion de leurs frères de race, sans qu'il soit nécessaire de nier les besoins des autres ou d'annexer le territoire d'autrui.

e) *La Pologne, etc.*

La C. G. T. ,en ce qui concerne la question polonaise, proclame que le seul moyen d'y donner une solution durable, résulte de la reconstitution de la Pologne en Etat indépendant, et qu'il y a lieu, comme à tous les pays placés sous la domination étrangère, de lui appliquer le principe qui permet à chaque peuple de disposer de son propre destin.

f) *Les Juifs et la Palestine.*

La C. G. T. demande pour tous les Juifs de tous les pays les mêmes droits élémentaires de tolérance, de liberté, de résidence et de commerce, ainsi que de liberté politique, que l'on doit accorder aux citoyens de chaque nation. Elle exprime l'opinion que la Palestine constitue un gouvernement libre, sous garantie internationale, où les Juifs pourront retourner s'ils le désirent et se développer en dehors de l'intervention de toute race ou religion étrangères.

g) *Le Problème de l'Empire turc.*

La C. G. T. proclame, en ce qui concerne l'Arménie, la Mésopotamie et l'Arabie, la nécessité de donner à ces pays, la plus large autonomie.

La C. G. T. réprouve les buts impérialistes des gouvernements et des capitalistes qui voudraient faire de ces territoires de simples objets d'exploitation, ou des instruments du militarisme. S'il n'est pas possible de laisser les peuples de ces territoires déterminer eux-mêmes leur propre destinée, la C. G. T. insiste pour que conformément à la formule : « Pas d'annexions », ils soient placés sous l'administration d'une Commission internationale, agissant sous le contrôle de la ligue des nations. Elle suggère, en outre, que la paix du monde demande que Constantinople soit un port libre, neutralisé d'une manière permanente.

h) *Les colonies de l'Afrique tropicale.*

La C. G. T. accepte l'amendement proposé, sous réserve que s'y trouve incluse la formule « retour des colonies à l'Allemagne », contre-partie légitime de ce qui est demandé à l'Allemagne pour la solution des questions européennes.

Elle déclare qu'en aucune manière, les cas d'espèces ne puissent constituer un obstacle à la paix.

IV

Les relations économiques.

La C. G. T. se déclare hostile à tous projets qui auraient été préparés par les impérialistes et les capitalistes, non seulement dans un pays déterminé, mais dans tous les pays, et qui tendraient à faire une guerre économique après la conclusion de la paix, à une ou à toutes les nations étrangères. Une guerre économique de ce genre, commencée par un pays déterminé, entraînerait inévitablement des représailles, auxquelles la nation visée pourrait être acculée pour se défendre. La C. G. T. pense que de pareilles tentatives d'agression économique, soit par des tarifs protecteurs, soit par des trusts capitalistes ou des monopoles, entraîneraient inévitablement la spoliation des classes ouvrières de chaque pays, au profit des capitalistes. Les travailleurs français voient, dans l'alliance des impérialistes-militaristes et des protectionnistes fiscaux de chaque pays, non seulement un danger sérieux pour la prospérité des masses populaires, mais aussi une grave menace pour la paix. D'un autre côté, chaque nation a le droit indéniable de défendre ses propres intérêts économiques et, en présence du déficit mondial, de conserver pour son peuple une quantité d'objets de consommation et de matières premières.

La C. G. T. invite, d'une manière pressante, les partis ouvriers de chaque p ys, à insister auprès de leur gouvernement respectif, quand il s'agira de déterminer l'attitude de celui-ci à l'égard des entreprises commerciales et de contrôler les objets de consommation, nécessaires pour le peuple, pour qu'il accepte le principe de la porte ouverte, limite strictement les droits de douane aux nécessités fiscales, et élimine tout traitement différentiel des nations étrangères. Mais il est également important, non seulement de maintenir, mais aussi de développer autant que possible, par une action gouvernementale appropriée, les ressources de chaque pays pour le bien ,non seulement de ce peuple, mais aussi du monde. Il faut enfin proclamer la nécessité d'un traité international pour imposer dans tous les pays une législation sur le travail industriel, la limitation des heures de travail, l'interdiction du sweating système et des industries insalubres, dans le but de protéger les ouvriers contre l'exploitation et l'oppression.

V

Restauration des régions dévastées et réparation des dommages.

La C. G. T. déclare que l'un des devoirs des plus impérieux de tous les pays, aussitôt la paix conclue, sera la restauration, autant que faire se peut, des maisons, fermes, usines, bâtiments publics et moyens de communications, qui ont été détruits par les opérations de guerre, que la restauration ne doit pas être limitée à l'attribution d'indemnités pour destruction ou dommages constatés aux édifices publics, aux entreprises capitalistes et aux propriétés matérielles, mais qu'elle doit comporter le rétablissement des salariés et des paysans dans leurs maisons et leurs emplois ,et que pour assurer la complète et impartiale application de ces principes, l'attribution et la distribution de l'indemnité doivent être opérées sur place par la création d'un fonds international contrôlé par une Commission internationale.

VI

Les problèmes de la Paix.

Pour ouvrir le monde à la Démocratie, il importe de faire plus que de prévenir la guerre. Le dessein de ceux qui veulent sauvegarder les intérêts capitalistes sera de soutenir que le traité de paix ne doit concerner que la cessation de la lutte et les modifications territoriales nécessaires. En vue de la pénurie probable, après la guerre, en vivres, en matières à exporter, et en frêt commercial, et pour prévenir de graves souffrances ainsi que la famine toujours possible çà et là, la C. G. T. insiste pour que des arrangements systématiques soient conclus sur une base internationale, afin d'assurer la distribution et le transport des excédents utiles et exportables de ces marchandises dans les différents pays, non point en proportion du pouvoir d'achat de ceux-ci, mais en proportion de leurs besoins urgents. Dans chaque pays, le gouvernement doit maintenir un certain temps son contrôle sur les marchandises de première nécessité, pour garantir leur distribution, non pas sous un régime de concurrence dont profiteraient les classes les plus riches, en proportion de leurs ressources, mais systématiquement, pour satisfaire les besoins pressants de tout le monde, conformément à la règle que personne n'aura de gâteau tant que quelqu'un manquera de pain.

On peut s'attendre, en outre, à ce que dans tous les pays, la dislocation de l'industrie des munitions, à la suite de la conclusion de la paix, le renvoi de millions de soldats à un moment où le capital industriel est insuffisant, où l'on manque de matières premières, où les entreprises commerciales sont peu sûres, plongent une grande partie de la population salariée dans la misère d'un chômage plus ou moins prolongé, si chaque gouvernement n'agit pas avec rapidité et énergie. La C. G. T. pense que le chômage, comme la famine, n'est pas seulement un désastre pour le pays qu'il atteint, mais qu'il constitue un appauvrissement pour le reste du monde. Elle soutient donc qu'il est du devoir de tous les gouvernements d'entreprendre une action immédiate, non pas seulement pour secourir les chômeurs, mais pour prévenir dès maintenant le chômage dans toute la mesure du possible. Il est nécessaire que les mouvements ouvriers de tous les pays exercent une pression sur leurs gouvernements pour préparer les plans d'exécution de nombreux travaux publics, tels que la construction et la réparation des routes, des chemins de fer et des canaux, la construction d'écoles, d'édifices publics et d'habitations ouvrières, ainsi que l'amendement et l'afforestation du pays. Ces travaux seront nécessaires dans un avenir prochain, non pour secourir les chômeurs, mais pour être entrepris en nombre suffisant dans chaque localité, concurremment avec les diverses entreprises capitalistes en exploitation, de telle sorte que, chaque année et durant toute l'année, il soit maintenu un niveau suffisant d'occupation pour répondre à la demande collective de travail. On sait, aujourd'hui, que par ce moyen, il est possible aux gouvernements de prévenir, s'ils le veulent, le chômage involontaire ou involontairement prolongé, et, si ce chômage survient actuellement dans n'importe quel pays, il peut être considéré comme la conséquence de la négligence gouvernementale, exactement comme une épidémie.

Ce texte fut fondu dans le mémorandum issu de la Conférence interalliée.

Ce mémorandum a été porté à la connaissance de la classe ouvrière française par le moyen d'une brochure spéciale, éditée par les soins de la C. G. T. et du Parti socialite.

La Conférence socialiste-syndicaliste interalliée de Londres avait désigné une délégation chargée d'aller en Amérique pour conférer avec les organisations ouvrières en vue de la tenue d'une Conférence internationale.

Des difficultés de tous ordres surgirent qui empêchèrent que cette décision put être mise à exécution.

***

Dans les premiers jours de mai, arriva en France une délégation ouvrière américaine, ayant pour but de prendre contact avec les syndicats ouvriers français.

Une conférence qui dura deux jours fut tenue à Paris, au siège de la C. G. T. Au nom des organisations ouvrières françaises, le Secrétaire confédéral prononça le discours suivant :

Nous sommes heureux de vous recevoir ici, dans la Maison des Organisations syndicales. Cette Maison est humble, elle n'est certainement pas semblable aux maisons que vous pouvez avoir en Amérique, mais elle représente pour les organisations syndicales autant de sacrifices, si ce n'est plus, que celles des travaillistes des autres pays : sacrifices et souffrances ont été accumulées par les organisations syndicales pour pouvoir instituer cette maison, être libérées ainsi de toute tutelle et pouvoir en toute liberté délibérer sur l'action que nous avons à mener.

Je ne veux pas ici retracer l'histoire de notre mouvement syndical, je veux simplement vous dire que cette Maison a été acquise par les organisations ouvrières à un moment où elles étaient chassées des maisons municipales pour une action que nous considérions comme primordiale pour la classe ouvrière : l'action contre la guerre. Nous sommes heureux aujourd'hui de vous donner l'hospitalité dans cette même Maison, de rapprocher la date de son édification de la date qui nous réunit, et j'espère que des discussions qui vont y avoir lieu sortira une décision d'action commune qui hâtera la fin de la guerre et amènera la paix des peuples.

Camarades de l'American Federation of Labor, je vous salue.

***

Nous allons maintenant aborder la discussion générale. Nous avons, hier, par un premier échange de vues, amorcé les questions sur lesquelles nous allons aujourd'hui discuter. De cet échange de vues, il résulte pour nous une double constatation. Nous sommes en complet accord en ce qui concerne le texte même du memorandum de Londres, c'est-à-dire les bases générales sur lesquelles la Paix des Peuples doit se faire. Si nous sommes d'accord sur ce texte, il est non moins exact de dire que nous sommes en désaccord sur la tactique qu'il convient d'observer pour aboutir aux fins que nous nous sommes fixées.

Le prolétariat français ici représenté, du point de vue économique comme du point de vue politique, a, après des discussions multiples, après un processus d'analyses des différentes situations et des différentes questions qui se posaient accepté par deux fois différentes l'idée d'une Conférence internationale.

Pourquoi les organisations ouvrières françaises et plus particulièrement les organisations syndicales ont-elles accepté l'idée d'une Conférence internationale ? Comme je vous le disais hier, en novembre 1914, déjà, répondant à une invitation de l'A. F. of Labor, nous acceptions l'idée de la Conférence internationale proposée. Déjà nous nous déclarions partisans d'une rencontre au cours de laquelle nous échangerions nos points de vue, nous exposerions les raisons de notre attitude et nous définirions les buts que nous avons donnés à la fin de cette hécatombe. Depuis 1914, la C. G. T. n'a pas changé d'opinion et, en février 1915, avec les organisations syndicales et politiques de la Belgique, de l'Angleterre, de l'Italie, nous définissions les mêmes points de vue, nous affirmions les mêmes sentiments et nous déclarions à tous les travailleurs organisés du monde entier, qu'entraînés dans la guerre, obligés de faire face au danger d'hégémonie, nous n'entendions pas un seul instant que cette nécessité de lutte défensive, puisse se transformer en une action de conquête ou d'annexion. Et nous, membres de la C. G. T. nous allions plus loin. Nous rencontrant avec nos camarades de la G. F. of Trade-Unions, nous leur demandions d'être avec nous pour demander au prolétariat mondial de bien vouloir faire que le siège du Secrétariat international soit transporté dans un pays neutre pour que la vie de l'Internationale elle-même puisse continuer et qu'ainsi, si un jour les circonstances permettaient une action, nous puissions, par ce canal neutre, organiser la réunion qui serait devenue nécessaire et prendre en commun les décisions nécessitées par les circonstances.

Ce vœu fut transmis par nos camarades de la G. F. et par nous-mêmes au Comité exécutif de l'A. F. of Labor et nous eûmes le plaisir de constater que cette proposition était acceptée par votre organisation, que l'A. F. était avec nous pour demander que le siège du Secrétariat international syndical soit transporté dans un pays neutre, en un mot que l'A. F. était avec nous pour que la vie de l'Internationale ne fut pas suspendue une minute.

C'est sur ce point de vue que nous, C. G. T., nous sommes restés ; constamment notre pensée a été orientée vers les possibilités d'affirmation internationale sur les principes que nous avions nous-mêmes définis, et, c'est ainsi qu'à nos Conférences nationales, comme aux Conférences interalliées, avec nos camarades anglais, belges, italiens, — ou tout au moins avec une fraction de la classe ouvrière italienne, — avec nos camarades serbes, nous avons également affirmé notre point de vue de discuter, non seulement les questions qui pourraient se rapporter à notre programme économique de la paix future, mais fixer les bases sur lesquelles la paix pouvait être conclue. Nous avons demandé soit à Leeds en 1916, soit à Londres en 1917, que des clauses ouvrières fussent insérées dans le traité de paix, et également, nous avons demandé à nos camarades de se prononcer en faveur d'une action internationale, dans des conditions de garantie absolue, en ce qui concerne l'attitude que nous adoptons dans notre pays au regard des circonstances présentes. A Leeds comme à Londres, si nous avons trouvé l'acceptation unanime sur les clauses ouvrières à insérer dans le traité de paix, nous avons, nous devons le dire, trouvé la même opposition en ce qui concerne la réunion de la Conférence internationale et laissez-moi vous dire, camarades américains, que la dernière opposition, celle qui fut faite à l'égard de la Conférence syndicale internationale qui devait se tenir à Berne, a eu pour nous, mouvement ouvrier international, une conséquence malheureuse. Il n'est pas douteux, et nous pouvons ici vous l'affirmer hautement, que si les représentants des prolétariats anglais, italiens, belges, français, américains se fussent touvés à Berne, si nous avions pu exposer devant les prolétariats organisés syndicalement des autres pays notre point de vue, — d'abord notre venue à cette Conférence internationale aurait déterminé la venue des syndicats de nombreux pays, — nous avons l'assurance formelle que notre présence eut été pour la cause que nous représentons une victoire, nous eussions obtenu, cela ne peut faire de doute pour personne, le transfert du Secrétariat syndical international dans un pays neutre ; nous eussions ainsi reconstitué sur le terrain de la neutralité qui nous est indispensable, la vie internationale de l'organisation syndicale. Nous devons tenir compte de cette situation et c'est parce que nous en tenons compte, c'est parce que nous avons compris et que nous comprenons encore la nécessité d'aboutir au résultat que nous nous sommes toujours fixé, qu'à la Conférence nationale de Clermont-Ferrand, nous avons voté les résolutions d'unanimité que vous connaissez. A Clermont-Ferrand, malgré les divergences d'opinion qui peuvent et je dirai même qui doivent presque exister dans un mouvement aussi vivant et aussi actif que le nôtre, où la guerre n'a pas eu pour conséquence de modeler tous les cerveaux et d'unifier toutes les façons de penser, dans notre mouvement si actif, nous avons obtenu l'unanimité devant la grandeur de l'effort à accomplir et c'est unanimement que nous sommes allés à la Conférence interalliée de Londre. C'est unanimement que nous avons accepté le mémorandum dont vous-même acceptez le texte et c'est unanimement aussi que nous avons accepté l'idée de la Conférence internationale.

Oui, c'est là la question qui nous divise ! Mais il faut, camarades délégués de l'A. F. of Labor, que vous reportiez aux camarades adhérant aux organisations syndicales américaines, que vous disiez au prolétariat américain que la situation dans laquelle nous nous trouvons actuellement est une situation particulièrement douloureuse, particulièrement pénible et que si nous n'avons pas le désir, si nous n'avons pas la vloonté de ne pas tomber sous une hégémonie quelconque, si nous repoussons une paix qui nous livrerait à un organisme gouvernemental plus rétrograde encore que celui que nous possédons, nous voulons examiner l'action à faire, pour que ce pays, que nous aimons tous, ne soit pas mené à la ruine complète. Nous voulons que le prolétariat de ce gays qui représente l'espoir de la conception qui nous anime, nous voulons que les travailleurs français puissent demain continuer l'œuvre que nous avons entreprise pour réaliser non plus la République bourgeoise, mais la pleine République sociale, celle qui pourra faire l'union de tous les peuples et réaliser ainsi le domaine du travail international. C'est parce que nous avons ces pensées que nous voulons aller les exprimer dans une Conférence internationale en nous entourant de toutes les garanties nécessaires et désirables. Nous voulons aller dire aux prolétairats des Empires centraux qu'ils doivent être avec nous pour l'action que nous nous sommes donnée ; qu'ils doivent être avec nous pour la libération car ce n'est pas seulement la libération d'une nation, mais c'est la libération de toutes les nations. Nous voulons leur dire que malgré les dangers sans nombre, que malgré les deuils considérables qui ont frappé ce pays — près de deux millions de tués — oui, malgré ces deuils-là, nous voulons leur dire que les sentiments de haine à l'égard des peuples des Empires centraux n'ont pas envahi nos cœurs, et demain, si sincèrement ils sont avec nous, nous ferons l'action nécessaire pour aboutir à l'affirmation nationale qui, mettant la paix en dehors de la volonté de tractation secrète de quelques-uns, réalisera vraiment le programme élaboré par votre illustre président Wilson.

Voilà ce que nous voulons aller leur dire dans une Conférence internationale et, je ne pense pas, étant donné la situation particulière dans laquelle nous nous nous trouvons, étant donné les grands sacrifices consentis à la Conférence interalliée de Londres, que l'A. F. of Labor puisse, après votre retour, après les explications que vous lui aurez données, après les raisons que vous lui apporterez, se maintenir dans l'attitude de l'intransigeance qu'elle paraît avoir prise à l'heure actuelle. Il lui suffira de se rappeler sa proposition de novembre 1914, pour qu'immédiatement, se sentant sûre du droit qu'elle représente avec nous, se sentant assurée des garanties que nous aurons prises, elle consente à venir à la Conférence internationale d'où, je le crois, une solution sortira. Ou bien les prolétariats des Enpires cemtraux refuseront d'accepter les conditions que nous avons nous-mêmes élaborées, et alors il ne nous restera plus qu'à continuer la lutte, — mais nous aurons tout de même éclairé le chemin que nous suivons, — ou bien alors, ils accepteront les conditions que nous avons nous-mêmes acceptées et alors, d'un commun accord, nous pourrons agir *pour* les peuples, parce que nous agirons *par* les peuples.

C'est ce que nous vous demandons, camarades de l'A. F. of Labor, d'examiner avec nous, non pas pour que vous preniez des décisions, — nous savons très bien que vous n'êtes qu'une représentation sans pouvoirs du prolétariat américain, — mais pour que vous emportiez fidèlement à vos camarades, non pas l'expression déformée de notre pensée, mais l'expression sincère de notre pensée, telle que vous la connaîtrez après les discussions qui vont s'ouvrir et je suis certain que non seulement des malentendus auront disparu, mais que des bases d'action commune surgiront de cette rencontre. *(Applaudissements.)*

A l'issue de cette Conférence avec la délégation ouvrière américaine, la question fut posée à nouveau au Comité confédéral, à savoir, si la question de la délégation européenne en Amérique pouvait être toujours posée. La Commissoin mixte du Parti socialiste et de la C. G. T. fut d'avis que le voyage d'études de la délégation américaine en Europe, ne retirait aucune raison d'accomplir la délégation européenne en Amérique; qu'avec les pouvoirs que la Conférence interalliée de Londres avait donné à cette délégation, et les instructions qu'avaient formulées à leurs délégués les organisations françaises en particulier, le principal résultat cherché : l'adhésion de l'Amérique à une Conférence internationale était digne de susciter les plus grands efforts.

Le Comité confédéral, dans son unanimité, corrobora cette manière de voir et le maintien de la délégation du Secrétaire confédéral en Amérique fut voté.

Cependant, l'exécution de cette mission, en raison des événements et de la proximité du Congrès confédéral a été encore reculée à une date ultérieure.

***

A l'occasion de la tenue de son Congrès, le Labour Party invitait au cours du mois de juin dernier le Parti socialiste français à se faire représenter au sein de ses assises et ajoutait qu'il lui serait agréable qu'un délégué de la C. G. T. assistât, avec la délégation socialiste, au développement de ses travaux.

Le Comité confédéral, consulté, émit l'avis qu'il eut été désirable que la C. G. T. fut représentée au Congrès du Labour Party par son secrétaire, mais qu'étant donné les circonstances et surtout l'approche du Congrès confédéral, la présence à Paris du Secrétaire paraissait indispensable.

Le Comité confédéral décida qu'il serait répondu dans ce sens au Labour Party.

Mais, considérant l'importance que révélait la présence à Londres au Congrès des organisations anglaises des délégations socialistes française, danoise, hollandaise et belge, cette dernière comprenant le président et le secrétaire du bureau socialiste international, le Comité confédéral émit le vœu, qui fut transmis à la délégation socialiste française, pour qu'elle en fasse connaître, qu'aucune décision définitive ne fut prise à Londres par les Conférences des délégués neutres et interalliés, sur les questions qui préoccupent à bon droit tous les prolétariats et, en ce qui nous concerne, le prolétariat français, représenté par la C. G. T.

Le Comité émit l'avis qu'une réunion fut organisée à Paris, à l'occasion de la présence des délégués scandinaves en Europe occidentale, où les participants au vote du memorandum de Londres, 1918, se retrouveraient de manière à envisager les mesures les plus propres à réaliser les conditions posées par le memorandum.

Cette décision du Comité confédéral marque le terme de l'action internationale de la C. G. T. durant ces quatre dernières années.

***

En présentant ce rapport, qui n'est qu'un résumé de l'action principale de l'organisation centrale syndicale française, nous tenons à dire que l'attitude adoptée l'a été avec un élémentaire souci de la dignité, allié à celui des garanties indispensables à la sauvegarde des intérêts ouvriers.

Nous avons conscience qu'au cours des années douloureuses que nous venons de traverser, l'action de la C. G. T. s'est poursuivie sans la moindre abdication, conforme aux enseignements et aux traditions du passé, en même temps qu'elle se trouvait en harmonie avec les intérêts sacrés du présent et de l'avenir.

Pour le Comité confédéral :

Le Secrétaire,

L. JOUHAUX.

Deuxième Partie

Compte rendu Sténographique des Travaux

COMPTE RENDU STÉNOGRAPHIQUE

DES

TRAVAUX

DU

XIXe CONGRÈS NATIONAL CORPORATIF DE 1918

(XIIIe DE LA C. G. T.)

COMPTE RENDU STÉNOGRAPHIQUE

1er *Séance. — Lundi 15 juillet 1918, matin.*

La séance est ouverte à dix heures, sous la présidence de Bled, secrétaire de l'Union des Syndicats de la Seine, assisté de Lapierre et Bréjaud, de l'Union des Syndicats de Seine-et-Oise.

Le secrétaire confédéral prend la parole pour expliquer en quelques mots la nécessité d'opérer immédiatement la vérification des mandats des délégués.

Il invite le Congrès à nommer une Commission de vérification de façon que puissent commencer les travaux dans les conditions de régularité requises.

La Commission de vérification est aussitôt désignée.

Elle est ainsi composée :

Guinchard (Transports), Toulouse (Chemins de fer), Labbe (Métaux), Chanvin (Bâtiment), Bourderon (Tonneau), représentants des Fédérations.

Batas (Saint-Malo), Leclerc (Clermont-Ferrand), Dubois (Seine-Inférieure), représentants les Bourses du Travail et les Unions départementales de Syndicats.

Bled, président, propose au Congrès de suspendre la séance jusqu'à l'après-midi 14 heures, de façon à laisser remplir son mandat à la Commission de vérification des mandats et ainsi permettre au Congrès de travailler dans les formes régulières. (*Adopté.*)

La séance est levée à 10 h. 30 et reportée à 14 heures.

2e *Séance*. — 15 *juillet* 1918, *après-midi*.

Président : BLED.
Assesseurs : LAPIERRE, BREJEAUD.

BLED. — Camarades, la séance est ouverte. Je donne tout de suite, pour des communications importantes, la parole au Secrétaire confédéral.

JOUHAUX. — Il faudrait tout d'abord que les délégués prennent leur place de façon à ce que nous sachions s'il y a possibilité de caser tout le monde ou s'il faut ajouter d'autres tables à celles qui y sont déjà. Il est indispensable, pour que le travail se fasse, que chacun ait sa place.

Comme à l'habitude, nous avons adressé des lettres d'invitation aux groupements ouvriers des autres pays. Nous avons reçu réponse du Syndicat général des Ouvriers serbes en France qui a désigné les citoyens Dragoslav, Maximovitch et Kosta Novakovitch pour le représenter au Congrès National de la C. G. T.

L'Union des Travailleurs espagnols nous fait la réponse suivante :

« Nous recevons votre estimée du 14 juin avec vingt jours de retard, nous invitant à participer à votre Congrès National le 15 courant.

« Nous vous remercions vivement de votre invitation, mais il nous est impossible d'assister à ce Congrès.

« Puisque nous ne pouvons être présents à vos délibérations, veuillez bien transmettre à la classe ouvrière organisée de France le témoignage de notre adhésion et de nos sympathies.

« Recevez, camarades, notre fraternel salut. »

VICENTE BARRIO.

Le Syndicat des Travailleurs belges résidant en France délègue le citoyen Volckaert.

La Centrale des Métallurgistes belges résidant à Londres, qui représente une autre fraction du prolétariat belge, nous adresse la lettre suivante :

« Cher Camarade,

« Nous avons bien reçu votre gentille invitation pour assister à votre Congrès du 15 au 18 juillet 1918. Notre Comité exécutif regrette vivement de ne pas pouvoir envoyer des délégués, vu la presque impossibilité d'obtenir des passeports.

« Nous souhaitons les meilleurs succès pour vos délibérations. Les ouvriers belges syndiqués en Angleterre admirent l'attitude énergique de la G. G. T. pour arriver à une paix rapide, juste et durable et en même temps, à une entente fraternelle entre les ouvriers organisés de tous les pays. Nous pouvons vous assurer que, quoiqu'étant en exil, les ouvriers belges en Angleterre, feront tous leur devoir pour le triomphe de notre cause commune.

« Vive l'Internationale ouvrière !

« Fraternellement à vous. »

G. ECKELERS.

Une dépêche de l'American Federation qui dit :

« A notre sincère regret, votre invitation pour que la Fédération Américaine du Travail envoie des représentants à votre Congrès National de Limoges le 15 juillet, a été reçue trop tard pour permettre au Conseil exécutif de la Fédération de désigner les délégués à ce Congrès. En effet, notre Conseil exécutif est composé de membres dont le bureau se trouve parfois à des distances de plus de 1,000 kil. les uns des autres, vous pouvez ainsi vous rendre compte du temps nécessaire pour les aviser et les mettre à même de choisir les délégués pour un voyage au-delà de l'Océan.

« Mais, bien que privés du plaisir et de l'occasion désirée d'avoir des délégués à votre Congrès, permettez-moi de vous exprimer ma conviction qu'il est nécessaire que les travailleurs de tous les pays alliés s'entretiennent et se conseillent entre eux fréquemment et particulièrement durant cette crise mondiale, afin d'avoir l'unité de but et la solidarité d'action essentielles à l'établissement et au maintien des principes de liberté et d'humaine justice.

« Permettez-moi de vous exprimer la bonne volonté et la fraternité des ouvriers d'Amérique, surtout à l'occasion de votre Congrès National ainsi qu'à l'occasion de la commémoration de la chute de la Bastille. La France a occupé dans nos cœurs une place privilégiée depuis les glorieux jours où l'Amérique luttait pour son indépendance. Dans la présente guerre, l'héroïsme et les sacrifices de la France ont surexcité notre admiration, nous sommes prêts à travailler, à donner tous nos hommes pour lutter, épaule contre épaule, avec les hommes de France et des pays alliés, jusqu'à ce que la cause de la Liberté et de la Justice soit gagnée. »

GOMPERS.

Le Labour Party délègue le citoyen Mac Gurk.

Le camarade Mac Gurk n'est pas encore arrivé.

Les camarades suisses nous remercient de l'invitation adressée et déclarent ne pas pouvoir assister à notre Congrès. Ils nous envoient leurs meilleurs vœux fraternels.

L'Union syndicale italienne délègue le camarade Edmond Rossoni.

La General Federation of Trade Unions délègue les camarades Ben Tillett, James Crinion, T. F. Richards et Appleton.

Voici, camarades, les lettres que nous avons reçues en réponse aux invitations que nous avons lancées.

Il est d'usage dans nos Congrès, de donner la parole aux camarades délégués des organisations des autres pays au début même des travaux du Congrès. Je vous demande pour cette fois, étant donné qu'il y a des camarades qui ne sont pas encore arrivés, de remettre l'audition des délégués étrangers à la séance de mercredi matin. Acceptez-vous cette proposition ?

La proposition est acceptée.

Par conséquent, l'audition des camarades délégués des organisations syndicales des autres pays, aura lieu mercredi matin.

Immédiatement, se pose une autre question, celle de la publicité de nos débats. La question est de savoir si les tribunes de cette salle doivent donner accès au public, aux camarades qui veulent assister à nos travaux. Pour ma part, je m'en déclare partisan, mais on doit certainement limiter cet accès aux camarades syndiqués. Il faudra donc qu'il se fasse un contrôle à l'entrée des tribunes.

D'autre part, je demande à nos camarades qui vont assister à nos travaux en tant que spectateurs, de respecter d'une façon absolue la liberté de discussion. Nos travaux, nos discussions doivent se passer dans le calme. Calme à l'intérieur du Congrès, calme à l'extérieur, de façon à ce que les décisions qui seront prises soient prises en connaissance de cause et que l'on puisse demain accomplir une besogne dans l'unanimité des aspirations et des pensées, si cela est possible.

BARTHE. — Il pourrait y avoir des copains délégués qui se mettent aux portes.

JOUHAUX. — Il y a encore des secrétaires de Fédérations qui n'ont pas distribué toutes leurs cartes et naturellement, avec le contrôle qui se fait à la porte, les camarades délégués ne peuvent pas entrer. Il faudrait que ces camarades secrétaires se mettent à la porte pour finir de distribuer les cartes aux délégués et ainsi leur permettre d'entrer.

Bled. — Comme suite à ce que vient de dire le camarade Jouhaux....

Le camarade Dumoulin interrompt pour demander la parole.

Dumoulin. — J'ai demandé la parole pour une simple déclaration qui découle du mandat que j'ai reçu de mon syndicat. Jouhaux demande que la plus large publicité soit donnée aux débats du Congrès. Personne ici ne s'opposera à ce que le Congrès reçoive la plus large publicité, mais il doit rester entendu dans l'esprit du Congrès qu'il n'y a ici aucun organe officiel de la classe ouvrière. Il y a ici les représentants de journaux qui écriront sous leur propre responsabilité, sans que le Congrès puisse être engagé d'une manière quelconque. Si telle n'était pas l'opinion unanime des délégués, c'est tout de même la déclaration que j'avais le mandat de faire.

Bled. — Nous sommes tout-à-fait d'accord. La presse assistera à nos séances et les camarades syndiqués, après présentation de la carte confédérale, pourront assister aux travaux dans les tribunes.

Avant d'entamer les travaux du Congrès si peu que ce soit, je vous demande l'autorisation de vous faire, en tant que représentant de l'Union des Syndicats organisatrice de ce Congrès, une courte déclaration.

Déclaration de Bled

C'est à l'Union des Syndicats de la Seine, qu'en définitive et après des tribulations diverses, échoit l'organisation du 19e Congrès corporatif de France.

Les groupements de Limoges d'abord; ceux de Versailles ensuite ont dû successivement renoncer à organiser le Congrès devant les difficultés momentanément insurmontables : à Limoges, encombrement complet de la ville, à Versailles, impossibilité absolue de trouver le local nécessaire.

Pour ces raisons et afin que ne soit pas différée la date primitivement choisie, il a fallu se résoudre, au dernier moment, à tenir ce Congrès à Paris.

Paris se trouve donc être pour la troisième fois depuis la guerre, le siège des assises nationales de l'organisation syndicale française.

C'est un privilège qui crée au Secrétaire de l'Union des Syndicats de la Seine, l'obligation — redoutable dans les circonstances présentes — d'inaugurer les travaux du Congrès par le discours d'ouverture traditionnel.

Je m'exécute brièvement.

La guerre qui sévit depuis août 1914, la guerre sans précédent dans l'histoire du monde, a jeté un trouble profond à la fois dans les institutions et dans les esprits.

Non seulement nos organisations ont été disloquées, démembrées, mais encore la conscience des ouvriers syndiqués a été mise à la plus rude des épreuves.

En face de la plus formidable des catastrophes que l'Humanité n'ait encore eu à enregistrer, des hommes, à leur poste de combat et de confiance ont dû prendre position, déterminer leur attitude, décider de leur action. Ils ont obéi à tout moment aux seules suggestions de leur conscience.

Au fil des jours et des événements, des dissentiments se sont produits, des oppositions se sont accusées sans qu'il fut bien facile toujours aux gens les plus avertis d'en saisir les véritables causes.

Au fond, sur les principes comme sur les buts à poursuivre et à atteindre, l'accord est certain, indiscutable, entre les syndicalistes sérieux. Il n'a jamais cessé d'exister, c'est mon sentiment, à aucun moment de cette guerre.

On peut, sans fausser la vérité, dire que c'est seulement sur la tactique à suivre que des points de vue différents se sont faits jour, que des divergences se sont manifestées.

Mais ces divergences, ces oppositions de tactique n'eussent jamais abouti à menacer, si peu que ce soit l'unité ouvrière, si, à côté de l'organisation syndicale, des personnalités sans mandat, des Comités sans responsabilité, n'avaient excité les passions et les haines en menant campagne de la façon la plus déloyale contre l'attitude et l'action de la C. G. T. *(Applaudissements, sifflets, brouhaha.)*

Le Congrès jugera. Il dira si les critiques violemment.... *(Brouhaha.)*

Ces manifestaitons ne m'effraient pas. *(Applaudissements, sifflets.)*

JOUHAUX. — Je vous ai dit tout-à-l'heure au début qu'il fallait que les uns et les autres, nous nous armions de patience et que nous sachions comprendre que dans un Congrès comme celui-ci, ce qui doit planer au-dessus de tout, c'est la liberté d'expression. *(Très bien ! Applaudissements.)* Et, conséquemment, il faut que nous puissions entendre les uns et les autres les choses qui pourront nous froisser sans que cependant le Congrès puisse être interrompu. Je demande moi, et j'ai le droit de le demander, que chacun puisse s'exprimer librement. Vous protestez contre des expressions, camarades, s'il eu fallu faire cela, depuis quatre ans, nous n'aurions fait que cela. Il n'est pas ici question des prisonniers, il est question d'une déclaration que Bled a cru devoir faire. Il l'a faite *(Brouhaha.)* dans le sens où il croit devoir la faire, je vous demande, moi, de l'écouter, et puis, ensuite, vous direz ce que vous voudrez, vous répondrez comme il conviendra que vous répondiez, mais ayez au moins l'estomac nécessaire pour entendre tout ce qui peut être dit. *(Applaudissements.)*

BLED. — Camarades, je vais continuer et je vous promets, moi, d'entendre tout ce qui pourra être dit qui ne me plaira pas dans le cours de ces débats, je vous demande d'avoir le courage d'entendre ce que je veux vous dire moi.

Je continue :

Le Congrès jugera, il dira si les critiques violemment formulées étaient fondées et si les menées qui ont failli briser l'unité syndicale, il y a quelques mois, étaient justifiées. Il dira si la démagogie et la calomnie doivent être à la base de nos discussions syndicales. Il dira enfin si l'action syndicale doit être le fait de l'organisation syndicale elle-même ou si elle doit être laissée à la merci d'individualités ou de comités irresponsables. *(Très bien.)*

Cette besogne faite, le Congrès aura à examiner les questions de la guerre et de la paix et celle consécutive des rapports internationaux.

Là encore, sur ces questions intimement liées à celle de l'attitude de la C. G. T. depuis la guerre — puisqu'aussi bien celle-ci a été dépendante de celles-la — les délégués des Syndicats français auront à dégager la vérité à travers les absurdités sans nom qui ont été répandues dans nos milieux à ce sujet.

On a dit et écrit qu'il y avait des syndiqués qui voulaient la paix et d'autres qui ne la voulaient pas. On a dit et écrit qu'il y avait des syndiqués qui étaient restés internationalistes alors que d'autres ne l'étaient plus. *(Très bien !)* On a dit et écrit qu'il y avait des syndiqués ayant tout « renié », tout « sacrifié », tout « trahi ». On a dit et écrit bien d'autres choses encore sur ce sujet, et, comme sur l'attitude générale de la C. G. T. la vérité a subi là les pires outrages.

Une voix : Ce n'est pas vrai. *(Très bien !)*

BLED. — C'est la tâche de ce Congrès de faire la lumière sur toutes les stupidités et tous les mensonges qui ont créé dans l'organisation syndicale une atmosphère mauvaise, de suspicion, de méfiance et de division. *(Très bien !)*

La vérité se dégagera des discussions qui se produiront. Et, la vérité dégagée, détruites les légendes par lesquelles on a travesti toutes les intentions et dénaturé tous les actes des militants de la C. G. T., l'accord sera possible et facile entre lutteurs de bonne foi, sur l'action pratique à engager et à mener. *(Très bien !)*

Et c'est alors que les multiples questions d'ordre économique qui sollicitent notre attention et nos efforts pourront être utilement abordées. Mais, il apparaît bien que toute action dans cet ordre d'idées, ne peut être sérieusement entreprise si l'on n'a pas préalablement purifié l'atmosphère empoisonnée que nous respirons depuis les trois dernières années de cette guerre. *(Très bien ! Brouhaha.)*

Voilà comment, selon moi, se présente le travail de ce Congrès.

Des décisions qui seront prises dépendent la puissance d'action et le pouvoir d'influence de l'organisation syndicale de ce pays. Jamais Congrès confédéral n'aura eu plus d'influence que celui-ci pour l'avenir de la classe ouvrière. *(Très bien !)*

Je me permets de faire appel à la conscience de tous les délégués et de leur demander l'effort nécessaire de compréhension, de bonne foi et de loyauté réciproques. Je leur demande de se rendre un compte exact de la gravité des circonstances et de l'importance exceptionnelle de la mission qui leur est confiée.

Je leur demande de réaliser la paix dans le sein de l'organisation syndicale française, paix qui m'apparaît comme devant être un préambule nécessaire et comme une condition préalable de la paix générale entre les peuples. *(Très bien ! Applaudissements.)*

Camarades, j'ai reçu ici plusieurs propositions. Une a trait à la solidarité à envoyer aux prisonniers.

Un ordre du jour de l'Union des Syndicats du Havre et de la Fédération des Ports et Docks, concernant une protestation sur la situation des camarades Durand et Lefrançois, actuellement aux travaux forcés.

Pour ces propositions, je crois bien faire en vous demandant de nommer une Commission des résolutions, parce qu'il est difficile à la simple lecture d'apprécier des textes et à laquelle Commission de résolutions pourraient être envoyées toutes les propositions de même nature.

Si vous êtes de cet avis, je vous prie de bien vouloir désigner les membres de cette Commission. *(Brouhaha.)*

Lecture de l'ordre du jour du Havre est demandée.

Union des Syndicats du Havre & de la région.

« L'Union des Syndicats du Havre et la Fédération des Ports et Docks proposent au Congrès confédéral de s'associer à elle pour obtenir immédiatement la libération de Lefrançois condamné innocemment à huit ans de travaux forcés dans la pénible affaire Durand.

« L'innocence de Durand vient d'être tardivement proclamée par la cour de cassation.

« Résultat des efforts continus de la classe ouvrière organisée, celle de Lefrançois qui ne fait aucun doute pour ceux qui ont suivi le procès doit être elle aussi proclamée sans délai.

« L'Union et la Fédération des Ports et Docks expriment à cette occasion à la mère de notre malheureux ami Durand, leurs sympathies émues et adressent à ses courageux défenseurs leurs sincères remerciements.

« Elles déclarent que satisfaction ne sera donnée au prolétariat au sujet de cette affaire, que lorsque des sanctions seront prises à l'égard des responsables de ce crime monstrueux. »

Les délégués de l'Union des Syndicats du Havre
et la Fédération des Ports et Docks.

Bled. — Je vais mettre aux voix. Que ceux qui sont d'avis d'accepter cette résolution le manifestent en levant la main.

Avis contraires.

La résolution est adoptée à l'unanimité.

Bled donnne lecture de l'ordre du jour de solidarité.

« Le Congrès avant de commencer ses travaux, déclare se solidariser entièrement avec les camarades emprisonnés, ou qui, par mesure disciplinaire sont déplacés ou renvoyés aux armées et dont le seul crime est d'avoir voulu exprimer en toute liberté leurs sentiments de fraternité et d'émancipation des peuples unis par l'Internationale.

« Ces camarades ont compris leur devoir et le Congrès ne peut que les admirer et les féliciter pour leur courageuse attitude.

« Le Congrès est unanime à penser que le gouvernement doit les rendre immédiatement à la liberté, ou rapporter les mesures disciplinaires prises contre eux. »

Syndicat des Terrassiers de la Seine, Hubert.
Fédération de la Voiture & Aviation, Becker.
Syndicat des Cheminots rive-gauche, Sigrand.
Syndicat de la métallurgie du Havre, Legrain.
Syndicat du Bâtiment de la Seine,
Union des Mécaniciens de la Seine, Dubreuil.
Dessinateurs et Dessinateurs-Ingénieurs de la Métallurgie de la Seine, Birbin.
Métaux de la Seine, Couergou.
Union de la Voiture & Aviation, Leclerc.
Syndicat des Travailleurs municipaux de Toulouse,
Syndicat des Charpentiers en fer de la Seine,
Syndicat des Gainiers,
Syndicat des Charpentiers en fer de la Seine, Vallet.
Syndicat des Gainiers, Boes.
Syndicat des Serruriers,

Le Congrès est-il d'avis de procéder à un vote immédiat sur cette résolution ? Que ceux qui en sont d'avis le manifestent en levant la main.

La résolution est adoptée.

Hélène Brion demande une addition pour les soldats russes qui paraît-il sont emprisonnés au nombre de sept mille, si le cas est exact.

Bled. — Voulez-vous, maintenant que l'on a voté cette résolution, nommer tout de suite de façon à faciliter la tâche, une Commission de résolutions pour examiner toutes les propositions qui seront faites.

Voulez-vous m'envoyer sept noms.

Weiss, de la Voiture ; Lefèvre, du Bijou ; Hélène Brion, des Instituteurs ; Puyjalon, des Déménageurs ; Bourderon, du Tonneau ; Reneaud, de l'Impression typographique ; Millerat, de l'Habillement ; Guillet, des Chemins de fer-Etat ; Lenoir, des Mouleurs ; Dumoulin, de Saint-Etienne, et Chasso, du Bâtiment.

Bourderon se récuse. Il en reste donc dix.

Ceux qui sont d'avis d'accepter ces dix camarades pour constituer la Commission, le manifestent en levant la main.

La Commission est acceptée, à l'unanimité.

Un ordre du jour du Syndicat des Maroquiniers-Boursiers de Paris :

« Le Congrès confédéral, tenu à Paris, juillet 1918, proteste contre l'expulsion, l'arrestation et l'envoi dans des camps de concentration des camarades russes, leur crime consistant à faire partie des organisations syndicales admises par la loi de 1884.

« Il engage la Confédération à user de toute son influence auprès des pouvoirs compétents pour les camarades déjà frappés et pour prévenir le retour de cas semblables. »

Pour le Syndicat des Maroquiniers-Boursiers de Paris.

LE DÉLÉGUÉ.

BLED. — On peut encore adopter cet ordre du jour à l'unanimité.

L'ordre du jour est mis aux voix et adopté à l'unanimité.

Un ordre du jour des Employés de la C. P. D. E. :

« Le Congrès, sans distinction d'opinion, unanimement solidaire avec tous ses membres, envoie l'expression de sa sympathie au camarade Péricat, ainsi qu'à tous les militants emprisonnés pour avoir, quelle que soit leur méthode, essayé, dans les circonstances tragiques que nous traversons depuis quatre années, de sauver l'action syndicaliste en condamnant tous les profiteurs de la guerre. »

PATAUD,	FRIESS,
des Employés des Secteurs électriques de Paris.	Employés de la C. P. D. E.

Cet ordre du jour est renvoyé à la Commission des Résolutions.

Un ordre du jour du camarade Escabasse, secrétaire de la Bourse du Travail de Caen :

« Vu l'heure grave que traverse le prolétariat français, vu les décisions importantes qu'il y a lieu de prendre immédiatement ;

« Vu la tenue des Congrès fédéraux où chacun a pu obtenir des éclaircissements sur le rapport moral confédéral ;

« Demande au Congrès de désigner quatre orateurs par tendances pour liquider la question du rapport moral. Pour pouvoir aborder ensuite les autres questions à l'ordre du jour. »

Pour les Syndicats du Bâtiment et de l'Habillement de Caen :

Le Secrétaire de la Bourse du Travail de Caen,

EMILE ESCABASSÉ.

BLED. — Je crois que cette proposition est prématurée. C'est seulement lorsque la discussion aura été engagée, qu'il y aura à examiner si les orateurs inscrits pourront désigner les camarades porte-parole. Il est impossible de définir les tendances immédiatement.

Si vous êtes de cet avis, nous allons passer à l'ordre du jour.

Adopté, on passe à l'ordre du jour.

Le Syndicat des Métallurgistes de Bordeaux, groupe fédéral, demande au Congrès de décider que les noms des différents orateurs qui prendront la parole ne soient pas insérés dans la presse. *(Quelques applaudissements. Protestations de la presse.)*

Néanmoins, pour que les organisations soient renseignées sur les travaux, une brochure relatant les débats sera éditée par la C. G. T. et envoyée à chaque Syndicat représenté.

BLED. — Cette proposition ne peut être qu'un désir, la presse s'en tiendra dans la mesure où elle le voudra.

Voulez-vous renvoyer à la Commission de résolution ? *(Adopté.)*

BLED. — Nous arrivons à l'examen de la première question à l'ordre du jour de ce Congrès, intitulé : « Attitude et action de la C. G. T., du Comité confédéral au cours des années passées. »

Je dois vous dire que le Congrès n'est pas encore régulièrement constitué, parce que la Commission de vérification des mandats n'a pas encore terminé son travail. Cela ne me semble pas empêcher de commencer la discussion sur la première question. Dès que les travaux de la Commission seront terminés, nous en ferons part au Congrès.

Chaque Syndicat a dû recevoir le rapport sur les travaux de la C. G. T. qui a été adressé à chacun d'eux par l'intermédiaire des Fédérations Nationales. La plupart des Syndicats n'ont pas encore reçu ce compte rendu et il va de soi que cela crée une difficulté supplémentaire pour les débats qui vont s'ouvrir, mais nous n'y pouvons rien.

Je vais donner la parole immédiatement aux camarades qui sont inscrits pour discuter sur cette première question.

(Quelques délégués protestent qu'ils n'ont pas reçu le rapport.)

BLED. — Je vous explique qu'il y a samedi huit jours seulement que les rapports ont été envoyés à chacune des Fédérations pour qu'elles les transmettent à leurs Syndicats. Il est certain que le temps matériel a manqué pour qu'ils parviennent avant le Congrès aux Syndicats, mais c'est une difficulté dont il n'y a pas lieu de rechercher les causes et les responsabilités de ce retard. On a fait l'impossible à la C. G. T. et les Fédérations tout le possible. On va discuter sur ce qui s'est passé à la C. G. T., sur ce rapport que certains d'entre vous ont eu.

CLAVERIE. — J'ai déposé avant le Congrès, il y a de cela une huitaine de jours, une proposition tendant à ce que l'ordre du jour du Congrès puisse être intégralement examiné et solutionné ; c'est pourquoi j'ai demandé que la question de la réorganisation économique du pays vienne en discussion le troisième jour du Congrès afin que nous n'assistions pas ici au spectacle que nous avons eu au cours des Conférences qui ont eu lieu depuis le commencement de la guerre. Nous avons passé notre temps à discuter sur l'attitude de la C. G. T.

Je demande que le Congrès passe aussi rapidement que possible sur la question de l'attitude de la C. G. T. depuis la guerre.

Nous devons examiner cette question de la réorganisation économique du pays, question qui a déjà été examinée par les Anglais. L'avenir du pays est engagé sur cette question et il est indispensable que la C. G. T. ait une opinion sur une matière qui engage l'avenir du pays. Voilà pourquoi nous ne devons pas nous séparer sans l'avoir examinée et tranchée.

Un camarade propose la limitation de parole.

BLED. — La proposition de limitation, je la vois venir à chaque Congrès confédéral. On ne peut pas limiter le temps de parole, on ne peut que donner cette indication : c'est que les orateurs se limitent eux-mêmes dans le cadre du temps dont le Congrès dispose.

KEUFER. — Il y a quelques jours, nous nous sommes associés à l'opinion que vient d'exprimer notre camarade Claverie. Nous avions pensé que l'attitude de la C. G. T., à la suite des nombreux Congrès qui se sont tenus, où elle a été examinée, était tranchée et que le Congrès confédéral ne se séparerait pas sans avoir examiné l'importante question de la réorganisation économique.

Je reconnais cependant, en présence des passions qui se sont déjà affirmées au commencement de cette séance, qu'il est impossible que le

Congrès ne se prononce pas, d'une manière définitive, sur l'attitude de la C. G. T. pour qu'après, nous puissions examiner sérieusement les questions économiques.

Je me rallie néanmoins à la proposition de Claverie pour que les dis cussions, aussi importantes soient-elles, soient résumées pour que nous ne perdions pas trop de temps sur cette question.

Bourderon. — Camarades, si j'étais d'accord avec Claverie, je n'aurais pas demandé la parole. Je la demande aussi parce que quelqu'un est venu appuyer la proposition de Claverie qui considérait que ce sont les questions économiques qui priment ici dans l'examen.

Keufer dit : Le passé politique de la C. G. T. a été examiné par des Conférences qui ont eu lieu et la question est tranchée. Si c'est ainsi, pourquoi a-t-on fait appel aux choses du passé. Je dis non. La question de la politique du Comité confédéral n'a à être tranchée que par un Congrès. *(Applaudissements.)* Les Conférences n'avaient aucun droit, aucun devoir de le faire, elles ne pouvaient émettre que des vœux.

Dans cet ordre d'idées, comment peut-on admettre, alors que le terme de la guerre n'apparaît pas, qu'il soit possible d'examiner des questions économiques qui ne viennent qu'après la guerre. Je dis que nous devons examiner la politique du passé, l'attitude présente, dépendante de la vie que la Confédération veut se donner et dire ce que nous pensons d'une attitude de politique contre la guerre et d'une action de paix pour demain.

Je demande que vous engagiez ce débat le premier et que vous ne donniez pas la préséance aux questions économiques qui ne viendront que lorsque la paix sera établie.

Bled. — Il y a encore deux camarades qui ont demandé la parole sur l'ordre du jour. Je vous demande de prononcer la clôture après Dumoulin et Taravant, des chemins de fer de P. L. M.

Que ceux qui sont d'avis d'accepter la clôture sur l'ordre du jour lui-même, le manifestent en levant la main. *(Adopté.)*

Dumoulin. — Camarades, j'avais les mêmes réflexions à faire, sur ce qu'ont dit nos Camarades Keufer et Claverie, que celles faites par notre camarade Bourderon. Je dois cependant dire que je ne partage pas l'indignation du début pour le discours traditionnel de notre camarade Bled. Je n'ai pas voulu partager cette indignation et intérieurement, je félicitais le camarade Bled pour la franchise de son tempérament. Il y a dans sa déclaration traditionnelle, une rupture avec les habitudes, parce que dans nos précédents Congrès, quand on adressait le salut fraternel aux camarades venus de province, on se gardait d'une déclaration de guerre à une tendance. *(Très bien ! Applaudissements.)* Il l'a fait avec franchise et il n'y a pas de quoi s'en offusquer. Si j'avais eu l'occasion tout-à-l'heure de faire appel aux sentiments du Congrès, je lui aurais demandé d'écouter en silence le discours traditionnel de notre camarade Bled. Il faut débarrasser l'atmosphère syndicaliste du poison qu'elle contient. Il dit que le poison, la peste actuelle semble avoir été inventé pendant la guerre. Je rappelle à Bled que nous allions à Grenoble avant la guerre pour nous débarrasser de poisons analogues. Non, la même atmosphère empoisonné eexistait avant la guerre. *(Très bien ! Applaudissements.)*

Ce n'est pas ces choses qui présentement me préoccupent. Nous aurons le temps de les dire quand nous examinerons les rapports sur la vie confédérale. Je veux retenir un fait qui, je l'espère, contribuera à faire disparaître une partie du poison. Je suis ici uniquement préoccupé d'atteindre où Bled veut, c'est-à-dire que le syndicalisme atteigne à la franchise, à la camaraderie et à l'action. Mais alors, Bled, disons ce qu'en réalité valent les légendes, suivant qu'elles sont interprétées par l'une ou l'autre des tendances ; la tendance de Saint-Etienne doit être aussi bien débarrassée de ses scories, que les légendes parisiennes. *(Applaudissements.)*

La façon dont Bled a présenté la question ne contribue pas du tout à débarrasser les légendes de leurs scories.

Oui, on est allé à Saint-Etienne.

Un délégué. — Ce n'est pas la question.

DUMOULIN. — Si, camarades, nous y viendrons, mais Bled prétend laisser peser sur une certaine partie du Congrès la suspicion du Congrès minoritaire.

Camarades, dans l'esprit de personne, le Congrès de Saint-Etienne n'est apparu comme voulant rompre l'unité ouvrière. *(Applaudissements.)*

Nous nous sommes défendus d'aucun sentiment de scission, nous avons revendiqué en droit, ce que nous revendiquons devant le Congrès : le droit de nous réunir, le droit de nous concerter, le droit d'échanger notre point de vue, enfin les droits analogues aux vôtres, majoritaires. *(Applaudissements.)*

Empêcher des gens de se voir, des camarades qui pensent de la même façon, de se concerter, c'est méconnaître les sentiments, les droits que Jouhaux lui-même revendique pour sa propre personnalité de devenir un Commissaire à la Nation. *(Protestation. — Ce n'est pas l'ordre du jour cela ! Applaudissements.)*

BLED. — Je ne voudrais pas couper la parole au camarade Dumoulin, mais je vous demande de considérer que la discussion n'est pas ouverte. Quand elle sera ouverte, le camarade Dumoulin aura la parole comme les autres. Je lui demande comme mesure d'ordre, de s'en tenir à la discussion sur la position des questions à l'ordre du jour.

DUMOULIN. — Si j'avais connu le discours du camarade Bled, je lui aurais demandé, par mesure d'ordre, de ne pas le prononcer. *(Applaudissements.)* Je me range néanmoins à l'avis exprimé par le Président. Je n'aborde pas l'ordre du jour. Si j'ai voulu établir un point de comparaison pour une question de droit, c'était pour affirmer que les minoritaires syndicalistes avaient le droit de se réunir sans compromettre l'unité ouvrière. *(Applaudissements.)*

Si le Congrès, après audition du discours de Bled, entend que l'incident est clos, s'il considère qu'après l'ordre du jour de sympathie qu'il a voté pour les emprisonnés, la question est close, je me range à l'avis général exprimé et nous nous reverrons tout-à-l'heure.

BLED. — Le camarade Taravant, des Chemins de fer de P. L. M., demande la parole.

TARAVANT. — La C. G. T. annonçait que le Congrès aurait lieu les 15, 16, 17 et 18 juillet à Limoges ; nous avions pris nos dispositions, nous cheminots, pour envoyer un délégué. Nous avons su après que le Congrès avait lieu à Versailles, aux mêmes dates.

Les cheminots n'ont seulement que trois jours de congé à leur actif. Quelle sera leur situation si le Congrès dure quatre jours ?

BLED. — L'incident est réglé, les cheminots auront le congé nécessaire.

La clôture a été votée tout-à-l'heure.

Maintenez-vous l'ordre du jour tel qu'il est indiqué ?

Que ceux qui en sont d'avis le manifestent en levant la main.

L'ordre du jour reste fixé comme il l'était précédemment.

Quels sont les camarades qui demandent la parole sur la première question : « Attitude du Comité confédéral ».

Barthe demande la parole sur le discours de Bled. *(Protestations.)*

BARTHE. — Je serai bref. Le camarade Dumoulin en a dit plus peut-être que je n'en aurais dit, mais en tout cas, sur la déclaration qu'à faite le camarade Bled, quand il a l'air de déclarer que le Comité de Défense syndicaliste est composé de gens sans mandats, je veux dire qu'il sait bien que ce n'est pas vrai ; il sait bien qu'au Comité de Défense syndicaliste il y a deux cents Syndicats et plus qui y sont représentés et au Comité de Défense, toutes les responsabilités, quelles qu'elles soient n'ont jamais été fuies comme le disait tout-à-l'heure le camarade Bled et je puis même ajouter que les camarades qui sont en prison, ceux qui ont été avant, les ont prises et sont encore prêts à les prendre et l'action minoritaire qu'ils ont faite, ils la feront toujours, malgré que l'on dise que c'est une action néfaste pour la classe ouvrière. Je veux vous faire voir que les parti-pris ne doivent pas exister ici, moi qui suis de l'extrême-gauche de la minorité, je demanderai aux camarades minoritaires comme aux camarades majoritaires de ne pas faire d'interruption. Il y aura des camarades qui viendront vous expliquer l'attitude des deux tendances et après, vous vous prononcerez, mais tout de même, je ne voudrais pas que Bled vienne jeter la suspicion sur les camarades du Comité de Défense qui font de l'action non pas sur les planches, mais sur le tas.

BLED. — Je pourrais vous faire remarquer que je n'ai pas parlé du Comité de Défense syndicaliste. *(Protestations. Brouhaha.)*

La discussion est ouverte sur la première question à l'ordre du jour.

Quels sont les camarades qui demandent la parole.

Les camarades qui désireront prendre la parole voudront bien apporter leur nom accompagné du titre de l'organisation à laquelle ils appartiennent.

Lescalier fait une interpellation.

BLED. — Il ne peut pas être question ici de se mettre à discuter mes opinions. Dans les discussions qui vont se produire sur les questions à l'ordre du jour, je viendrai à la tribune dire ma façon de penser et vous aurez toute faculté pour venir dire la vôtre.

Avant d'ouvrir le débat sur l'ordre du jour, je vais donner la parole au rapporteur de la Commission des mandats.

La validation des mandats

TOULOUSE. — Camarades, la Commission que vous avez nommée ce matin pour procéder à la vérification des mandats a terminé ses travaux, je vais vous donner le résultat.

Fédérations représentées	32	Syndicats	1.151
Bourses représentées	30	Mandats contestés	4
Unions représentées	42	Mandats réguliers	32

Voici les mandats contestés et les explications y afférent.

Syndicat des Métaux de Certigny. — Non adhérent, ne prend pas de timbres à la C. G. T.

Syndicats des Instituteurs de Maine-et-Loire. — N'a pas pris de timbres depuis 1918.

Pour ces deux Syndicats, la Commission de vérification vous demande l'invalidation.

JOUHAUX — Il y a des cas qui doivent être expliqués. Il y a des Syndicats qui se trouvent dans une région où il y a une Union départementale mais il y a aussi des Syndicats qui se trouvent dans une région où il n'y a pas d'Union départementale.

TOULOUSE. — Mais ceux-là ont la faculté de s'adresser directement à la C. G. T.

BLED. — Il y a les Métaux de Certigny qui ne sont pas confédérés, on demande l'invalidation.

Acceptée.

Instituteurs de Maine-et-Loire qui n'ont pas pris de tilbres à l'Union départementale de cette année. On demande l'invalidation.

HÉLÈNE BRION. — Je voudrais prier le Congrès de ne pas suivre le secrétaire de l'Union départementale qui a un esprit trop étroit. Il a crû bon de soumettre le cas de nos camarades du Maine-et-Loire à la Commission parce qu'au moment où il a quitté son pays, il n'avait pas encore reçu le montant des cotisations qui lui était annoncé par une lettre du 7 juillet ; le Congrès se trouve très probablement en présence d'un retard postal. Ce syndicat n'est pas un syndicat dernier-né, il existait des années avant la guerre et s'est toujours très bien comporté vis-à-vis de l'Union. Il se trouve présentement en retard sur le paiement de ses cotisations de cette année, et les cotisations devaient être payées fin juin à l'Union départementale. Le camarade secrétaire de l'Union départementale a écrit au camarade secrétaire de chez nous qui lui a dit : « Je vais vous faire envoyer les fonds ». Le camarade secrétaire a crû bon de signaler le cas au Congrès parce que les fonds ne sont pas arrivés.

Je pose un cas de conscience au Congrès : Il serait profondément pénible pour ces camarades de ne pouvoir manifester leur opinion au Congrès, alors alors que depuis quatre ans, ils la manifestent.

Je demande au Congrès de ne pas se prononcer tout de suite sur l'admission et de prier le camarade secrétaire de télégraphier chez lui pour savoir si les fonds ne sont pas arrivés.

Je puis encore ajouter que le camarade secrétaire de cette section a été inquiété différentes fois.

LE SECRÉTAIRE DE L'UNION DE MAINE-ET-LOIRE. — J'ai prié plusieurs fois le Syndicat des Instituteurs d'avoir à régulariser sa situation, la chose n'est pas faite, je signale le cas au Congrès et je ne crois pas dépasser mon rôle.

BLED. — Le Congrès est-il d'avis de se prononcer immédiatement *(Plusieurs voix : Oui ! Oui !)* et d'accepter le Syndicat des Instituteurs à la condition qu'il régularise sa situation.

BOUTET. — Vous créez un précédent mauvais !

(Le Syndicat des Instituteurs de Maine-et-Loire est accepté.)

TOULOUSE. — Dans ces conditions, il n'est pas possible d'empêcher de se prononcer sur les cas des autres Syndicats, je demande l'admission pour tous.

Les Tramways de Marseille sont validés.

Les Etablissements militaires de Marseille sont en règle, validés également.

Il y a d'autres mandats contestés : les Préparateurs en pharmacie de Limoges.

ROUGERIE. — Le Syndicat des Préparateurs en pharmacie de Limoges si nous pouvions leur donner un appoint quelconque, ce seraient les volontaires français qui iraient les aider à vaincre la réaction qu'ils ont chez eux. *(Applaudissements.)*

Toulouse. — En voici deux autres : Le Syndicat des Etablissements militaires de la Guerre de Marseille, contesté par un Syndicat disant que le pouvoir n'est pas en règle. Or, il porte le timbre de l'Union et celui de la Fédération.

Le Syndicat des Tramways de Marseille est contesté par un Syndicat parce qu'il n'est pas adhérent à l'Union locale. Il a le timbre de l'Union départementale.

Pour ces deux derniers Syndicats, la Commission de vérification vous demande de les valider.

Voici les mandats irréguliers :

Syndicat des Ouvriers des Lignes de Vesoul. — Manque le timbre de l'Union.

P. T. T. ouvriers des lignes de Cherbourg, Mont-de-Marsan, les groupes de la Haute-Loire, Montauban, Limoges, La Roche-sur-Yon, La Rochelle, Belfort, Montpellier, Epinal, Tarbes, Besançon, Annecy. — N'ont pas le timbre de l'Union départementale.

Les Mineurs de Saint-Genest-Lerpt. — Pas adhérent à l'Union départementale.

Employés de commerce de Brive. — Manque le timbre de la Fédération.

Le Livre d'Auxerre, Moulins et Limoges. — Pas de timbres de l'Union.

Textile de Saint-Julien-Molin-Molette. — Manque le timbre de l'Union.

Produits chimiques de Béziers. — Manque le timbre fédéral.

Caoutchoutières de Persan. — Manque le timbre de l'Union.

Habillement d'Aurillac. — Manque le timbre de l'Union ; Nîmes, de la Fédération ; Bayonne, de l'Union.

Cuirs-et-Peaux de Nîmes. — Manque le timbre fédéral.

Préparateurs en pharmacie de Limoges. — Manque le timbre de l'Union.

Voilà les mandats qui ont été retenus parce que n'étant pas réguliers.

Bled. — Quels sont les camarades qui ont à intervenir sur ces mandats contestés ? Ils sont priés de se faire inscrire.

Quand les camarades auront donné des explications sur les mandats contestés, le rapporteur de la Commission les reprendra et le Congrès se prononcera.

Roux. — Le Syndicat de la Chaussure de Nîmes est bien régulièrement adhérent à la Fédération des Cuirs et Peaux. Je vous demande de l'accepter.

Toulouse. — Il est entendu qu'après les explications des secrétaires d'Unions ou de Fédérations, la Commission de vérification ne maintient pas ce qu'elle a demandé.

S'il y a des renseignements à donner sur les Syndicats que je viens d'appeler, les camarades n'ont qu'à venir dans la salle où la Commission s'est réunie.

Bled. — Camarades, nous pouvons valider tout de suite : 32 mandats de Fédérations ; 42 Unions ; 1151 Syndicats.

Pour les Bourses, nous allons en faire une question à part, puisque l'on conteste leur présence ici.

Le Congrès valide ces mandats.

Les Bourses du Travail

Toulouse. — Pour les Bourses, je vous demande si vous admettez qu'elles soient représentées ici, à titre facultatif comme toujours.

Je ne pense pas qu'il soit facile de contester cette représentation pour l'instant ; peut-être qu'à l'avenir...

Bourderon demande la parole sur cette question.

BOURDERON. — Camarades, voici mon opinion sur la représentation des Bourses. Elle ne se manifestera pas pour le Congrès présent. Je ne veux pas faire injure à des camarades invités, qui ont répondu par une adhésion, en disant que nous les récusons. Tous ceux qui étaient au Havre en 1912 se rappellent que les statuts ont dit qu'à partir du 1er janvier 1914, il n'y aurait plus de Bourses du Travail représentées au Comité confédéral. Seules les Unions départementales auront des délégués. A tel point qu'il n'y a plus de Bourses du Travail qui ont de délégués au Comité confédéral. Laissons la chose en l'état pour ce Congrès, puisqu'elles n'ont pas voix délibératives. Il y a superfétation puisque dans des départements, il y a six Bourses représentées et une Union départementale, même à titre consultatif. Je crois que l'organisation fédérale n'a pas cette triple obligation. Il n'est pas nécessaire pour être en règle, d'être adhérent à sa Bourse. On peut très bien rester en dehors de la Bourse, pourvu que l'on soit adhérent à l'Union départementale.

Ce point a été acquis après le Congrès du Havre. La question n'ayant pu être soulevée à Grenoble, est restée dans cet état. Pendant la guerre, les Conférences ont crû devoir accepter les Bourses du Travail pour qu'un plus grand nombre d'organisations soient représentées. Mais, les Syndicats n'ont pas une triple obligation à remplir pour être adhérents. Ils n'en ont que deux. Ils doivent appartenir à leur Fédération d'industrie ou de métier et à leur Union départementale.

Il faut que pour l'avenir nous appliquions ces statuts issus du Congrès du Havre, 1912.

JOUHAUX. — Camarades, je ne veux pas allonger ce débat, mais l'affirmation faite ici par notre camarade Bourderon m'a paru un peu osée.

En effet, le Congrès confédéral de 1912, au Havre, a bien décidé que les Bourses du Travail ne seraient plus représentées au sein du Comité confédéral mais la Conférence des Unions départementales et des Bourses du Travail, qui se tint après le Congrès confédéral, oublia de fixer, de déterminer le statut des Unions départementales de Syndicats, si bien qu'à l'heure actuelle quoiqu'il ne soit pas inscrit dans le statut confédéral que les Syndicats ont une triple obligation, en fait, chaque fois qu'une Union départementale se constitue avec les Bourses du Travail il est fait obligation aux organisations d'adhérer à leur Union locale, à leur Bourse du Travail.

Il faut si nous voulons appliquer la résolution de 1914, que nous examinions et que nous fixions d'une façon définitive le statut des Unions départementales qui restent encore à fixer et c'est pourquoi il est intéressant que des camarades secrétaires d'Unions départementales aient manifesté le désir au sein de ce Congrès de pouvoir se réunir à un certain moment pour examiner cette question, qui, quoiqu'elle soit une question administrative, n'en a pas moins une certaine importance, en ce sens qu'elle gêne fortement les organisations et le fonctionnement de l'organisation syndicale. Mais, je déclare qu'il est difficile à l'heure actuelle de dire que les Bourses n'existent pas, parce que rien dans les décisions confédérales n'a déclaré que les Bourses devaient disparaître.

BLED. — Il n'y a pas d'opposition à ce que les Bourses soient représentées au Congrès à titre consultatif ? Aux votes.

Les Bourses sont acceptées à titre consultatif.

JOUHAUX. — Les secrétaires d'Unions pourront se réunir dans la petite salle de l'Union des Syndicats de la Seine après le Congrès.

BLED. — Je demande au Congrès, pour les mandats contestés par la Commission de vérification parce que n'ayant pas pris de timbres à la C. G. T., d'adopter l'invalidation.

Pour les autres mandats irréguliers, les camarades qui ont à donner des explications doivent aller se présenter à la Commission de vérification, qui se tient au premier étage, porte à gauche, en face la C. G. T.

Le Syndicat des Instituteurs de Maine-et-Loire n'a pas pris de timbres depuis 1918. Je demande au Congrès d'accepter l'invalidation.

Nous reviendrons plus tard sur des chiffres plus précis.

J'ai encore une proposition du camrade Lucain, de Bourges, du Syndicat des Etablissements militaires qui dit :

« Le Syndicat des Etablissements militaires de Bourges propose que le Congrès s'engage à terminer la première question (attitude) demain soir, mardi 16 juillet au plus tard. » LUCAIN.

BLED. — C'est un avis qu'on peut retenir, mais peut-on voter ?

Plusieurs délégués. — Non ! Non !

BLED. — Retenons simplement cet avis, ce désir.

Alors Garin, des Métallurgistes de Lyon a le premier la parole sur la première question à l'ordre du jour.

L'attitude de la C. G. T. dans la guerre

GARIN. — Camarades, tranquillisez-vous, je ne veux pas aborder le fond de la question et de l'ordre du jour. Je veux simplement dire au Congrès s'il ne serait pas de bonne tactique d'employer une bonne méthode. Nous avons constaté tout-à-l'heure, qu'il n'avait pas été possible aux Fédérations d'expédier à tous les Syndicats, les rapports concernant le Congrès de ce jour où étaient les questions devant se discuter. Par conséquent, je répète qu'il serait de bonne méthode que ce soit le Secrétaire confédéral qui prenne le premier la parole et expose le point de vue ou l'attitude observée depuis le début de la guerre. Cela permettrait aux Congressistes de suivre le rapport que chacun devrait avoir entre les mains. Il me semble que la discussion y gagnerait. Voilà ma déclaration. *(Applaudissements.)*

BLED. — J'ai reçu une demande de parole du camarade Bourderon. D'autre part, il y a la proposition du camarade Garin consistant à ce que le Secrétaire confédéral fasse un exposé général sur cette question.

Que ceux qui sont d'avis d'accepter cette proposition le manifestent en levant la main ? *(Adopté.)*

Le Secrétaire confédéral est appelé à prendre la parole.

JOUHAUX. — Camarades, je ne dis pas que la proposition qui vient d'être faite soit mauvaise, mais au point de vue de la logique, vous comprendrez immédiatement son impraticabilité. Je ne puis tout de même pas me mettre à vous lire tout le rapport. Ce que je pourrais vous lire ne pourrait en réalité être que des points d'ordre général ; et, par conséquent, ces points là, le Congrès les connaît, les congressistes les connaissent. On en discute, je ne dirai pas depuis de nombreux mois, je puis dire depuis de nombreuses années et de ce fait, il ne m'apparaît pas nécessaire de faire ici un exposé qui serait forcément incomplet, qui ne porterait peut-être pas sur les points que la discussion va soulever et j'estime pour ma part qu'il convient mieux que les objections viennent se produire ici, que les critiques se manifestent à la tribune de façon à ce que nous puissions y répondre. Je crois que le débat peut-être amorcé par les uns et par les autres en toute connaissance de cause. Je crois, j'ose même espérer qu'aucun des points de critique ne restera cette fois dans l'ombre. Aux différentes Conférences nationales qui se sont tenues, on a examiné ces points ; ils l'ont été dans les organisations syndicales ; je n'en conclus pas qu'ils ne doivent pas l'être ici, mais je n'ai pas tout de même la naïveté de penser que l'on ne les connaît pas.

Cette fois, puisque nous sommes en Congrès, il convient que toutes ces critiques se produisent, que l'on puisse y répondre, que vous apportiez votre jugement dans un sens ou dans l'autre, il importe peu, pourvu qu'il soit l'expression sincère de la conpréhension et de la volonté des organisations syndicales ici représentées. Mais au moins, qu'après cet examen, vous apportiez à la C. G. T. les directives dont elle a besoin pour son action quotidienne ; nous ne pouvons pas attendre constamment les Congrès pour prendre position sur les questions de chaque jour et il convient donc que des directives soient données. Par conséquent, l'examen doit être complet pour aboutir à une conclusion nette et qui permette enfin que des décisions puissent être prises en ce qui concerne l'action que nous avons à mener. Nous sommes à la veille de participer à la Conférence internationale, nous y devons aller avec des idées émises au sein du Congrès, idées qui représenteront la pensée commune des organisations syndicales et qui, en nous apportant l'autorité morale dont ceux qui iront à cette Conférence auront besoin, leur donneront aussi la puissance nécessaire pour essayer de les réaliser. *(Applaudissements.)*

BLED. — La parole est au camarade Bourderon, des Tonneaux de Paris.

Discours de Bourderon

BOURDERON. — Camarades, je réclame de vous autant de silence que possible afin de me permettre d'aller jusqu'au bout de ma tâche. Je me suis assigné de faire un exposé aussi sommaire que possible, exposé de critiques de la politique du Bureau ou de la majorité confédérale.

J'aurais désiré que le Congrès en présence de l'urgence et de la nécessité impérieuse d'examiner son attitude de demain, ajourne la question du passé, mais on a désiré au sein du Comité confédéral que la question soit posée et l'on sollicitera de vous, sans doute, une approbation à la politique suivie depuis le 1er août 1914 jusqu'à la Conférence de Clermont-Ferrand, puisqu'il a semblé qu'à cette époque les organisations étaient quelque peu rapprochées pour une attitude active et non pour une attitude passive.

Posant cette confiance, il faut inévitablement qu'un certain nombre de délégués disent pourquoi ils n'ont pas partagé la politique de la majorité confédérale. Ils ne l'ont pas partagée parce que celle-ci leur est apparue comme n'étant pas la suite de la ligne syndicaliste que la C. G. T. s'était tracée. Oh ! je reconnais volontiers que les événements du 1er août et ceux qui suivirent furent d'une telle gravité qu'ils pouvaient mériter que les délégués mandatés des organisations ouvrières examinent la responsabilité de leur attitude future. Je pourrais, et que le Congrès m'en excuse si je suis obligé de citer Jouhaux, non pas par inimitié, mais parce que Jouhaux a lui-même dans le rapport dit qu'il avait agi personnellement et il y quelques jours, dans un débat au sein du Comité confédéral, je lui disais : « Mais qu'a été le passé ? » Il me répondit : « Quand je pourrais ou quand nous pourrons écrire le passé, vous verrez l'immense travail que nous avons fait ». Mais alors, de qui et au nom de qui avez-vous agi, puisque, au Comité confédéral, la question n'a pas été posée ? C'était en son nom personnel. Il a peut-être fait une certaine besogne qui n'est pas sujette à une réprobation absolue, mais qui peut ne pas être partagée par l'unanimité des délégués du Comité confédéral.

Si nous avions à examiner à ce Congrès, toute notre attitude confédérale de six années, depuis 1912 au mois de septembre au Havre, il nous faudrait examiner les travaux qui sont contenus dans la brochure publiée en 1914, que certaines organisations ont, mais que toutes n'ont pas eue à cette époque, la guerre survenant et reculant le Congrès de quatre années ; nous pourrions comparer la période d'activité, d'action pendant ces deux années, 1912 à 1914, et la période de passivité pendant quatre années. Cela est comparable ; dois-je le faire ? Non ! Non, il s'agit de fixer un point : A quel moment la politique confédérale a-t-elle obvié, s'est-elle, en terme de cheminots, dévoyée. Elle s'est dévoyée le 28 juillet 1914 et j'en prends pour cela les paroles d'un collègue secrétaire de la Fédération du Bâtiment, le citoyen Chanvin, qui, lui, au Congrès du Bâtiment, à Versailles, ces jours derniers a dit, et cela fut publié dans *l'Humanité*, qu'il fit aussi tout son devoir pour empêcher l'application du carnet B.

Camarades, reportez-vous à quatre années de distance et songez qu'à cette époque, nous luttions contre la guerre. 28 juillet 1914, l'application du carnet B. devait jouer. Le 28 juillet, a déclaré Chanvin, Messimy, qui était ministre de la Guerre, avait déclaré qu'il répondait de l'ordre si on lui donnait carte blanche. Il était question d'opérer huit cents arrestations dans le monde des militants.

Malvy qui était à l'Intérieur répliqua qu'il donnerait sa démission si ces arrestations étaient opérées.

Il y en eut quelques-unes cependant qui ne furent pas maintenues. Et, c'est précisément pour empêcher le coup de force que les militants de notre Fédération et ceux des autres organisations prirent langue avec les élus socialistes.

En ce qui le concerne, il a raison, mais il n'en est pas moins vrai que la question fut posée, à ce moment.

Tout-à-l'heure, Jouhaux disait qu'il ne convenait pas qu'il se mît à lire la brochure, je le comprends, mais il eut été nécessaire pour l'éducation des membres délégués au Congrès et pour la discussion, que ceux-ci soient en possession de la publication des travaux des trois Conférences qui ont précédé ce Congrès.

Camarades, si vous étiez en possession des débats sténographiques de la Conférence du mois d'août 1915, de celles de décembre 1916 et de décembre 1917, ma présence à cette tribune ne serait pas nécessaire, si on vous avait donné les documents que je suis obligé de faire revivre puisque vous avivez les débats du passé.

Je n'apporte rien de nouveau, les faits sont là et nous pouvons les lire dans la sténographie de ces Conférences ; mais vous ne l'avez pas entre vos mains et je suis obligé de ne faire qu'un sommaire, car je ne pourrais pas aborder toutes les question et y faire une critique sévère ou les justifier suivant le point de vue et la conception où se placent un bon nombre de mes camarades. Vous comprendrez qu'en 1914, lorsqu'il s'agissait d'appliquer le carnet B., nous l'attendions avec résignation, mais avec fermeté, c'est dire que nous n'avions aucune rétractation de notre attitude du passé et que nous entendions rester conscients avec nous-mêmes, même dans la guerre qui — il faut que l'on en convienne — fut le fait peut-être d'une déclaration d'un groupe de nations belligérantes, mais qui n'en est pas moins, quand on veut examiner les causes profondes de la guerre, la cause initiale et nous pourrions dire jusqu'à la dernière heure, ce que nous avons dit à Londres, c'est que tous les gouvernements avaient une part de responsabilité dans la guerre. *(Applaudissements.)*

Nous ne pouvons pas dire qu'aux premiers jours, nous avions discerné que seuls les gouvernements des Empires centraux ont fait toutes les fautes, que les nôtres étaient des gouvernements démocratiques, imbus de sentiments de justice, d'équité et que le droit est avec eux. Il n'y avait de pourri que la politique impérialiste dans les Empires centraux. Il faut descendre au fond de soi-même et savoir si le 27 juillet, nous étions résolus contre la guerre et à en rendre responsables tous les gouvernements. Le 29, des événements nous démontrent que le nôtre était blanc comme hermine et c'était seulement le pangermanisme qui était coupable, seul coupable de la politique de guerre. Le 29, on parle de l'Union sacrée. La France ne faisait-elle pas une guerre de libération des peuples, une guerre de défense du droit ; elle n'avait aucun sentiment de conquête, elle n'avait aucune ambition, elle était pure dans son gouvernement, et les gouvernements de l'époque étaient des démocrates, des libéraux ; ils n'appliquaient pas le carnet B. ; les hommes n'étaient pas soumis à la vindicte, et, en France, l'Union sacrée est née.

Ne reprochez pas à l'Allemagne d'avoir fait trêve des partis puisqu'en France nous avons fait la même faute. La faute des Socials-Démocrates est la même que celle que nous fîmes. Nous n'avons pas su faire effort, ni les uns, ni les autres. Oh ! je veux bien reconnaître que Legien s'est souvent défilé par des tangentes, des moyens de dissertations, en disant que les organisations syndicales n'avaient aucun pouvoir, aucune mission dans cet ordre de question politique, qu'elles n'étaient seulement que des organisations économiques. C'est possible, pour les raisons que notre organisme confédéral au lieu d'être exclusivement un organisme économique, un organisme de besoins matériels, notre Confédération est un organisme de besoins sociaux et ainsi, nous avons une conception syndicaliste très différente de celle des Allemands et nous pouvons dire aussi de celle des Anglais. La conception de nos amis anglais n'est pas celle qui nous est imprégnée par l'éducation syndicaliste des temps passés. Mais, la non-application du carnet B. est apparue comme une complaisance gouvernementale à l'égard d'un très grand nombre. Oui, et je l'ai dit dans une Conférence, j'ai demandé à certains : « Comment se fait-il que les hommes de votre classe qui étaient appelés à répondre à l'ordre de mobilisation dans les premiers jours soient encore ici, directeur moral de la politique confédérale, directeur moral d'une politique quelconque. »

Vous avez été bénéficiaires de sursis successifs.

Je n'aborde pas d'autres critiques, mais il convient de les rappeler ; il convient de dire que ces faits nous apparaissaient, dans le chaos du mois d'août 1914, du mois de septembre, comme étant une complaisance du gouvernement à l'égard d'un certain nombre de camarades, et c'étaient ceux-là qui, plus tard, prenaient la décision de suivre à Bordeaux le gouvernement pour y faire une politique confédérale, mais qui était également en accord, si je puis dire, avec le besoin qu'avait le gouvernement de maintenir l'opinion publique et particulièrement l'opinion éveillée de ceux qui restaient comme syndiqués, qui n'étaient pas mobilisés.

Je dis que l'on peut aborder l'argument qui est contenu dans la brochure celui d'avoir adressé à Legien un télégramme le 31 juillet. La brochure imprime et même d'autres documents ont imprimé vendredi 31 juillet, samedi 1er août : dépêche à Legien. Mais, ce vendredi 31 juillet, nous étions en réunion en Comité confédéral dans cette même salle. Nous examinions l'effort qu'il était possible de faire pour nous opposer à l'intervention des gouvernements qui allaient entrer en œuvre. Et je dis à Jouhaux : « Vous n'avez point fait part au Comité confédéral réuni ce soir-là d'une dépêche que vous aviez expédiée, que vous auriez expédiée une heure auparavant à Legien. Ce vendredi 31 juillet, nous étions réunis à dix heures du soir, lorsqu'on est venu nous prévenir de l'assassinat de Jaurès. Si vous ne l'avez pas envoyé avant le Comité confédéral, vous ne pouviez pas l'envoyer après dix heures du soir, vous ne pouviez l'envoyer à Legien que le 1er août. Je dis qu'à ce moment, les frontières étaient fermées, et, par conséquent, la dépêche était inutile puisqu'elle ne pouvait plus le toucher qu'à une date trop éloignée. »

Je ne veux point défendre Legien, mais il faut tout de même quand on établit des documents les établir le plus précis possible. Je dis que ce télégramme ne fut point communiqué au Comité confédéral et je fais appel à ceux qui étaient à cette réunion. Jouhaux dit qu'il l'a envoyé. Moi je dis que s'il n'a pas été envoyé ce vendredi, le 1er août, les frontières étaient fermées et ce télégramme, inévitablement, ne pouvait plus être opérant ; nous ne pouvons donc pas en faire état, et dire que sur ce télégramme la classe ouvrière d'Allemagne ce serait soulevée. Ce serait véritablement peut connaître la psychologie des masses et la politique d'arbitraire des gouvernements qui, à ce moment-là, ne laissent publier que ce qu'ils croient utile à leur cause. Le gouvernement français était-il rempli de bonnes intentions et de pureté ?

Je passe à un autre point qui n'est pas compris dans la brochure et qui pourtant n'était pas un mandat personnel. Je le fais précéder de quelques explications de quelques considérations générales.

Nous étions déjà en septembre un certain nombre de camarades qui regrettions ce que la presse disait des délégués à la Nation. Les délégués à la Nation avaient une mission : C'était la reprise des affaires économiques déjà en 1914. Hélas ! la guerre a duré depuis ; les affaires ont repris peu ou prou, elles ont marché comme le gouvernement et la guerre les ont fait marché. Mais, quand en fin septembre ou commencement octobre, Jouhaux écrivait à la C. G. T. disant qu'il allait aller faire une tournée de Conférences et que nous sachions qu'elles ne seraient pas faites par lui seul, délégué d'organisation ouvrière, qu'il serait accompagné d'un représentant des forces capitalistes, d'un représentant de la bourgeoisie : j'ai nommé M. Charles Benoît, qui était le représentant de sa criconscription. C'était avec M. Charles Benoît que le Secrétaire de la C. G. T. devait aller faire des tournées de Conférences pour la reprise des affaires économiques. Nous avons écrit à Jouhaux, par l'intermédiaire du Secrétaire intérimaire de la C. G. T., et Jouhaux vint s'expliquer. Dans le rapport qui est là, il vous dit que les délégués du Comité confédéral n'ont pas compris le rôle qu'il pouvait jouer. Je regrette que ses explications ne fussent pas plus convaincantes pour les délégués du Comité qui étaient là. Je regrette inévitablement de ne pas avoir compris ; je regrette que Jouhaux ait conservé quand même, si je puis dire, déjà depuis quelques semaines auparavant jusqu'à une date assez éloignée, ce même état d'âme dans des rapports mixtes qu'il aurait dû ne pas connaître, ne pas avoir. Oh ! je n'entends pas dire que la C. G. T. ne devait, ne pouvait pas agir. Oh ! Je n'entends pas dire que la Confédération ne devait pas avoir un rôle dans la guerre pour une paix hâtive, que l'on a dit paix « à tout prix » ; qu'elle n'avait pas son rôle à jouer. Je pourrais me servir et je m'en sers quelque peu, des paroles qu'un député dans une réunion mixte où des délégués de la Confédération étaient présents et des parlementaires du Parti a prononcées, dans une réunion à la Chambre, vous devez vous rappeler ce que Moutet a dit : « Notre faiblesse dans la guerre, c'est d'avoir supprimer toute opposition ». *(Très bien ! Applaudissements.)*

Moutet disait ces paroles le dimanche matin où nous nous sommes rendus au groupe parlementaire. Vous pouvez vous le rappeler. Je n'ai pas la date exacte, je rappelle le jour. Cette première réunion a eu lieu le dimanche matin. Il y en a eu une autre le lendemain lundi où Renaudel et Montet nous ont rapporté des débats qui avaient eu lieu à la Commission des armées ; c'est à ce moment-là que nous nous sommes aperçus que nous n'étions pas venus au groupe parlementaire pour connaître la politique du renversement de Clémenceau, mais je rappelle cette parole de Moutet : En supprimant toute opopsition à la guerre, oui, c'était notre faiblesse. Nous n'étions pas restés nous-mêmes. A ce moment-là, nous la subissions la guerre, guerre implacable, guerre que je flétris, guerre que tous les hommes flétrissent. Je suis convanicu que nous ne pouvons pas dire que quand l'impérialisme allemand, prussien, sera vaincu, que quand le militarisme allemand sera écrasé, que quand les Hohenzollern seront déchus, il n'y aura pas d'autres impérialismes. Il y a d'autres impérialismes qui ne sont pas en Allemagne, il y a d'autres têtes couronnées qui maintiennent la classe ouvrière sous leur joug, sous leur domination et ceux-là aussi ont leur faute dans la guerre présente. *(Applaudissements.)*

J'étais dans cet état d'âme, je ne voulais voir que des peuples écrasés, tués, pleins de misère et de larmes, et nous voulions agir et nous avons eu dans la majorité confédérale une opposition à l'action aussi efficace que nous rêvions, que nous désirions d'une action internationale, nous cherchions tout ce qui nous était possible. Mes camarades ne pensaient pas comme nos collègues ; nous défendions notre point de vue et nous disions que les rapprochements, que tous les travaux de collaboration, de participation ou d'acquiescement au pouvoir, aux actes du gouvernement, n'étaient pas ce que nous désirions qu'ils fussent. Nous disions qu'il fallait se produire, mais après avoir déterminé quelle était la ligne de conduite qu'elles devaient avoir, sur des points précis. Oh ! je sais bien qu'il est difficile d'examiner une question comme celle-là et de s'en référer et de s'enfermer dans les pures doctrines syndicalistes.

Je ne veux pas faire ici profession de foi. Mais, si vous dites que les fautes majoritaires, vous ne les avez pas subies, moi, je dis que je suis resté conscient avec un état d'âme. Je n'ai pas pu comme vous, m'opposer à la guerre, je n'ai pas su l'empêcher de fondre sur l'humanité et de l'accabler, mais, ce qu'il faut, c'est que les hommes se ressaisissent. Le sang ne doit pas couler toujours. Nous sommes aujourd'hui à la quatrième année et la guerre a encore une perspective de plusieurs années Aussi sommairement que possible, il faudrait examiner si demain nous entendons avoir une attitude qui soit la même que celle du passé, attitude de résignation, de passivité continue ; subir, sans agir contre le gouvernement la classe possédante, la classe qui exploite, la classe impérialiste. Non ! vous avez dit vous-même à Clermont-Ferrand que vous vouliez agir contre le gouvernement pour l'obliger à définier ses buts de guerre.

Je me rappelle aussi qu'à Clermont-Ferrand on disait qu'il ne convenait pas de parler de paix dans un moment aussi difficile, mais il y a eu des moments plus propices que nous avons laissé passer. Oui, c'est vrai, si nous avons laissé passer des moments propices, n'intervenant pas, c'est parce que la politique confédérale était celle d'une passivité à la politique de guerre du gouvernement. *(Applaudissements.)* On s'est trouvé lié et c'est quand le gouvernement fut changé de fond en comble que l'on fut obligé de prendre position. On n'était plus à côté, on était obligé d'aller contre celui qui, à Villeneuve-Saint-Georges avait fait couler le sang. On ne pouvait pas, en octobre 1917, être avec le gouvernement qui succédait au précédent, parce qu'il avait commis trop de crimes dans le passé. La politique de guerre a succédé à la politique de septembre et d'août 1917, l'attaque de Champagne et l'attaque précédente, les buts de guerre, la politique de Londres a défini dans le pacte de Londres, en 1915, la politique qu'on a défini dans l'accord avec l'Italie, la politique que l'on a défini à Saint-Jean-de-Maurienne, la politique que l'on a continué d'avoir en envoyant des délégués en Russie avant la chute du Tzar. Oui, on a fait des buts de guerre. Là, on convoitait pour la Russie, Constantinople. C'est la lutte des impérialistes avec le sang des travailleurs de tous les Etats. *(Applaudissements.)*

Voilà la politique qui se faisait et l'on ne s'est ressaisi que quand il y a eu un autre gouvernement. Eh bien ! camarades, ne trouvez pas surprenant que quand nous avons trouvé la majorité qui s'était ressaisie, nous nous soyons trouvés presque d'accord à Clermond-Ferrand. Oui, c'est vrai, nous étions décidés à rompre avec la docilité. Nous étions décidés à agir et nous avons été heureux de voir que la majorité y était aussi, dans l'ordre du jour de Clermont-Ferrand.

L'ordre du jour de Clermont-Ferrand ne nous a pas satisfait d'une façon absolue, mais il nous a donné de larges satisfactions.

Camarades, c'est avec regret que je suis obligé de vous rappeler quelque chose de 1915.

Jouhaux, vous avez eu un mandat du Comité confédéral d'essayer de vous rencontrer avec des minoritaires d'Allemagne, pour examiner si les délégués des représentants des forces organisées de France et d'Allemagne, avaient la possibilité de pouvoir causer. Vous avez eu ce mandat, Jouhaux, si je ne me trompe en avril ou en mai. Vous vous êtes rencontré avec Bernstein et Kautsky dans la première quinzaine d'août 1915, à Berne. Nous avions Conférence du Comité confédéral ici, le 15 août, et après votre retour de Berne, vous ne nous avez pas fait connaître vos démarches, vos paroles avec Bernstein, dans cette première quinzaine d'août 1915. Pourquoi de la politique personnelle ? Pourquoi pas de la politique confédérale ? *(Applaudissements.)*

Jouhaux. — Camarades, j'ai déjà dit au Comité confédéral et je regrette d'être obligé de le redire ici publiquement qu'à Berne, nous avions prix l'engagement de ne pas révéler, pour ne pas attirer les poursuites, les conversations que nous venions d'avoir, c'est la raison pour laquelle je me suis tu. *(Très bien ! Applaudissments.)*

Bourderon. — Camarades, je vous disais que le Comité confédéral avait donné mandat à son Bureau, peut-être même que l'on vous soutiendra ici qu'il avait été décidé que deux délégués y soient, mais il n'y eut que vous et vous ne nous avez fait connaître les pourparlers que quand d'autres qui n'ont pas craint es poursuites sont allés à Berne. *(Applaudissements.)*

Un délégué. — Poursuites ! Ah ! ne faisons rien qui déplaise au pouvoir.

Jouhaux. — Il ne s'agissait pas du gouvernement français mais du gouvernement allemand.

Bourderon *(continue).* — Que quand d'autres sont allés à Berne et n'ont pas craint de s'affirmer, au milieu de l'Allemagne contre la politique du Kaiser. Bernstein n'a donc pas demandé à ce moment ces sollicitations.

Bernstein, nous t'entendrons et nous saurons si tu as eu peur des représailles.

Un délégué. — Parlez de l'avenir et non du passé !

Bourderon. — Je veux bien, mais ne me demandez pas une approbation de votre politique passée, vous savez bien que toute mon âme se refuse à une approbation de votre politique. Qu'est-ce que je serais, moi qui ait agi en dehors de cette politique si je l'approuvais maintenant ? Je serais un fou, un hypocrite, chassez-moi. Deux politiques s'opposent dans le passé et je dis que la politique poursuivie par la majorité confédérale a été une faiblesse que Moutet a lui-même dénoncée en juin 1918.

Un délégué. — Pourquoi ne l'a-t-il pas dit en 1914, lui Moutet ?

Un autre délégué. — Si on empêche les minoritaires de parler, nous empêcherons les majoritaires de parler.

Bourderon. — Le débat se déroule dans la correction la plus grande, je ne m'en plains pas, mais je veux tout de même répondre à un collègue qui tout-à-l'heure m'apportait une opposition, ou un désir, ou un vœu de ne pas parler du passé et de m'engager vers l'avenir. Ah ! si l'on veut à la Confédération s'abstenir de cette politique de passivité, rentrer dans l'ordre, qu'un ordre du jour définira, de politique confédérale sur l'état de conception de la guerre et de notre intervention pour une œuvre de paix, je suis d'accord. Je puis dire à ce collègue qu'il faut œuvrer autant que l'on peut dans chaque tendance, auprès de ses amis respectifs pour obtenir une majorité.

Ainsi, par exemple, j'ai là une lettre qui ne m'était pas adressée. C'est une circulaire intitulée : « Groupe des membres de la Majorité confédérale ». Elle est datée du 28 juin 1918.

CÉZAN. — Est-ce que la minorité ne s'est point réunie elle-même !

BOURDERON. — Allons, Cézan, vous savez très bien que puisque deux politiques s'opposent, les uns et les autres se sont concertés pour essayer de tirer le plus de profit, de possibilité d'action dans l'intérêt de la classe ouvrière.

Mais, tout de même quand on dit : « Nous vous prions donc de faire, en ce qui vous concerne tout le nécessaire pour que votre Syndicat soit représenté et si possible par vous ou par un camarade sérieux de nos amis », on essaie bien de tirer la corde pour soi.

Un délégué. — On l'essaie des deux côtés !

JOUHAUX. — Camarades, je vais vous lire la circulaire :

« Cher Camarade,

« Nous venons attirer votre attention sur la tenue prochaine du Congrès confédéral.

« Ainsi que vous le savez, l'encombrement de la ville de Limoges a déterminé le Comité confédéral à changer le lieu de ce Congrès ;

« Il aura lieu à Versailles, à la date primitivement fixée.

« La proximité de Paris crée des facilités nouvelles aux Syndicats parisiens pour assurer leur représentation directe à ce Congrès par un de leurs membres.

« Nous vous prions donc de faire, en ce qui vous concerne, tout le nécessaire pour que votre Syndicat soit représenté et *si possible par vous ou par un camarade sérieux de nos amis.*

« Dans le cas où malgré tout, personne de chez vous ne pourrait ou ne voudrait accomplir ce mandat, vous pourrez indiquer que le Bureau de l'Union se chargera sans grands frais, d'assurer votre représentation.

« Comptant que vous veillerez à ce que votre délégation au Congrès soit assurée de façon conforme aux vœux de la majorité de votre organisation nous vous adressons, camarade, nos salutations fraternelles et syndicalistes. »

Pour le Groupe :

JACCOUD, CALVEYRACH.

Camarades, je veux dire simplement deux mots. Cette circulaire est du 23 juin, elle répondait à d'autres circulaires qui avaient été adressées et qui tendaient à remettre les délégations des Syndicats aux mains de camarades étrangers à l'organisation. Et, en tout cas, c'est une réponse, et cette réponse contient ce terme exact : Veillez à ce que votre délégation soit assurée de façon conforme aux vœux de la majorité de votre organisation. Soit l'expression de l'organisation et non le contraire. Nous pourrions citer des...

Un délégué. — Je demande pourquoi l'on n'a pas adressé la circulaire à toutes les organisations sans distinction ?

Bourderon. — C'est parce que cette lettre...

Jouhaux. — Camarades, voici une lettre datée du 6 juin ; elle n'est pas la seule qui a été adressée à des organisations de province, nous en avons eu connaissance d'autres, mais, celle-là va vous démontrer, combien il y avait intérêt pour les camarades de bonne foi qui ont aussi souci de défendre leur opinion et leurs actes, et comment l'on pouvait répondre honnêtement et loyalement par la circulaire qui a été faite à une lettre qui n'est pas aussi honnête, aussi loyale que la circulaire de la majorité confédérale.

Cette lettre est écrite par le camarade Sigrand, des Cheminots, Paris-Rive-gauche ; elle est envoyée à un camarade des Cheminots de Brest. *(Lecture.)*

Sigrand. — Il faut dire si ma lettre est tirée en circulaires ou si c'est une lettre personnelle !

Bourderon. — Je veux continuer. Je vous demande que vous m'en facilitiez la tâche. Le silence se rétablit, je vous en remercie.

J'ai cru devoir donner lecture de cette lettre qui me fut adressée par quelqu'un qui me connaissait quelque peu, mon nom était mis d'une façon imparfaite. Ce quelqu'un l'a reçue et me l'a envoyée par la poste. Je ne connaissais pas la première, je ne connaissais que la seconde, mais la seconde vaut la première. *(Protestations.)*

Vous entendez tirer jugement d'une analyse que je ne voulais pas poursuivre. Je disais, et je le maintiens, que les aspirations et les tendances qui se manifestent au sein du Comité confédéral sont imbues de sentiments louables, les uns et les autres, mais alors, que l'on ne vienne pas jeter les hauts cris quand les uns ou les autres apportent des paroles et que celles-ci ne sont animées que par des sentiments louables. Laissez-nous donc nous défendre les uns et les autres. Comment voudriez-vous que je dise que j'étais d'accord d'une façon absolue. J'ai reproché dans une Conférence précédente le discours que Jouhaux a prononcé à un banquet des commerçants et industriels et que la C. G. T. a fait répandre en brochures intitulées : « Une attitude, un Programme. » Jouhaux a cru bon d'aller, à une époque, répondre à une invitation et faire un discours qui, s'il avait été dit dans sa teneur et dans sa forme, dans une réunion syndicaliste, eut été approuvé. Je ne le désapprouve pas, mais je dis que quand on est Secrétaire de la Confédération on cesse d'agir personnellement et qu'il conviendrait de demander au Comité confédéral si l'on doit répondre à une invitation comme cela. Je dis que nous sommes un certain nombre qui considérons que Jouhaux devait s'éviter de répondre à l'invitation des commerçants et industriels.

Ce qui pour nous était regrettable, c'était cette passivité de politique que l'on avait, cette politique d'acquiescement à une politique de guerre. La reprise des affaires industrielles n'est pas sortie de ces deux discours prononcés par Jouhaux et André Le Bon.

Etait-ce la C. G. T. qui était représenté au banquet des industriels ? Je dis non. Et c'est pourquoi il convient que quand quelqu'un va en délégation, il y aille au nom de l'organisation qu'il représente. Jouhaux, ne pouvait pas dire qu'il était le mandataire de la C. G. T.

Il y eut des rapprochements à certains moments. Je me rappelle fort bien que quand la Révolution russe survint, nous lui avons adressé un salut, salut à cette Révolution naissante et Jouhaux doit se rappeler que, étant de la même Commission avec des collègues, il nous avait préparé un projet de texte, et moi, séparément, j'en avait préparé un autre. De nos deux textes qui ne se confondaient pas, qui s'opposaient sensiblement, profondément, Jouhaux a admis que les raisons que je donnais de salut à la Révolution russe étaient plus conformes avec la pensée ouvrière et confédérale. Je n'en tire pas vanité, mais tout de même, cette contribution de pensée dans une Commission a été sensiblement heureuse.

Oui, nous avons salué la Révolution russe et quelques jours après, nous discutions s'il ne serait pas possible de répondre favorablement à l'invitation que nous faisait le Bureau des socialistes internationaux: Branting, Troelstra et Huysmanss, si nous allions répondre à l'invitation de se rendre à Stockholm. Déjà, nous parlions de cela avec le désir de voir la Confédération adhérer en principe à la Conférence de Stockholm. A cette époque-là, la majorité s'y opposait. Ce n'est qu'ultérieurement qu'elle accepta; les événements et les circonstances ont tellement poussé les gens qu'ils ont été obligés de marcher, mais ce n'est que contraints et forcés que l'on marche, on n'aide pas les événements.

En avril 1917, je pensais moi, nous pensions que nous devions donner notre adhésion à la Conférence de Stockholm. Ah non ! il ne fallait pas, c'était une tentative de paix allemande, c'était une action diplomatique allemande et ceux qui défendaient cette participation étaient peut-être quelque peu sous le coup de la suggestion ou peut-être soudoyés par l'Allemagne pour engager le prolétariat français dans cette voie. Ah ! je me rappelle les menaces que l'on faisait contre ceux qui voulaient aller à Stockholm ! Les marins d'Angleterre ne voudraient pas aller à Stockholm. Voilà ce qu'on nous disait en avril 1917. Eh bien cet état d'âme que l'on a inculqué, dont on a imprégné les marins anglais s'est traduit un an après quand ils ont refusé que Jouhaux aille en Amérique. Cet état d'âme que l'on a développé, ce sentiment des marins anglais, il existait en 1917. Vous auriez dû comprendre qu'après trois années de votre politique, nous pouvions, nous devions agir ! Mais, il n'était pas encore temps, parce que l'impérialisme allemand n'était pas vaincu, le militarisme allemand n'était pas écrasé, parce qu'en réalité, il y avait encore des pensées d'hégémonie. Il y a trois mois, quatre mois, vous vouliez l'ignorer. A cette époque-là, les fronts étaient intangibles, les fronts existaient des deux côtés de l'Allemagne, des Empires centraux et alors vos sentiments étaient là la continuité de la guerre et vous obviez à ce moment-là comme précédemment dans la politique imprécise, indéfinie des gouvernements français et de l'Entente, qui étaient imbus de conquêtes autant que les Allemands pouvaient l'être à la même époque, en 1917. Et alors, nous n'avions rien fait, ce n'est que quand Moutet, Cachin revinrent en France qu'il y eut une sorte d'opinion publique en France et quand un Conseil national du Parti socialiste prit la décision d'adhérer à la Conférence de Stockholm, parce que convoquée par les Soviets de Russie, par les révolutionnaires, ce n'est que plus tard que la Confédération a donné son acquiescement. Il a fallu que Goldenberg vint ici avec d'autres délégués demander au Comité confédéral d'augmenter la rencontre internationale des forces ouvrières. Si nous l'approuvions au Comité confédéral, cela n'alla pourtant pas tout seul. A la première réunion, Jouhaux, vous n'étiez pas là. Nous n'avons pu l'examiner en votre présence et en réalité, je pourrais dire que la pensée de certains s'était modifiée pendant ces quatre jours d'intervalle. Tout de même, on était opposé, on disait à Goldenberg : « Représentez-vous le gouvernement ? Au nom de qui parlez-vous ? » N'est-ce pas en réalité une manifestation de la politique allemande et pourtant, que l'on se rappelle, car je veux lier les faits au memorandum de la Conférence. Oui, il y avait un questionnaire qui était joint à la convocation. La C. G. T. n'a point voulu le connaître indirectement, mais elle pouvait le connaître par la plupart des délégations et des actions qui ont été faites, par l'invitation du Parti socialiste, y compris la Conférence du 14 février 1915. Pour la première, nous n'avions pas reçu d'invitation des organisateurs matériels de la Conférence, c'est Dubreuilh qui a envoyé l'invitation ici, le même jour que l'on décidait leur délégation à la Bellevilloise.

Jouhaux. — Je veux simplement dire que le questionnaire auquel Bourderon fait allusion, nous ne l'avons jamais reçu à la C. G. T.

Bourderon. — Je dis que nous pouvions demander ce questionnaire au Parti, mais nous avions refusé en principe la Conférence de Stockholm comme étant un piège. Nous ne pouvions pas examiner un questionnaire qui nous permettait de réserver une attitude ultérieure. Nous avions décidé que la Conférence provoquée par Branting, Troelstra et Huysmans n'était point admissible, pour nous, nous l'avions récusée. Qu'on lise les procès-verbaux.

Jouhaux. — Nous n'avions jamais reçu d'invitation du Bureau socialiste international. Ce à quoi nous avions répondu négativement, c'est à une proposition venue par l'intermédiaire d'Oudegeest et formulée par Legien, Secrétaire su Secrétariat syndical international.

Bourderon. — Je veux dire que c'est votre serviteur qui au sein du Comité confédéral, en raison même de la convocation qui était dans les journaux d'une rencontre de l'Internationale, convocation faite par Branting, Troelstra et Huysmans ; demandait au Comité confédéral de donner son adhésion de principe à cette rencontre. Je lui demandais en avril 1917. Il est possible que vous fassiez allusion à des invitations différentes sur le terrain du Secrétariat international. Ce n'est pas au Secrétariat Legien que je fais allusion ; je fais allusion à la convocation des socials-Démocrates qui invitèrent les démocraties du monde à se réunir et ceux qui ont suivi cette question-là de près se la rappellent, parce qu'en réalité, elle eut une suite différente. Le 28 mai, et cela s'ajoutait à l'invitation et à la convocation indiquées tout-à-l'heure, il y eut la convocation du Soviet ou des Soviets de Pétrograd qui invitaient les démocraties à une rencontre à Stockholm. C'est ainsi que le Parti socialiste répondit en août.

Quand Goldenberg et ses autres collègues vinrent en France après avoir passé en Angleterre, pour inviter les démocraties à agir, dans cette première réunion du Comité confédéral où l'on a posé des questions, j'avais le sentiment d'une réprobation, ce n'est qu'à la deuxième réunion, où Jouhaux était, qu'il y eut une adhésion de principe. Il fallait que des hommes viennent de Russie pour faire appel aux sentiments démocratiques qui sont en nous pour que nous donnions notre adhésion de principe à cette rencontre internationale. Je vous demande, camarades, si vraiment cette initiative ne devait pas être prise par notre Comité confédéral ?

Il n'y avait pas appel public, invitation publique ; nous devions dire : « Vous appelez les démocraties, nous y allons, nous allons faire le nécessaire. Nous aurions fait le nécessaire, si dès mai 1917, nous avions eu, l'énergie d'agir dans ce but de la rencontre internationale de la considérer comme une manifestation en faveur de la paix et non comme un piège tendu par l'Allemagne, ainsi que vous le dénonçait la politique de Stockholm si vous ne l'aviez pas refusée, nous aurions mené une action autre, j'en appelle à ceux qui étaient avec moi, et je dis que malgré l'apathie que je connaissais notre action aurait convergé, si je puis m'exprimer ainsi, à des faits diplomatiques qui nous sont connus aujourd'hui et qui ont une importance capitale que nous ne saurions recuser.

Je fais appel à la lettre politique de Charles Ier que le gouvernement français a fait publier dernièrement, je fais appel à la politique qui a été celle du pouvoir français, lorsqu'il y avait au pouvoir M. Painlevé. Nous ignorions cela et aussi ce qu'il ferait, si nous avions poursuivi notre action, les Allemands répondaient à Stockholm majoritaires et minoritaires, les Autrichiens, les Italiens répondaient, les Russes donnaient leur adhésion, les révolutionnaires, les Anglais refusaient et derrière eux marchaient ceux qui étaient las, ceux qui étaient désintéressés en voyant qu'on ne répondait pas.

Eh bien, si en avril en mai, en juin et juillet 1917 nous avions eu une action convergente du prolétariat et de la République, nous eussions obligé le gouvernement et les mauvais génies à répondre autrement qu'ils n'ont répondu à Charles Ier. *(Applaudissements.)*

Tout de même, nous n'avons rien fait pour les événements et nous sommes poussés à vous faire des reproches ; oh ! il y a eu des moments de découragements en ma personne. Fatigué par les débats précédents — je veux surtout vous apporter cette indication parce qu'elle est de nature à affermir notre attitude et à nous rendre plus actif qu'il y a un an, pour servir la cause de l'Humanité. Et vous, les Soviets, les Démocrates anglais, les Travaillistes qui entendent notre memorandum, nous disons que si vous aviez répondu à l'invitation, si vous aviez exercé sur Jouhaux une pression, nous n'aurions peut-être pas été si faibles ; nous aurions peut-être fait une action qui aurait forcé les gouvernements de l'Entente à ne plus s'opposer à la rencontre internationale et le Prolétariat aurait pu dire qu'il a rempli son rôle. Il dit qu'il a essayé de le faire.

Oh oui ! la lettre de Charles Ier, vous ne l'avez connue qu'en 1918 et nous acceptâmes d'aller à une rencontre internationale malgré toutes les oppositions bénignes de nos gouvernements. Nous pouvons dire qu'en somme, nous avions des ministres démocrates dans nos gouvernements. On faisait tout pour guider la politique d'adhésion à la Conférence de Stockholm et en Angleterre, c'était la même chose.

La situation de la Russie a ouvert une autre physionomie à la guerre. En novembre 1917, à cette époque-là, l'homme que la C. G. T. a reçu, il y a quelques jours et que j'ai encore entendu avec plaisir, que je ne regrette pas d'avoir entendu, parce que je suis heureux toujours d'apprendre des idées, des opinions, des attitudes, quand même je ne les partagerais pas, je n'entends pas juger sans connaître, j'entends connaître, analyser, apprécier et apporter ensuite un jugement personnel, mais enfin, je ne l'apporte que quand je suis renseigné. Oui, j'ai entendu Kerensky et je comprends qu'il ne porte pas dans son cœur les Bolchevicks. Il a été renversé du pouvoir et remplacé, c'est de là politique à laquelle nous sommes liés. Qui oserait dire que nous n'y sommes pas liés. Nous la pétrissons de nos raisons, de nos attitudes au point que lui-même Kerensky déplore l'action militaire de l'armée révolutionnaire en juillet 1917 ; elle est une faute politique de son gouvernement qui n'était peut-être même pas assis. Si, au lieu de méconnaître le gouvernement provisoire de Russie, les gouvernements de l'Entente, lui avait donné si on peut dire un acquiescement conditionnel même, mais non, on était la veille avec le Tsar, le Père, celui qui en réalité conduisait son peuple au chemin du bonheur, on ne pouvait pas le lendemain, nous gouvernement français, être avec le gouvernement qui l'avait renversé, même fut-il de Millioukof, mais, tout de même, je crois que ce qui a véritablement assis un très grand nombre d'hommes syndicalistes et socialistes, c'est la seconde phase de la Révolution russe. Quand Kerensky fut obligé de céder la place à une conception plus socialiste, plus révolutionnaire, que celle qu'il incarnait à Moscou, là, il a senti que les hommes résistaient au courant révolutionnaire de Russie ; le désordre s'en est suivi ; les institutions du droit étaient bouleversées ; les propriétés transformées et, hélas ! n'oublions pas que pour les 17 milliards 1/2 que la France a prêtés, elle ne trouvait pas de défenseurs. Ces 17 milliards ne trouvaient pas de défenseurs dans les rangs capitalistes, ni dans la Démocratie et la petite bourgeoisie ; le prolétariat, lui, est allé enlevé les titres que l'on avait prêtés au Tsar contre la révolution ; c'était une politique que l'on défendait. *(Applaudissements.)*

Hélas ! il a fallu que nous n'ayons pas cette force d'agir ; si nous avions agi quelque peu précédemment, peut-être que la physionomie de la Révolution de novembre aurait changé.

Nous avons laissé les Russes isolés, là-bas personne n'avait apporté un ordre d'adhésion définitif, un acquièscement suffisant se sentant abandonnés, ils l'attendaient par la rencontre internationale. Il a fallu ce malheur que livrés à eux-mêmes ils n'ont pu faire un effort assez considérable, ils furent vaincus.

Ah, certainement, quand nous examinions la situation en décembre à Clermont-Ferrand, nous n'étions en présence de décisions très précises. Tous étaient préparés et j'étais de ceux qui pouvaient supposer que la rencontre internationale donne de grosses difficultés aux impérialistes allemands ; on y a défini des principes de paix que vous ne récusez pas, paix sans annexion, paix sans contribution pénale de guerre, droit des peuples de disposer librement d'eux-mêmes. Vous ne récusez pas ces bases de paix que nous connaissons tous et sur lesquelles il ne saurait y avoir de divergences que dans la moralité. c'est-à-dire dans la forme, dans les précisions à donner à ces principes, mais vous ne pouvez pas les récuser.

Ah, mon cher Keufer, vous n'avez pas été même à Clérmont-Ferrand un de ceux qui ont fèté profondément et voté notre résolution, ce n'est qu'après que vous venez y apporter votre adhésion. Vous savez bien que je respecte vos idées, Keufer, mais permettez-moi de ne pas les partager, je défends les nôtres et à la C. G. T. je dis que nous ne connaissions pas la paix de Brest-Litovsk. Si nous l'avions connue nous aurions rédigé une résolution et quand vous dites dans votre compte-rendu que nous avions le dépôt de cette résolution, que nous avions rédigé une résolution, vous faites erreur. A la vérité, permettez-moi de rappeler ce fait. Nous avions rédigé une résolution et les membres, auteurs de cette résolution, appartenaient, pour la plupart, à des membres de la Commission d'une résolution commune. Rappelez-vous que nos résolutions minoritaires n'ont pas pris jour à la tribune de la Conférence de Clermont-Ferrand, elles ont pris jour au sein de la Commission. Nous avons demandé si l'on avait des textes, ou si des camarades avaient rédigé des textes. Savoie en avait rédigé un, il l'a lu ; Lenoir a lu un texte ; tous en commun nous avions fait tout notre possible pour traduire en même temps notre pensée. Nous avons travaillé sur ces textes jusqu'à sept heures, et quand enfin après notre retour de dîner, nous sommes rentrés dans le Comité, nous avons dit à Merrheim : « Nous apportons, nous vous donnons notre adhésion à la résolution, mais permettez-moi de voir notre texte introduit dans les débats de la Conférence et permettez-moi d'en donner la lecture à la tribune pour que ce texte soit incorporé ». Voilà tout ce que nous avons dit à Clermont-Ferrand. Ce texte nous l'avons rédigé à la Conférence et non à la Commission, je ne veux pas envenimer les débats, mais il faut tout de même dire comment les faits se sont passés, j'en appelle à Merrheim, à Lenoir, à celui qui a inséré dans la brochure le texte que nous avions rédigé. Notre texte a servi de débats à la Commission.

MERRHEIM. — C'est absolument exact. Quand nous avons posé la question, on nous a répondu : « Nous n'avons qu'une seule résolution, c'est celle de la Conférence de Leeds ».

LUQUET. — Cela ne prouve pas que le rapport n'est pas exact.

JOUHAUX. — Est-ce la motion que vous avez déposeé qui a été votée, ou est-ce la motion unanime. Nous avons bien considéré que vous aviez déposé une motion, puisque nous l'avons incorporée dans le rapport.

Bourderon. — C'est une politique de pointe d'aiguille. Tout de même Jouhaux, je sais ce que je dis. Apprenez aussi à écrire. La fraction minoritaire avait tout d'abord déposé une motion.

Jouhaux. — Encore une fois, je n'ai pas fait un compte rendu de la Conférence de Clermont-Ferrand.

Bourderon. — J'en appelle ici à Luquet.

Il est dit un peu plus loin : « La motion fut retirée par ses auteurs ». J'en appelle aux membres qui étaient à la Conférence. Cela n'est pas exact, nous ne l'avons pas retirée.

Jouhaux. — Il n'est pas retiré, puisqu'il est dans la brochure.

Bourderon. — Vous me feriez à moi, Jouhaux, un argument d'incorrection si j'avais agi comme cela.

Je vais à ma conclusion. J'ai une force de volonté et je mets ma personne à contribution pour défendre cela, j'y mets de la passion, c'est possible, hélas, ma vie militante en est imprégnée de cette passion ; vous m'en excuserez, vous m'en blamerez, si vous jugez devoir le faire. J'ai cru, moi, et je continue de croire, que la majorité n'a pas suivi la politique qu'elle devait suivre. Je crois que nous, nous étions plus près de la raison et de la politique syndicale que la majorité et je le dis. Il faut conclure. Ah ! je ne voterai pas votre approbation. Aujourd'hui, il y a une politique à faire, non une politique de passivité, mais une politique d'action et il convient que l'unité des travailleurs en France se fasse pour l'amener à bonne fin, à un résultat probant. Je n'ai jamais été de ceux qui croyaient qu'une attitude personnelle de quelques-uns était suffisante. Je sais ce qu'il faut : C'est une action des masses ; que l'opinion des organisations ouvrières en soit imprégnée, que l'on se sépare du passé tout en y restant attaché du fond de son cœur ; que l'on ne se jette plus dans l'avenir ces paroles de réprobation, d'acrimonie, si l'on veut faire demain une politique vraiment syndicaliste et démocratique qui fasse que le prolétariat cause à ses maîtres et qu'il les oblige eux aussi à considérer que nous ne sommes pas hors de la Nation et que nous sommes partie intégrante de la Nation ; que nous sommes la partie de la Nation qui a le plus payé et que nous paierons encore beaucoup demain par toutes les charges. Ah oui, il faut obliger notre gouvernement plus que nous ne l'avons fait depuis la résolution de Clermont-Ferrand et par des moyens plus virils, à définir ses buts de guerre. Nous sommes d'accord sur ce point, mais il y a une question qui se pose : c'est l'intervention des alliés en Russie. Cette question se pose parce que c'est notre politique aussi. Nous ne pouvons pas rester indifférents à une intervention des armées de l'Entente en Russie. Je crois qu'une participation des troupes françaises, qu'un acquiescement à une intervention de troupes quelconques en Russie, serait par vous réprouvé, banni. *(Très bien !)*

Nous savons toute l'honnêteté, tout le courage, toute l'aspiration de droit et de justice qu'à Wilson pour résister à cette participation. Eh bien ! Wilson a peut-être besoin de savoir qu'il y a en France une démocratie qui s'oppose à une attitude de participation à une intervention des troupes d'Angleterre et de France.

Nous sommes à nous demander si vraiment la paix viendra d'une intervention dans cet ordre d'idées, ou si au contraire, cette intervention n'apparaîtra pas comme une manifestation pour étouffer la Révolution russe. *(Applaudissements.)*

Pour moi, je dis que toute intervention, quelle qu'elle soit des armées belligérantes de l'Europe, de l'Asie, de l'Amérique en Russie d'Europe ou d'Asie, ne peut se faire qu'autant que le gouvernement provisoire quel qu'il soit lui donne son adhésion.

Qui est-ce qui peut dire ce qui se passe exactement en Russie! Qui peut écrire d'une façon sûre que la Russie se trouve véritablement dans le besoin, dans la nécessité de refaire l'ordre en Russie avec des armées impérialistes, ou si au contraire, elle n'a pas à se défendre déjà de celles qui l'accablent.

Eh bien ! oui, je crois qu'il convient que le Congrès ne récuse aucun des gouvernements que se donnera le peuple révolutionnaire russe. Celui, qu'il s'est donné, ce n'est pas nous qui l'avons imposé et nous rougirions et nous serions meurtris au fond de nous-mêmes si les baïonnettes françaises coopéraient à une restauration d'une République bourgeoise en Russie ; ce n'est pas cela que nous, révolutionnaires de France, nous avons appelé. Nous sommes restés et nous resterons sur le terrain des luttes de classes.

Là est ma conclusion. Je m'excuse d'avoir été long, mais il convient que la Confédération dirige sa politique dans les directives, sinon dans les modalités que j'indiquais. Ah ! si vous considérez que nous devons continuer la guerre jusqu'à ce que nous ayons réduit les Allemands, détruit le militarisme allemand à l'impuissance, il faudra prendre ici votre courage à deux mains et dire : « Nous sommes encore pour la guerre pendant des années ». Ah! si c'est cela que vous voulez, dites-le franchement. Pas d'équivoque! Ne nous noyez pas dans l'équivoque! Des résolutions claires! Une attitude ouvrière qui sache où elle va et pourquoi! C'est cela qu'il convient de faire, et je serai avec vous, non pas devant, mais à côté et même peut-être un peu derrière, car mes vieilles jambes se fatiguent de la marche, mais je serai avec vous et si en France nous sommes résolus à agir pour que notre gouvernement ne soit pas un gouvernement contre le droit et aider les Allemands à dire que de leur gouvernement impérialiste, ils en ont assez et qu'ils veulent la démocratie, nous agirons pour la démocratie du peuple.

(Demande de clôture.)

Bled. — Camarades, on pourrait sans doute lever la séance à sept heures, mais je ne voudrais pas que vous vous en alliez tout de suite. Il y a des orateurs inscrits. Il ne seront pas certainement aussi longs que le camarade Bourderon et nous pouvons parfaitement les entendre.

La parole est au camarade Toulouse, rapporteur de la Commission de vérification des mandats.

Toulouse. — Camarades, la Commission des pouvoirs, après rectifications faites, retient comme mandats qu'elle demande d'invalider au nom des secrétaires des Unions départementales pour les Syndicats qui n'avaient pas pris de timbres à leur Union.

Voici deux Syndicats dont on vous propose l'invalidation : les Métaux de Certigny et les Instituteurs de Maine-et Loire. Malgré les affirmations qui ont été apportées par la citoyenne Hélène Brion, le secrétaire de l'Union départementale prétend ne pas avoir reçu un sou des Instituteurs. La réclamation reste donc entière.

Il reste encore les Préparateurs en pharmacie de Limoges, les Ouvriers des lignes de Vesoul, de Mont-de-Marsan, la Rochelle, Belfort, Montpellier, Epinal, Tarbes et Besançon ; les Mineurs de Saint-Genest-Lerpt ; le Livre d'Auxerre, de Moulins. De plus, les Travailleurs municipaux de Nîmes ont envoyé leur mandat au Trésorier confédéral qui l'a donné à Jouhaux ce matin et Jouhaux l'a remis au délégué parce qu'il n'avait pas le timbre de la Fédération. Le représentant du Syndicat de Lyon a trouvé bon d'envoyer à Lyon le pouvoir pour y faire mettre le timbre de la Fédération. La Commission des Pouvoirs vous demande de retenir ce Syndicat parmi vous.

Boutet. — Je fais des réserves en ce qui concerne le Syndicat de Nîmes.

TOULOUSE. — Il y a une discussion pour le Syndicat des Tramways de Marseille. Le pouvoir porte bien les timbres de l'Union départementale et de la Fédération, mais un syndicat de Marseille proteste parce que ce syndicat n'est pas adhérent à l'Union locale. Pour être confédéré, il faut appartenir à l'Union départementale et à sa Fédération, or, ce Syndicat remplit ces conditions.

BLED — Camarades, je vais faire procéder au vote sur chacun des est un Syndicat qui n'existe pas, il n'a pas fait acte de syndiqué depuis 1914, vous ne pouvez pas l'admettre.

LE DÉLÉGUÉ DE LA FÉDÉRATION DES PRÉPARATEURS EN PHARMACIE. — Ja maintiens que le Syndicat de Limoges est en règle avec sa Fédération depuis le commencement de la guerre. Je demande que le Congrès l'accepte sous condition qu'il se mette à jour avec son Union.

Admis.

Les Syndicats des P. T. T., Ouvriers des lignes de Vesoul, Mont-de-Marsan, La Rochelle, Belfort, Montpellier, Epinal, Tarbes et Besançon; *(après discussion dans la salle)* ne sont pas admis.

BLED. — On propose de commencer demain à huit heures.

Accepté.

BLED. — On propose pour le Bureau de demain, les camarades: Rougerie, comme président, Bardy, de l'Union des Syndicats de la Gironde, et Roux, de la Fédération des Cuirs et Peaux, comme assesseurs.

Accepté.

3e *Séance.* — *Mardi* 16 *juillet, matin.*

Président : ROUGERIE.

Assesseurs : ROUX, BARDY.

LE PRÉSIDENT. — La séance est ouverte. Je vais donner la parole aux orateurs dans leur ordre d'inscription. Nous continuons la discussion commencée hier sur le rapport.

Le camarade Montmousseau est-il là ? C'est le premier orateur inscrit.

MONTMOUSSEAU. — Camarades, mandaté par mon Syndicat pour critiquer l'attitude de la majorité confédérale, on peut immédiatement tabler sur la politique de la majorité en disant que ce fut une politique d'Union sacrée, de collaboration gouvernementale, de collaboration de classes. J'espère que cette politique ne pourra pas être désavouée. D'ailleurs, elle ne pourra pas être désavouée, parce qu'il y a des faits que nous connaissons, des faits qui ont été expliqués et qui le seront sans doute au cours de cette séance. Il appartient donc si cette politique n'est pas désavouée d'en faire le procès, comme il appartiendra à la majorité de la revendiquer, pour elle.

L'Union sacrée ! Nous nous sommes toujours élevés contre ce principe. Lorsque la guerre est survenue, elle a jeté la perturbation dans la vie nationale, dans la vie économique. Elle a jeté également la perturbation dans la vie familiale. Elle a coûté des larmes, du sang, de la souffrance, tant de ruines et cependant, malgré la tempête, malgré l'orage, les vieilles forteresses des iniquités sont restées debout quand même. C'est une constatation que nous faisons, c'est une constatation que nous prévoyions avant la guerre et j'estime que cela seulement était capable d'indiquer à la C. G. T. sa ligne de conduite.

C'est sous le couvert de l'Union sacrée que nos libertés furent brimées ; c'est sous le couvert de l'Union sacrée que la censure permit l'enchaînement de la pensée ouvrière pendant quatre ans. *(Applaudissements.)* C'est sous le couvert de l'Union sacrée que tous les partis réactionnaires ont pris avec l'aide, le consentement du gouvernement, de l'Etat, la direction de l'éducation des orphelins de la guerre, sous l'égide de toutes les organisations politiques et cléricales ; c'est sous le couvert de l'Union sacrée que l'Orphelinat d'Eponne dirigé par la courageuse Madeleine Vernet fut perquisitionné sans motif ; c'est sous le couvert de l'Union sacrée qu'une œuvre de solidarité et d'éducation, la Ruche Rouge, privée de ressources dut succomber. A côté de cela, dans tout le pays, dans toute la France, presque dans toutes les communes, nous avons vu les puissances bourgeoises, les puissances cléricales, royalistes, toutes les puissances qui déclaraient la guerre à la République, que nous ne voulons pas soutenir intégralement, nous avons vu toutes ces puissances s'emparer de l'éducation des enfants sous le couvert de la philanthropie ; c'est un fait que la classe ouvrière n'aurait jamais dû permettre. *(Applaudissements.)*

Camarades, il n'y a pas d'Union sacrée possible avec tous les ennemis d'hier qui exploitaient l'indifférence de la classe ouvrière et à côté de cela, nous savons que l'unité nationale ne pouvait se faire que sur l'égalité économique. On va nous poser cette question et aujourd'hui, il semble que l'on pourrait dire toute sa pensée, parce que les prêtres dans leur église ont pu dire toute leur pensée, ils ont pu mener le combat contre les aspirations ouvrières au grand jour et sous la bienveillance du gouvernement et avec sa complicité. Ici, dans ce Congrès, nous sommes dans notre église, nous avons le droit de dire notre pensée sans crainte des représailles.

Etes-vous Défense Nationale ? On peut répondre : Nous serons Défense nationale lorsque l'égalité économique sera un fait accompli. La guerre n'a rien démoli des Bastilles ; la guerre n'a rien écroulé : les privilèges sont restés debout et la bourgeoisie a profité de la guerre. Elle a cherché dans le sang des hommes les moyens de grossir ses capitaux et de garnir ses coffres-forts. Ce sont des faits. J'en citerai immédiatement.

Je vais vous donner *grosso modo* un aperçu dqs milliards de bénéfice, de plus-value réalisés pendant rien qu'une période d'une année, comparativement à l'année 1914, avant la guerre.

Société métallurgiste de l'Ariège :

Exercice 1er 13-14 : 5.710,946 fr.. Exercice 1er 14-15 : 14,295.330 fr.

Moteurs Salmson :

Année 1915 : 14 millions. Année 1916 : 26 millions.

Commentry-Fourchambault :

1914 : 4,632,983 francs. 1915 : 6,970,800 francs.

Bi-Métal :

Année 1913 : 873,945 francs. Années 1914-15 : 7,088,152 francs.

Le Creusot :

Bilan de 1915 : 55,039,108 francs. Bilan de 1916 : 206,843,339 francs.

Crédit-Lyonnais :

Bénéfices : 22,340,090 francs.

Société Générale :

Bénéfices : 10,771,000 francs.

Banque de France :

Bénéfices réalisés pendant le premier trimestre de chaque année :

1er trimestre	1914 :	15,226,000 francs.
do	1915 :	17,882,000 francs.
do	1916 :	29,226,000 francs.
do	1917 :	33,616,000 francs.

Maison Couesnou évalue ses bénéfices à 100 millions.

Maison Renault à près de 100 millions.

Nous disons donc qu'il ne peut pas y avoir de collaboration de classes, qu'il ne peut pas y avoir d'Union sacrée avec toutes les classes capitalistes qui voulaient assujettir tout le prolétariat du monde. Avant la guerre, quelques camarades dans différentes brochures avaient prévu la guerre et qu'elle serait faite pour quelques bénéfices. Nous disons que les faits sont là, et que nous ne pouvons pas y contredire.

Maintenant, camarades, je voudrais appuyer cette thèse parce que l'on nous a reproché d'avoir critiqué l'attitude de la majorité sans avoir suivi les travaux du Comité confédéral. Je ne voudrais pas rentrer dans le détail, puisque vous savez tous que le détail a été examiné, qu'il le sera et qu'il y aura contradiction. Néanmoins, je veux m'appuyer sur un fait précis et sur lequel je ne crains pas la contradiction.

Quelques mois après l'intervention du citoyen Brisson, intervention retentissante du 28 septembre 1917, le groupe Paris-Etat-ateliers adhérent à l'ancien Syndicat des Cheminots, afin d'éclairer l'opinion de ses adhérents, réunissait contradictoirement les camarades Jouhaux et Bourderon. Le camarade Bourderon prit le premier la parole, il parla comme il a parlé hier ; je ne vous dirai point ce qu'il a dit, je ne vous dirai pas tout ce qu'à répondu Jouhaux. Je ne vous dirai de son discours qu'un seul passage parce qu'il appuie ma thèse. Jouhaux a déclaré : « Cette guerre de l'Entente contre les Empires centraux ne peut pas laisser la classe ouvrière indifférente, parce que cette guerre est la guerre des démocraties contre l'autocratie ». Le camarade Jouhaux a déclaré cela sans se rappeler, sans se souvenir de la guerre russo-japonaise, de la guerre italo-turque, sans se souvenir de l'expédition de Chine, du Transvaal, de l'Islande, du Maroc ; il a déclaré cela sans se souvenir non plus que sous le régime infâme du Tzar, gémissaient dans les geoles de la Russie, par milliers, des camarades que nous admirons aujourd'hui et je lui ai crié : « Vive la Russie ! » Jouhaux répondit : « C'est vrai, la Russie n'a pas un régime que nous souhaitons, mais j'estime qu'il peut s'améliorer, et, en tout cas, lors de la Révolution russe, qui est-ce qui a prêté des forces au Tzar, sinon les soldats du Kaiser et lorsque les révolutionnaires russes ont cherché de l'aide, où ont-ils été la chercher, sinon en France ».

Il m'a répondu cela au moment précis où, sous le gouvernement Guesde et Sembat, le camarade Trosky était sous le coup d'un mandat d'expulsion. Voilà des faits.

Il m'a répondu cela sans se souvenir de Draveil-Vigneux, de Villeneuve-Saint-Georges, où, sous le ministère Clémenceau, le prolétariat essuyait le feu des mêmes régiments. Voilà des faits.

En conséquence, camarades, depuis quatre ans, nous avons lutté pied à pied, durement, contre le courant haineux qui, dans les moments tragiques, emporte les foules ; nous avons lutté, nous avons essayé, souvent mis en état d'infériorité par certains de vos discours, par l'attitude de la majorité, nous avons essuyé, les heurts, sinon les discrédits des camarades, pour rester fidèles à notre idéal qui ne peut pas succomber.

Nous avons lutté aussi contre des bruits infâmes, nous avons essuyé des insultes, nous les pacifistes, parce que nous avions la conviction qu'à un triomphe du militarisme correspondrait la mort de l'Internationale, et, l'Internationale, c'est notre refuge à tous. Nous avons eu à nous défendre de la presse chauvine, presse complice, sous le silence du prolétariat qui avait mandat de nous défendre contre l'épithète odieuse et imbécile de « défaitiste ». Nous voulons être lavé au grand jour de ce Congrès, et, en conséquence, camarades, pour mon compte, j'ai mandat de mon Syndicat de blâmer votre passé, de blâmer le passé de la majorité et de demander au moins des garanties pour l'avenir. *(Applaudissements sur certains bancs.)*

Voici un ordre du jour, si vous le voulez, je vais vous en donner lecture.

Le camarade Miller demande la parole avant la lecture de l'ordre du jour.

La parole lui est refusée et le camarade Montmousseau lit son ordre du jour :

« Le Congrès après avoir examiné l'attitude et l'action de la C. G. T. et du Comité confédéral au cours des années passées, estime que rien n'est venu infirmer la valeur des principes généraux énoncés au cours des derniers Congrès confédéraux en ce qui concerne la responsabilité du capitalisme sur tous les événements d'ordre économique ou diplomatique, et que les résolutions des derniers Congrès internationaux devaient inspirer le Comité confédéral dans sa ligne de conduite pour essayer, par tous les moyens à sa disposition, d'arrêter le conflit.

« Le Congrès estime d'autre part que les révélations diverses des buts de conquêtes poursuivis par les gouvernements et devenues publiques : 1° : par les déclarations du gouvernement russe, le 2 décembre 1916 ; 2° confirmées au cours des débats au Parlement français le 7 décembre 1916 et par la campagne menée par la presse chauvine de ce pays à la même époque ; 3° par la publication des traités secrets de l'Entente par la Révolution russe indiquaient suffisamment à la C. G. T. le devoir de dégager entièrement sa responsabilité en reprenant son indépendance.

« Considérant, d'autre part, qu'un régime de paix sociale ne peut raisonnablement s'instaurer sur la base de l'égalité économique et que l'antagonisme des classes ne fit que s'affirmer de plus en plus par les profits scandaleux réalisés par les capitalistes, au cours de cette guerre, estime que la formule d'Union sacrée n'est qu'une dérision et qu'un piège habilement exploité par tous les réacteurs ainsi que par tous les partis de conservation sociale aux dépens du prolétariat. Le Congrès estime que la C. G. T. et le Comité confédéral, à défaut d'une action positive rendue difficultueuse pendant un certain temps par la désorganisation des forces syndicales auraient dû adopter une attitude de prudente neutralité qui leur aurait permis le cas échéant, de reprendre la propagande et l'action dictées par les principes qui sont toujours ceux du véritable syndicalisme : « La lutte de classes sous toutes ses formes ».

« Le Congrès, en rendant hommage aux courageux militants de la minorité confédérale restés fidèles à l'idéal syndicaliste et à l'Internationale regrette que la C. G. T. dans sa majorité n'ait pas répondu par une action et une propagande énergiques à tous les appels des socialistes des pays neutres ainsi qu'à ceux des révolutionnaires russes actuellement en lutte contre toutes les forces capitalistes de l'Europe.

« Le Congrès donne mandat à la C. G. T. de rompre toute collaboration avec le gouvernement et d'agir de toutes ses forces et par tous les moyens en faveur d'une paix *proche et acceptable* pour tous les belligérants sur les bases définies par la Révolution russe : « Paix sans annexion, sans indemnité, sans contribution, droit des peuples à disposer d'eux-mêmes », et définies, d'autre part, dans le texte de la motion de Clermont-Ferrand.

« Considérant que la réunion de l'Internationale est une nécessité impérieuse pour la coordination des efforts et de l'action du prolétariat en vue de mettre fin à la guerre, donne mandat à la C. G. T. de se rendre à la Conférence internationale, de la susciter au besoin et d'engager toute l'action nécessaire pour obtenir du gouvernement la publication immédiate des buts de guerre.

« Le Congrès convaincu qu'une paix réelle et durable ne peut être que la paix des peuples par les peuples en dehors de toute influence du capitalisme, donne mandat à la C. G. T. de s'inspirer de cet état pour ses discussions au sein de l'Internationale. Il affirme sa solidarité et sa sympathie envers tous les hommes d'idée libre et les militants syndicalistes de tous les pays, victimes des répressions gouvernementales et place, dès maintenant, sous la sauvegarde du prolétariat organisé tous les militants appelés à prendre leurs responsabilités en raison du mandat qui leur est donné. »

ROUGERIE. — Le camarade Dardet, des Métallurgistes de Terrenoire (Loire), a la parole.

DARDET. — Camarades, je n'ai que quelques explications à demander et quelques-unes à apporter.

Permettez-moi tout d'abord d'apporter à la tribune de ce Congrès, au nom des Métaux de la Loire et en mon nom personnel, un salut fraternel à tous ceux qui, à travers les âges comme à l'heure actuelle, ont été victimes des arrestations arbitraires et des procès de tendance.

Ceci dit, camarades, je vais exposer les quelques griefs bien minimes que j'ai envers la C. G. T. Mes griefs sont simples. Avant guerre, la C. G. T. disait : « Travailleurs, unissez-vous, vous avez à vous défendre contre le capitalisme », et les mêmes camarades de la Confédération n'ont pas eu la même attitude depuis la guerre. Est-ce que les capitalistes de 1913 étaient plus mauvais que ceux de 1914, je réponds affirmativement, non. La Confédération a été jusqu'à l'Union sacrée, là je dis qu'elle a commis une trahison, car nous nous apercevons que dans les grandes industries, à l'heure actuelle, l'on cherche par tous les moyens possibles à centraliser les capitaux et l'industrie pour faire de la masse prolétarienne des forces quelconques, comme nos frères sont à la caserne.

Eh bien! camarades, cela suffirait pour démontrer que des hommes investis de la confiance des travailleurs de France que ceux qui avaient mandat de défendre ces travailleurs, ont été trompés, ont été trahis.

Allons un peu plus loin.

Je sais que l'on a dit que la Loire était un pays insurrectionnel. Non, la Loire est comme partout un pays d'harmonie et de paix, mais pourtant, à une condition, c'est que l'on ne se fichera pas de la « gueule » des travailleurs comme on le fait. Je dis que chaque fois que nous avons eu des difficultés à aplanir avec nos maîtres au point de vue salaires, on a toujours trouvé moyen de mettre des chiffres dans un tableau dans les ateliers, mais, quand il a fallu le faire respecter, il n'y avait personne derrière nous, si ce n'est les minoritaires.

On dit que nous avons dérogé à l'unité ouvrière! Non, camarades, nous n'avons pas dérogé à l'unité ouvrière ; quand nous avons organisé le Congrès des minoritaires à Saint-Etienne les 19 et 20 mai, nous sommes restés dans l'unité ouvrière et je vais le démontrer. Si ce Congrès des 19 et 20 mai n'avait pas eu lieu à Saint-Etienne, il est probable qu'à l'heure actuelle, le Congrès de la Confédération comme les Congrès de toutes les Fédérations ne se seraient encore pas tenus. Je dis que le Congrès minoritaires a été le coup de cravache cinglé aux majoritaires. *(Applaudissements.)*

LUQUET. — Merrheim vous a prouvé le contraire.

BLED. — Lenoir a dit que c'étaient des criminels.

DARDET. — Les interruptions m'importent peu. Je dis les faits tels qu'ils sont. *(Brouhaha.)*

ROUGERIE. — Je vous en prie, camarades, faites un peu de silence.

DARDET. — Camarades, je continue. Il a été dit dans un ouvrage : « Les bons sont ceux qui vivent au milieu de l'idéal et les mauvais sont ceux qui vivent de l'idéal. » Eh bien! camarades, les cas sont tels. On a dit que le Congrès de Saint-Etienne était un Congrès criminel, moi je dis que ces criminels paient de leur peau pendant que d'autres sont sur les planches et, si je n'y suis pas moi, ce n'est peut-être pas parce que l'on n'aurait pas voulu m'y mettre, mais j'ai peut-être une autre manière de faire, tout en faisant le même travail ; j'ai une modération extrême, mais je trouve le moyen de dire tout de même ce que je pense et ce que je sens et quand j'ai fini, je sais toujours dire aux camarades : « Méfiez-vous des agents provocateurs! Méfiez-vous que des individus louches ne se glissent parmi vous ». Et alors, ils s'organisent dans mon organisation à Terrenoire, il y a des volontés qui veillent, tandis que moi je continue ma tâche et si dans chacune des manifestations qui ont pu se produire dans le bassin de la Loire, comme elles se sont produites à Terrenoire, des provocateurs ne s'étaient pas glissés, — ce n'est pas nous qui les avons payés, ce sont peut-être les fonds secrets — eh bien! je dis que nous n'aurions peut-être pas à déplorer les camarades qui sont à Epinal, qui sont à Clermont-Ferrand, à Lyon, ou ailleurs.

Je dis, camarades que la C. G. T., pendant ces quatre années, avec son accomodement d'Union sacrée s'est fait le complice de toutes les politiques sans exception.

Je termine et je quitte cette tribune par ces cris : « Paix et Liberté! Justice et Vérité! »

ROUGERIE. — La parole est au camarade Sigrand, des Chemins de fer-Etat.

SIGRAND. — Camarades, je dois d'abord protester au sujet de la proposition que Garin avait faite et qui a été votée par le Congrès, c'est-à-dire que Jouhaux devait nous donner des explications d'abòrd, pour la bonne raison que les Syndicats n'avaient pas pu recevoir à temps la brochure de la C. G. T., toujours par la même incurie ; nous demandions donc que Jouhaux vienne s'expliquer. Maintenant, mis en cause par le camarade Bourderon au sujet d'une circulaire de la C. G. T. aux amis majoritaires, je tiens à déclarer que ma lettre est une lettre personnelle, écrite à la main, à un camarade de Brest.

A Saint-Etienne, il y avait deux Syndicats de Cheminots de l'Etat représentés, le mien directement, et celui de Brest indirectement, et, puisque Bled a soulevé cette question et que mon bon camarade Bidegarray, qui cherche toujours à me faire plaisir, a trouvé le moyen d'amener cette bonne lettre, je vais expliquer pourquoi elle a été écrite.

Le 4 juin, j'étais nommé délégué au Congrès confédéral qui devait se tenir à Limoges. Par un règlement draconien, l'Union des Syndicats de la Seine, sur 24 ou 25 Syndicats de Cheminots parisiens qui cotisent, qui prennent leurs timbres à l'Union, nous n'avons droit qu'à une voix de représentation. Nous avons mené une campagne énergique pendant un bout de temps, mais nous nous sommes heurtés au mur d'airain, l'Union des Syndicats disant que l'on ne peut pas modifier les statuts de l'Union des syndicats de la Seine avant la fin de la guerre. On nous reproche que les Cheminots veulent faire un Syndicat par localité, mais si les Cheminots se mettaient par profession, l'Union des Syndicats de la Seine serait bien forcée de nous adopter ; et, hier, on a mis en doute la validité de nos mandats parce que l'on ne voulait pas faire voir au Congrès que les Syndicats autonomes fédérés et confédérés ont droit à la représentation lorsqu'ils sont en règle et qu'à Paris, nous n'avons droit qu'à une voix. Nous n'avons pas le droit d'être représentés à l'Union des Syndicats de la Seine et nous avons le droit d'être représentés au Congrès confédéral. Expliquez-nous cela.

ROUGERIE. — Camarade, je vous demande d'entrer dans l'ordre du jour.

SIGRAND. — Au nom des Syndicats de Bois-Colombes, de la Ceinture et de Paris-Rive gauche, j'ai le mandat formel de voter contre l'attitude de la C. G.T. depuis la guerre et ceci pour des raisons que beaucoup d'orateurs ont déjà soulevées ; Bouderon et Montmousseau ont apporté des griefs que je ne répéterai pas, mais je tiens à mettre les camarades de la Confédération en face des actes d'avant-guerre. Vous vous rappelez les discours enflammés, antimilitaristes de la C. G. T. ; ces discours nous ont convaincus, et lorsque nous faisons des réunions, nous expliquons à nos camarades syndiqués que la C. G. T. doit être naturellement antimilitariste, antipatriotique suivant les conceptions des Congrès nationaux et internationaux. Nous avons vu le revirement se faire au moment de l'assassinat de Jaurès. Le camarade Jouhaux prononçait les paroles suivantes.

BIDEGARAY. — Tu n'étais pas syndiqué à ce moment-là. *(Applaudissements. Brouhaha.)*

SIGRAND. — La camarade Jouhaux prononçait les paroles suivantes : « Avant d'aller vers le grand massacre, au nom des travailleurs qui sont partis, au nom de ceux qui vont partir et dont je suis (mais il est encore là), je dis là, devant ce cercueil, notre volonté de toujours d'accorder les droits populaires, d'élargir les germes de liberté. C'est en harmonie avec cette liberté que nous répondons, « Présent » à l'ordre de mobilisation et que nous vous invitons à partir ».

Voilà, camarades, l'attitude de Jouhaux au lendemain de la déclaration de guerre, depuis, nous avons vu Jouhaux entrer dans toutes les Commissions gouvernementales ; à l'heure actuelle, dans toutes sortes d'Unions.

Je ne vais pas retenir longtemps le Congrès, le discours est fait.

Je tiens à protester énergiquement parce que l'on a dit que Saint-Etienne était un rammassis de gens sans mandat. Or, je suis délégué au Comité de Défense syndicaliste et je ne connais pas un camarade qui ne soit pas mandaté par une organisation. Les délégués au Congrès de Saint-Etienne avaient un mandat ferme et précis. On ne peut pas accuser le Congrès de Saint-Etienne d'être un Congrès de scission, c'était un Congrès régulièrement mandaté. Péricat est en prison, mais ce n'est pas lui qui devrait être en prison. A Clermont-Ferrand, les minoritaires ont accepté la motion d'unanimité adoptée par les majoritaires et les minoritaires décidaient que si la majorité confédérale n'avait pas provoqué un Congrès, les Syndicats minoritaires, par l'intermédiaire du secrétaire du Comité de Défense syndicaliste, en provoqueraient un. Péricat, aulieu de le convoquer pour le 16 avril, l'a convoqué pour le 19 mai, et je vous prie de croire qu'il s'est fait attraper par le camarade Andrieux.

Ce n'est pas seulement Péricat, mais les cent treize délégués qui ont voté la résolution de Saint-Etienne, ce sont les deux cents organisations et tous leurs adhérents qui ont voté la résolution de Saint-Etienne.

C'est la majorité confédérale qui a forcé les minoritaires à faire le Congrès de Saint-Etienne.

Jouhaux. — Je veux répondre deux mots seulement à Sigrand.

Un délégué. — Les minoritaires doivent faire le même chahut que les majoritaires tout-à-l'heure.

Jouhaux. — Camarades, je vous ai dit hier d'écouter dans le plus grand silence, parce qu'il n'y a que dans le silence que l'on peut faire la différence entre la vérité et l'absurdité, or, l'absurdité, je ne crains pas de dire que Sigrand vient de vous l'apporter. Absurdité, parce que tout ce qu'il a voulu dire est en contradiction formelle avec les dicisions du Comité confédéral et que le camarade Péricat qu'il citait tout-à-l'heure connaissait ces décisions pour y avoir participé.

Je ne veux pas retenir tout ce qu'il a y de basses insinuations. Je ne veux retenir du langage de Sigrand que ceci :

C'est qu'en réalité, pour se faire le procureur d'une thèse, il faut tout de même n'avoir pas derrière soi un acte qui interdit à celui qui est dans le mouvement syndical de se faire l'accusateur des autres. *(Applaudissements.)*

Quand un membre ou une corporation tout entière se lève pour revendiquer des droits et que l'on commet l'indigne lâcheté de rester à l'écart du mouvement ouvrier, on a le droit de se taire. *(Très bien ! Applaudissements.)*

Sigrand. — Ce n'est pas Sigrand qui parle c'est le délégué du Syndicat de Paris-Rive gauche.

Rougerie. — Le camarade Renaud est-il là ?

Le camarade Renaud n'est pas là, c'est le camarade Frossard qui prend la parole.

Discours de Frossard

Frossard. — Camarades, je voudrais essayer de rendre à ce débat le caractère impersonnel qu'il n'aurait pas dû perdre.

On a parlé hier, notre camarade Bled a parlé hier de son désir de voir disparaître les malentendus et les malaises qui pèsent si lourdement sur l'atmosphère confédérale. Les malentendus et les malaises ne disparaîtront qu'autant que dans les débats d'aujourd'hui, il sera question d'idées et non de personnalités. *(Applaudissements.)*

Certes, le sentiment du Congrès je le comprends. Mais, quel que soit l'intérêt du large débat rétrospectif qui s'est ouvert hier, le Congrès préférerait sans doute l'examen des directions à donner à la politique confédérale de demain et c'est à cet examen que je consacrerai la majeure partie des observations rapides qu'au nom des organisations belfortaises et comtoises, j'apporte à cette tribune. Mais, cependant, c'est l'ordre du jour même de ce Congrès qui nous conduit à examiner ce que fut l'attitude de la C. G. T. pendant la guerre. Quand le débat sera clos, on nous demandera de nous prononcer par un vote d'approbation ou de blâme. Il faut donc que notre jugement soit éclairé, camarades.

Bled, dans le discours vigoureux et habile qu'il a prononcé hier, dégageant la C. G. T. de ses tendances extrêmes, a essayé de marquer qu'il n'y avait entre nous que des désaccords de méthode et de tactique.

Je veux lui dire tout de suite que je crois que notre désaccord est plus profond et qu'à certain moment, il a été un désaccord de principe. *(Applaudissements.)*

Mais, avant, je veux essayer de démontrer que le malaise dont nous nous plaignons, est, pour une bonne part, le résultat de notre politique confédérale d'avant-guerre.

Lorsque tout-à-l'heure, Sigrand rappelait certaines décisions de nos Congrès antérieurs, lorsqu'il rappelait notre politique de négation brutale, notre politique de verbalisme démagogique, il y avait dans ses paroles une part profonde de vérité.

Ah ! les irresponsables que l'on condamne si sévèrement, ils s'appelaient hier Gustave Hervé et nous ne les avons pas désavoués.

JOUHAUX. — Tu oublies simplement dans ce débat tout le Congrès de Marseille qui fut dirigé contre la politique néfaste de division de *la Guerre sociale* de cette époque.

FROSSARD. — Camarade Jouhaux, je l'oublie si peu que j'allais immédiatement rappeler que la C. G. T. avait commencé de réagir contre cette politique de négation, contre ce que notre ami Merrheim au Congrès du Havre et à celui de la Métallurgie en 1913, appelait la politique des Antiques. Mais, s'il y a malaise, c'est bien moins parce que nous n'avons pas agi contre la guerre au moment où elle est venue que parce que nous avions éveillé dans les masses ouvrières la pensée que nous serions capables d'agir et d'empêcher la guerre.

Il faut que ces choses là soient dites. La vérité, c'est que le 31 juillet 1914, si nous avions voulu essayer de résister, nous aurions été emportés par le torrent de chauvinisme qui déferlait à ce moment là sur le pays. *(Applaudissements.)*

La vérité, il faut avoir le courage de la dire. La vérité, c'est qu'on ne fait pas de grève générale sans grévistes, c'est qu'il n'y a pas d'insurrection sans insurgés. La vérité, c'est que même si nous avions essayé d'appliquer nos résolutions de Congrès, nous aurions été ballayés par ceux-là mêmes qui, dans la masse ouvrière, aujourd'hui lassés par la guerre nous reprochent de ne pas agir en ce moment.

Camarades, nous n'avons rien fait, parce que nous ne pouvions rien faire. Et, l'observation que je viens d'indiquer, elle ne s'applique pas seulement, vous entendez bien, à l'attitude de la C. G. T. française, elle s'applique aussi à ceux qui de l'autre côté, ont connu le même déferlement de chauvinisme. *(Très bien ! Applaudissements.)*

Camarades, notre impuissance même nous a conduit, — et c'est ici que je trouve notre désaccord de principe — en toute bonne foi, notre impuissance nous a conduit tout naturellement à nous chercher des excuses à nous-mêmes et nous avons adopté sur les responsabilités de la guerre, la thèse gouvernementale. Et cela, vous entendez bien, camarades, c'est le plus grave reproche que je puisse adresser à la majorité confédérale. Quand nous avons eu à nous expliquer dans les Conférences confédérales antérieures sur notre attitude et notre position respective, à ce moment-là, tandis que les uns ne voulaient examiner que les responsabilités immédiates, nous étions de ceux qui affirmaient qu'à côté des responsabilités immédiates, au-dessus des responsabilités immédiates, il y avait des responsabilités lointaines et profondes. Les responsabilités immédiates certes, elles sont du côté des Empires centraux. Les responsabilités lointaines et profondes, il y en a de deux sortes : Il y a d'abord les responsabilités générales et impersonnelles du capitalisme fauteur de guerre et ensuite les responsabilités directes, les responsabilités personnelles d'un certain nombre d'hommes d'Etat qui ont été à la tête même de la politique de notre pays et qui l'ont dirigée pendant les quinze années qui ont précédé la guerre. *(Applaudissements.)*

Cela, je crois qu'il est inutile d'en faire la démonstration dans un Congrès confédéral. Cela, nous l'avons dit, nous l'avons répété, proclamé chaque fois que les menaces de guerre montaient à l'horizon de l'Europe et il y a quelqu'un qui l'a dit avec plus de force d'autorité que nous tous, c'est celui qui est tombé le 31 juillet sous les balles d'un fou. Si nous avions conservé cette notion des responsabilités générales et profondes, alors, certes, la C. G. T. aurait pu orienter autrement sa politique de guerre. Qu'est-ce que nous lui demandions ? L'expectative, puis conservant sa totale indépendance ,nous lui demandions de saisir dès qu'elle se présenterait l'occasion de faire renaître l'Internationale capable d'arrêter la guerre.

Vous le voyez, c'est sur le terrain des idées seulement que je me place et je tiens ma promesse de conserver à ce débat un caractère impersonnel. *(Très bien ! Applaudissments.)*

Sur les critiques qui ont été apportées par notre camarade Montmousseau, je demande la permission de dire un mot en passant.

Il a dit : « Il n'y aura défense nationale que lorsque l'égalité économique se trouvera réalisée ».

Je réponds : Montmousseau n'oublie qu'une chose, c'est qu'il y a la guerre et qu'il faut prendre position dans la guerre.

Je dis à notre camarade, nous avons eu raison d'affirmer que nous étions pour la Défense nationale. *(Très bien ! Protestations.)*

Oh, camarades, je ne cherche pas à traduire votre opinion mais la mienne. Je dis que ce qui fait notre force et vous devriez comprendre que cela fait la force des minoritaires, c'est de nous placer sur le terrain de la Défense nationale et c'est de dire que c'est au nom de la Défense nationale que nous aurions voulu mettre en action la force morale de l'Internationale. *(Applaudissements.)*

Défense nationale, parce que le prolétariat ne peut accepter d'ajouter une servitude nouvelle à celles sous lesquelles il est déjà courbé. Défense nationale, parce que vous êtes vous-mêmes qui me reprochez de parler de Défense nationale,.vous êtes au premier rang dans la bataille de la défense des libertés républicaines et comment voulez-vous faire une différence entre la République et la Nation.

Il faut que nous nous débarrassions de ces vaines formules et tant que nous n'aurons pas le courage de rompre avec la démagogie, nous ne produirons pas une classe ouvrière forte.

Luquet. — Nous ne disons pas autre chose.

Frossard. — C'est vrai, mais vous avez attendu bien longtemps pour le dire.

Luquet. — Non, et nous vous prouverons le contraire.

Frossard. — Vous avez attendu au moins jusqu'à la Conférence de Clermont-Ferrand.

Camarades, maintenant, j'aborde la seconde partie de mon exposé. L'Internationale, on a posé des conditions préalables à sa rencontre et ses conditions, elles étaient incluses dans le memorandum du Labour Party au bas duquel nos camarades de la C. G. T., à Londres, ont mis leur signature.

Nous avons appris que les socialistes des Empires centraux acceptaient de prendre comme base de discussion le mémorandum du Labour Party. Socialistes d'Allemagne, d'Autriche, de Bulgarie, de Turquie, se sont mis d'accord pour accepter l'essentiel, la direction générale tout au moins, du mémorandum du Labour Party. Cette fois, il me semble qu'il n'y a plus d'adversaires de la réunion de l'Internationale. Nous la voulons tous, mais nous ne la voulons peut-être pas de la même façon.

A Clermont-Ferrand, nous avons voté la reprise, mais elle n'a pas pu se faire.

Mais la reprise, c'est l'an passé surtout au moment où nous sont parvenues les offres de paix de l'Autriche et de l'Allemagne, qu'une Conférence internationale aurait eu son maximum d'efficacité, et, l'an passé, quand nous avons voulu aller à Stockholm, les gouvernements se sont dressés et nous ont refusé les passeports. Encore mieux, récemment lorsque Jouhaux avec Cachin ont voulu aller aux Etats-Unis rencontrer le Président Wilson, se sont les gouvernements de l'Entente qui se sont opposés à ce départ.

Cela, je tiens à le dire du haut de cette tribune, parce que ce sont là les raisons que l'on a données au grand public ouvrier. Et, ici, je me permets d'ajouter que si les gouvernements ont pris tant de liberté à l'égard de notre mouvement ouvrier et de notre mouvément socialiste, c'est parce que nous n'avions pas nous-mêmes conservé suffisamment notre indépendance dans la guerre. *(Très bien ! Protestations.)*

Camarades, je ne dis rien qui puisse blesser qui que ce soit et je ne crois pas qu'il puisse y avoir dans le Congrès quelqu'un qui puisse être plus discipliné et plus unitaire que moi.

Camarades, nous nous trouvons maintenant devant cette situation que du côté des classes ouvrières internationales, il n'y a plus d'obstacle à la réunion de l'Internationale et, comme le dit Jouhaux, il faut agir. Et maintenant, je pose la question : Nous allons à nouveau demander les passeports, s'ils nous sont refusés, Jouhaux, qu'est-ce que nous ferons ? *(Très bien !)* J'entends bien qu'il me répondra...

Jouhaux. — J'ai déjà répondu, Frossard.

Frossard. — Oui, il y a eu votre ordre du jour et nous l'avons repris l'autre jour au Congrès de la Fédération des Métaux, mais il n'en reste pas moins que c'est la grosse question qui se pose devant le Congrès, à savoir comment nous allons agir pour la Paix, non pour une paix quelconque, non pour une paix humiliante, mais pour une paix sans annexion ni conquête, et, droit des peuples à disposer d'eux-mêmes. *(Applaudissements.)*

L'autre jour, quand à la Fédération des Métaux, nous examinions les récents mouvements de la Seine, de la Loire et du Centre, nous étions invinciblement conduits à nous dire que si ces mouvementt prématurés n'avaient pas éclaté dans le désordre et en dehors des organisations régulières, il y avait là, pour notre action, une force insoupçonnable. Et, je veux conclure tout de suite sur ce point en disant : Dans la résolution que nous allons voter, il faut que nous disions aux gouvernements notre volonté d'action populaire dans l'Internationale, elle est complète et unanime ; nous exigeons des passeports et si vous ne nous les donnez pas, alors vous allez au-devant d'une crise redoutable pour le pays, mais dont toute la responsabilité retombera sur vous-mêmes. *(Applaudissements. Très bien !)*

Jouhaux. — Ce que tu dis, nous l'avons dit.

Frossard. — Vous le répéterez et nous le répéterons. Il y a des choses qui ont été murmurées et qu'il faut que l'on dise aujourd'hui avec précision et clarté.

Et maintenant, il ne me reste qu'un dernier point à examiner avec vous. C'est la question de la Révolution russe, mais je me placerai sur un autre terrain que celui où s'est placé hier notre ami Bourderon. Non, que les raisons de principe qu'il a données ne m'ont pas suffi, mais parce qu'il y en a d'autres qui me semblent aussi fortes.

La question de l'intervention en Russie, voici comment elle doit se poser pour le prolétariat français :

La France a-t-elle intérêt pour l'issue favorable de la guerre à ce que les Alliés interviennent en Russie ?

Je ne fais que poser la question, camarades et je dis que c'est ainsi qu'il faudrait que la question fut posée.

D'abord, je signale la campagne qui est en ce moment même engagée dans la grande presse en faveur de l'intervention.

Vous le savez, camarades, derrière cette campagne qui est loin d'être une campagne désintéressée, il y a une figure sinistre, celle de l'homme dont Jaurès disait qu'il était cette canaille d'Isvolsky. C'est M. Isvolsky qui dirige la campagne de presse menée en faveur de l'intervention et notre ami Mistral a pu, en effet, fournir la preuve que la grande presse recevait sur la question des clichés tout faits qui lui étaient payés au fort tarif. Campagne suspecte au premier chef et qui indique quels sont les désirs de la bourgeoisie. Ah certes, M. Isvolsky, à l'encontre des bourgeois de Finlande et de l'Ukraine, s'adresse à la France. Il s'adresse à la France parce qu'il se trouve en France, il s'adresserait à l'Allemagne s'il se trouvait en Allemagne. La seule question qui compte pour lui, c'est de savoir comment dans la Russie, à peine démocratisée et en plein chaos révolutionnaire, on va pouvoir rétablir un Grand-Duc sur le trône écroulé du tzarisme. *(Applaudissements. Très bien !)*

Cette coïncidence de la camapgne suspecte de M. Isvolsky avec la campagne de notre camarade Kerensky n'a pas été sans nous troubler. Non que nous mettions en doute la sincérité profonde, l'honnêteté incontestable de l'homme qui a été un moment à la tête de la Révolution, mais parce que nous avons pu croire qu'à son insu peut-être Kerensky était engagé dans une aventure qui ne tournerait pas au profit de la démocratie, comme il voudrait qu'elle tournât.

Maintenant, je veux dire encore, que vous n'avez pas le droit de condamner le gouvernement bolchevik sur les seules affirmations de la grande presse et de notre ami Kerensky. Vous n'avez pas ce droit. Je ne dis pas que vous le faites, mais je dis que si vouliez le faire vous n'auriez pas ce droit. Vous avez permis à l'accusation de se produire publiquement, mais vous avez interdit la défense. Kerensky a pu venir, il a pu, accuser tout à son aise, mais les Bolckviks n'ont pu répondre. Je serais plus à l'aise moi pour dire ce que je pense de l'attitude de Lenine et de Trosky si leurs représentants directs avaient pu venir en France s'expliquer avec le prolétariat. Je reproche à Lenine et à Trosky d'avoir commis une lourde faute, d'avoir cru qu'il était possible de réaliser le socialisme dans un pays ou la concentration capitaliste est à peine commencée.

Je fais ce reproche parce que je suis un marxiste impénitent, un de ceux qui disent qu'ils n'ont pas mal tourné et je veux dire maintenant : Examinons les possibilités d'intervention.

Il y a des hommes qui depuis quatre ans font appel aux baïonnettes japonaises. Ils s'appellent Pichon, ils s'appellent aussi Clémenceau. M. Pichon, ministre aux Affaires étrangères ne devraient pourtant pas ignorer quil' n'y a pas un bon courant puissant qui se manifeste au Japon en faveur de l'intervention. Il y a au Japon deux grands courants d'opinion, le premier courant germanophile qui se dit que l'Allemagne sortira victorieuse de la guerre et alors, nous avons intérêt à nous entendre avec elle pour pouvoir partager les dépouilles de l'immense empire moscovite. Deux groupes de nations se disputent les mers. L'hégémonie règne dans ses deux groupes ; l'Allemagne est à la tête d'un de ces groupes et l'Angleterre à la tête de l'autre.

Il n'est pas certain et je vous prie d'y réfléchir que le Japon nous laisserait la possibilité d'une intervention armée des Alliés.

Je dis, camarades, qu'il faut avoir une dose d'illusions pour penser qu'il est possible de redresser un front comme le front russe. Vous savez bien que quand un peuple a déposé les armes, il est difficile de les lui faire reprendre et surtout lorsqu'il se trouve dans l'état d'affaiblissement de décomposition ou d'anarchie ou se trouve le peuple russe, émietté, morcelé. Puis, aussi, à mon sens, pour que l'intervention alliée puisse réussir en Russie, de combien de centaines de mille d'hommes devra-t-on dégarnir notre front français pour intervenir avec efficacité, et, la question se pose au moment où il s'agit non de relever le front russe, mais de défendre Paris, la question se pose de savoir si nous avons des hommes en surnombre et si nous sommes prêts à les sacrifier à je ne sais quelle chimère. Et maintenant aussi, camarades, vous voulez aller en Russie, au service de la Démocratie contre le Bolchevisme ; mais, voyons, ou le Bolchevisme est en train de disparaître et alors, les partis démocratiques n'ont pas besoin de vous pour hâter son écroulement, ou alors, il est encore puissant et le seul résultat de votre intervention serait peut-être de les jeter dans les bras de l'Allemagne et de donner à l'Allemagne la possibilité de trouver en Russie une réserve d'hommes inépuisable qui ferait compensation à l'appoint qui nous vient des Américains.

Camarades, j'en ai fini. J'ai essayé de marquer à la fois ce qui nous a séparé dans le passé et les directions à donner à notre politique confédérale. Maintenant, il s'agit de savoir s'il y a des possibilités d'accord entre nous. L'unité ouvrière, nous y sommes passionnément attachés. Je n'ai pas été au Congrès de Saint-Etienne, mais je veux dire à nos camarades de la majorité que l'Unité ouvrière ne se trouverait pas menacée parce que nous aurions eu ici, les uns et les autres des points de vue différents. Nous pouvons sur des résolutions, nous compter suivant nos préoccupations personnelles, suivant nos conceptions différentes sans que soit menacée l'unité nécessaire de notre mouvement ouvrier. Les unanimités, elles sont trop souvent des unanimités menteuses qui ne permettent pas l'action utile et vous l'avez bien vu par les interprétations différentes qui ont été données hier, à la fois par Jouhaux et par Bourderon, aux conditions dans lesquelles s'est trouvée réalisée à Clermont-Ferrand cette unanimité.

Est-ce que la classe ouvrière, est-ce que le Congrès confédéral a le droit de se mentir à lui-même ? Quand nous aurons avec toute notre passion exposé notre point de vue, si l'accord ne peut se faire, alors, allons au scrutin, mais allons au scrutin avec la résolution de nous incliner devant le vote de majorité et de travailler tous d'un même cœur à la totale libération du prolétariat. *(Applaudissements.)*

Discours de Dumoulin

DUMOULIN. — Camarades, je dirai, quand j'en arriverai à mes conclusions, les raisons pour lesquelles il est impossible d'admettre la proposition faite par nos camarades Keufer et Claverie.

Je partageais comme eux le même empressement à construire, j'avais comme eux l'intention, le même désir de venir bâtir quelque chose de nouveau, si possible, Nous essaierons à la fin de ce Congrès, mais présentement, il nous est impossible de le faire sans avoir détruit ce qu'il est nécessaire de détruire. Et, camarades, je n'oublie pas en présence de qui je me trouve ;

je ne veux pas négliger ce qui existe présentement dans l'esprit de chacune des tendances représentées. Et, s'il m'est permis de faire appel à toutes ces tendances, pour élever le débat au niveau qu'a atteint notre camarade Frossard, je demande aux amis minoritaires de voir dans la personnalité de Dumoulin autre chose qu'un personnage qui brigue au remplacement. S'il en était ainsi, nous ne pourrions avoir que des idées de critiques personnelles, et il nous serait impossible de nous élever au-dessus des personnalités. Donc, camarades minoritaires, s'il y en a parmi vous qui sont préoccupés par ces sentiments politiciens, tâchez de vous en débarrasser.

Pour moi, la question est plus élevée et me préoccupe davantage qu'une question de remplacement ou de concurrence. *(Applaudissements.)*

Camarades, Frossard a pu dégager ses pensées des préoccupations personnelles ; il a pu avec aisance donner satisfaction à une partie de ce Congrès qui a besoin d'être renseignée sur la situation diplomatique générale, — je parle de la diplomatie ouvrière, — mais, il y a autre chose, il s'est débarrassé avec aisance des critiques nécessaires qui doivent être apportées à la majorité du Comité confédéral.

Or, je le ferai, moi, sans haine, sans parti-pris, mais il m'est impossible de séparer les principes, de séparer les idées des hommes qui ont accompli les actes. Je m'efforcerai, chacun s'efforcera de tenir un langage correct. Cependant, on ne peut pas admettre que le mouvement syndical est extra-humain. Le mouvement syndical est humain, il est fait par les hommes, il est composé d'hommes, il est dirigé par des hommes, ces hommes sont responsables de leurs actes. Et, camarades, on ne peut pas symboliser les choses au point de se débarrasser totalement des personnalités sous prétexte de ne pas tomber dans la démagogie. Or, il semblerait que nous voudrions nous débarrasser totalement d'un passé, sous prétexte qu'il est trop chargé de démagogie, parce que nous ne voudrions plus accepter tout ce que nous avons dit dans le passé. Eh bien, camarades, non quand même, il y aurait pour nos consciences, pour la noblesse de nos idées du passé un reniement tellement total, si je puis dire, un reniement tellement complet, qu'aucun de ceux qui sont ici, n'y consentiraient.

Ah certes, on a pu se retrouver, on a pu reconstituer des familles qui, avant la guerre, s'ignoraient totalement, on a pu se retrouver entre hommes qui, avant la guerre, se détestaient cordialement, on a pu se recomposer une majorité confédérale avec nos amis Keufer, avec les réformistes d'antan, mais ces personnalités devenues majorité confédérale d'aujourd'hui, n'oseraient nier leur passé réformistes ou révolutionnaire ; et, notre camarade Dumas, qui fut toujours un anarchiste et qui, aujourd'hui, est un patriote acharné, ne rougira pas qu'on lui rappelle ses idées d'autrefois.

Or, examinons-nous, mais ne regrettons pas d'examiner les hommes. Si nous avions cette sainte frousse de ne plus vouloir nous regarder en face nous semblerions donner au mouvement syndicaliste un caractère tellement extérieur, qu'il n'y aurait plus possibilité que pour une église confédérale, or, nous sommes gens tellement francs, nous sommes, camarades, d'une telle composition franche; que je ne crains pas de regarder personne en face et il m'a été pénible de prendre la position que j'ai prise, parce que j'ai dû sacrifier de véritables amitiés autrement solides que celles qui lient aujourd'hui nos camarades Keufer et Dumas ; si j'ai dû sacrifier des amitiés, c'est que vraiment les principes sur lesquels notre désaccord s'affirmait valaient quelque chose ; si nous nous sommes trouvés en désaccord, si nous avons rompu avec des amitiés réelles, non pas avec de la camaraderie conventionnelle, mais avec de la réelle amitié, c'est que vraiment le désaccord qui nous a séparés reposait sur des principes. Nous sommes allés chacun de notre côté et notre désaccord, du camarade Jouhaux à moi, de la majorité à moi, est profond. Je ne sépare pas la majorité confédérale de Jouhaux, je n'entends pas faire une seule responsabilité, je vais même jusqu'à penser que dans la majorité confédérale, on a souvent entraîné notre camarade Jouhaux trop loin ; il a dû souffrir souvent de sentir autour de lui des gens qui jadis démagogues, venaient aujourd'hui à la démagogie du nationalisme, changeant simplement de démagogie. Or, camarades, c'est bien à la majorité tout entière que je m'en prends pour la besogne qu'elle a accomplie et notre désaccord vient de la première constatation, de la guerre. Elle vient non pas du reniement de notre passé puisque tous nous avons signé ces manifestes et les avons produits devant le prolétariat comme le reflet de sa pensée à lui, comme le reflet de ses sentiments, à propos de la guerre balkanique, preuve que la C. G. T. n'ignorait pas que la guerre venait.

On a dit : Nous avons été surpris par les événements, nous ne pensions pas à la guerre, et, au contraire, on démontre ici qu'on l'a vue venir, qu'on la sentait venir, qu'on savait d'où elle venait et comment elle venait. Les gens de la C. G. T., le Bureau confédéral, la majorité confédérale d'avant guerre, moins les réformistes de cette époque. La C. G. T. disait : L'Europe sortant de la crise qui fit naître l'abominable agression contre le Maroc de la France capitaliste et financière, — ce n'était pas l'Allemagne impérialiste et pangermaniste, c'était la France capitaliste et financière, à ce moment-là — voit surgir dans le présent les redoutables possibilités d'une conflagration guerrière, dressant les unes contre les autres les puissances européennes. On le disait à propos du Maroc ; on l'a répété à propos de la guerre balkanique et on a spécifié les désirs d'expansion territoriale de l'Autriche et de la Russie. On ne disait pas à ce moment-là, à la C. G. T. : Les désirs d'hégémonie allemands, les désirs de domination allemands, on disait les désirs d'expansion territoriale de l'Autriche et de la Russie, vont nous conduire à la guerre. Et, quelque part, dans un autre manifeste confédéral, moins les Cheminots, toujours moins notre ami Keufer, mais avec notre ami Dumas, aujourd'hui nationaliste, on disait : La Russie est derrière la Serbie. La Russie est derrière la Serbie pour provoquer la conflagration européenne, et l'Allemagne est derrière l'Autriche ; par conséquent, on n'avait pas besoin d'avoir recours aux diplomates authentiques des gouvernements pour avoir une opinion sur la guerre, mais, quand on a voulu reconnaître son impuissance du début, quand, comme l'a dit notre camarade Frossard, on n'a pas voulu affirmer, dire qu'il était impossible de faire la grève générale et l'insurrection, on a été obligé de recourir à une autre diplomatie, la diplomatie gouvernementale, et, alors, dans notre premier manifeste confédéral, dès la mobilisation, nous disions, et je m'accuse également de ces fautes, nous disions : « L'Autriche porte une lourde responsabilité devant l'histoire ». On ne dit pas, il y a derrière l'Autriche, l'Allemagne ; il y a derrière la Serbie, la Russie. On dit simplement dans le manifeste confédéral : « L'Autriche porte une lourde responsabilité devant l'hitoire ». Et, ainsi, dès son premier manifeste de guerre, la C. G. T. prend diplomatiquement position suivant le terme diplomatique admis par le gouvernement. Voilà la première faute commise, faute de laquelle découlèrent toutes les autres fautes qui justifient toute notre critique d'aujourd'hui et tout notre désaccord.

Ah ! notre camarade Bled a parlé de légendes. Hélas ! il arrive à notre pays fortement oublieux du passé que les événements quand ils finissent par avoir du temps sur les épaules, s'usent rapidement. On oublie, on est enclin à l'oubli, on ne veut plus se souvenir, on est seulement imprégné du désir de faire quelque chose demain. Le passé devrait être rapidement enterré avec toutes les légendes qui l'accompagnent. Eh bien, malgré que les événements aient perdu de leur caractère, qu'ils aient perdu de leur importance qu'ils soient devenus quelque peu dans le domaine légendaire, il n'en reste pas moins des actes, des événements qui ont déterminé la situation d'aujourd'hui et qui détermineront la situation de demain. Les actes qui pèsent aujourd'hui sur les épaules du Congrès sont ceux dont nous avons souffert.

Ah ! s'il s'était agi de revenir de Bruxelles en période normale après avoir vu Legien dans un café bruxellois et d'avoir échangé avec lui une tasse de café, je vous assure qu'en période ordinaire, on se serait bien gardé de dire : « Nous avons parlé à Legien ». Mais, comme nous étions en guerre, comme il y avait une position prise par la C. G. T., position diplomatique en concordance avec celle du gouvernement, il fallait alimenter l'attitude de la C. G. T. par des événements sensationnels et ce que je reproche au Bureau confédéral, c'est d'avoir travesti, c'est d'avoir grossi la tasse de café de Bruxelles, pour en faire une entrevue émouvante dans laquelle il semblait que le Secrétaire confédéral avait regardé l'Allemagne en face et les journaux français, les journaux dévoués à la religion guerrière, le grand officiel *Le Temps* reprenait la légende. Bled, la grossissant à dessein disait : « Oui, Jouhaux est allé en Allemagne voir Legien dans une entrevue sensationnelle » et au Congrès de nos amis des P. T. T., un camarade jouissant d'une certaine éloquence, paraît-il, déclara qu'il se souvient, lui, de l'entrevue émouvante de Bruxelles. Moi, mon tort, mon défaut, c'est de voir les choses comme elles sont, pas plus qu'elles ne sont. Il m'a donné un cigare Legien, nous avons approché nos tasses de café l'une contre l'autre et nous avons posé des questions sacramentelles dans deux langues différentes et voilà l'entrevue. Si, camarade Jouhaux, tu veux qu'elle soit autre chose, je t'accorde qu'elle soit autre chose, si le Congrès veut qu'il y ait là entrevue émouvante, que Jouhaux est allé regarder le pangermanisme en face, si le Congrès veut qu'il y ait dans cette entrevue quelque chose de sensationnel, d'émouvant, de profondément impressionnant, je t'accorde tout. Mais, à moi, il m'apparraissait nécessaire de ramener cette entrevue de Bruxelles au point unique où elle a existé vraiment. Nous n'avons pas adressé un mot à Legien dans le Congrès, en présence du Congrès de la Centrale belge, là où véritablement, on aurait dû prendre le prolétariat belge à témoin des déclarations de Legien. On aurait dû forcer Legien à se prononcer devant un Congrès comme témoin. On s'est borné à le racoler dans un café pour lui faire dire des choses qui ont été mal traduites.

Un membre. — Pourquoi ne l'avoir pas fait ?

DUMOULIN. — On me dit pourquoi ne l'avoir pas fait. Au moment où il eut été possible d'exposer le fait contradictoirement avec le camarade Jouhaux, je me trouvais dans une situation qui m'empêchait de le faire. Oui, camarades, il peut arriver de ces choses desagréables, je considère que la lecture des décisions des Congrès internationaux est superflue. Cela nous conduirait tellement loin que nous ne pourrions plus faire la critique de ce qui nous est apparu comme des violations de principes. J'affirme qu'il n'y a eu que quelques propos échangés dans un café de Bruxelles.

Maintenant, laissons ces choses. Nous étions revenus à Paris, revenus de Bruxelles ensemble, sous l'impression des événements qui se précipitaient, nous ne nous sommes pas toujours compris. Le Comité confédéral, désemparé, impressionné par les bruits mis en circulation. Qu'on se souvienne. Les camarades n'osaient plus apparaître au Bureau confédéral, ni se réunir à la C. G. T., on vivait dans une situation déplorable.

A ce moment-là, oui, je me suis demandé quelle était donc la personnalité mystérieuse, ou plutôt la fée légendaire qui avait pu, à un moment donné, changer l'état d'esprit de certains camarades. Je me demandais s'il était vraiment possible que dans une même semaine un ministre de la Guerre puisse « zigouiller » tous les chefs de la C. G. T. et envoyer le reste dans ces camps de concentration et dans la même semaine dire qu'il n'y aura pas de carnet B. Nous avons vécu cette semaine où l'on a pu dire : « Je vous zigouille », et « Je supprime le carnet B. ».

Je ne cherche pas la fée légendaire, je constate le fait comme l'a constaté Bourderon. Je dis qu'il a été le point de départ d'une attitude, non pas d'une attitude de tactique, mais d'une attitude personnelle qui revêt le caractère de certains reniements et qui ont rejailli sur toute la politique confédérale. On m'opposera des dénégations parce que je n'apporterai aucun fait personnel. Je ne reproche pas à Jouhaux sa situation, mais je constate qu'il y a eu des raisons pour supprimer le carnet B. et pour ne pas faire intervenir les fusils contre les militants de la C. G. T.

Nous avons vécu cette époque, et c'est au lendemain de cette période ténébreuse et difficile que vous prenez position, que vous prenez une attitude qui n'est plus celle du passé, l'attitude de reniement, attitude d'abdication de votre indépendance, peut-être pas de votre indépendance personnelle, mais de l'indépendance du mouvement ouvrier. C'est à ce moment-là que vous apportiez votre signature au pacte d'Union sacrée. Je ne dis pas, que vous ayez voulu récompenser le gouvernement de ne pas vous avoir fusillé. Je crois que l'on a dû vous faire comprendre qu'il valait mieux signer un pacte d'Union sacrée plutôt que d'appliquer le carnet B. On s'est trouvé pris dans cet engrenage. Le gouvernement lui-même, Malvy, plus intelligent que Messimy, comprenant mieux la psychologie de la guerre, ou tout au moins de ses débuts, a dit : « Il est inadmissible d'établir dans ce pays l'équilibre dans la Défense nationale sans avoir, au préalable, obtenu de tous ceux qui ont quelque influence sur le peuple et sur la masse ouvrière, leur signature sur le pacte d'Union sacrée », et la majorité confédérale s'est efforcée de maintenir ses engagements vis-à-vis de l'Union sacrée. Quand vous avez accepté la direction morale de certaines œuvres philanthropiques, quand vous avez accepté de guérir les plaies misérables de tous ceux qui souffrent, quand vous avez accepté de collaborer avec un archevêque, et de recevoir sans votre bureau les bonnes sœurs de la Charité, tout en déniant au Pape de s'affirmer pour la Paix, vous concédiez ainsi votre bonne foi pour l'Union sacrée, mais vous abdiquiez l'indépendance du mouvement ouvrier. *(Applaudissements.)*

Camarades, ces choses sont dites sans acrimonie. Moi, membre du Bureau confédéral, il m'est arrivé quelquefois de venir à la C. G. T. et il y avait dans le bureau confédéral des sœurs de la Charité. Nous considérons que vous avez été obligés de faire cela pour satisfaire à votre pacte d'Union sacrée. Cela peut faire rire quelques camarades, qui, en réalité, n'ont pas pour les principes, la même foi, la même énergie, sans doute ! Ils étaient avant la guerre placés sur un terrain facile, parce que même avant que nous ne soyons en guerre avec l'Allemagne, ils ne cachaient pas du tout leur antipathie pour les Allemands.

« Nous avons tout fait pour éviter la guerre », voilà ce que vous avez été obligés de dire au lendemain de la signature du pacte d'Union sacrée. « Nous avons tout fait pour éviter la guerre », vous l'avez dit avec le gouvernement, vous l'avez dit avec Viviani.

Bled. — Merrheim l'a écrit le 3 octobre à Draveil, au nom de la C. G. T.

Dumoulin. — Merrheim a dit ce qu'il a voulu. Je ne crois pas que nous soyons engagés les uns envers les autres pour ne pas pouvoir exprimer notre pensée personnelle. J'ai dit que vous aviez affirmé sur tous les tons que vous aviez tout fait contre la guerre. Mais, alors, où nous ne sommes plus d'accord, s'il est vrai que dans les campagnes précédentes, que dans nos Congrès confédéraux, dans nos séries de meetings régionaux, dans toute notre attitude, dans toute notre propagande, s'il est vrai que nous avons tout fait contre la guerre, nous minorité en France, est-il vrai que le même langage pouvait être tenu par les patrons, par les financiers, par les gouvernants, par les réactionnaires, par les chauvins, par les nationalistes ? Vous avez dit : « Nous avons tout fait contre la guerre ». Vous avez associé cette formule ; vous l'avez accolée à la formule gouvernementale qui disait : « Nous aussi, nous avons tout fait contre la guerre, nous sommes victimes d'une agression. » *(Applaudissements.)*

Vous n'avez pas ajouté, vous majorité confédérale : « Nous sommes victimes d'une agression ». Vous avez dit avec le gouvernement : « Nous avons tout fait contre la guerre » ; le gouvernement n'a eu qu'à ajouter, lui : « Nous sommes victimes d'une agression ». Et, ainsi, se crée l'équivoque. Mais, oui, camarades, on était victimes d'une agression ; c'est ce que tout à l'heure, Frossard appelait les responsabilités immédiates et lointaines, mais vous n'avez dit que cela vous autres, d'autres sont allés les chercher ces responsabilités lointaines, tandis que vous, vous n'avez voulu rester que sur les responsabilités immédiates. Vous n'êtes pas sortis de cela jusqu'à ce que vous receviez de quelque part une pression suffisante, vous n'êtes pas sortis de l'équivoque première qui consistait à laisser entendre à la classe ouvrière de ce pays : « Nous sommes victimes d'une agression ». L'Allemagne est seule responsable de la déclaration de guerre. Il n'y a pas d'autres responsabilités, il n'y a pas de responsabilités lointaines, pas de responsabilités capitalistes, financières, pas de responsabilités de classe, de convoitise internationale. Vous avez laissé la question, vous majorité confédérale, sur son premier terrain d'agression allemande et de responsabilité immédiate. Oui, à présent, sous la poussée des événements, quand d'autres camarades se sont ressaisis et ont exercé sur cette majorité une pression bienfaisante, vous êtes allés jusqu'à les accompagner dans la recherche de ces responsabilités lointaines ; mais jusqu'à l'époque où sacrifiant à l'Union sacrée les principes, les hommes et ce qu'il y avait de meilleur dans le mouvement ouvrier, vous êtes allés à Bordeaux, vous majoritaires, vous n'avez pas cru devoir protester. Le Secrétaire de la C. G. T. prenait sur lui tout seul le voyage de Bordeaux, accompagnant le gouvernement, fuyant la situation parisienne pour aller à Bordeaux gouverner. Il y aura sans doute sur le voyage à Bordeaux, sur la vie bordelaise, sur les légendes bordelaises, des petits secrets que l'on nous apprendra plus tard. Nous saurons pourquoi là-bas on cuisinait le journal *La Bataille syndicaliste* ; on saura pourquoi là-bas il y avait la petite cuisine ministérielle, pourquoi — passez-moi l'expression — on s'engueulait avec les gens de l'*Humanité*, pour avoir la primeur des choses gouvernementales.

Luquet. — Quelle histoire ! !

Dumoulin. — C'est l'histoire qui nous a été rapportée, telle qu'elle s'est passée entre toi et Griffuelhes, et Sembat, et Jouhaux, et Dunois. Ah ! les camarades qui là-bas s'étaient mis sous la tutelle gouvernementale et qui allaient se plaindre au ministre socialiste d'être traités avec moins de faveur que les autres !

Il y a, dans ce voyage à Bordeaux, quelque chose de légendaire, il y a là la consécration de l'abdication confédérale. S'être ainsi laissé entraîner dans l'aventure gouvernementale, avoir fui les responsabilités de l'organisation à Paris et avoir abdiqué sa personnalité en devenant commissaire à la Nation. C'était, dans la pensée de Jouhaux, jouer au « quarante-huitard », au conventionnel, au républicain de 1793, Jouhaux, ex-commissaire à la Nation, se croyait l'égal des conventionnels comme Couthon et Saint-Just. qui allaient accompagner les armées de la République. Eh bien ! il était nécessaire de mettre les choses au point. En les défigurant devant le Congrès, elles apparaîtront sans importance ; on a consenti à devenir Commissaire à la Nation avec l'espoir que cela nous conduirait au Comité de Salut public pour forcer la Victoire. Y a-t-il là attitude confédérale ? Cela justifie-t-il l'abandon de l'indépendance du mouvement ouvrier? Y a-t-il dans ce voyage dans ce pacte d'Union sacrée, dans les bénéfices que vous avez pu en retirer pour vous-mêmes, pour la classe ouvrière, pour le mouvement ouvrier, dans le Secours national et ailleurs, y a-t-il dans l'Union sacrée autre chose que de la duperie ? En réalité, si vous avez évité les coups de fusils gouvernementaux, vous avez donné en échange des faveurs gouvernementales. Je me souviens que Jouhaux se plaignait d'être envahi de demandes de gens qui ne voulaient pas se battre. Ainsi, l'Union sacrée était loin d'être un symbole. Je me souviens qu'à la Fédération des Métaux, on a dû se refuser à être le maquignon de ceux qui voulaient se soustraire à la bataille sur le front, d'abdiquer totalement entre les mains du gouvernement l'indépendance du mouvement ouvrier. C'est ainsi qu'on l'a abdiqué. Il a fallu faire droit à la gourmandise de tous ceux qui se sentaient des capacités de tourneur, qui se révélaient tourneur à tout propos et hors de propos. Nous avons souffert de cette situation épouvantable. C'est qu'au front même, les hommes ne pensaient qu'à un syndicalisme de faveur, ils ne croyaient qu'à la possibilité de s'adresser à Albert Thomas, à Merrheim ou à Jouhaux, ou encore à d'autres personnages capables de leur procurer des sursis d'appel, ainsi est apparu le syndicalisme d'Union sacrée.

Eh bien ! si notre attitude a été autre, si nous sommes restés des adversaires, c'est parce que l'Union sacrée tuait la C. G. T. dans son expression symbolique, dans son espression d'indépendance.

Aujourd'hui, si cela n'apparaît pas ainsi, c'est que le Congrès, et moi aussi, avons le désir de faire autre chose.

Comme Bourderon, j'étais à même de vous demander, Bled, de ne pas apporter ces critiques. Si vous vouliez le regretter, ce passé, et ne pas demander au Congrès un vote d'approbation ! Mais, si vous voulez ne rien regretter, il faudra que vous apportiez ici, que tu apportes ici toi-même, Bled, une affirmation personnelle venue d'un militant. Si vous ne voulez rien regretter, ce n'est pas pour une question d'amour-propre, c'est parce que demain tu veux te réserver, Clémenceau étant descendu, de rentrer quelque part, pour une nouvelle Union. *(Applaudissements.)*

Pour que nous ne blamions rien, il faut que tu viennes dire ici, Bled : « L'Union sacrée ne nous a donné que des leurres, des désillusions ». Mais, on ne veut pas reconnaître ses erreurs. Demain, ministère de gauche, ministère à pattes de velours, ministère aussi nuisible à la classe ouvrière, plus peut-être que celui-ci. *(Brouhaha.)*

Bled. — Je dirai cela à la tribune.

Dumoulin. — J'entends que l'on apporte ici de la franchise. Bled a déclaré qu'il faut clarifier, mettre de la clarté. Je veux qu'il en apporte à cette tribune. Il en apportera puisqu'il s'y est engagé. J'accuse l'Union sacrée vous viendrez la défendre et me dire si vous la reprendrez demain sous un autre ministère.

Je pose une simple question à notre camarade Jouhaux sur un voyage qu'il avait projeté en Italie et qui avait pour objet de pousser les Italiens à l'intervention italienne.

Je sais d'après ce qui m'a été dit, — cette question est posée en toute camaraderie, — qu'il a été en Italie, ou plutôt qu'il a essayé d'aller en Italie pour favoriser l'intervention italienne dans la guerre. Je sais qu'il n'y est pas allé, mais je sais qu'il voulait y aller. S'il n'y est pas allé, c'est que les possibilités matérielles se sont mises en travers de ce projet. On s'est borné à voir le secrétaire ou le président d'un groupe syndicaliste italien, De Ambris, et d'arracher à ce personnage un interwiev que tous les journaux français, de gauche et de droite ont reproduit.

De Ambris n'a pas réalisé l'unité ouvrière en Italie.

Il y a trois C. G. T. en Italie depuis que De Ambris est devenu patriote, plus un syndicaliste irrédentiste. Là non plus, on n'a pas réalisé l'unité ouvrière. Ce n'est pas notre faute, c'est celle des gens qui ont divisé le prolétariat italien. Ce sont les gens qui ont créé à côté de la Confédération un syndicalisme nationaliste que Jouhaux est allé voir et interwierver au bénéfice de la presse chauvine française.

Il n'est pas allé auprès des Italiens pour les faire intervenir dans la guerre pour des raisons d'impossibilité matérielle. Il y répondra.

Comment vivions-nous dans cette situation, camarades, nous qui étions éloignés de la vie confédérale et qui sentions que tout ce qui se faisait ici était sinon le reniement du passé, tout au moins le silence sur le passé, l'étouffement sur le passé, l'abdication du passé. Comment vivions-nous nous qui supportions la guerre, qui la sentions autour de nous, nous qui sentions un peuple et des soldats meurtris, nous qui étions dans une situation où il nous était impossible d'être renseignés, comment vivions-nous en sachant qu'ici, à la C. G. T., on encourageait la guerre, on entretenait la haine, on travaillait pour des interventions nouvelles. Car il y a eu à la C. G. T. non seulement une politique intérieure, mais une politique extérieure dont vous êtes responsables.

Hier, on accusait un groupe d'irresponsables, mais, vous, vous êtes servis d'irresponsables pour déformer, torturer les principes syndicalistes de la C. G. T. Vous avez accolé votre sceau, vos encouragements, votre ambition a des irresponsables qui ont semé la haine dans des journaux payés et subventionnés par les classes ouvrières internationalistes. Vous majorité confédérale, vous êtes allés à la *Bataille* couvrir de notre autorité la prose, la plume de Charles Albert, personnage équivoque et sans responsabilité, personnage de haine, de parti-pris qui semait à la *Bataille syndicaliste* de la haine. Vous avez couvert de votre sceau, de votre autorité morale Cornelissen, anti-allemand avant la guerre. Cornelissen qui continue à distiller la haine contre les Socials-Démocrates d'Allemagne. Je rends hommage à Jouhaux d'avoir su protester, s'indigner, à un moment donné contre les injures adressées à Liebnek par un vieillard qui était, il y a quelque temps de nos amis, Jacques Guillaume.

Jouhaux a protesté contre les injures adressées à Liebneck, mais, pour le reste, vous avez tout couvert de votre autorité confédérale. A la *Bataille syndicaliste*, on a mené la campagne nationaliste, la campagne de haine contre la Social-Démocratie, comme s'il ne suffisait pas d'établir les véritables responsabilités de la Social-Démocratie allemande sans exagérer ses haines sans les dégénérer en de vieilles luttes passées entre Bakounine et Marx, comme si la guerre d'aujourd'hui, comme si le peuple d'aujourd'hui, comme si les camarades congressistes pouvaient encore épouser la haine qui existait jadis entre Marx et Bakounine.

Vous avez laissé, encouragé, toutes ces campagnes. Vous avèz accepté des responsabilités de gens équivoques et de gens irresponsables.

Ce sont des reproches pour votre politique extérieure.

On respirait ici, à la Confédération en cette période de guerre de la haine contre les Socials-Démocrates d'Allemagne, de la haine contre les ouvriers allemands. On laissait faire, ici, ceux qui, dans la majorité confédérale, sont les plus outranciers. Il y a des mauvais génies parmi vous qui disaient, à de certaines périodes, quand on demandait la réunion de l'Internationale, que l'on cherchait à faire une paix allemande, et c'est ce qui a motivé votre refus premier d'aller à Copenhague.

Luquet. — Nous n'étions pas invités à y aller.

Dumoulin. — On s'expliquera Luquet. Moi je dis que vous avez refusé d'aller à Copenhague. Vous apporterez des arguments qui prouveront le contraire. Vous me direz quelles ont été les raisons qui vous ont empêché de participer à cette première manifestation internationale. Je dis, moi, qu'à ce moment-là, l'état d'esprit de la majorité confédérale interdisait d'aller à Copenhague.

Luquet. — Je prends la parole avec la permission de Dumoulin. Il fait allusion à Copenhague. Il affirme, malgré mon démenti, que nous avons été invités à aller à Copenhague. La vérité est celle-ci :

Les socialistes scandinaves organisaient un Congrès. Ils demandèrent l'avis des Syndicats et des partis socialistes des pays belligérants et les encouragements des socialistes de ce pays. Comment la question s'est posée au Comité confédéral ? Il y avait dans la lettre dans laquelle ils nous demandaient nos encouragements, il y avait une allusion à la neutralité des socialistes de Belgique, à l'indépendance des peuples.

Dans notre réponse, je demandais, moi, et j'insistais particulièrement auprès de Merrheim et auprès de nos camarades à ce moment-là pour que nous les encouragions en reprenant leurs termes propres pour le respect de la neutralité de la Belgique et l'indépendance des nationalités. C'est pour cela que nous n'avons pas répondu favorablement.

Voilà la vérité.

Dumoulin. — Camarades congressistes, je remercie Luquet d'apporter son témoignage à l'appui de l'affirmation que j'ai faite. Il y a eu Copenhague, on n'y est pas allé ; on s'est refusé. Tu invoques le témoignage de Merrheim, moi, j'invoquerai Bled, Jouhaux, nous nous confronterons ici pour éclairer le Congrès et si cette confrontation est nécessaire, nous aurons au moins obtenu un peu de clarté. (*Applaudissements.*)

J'abandonne cette partie critique. C'est assez pour moi, j'ai satisfaction sur cette première partie. Dès l'instant que j'ai pu faire admettre ici que l'on apporterait des précisions sur l'attitude de demain de notre camarade Bled, sur l'attitude de Jouhaux, sur certains actes du passé, actes condamnables : Il est allé en Italie ; voyage à Bordeaux ; son commissariat à la Nation ; son Union sacrée, intégrale, dispensatrice de faveurs. Quand on se sera expliqué sur cette situation anormale qui a révélé l'abdication de l'indépendance du mouvement ouvrier. Je me place au-dessus de ces tristesses et je me demande comment il était possible que de quelque part nous vint une lumière, une lueur d'espérance.

Vous avez tenu une première conférence à Paris. Les deux tendances commencèrent par se heurter. Les gens qui sont présentement dans la majorité confédérale étaient les mêmes qui la veille s'étaient trouvés d'accord avec Merrheim pour le Congrès de l'Egalitaire, pour le Congrès extraordinaire, pour la grève générale, l'insurrection. C'était les mêmes hommes. On les trouvait, les uns dans la minorité, infime, courageuse, avec notre bon vieux camarade Bourderon, et les gens de la majorité confédérale étaient ceux qui avec nous préconisaient l'insurrection et la grève générale contre la guerre. Comment vouliez-vous qu'un esprit perdu, isolé parmi ceux qui allaient se faire tuer, comment vouliez-vous qu'une opinion saine, après votre Conférence décourageante, démoralisante, puise de l'espoir. Ensuite, quand nous avons vu que se renouaient les relations internationales dans l'affirmation courageuse de Zimmervald. Zimmervald, camarades, et que ceci soit dit contre vous parce que votre place y était, jamais nous n'aurions eu ici aucune parole d'acrimonie, aucun reproche à vous faire, et, peut-être le ferions-nous dans d'autres conditions aujourd'hui, peut-être serions-nous solidaires de notre action commune, si la véritable majorité, laissant le camarade Keufer à ses illusions, laissant nos camarades cheminots à leur patriotisme endurci, la C. G. T....

Un cheminot. — Ce n'est pas la peine de causer lumineusement pour dire des bêtises pareilles.

DUMOULIN. — Si j'ai dit que j'aurais voulu voir la véritable majorité confédérale à Zimmervald, c'est parce que je savais loyalement que notre camarade Bidegarray ne pouvait pas y aller, mais Jouhaux, l'insurrectionnel d'hier, le grève générale d'hier, le démagogue d'hier, lui qui, hier, s'était dressé contre la guerre, pour l'internationalisme, pour dire qu'il rappelle la formule de l'Internationale : « Les travailleurs n'ont pas de Patrie » : ceux-là pouvaient se trouver à Zimmervald, ils n'y sont pas allés.

LUQUET. — On n'y a pas dit cela à Zimmervald.

DUMOULIN. — On y a peut-être dit de meilleures choses que celles que tu as dites dans le passé avec moi.

Cela a été le trait de lumière, non pas comme nous l'aurions voulu, non pas la responsabilité de nous retremper complètement dans l'énergie réelle du syndicalisme, puisque la majorité confédérale n'était pas à Zimmervald, mais cela a été le trait de lumière qui a réveillé nos espérances. Nous avons senti qu'il y avait là des jalons posés sur la route. Luquet, il eut été nécessaire, non pas d'affirmer à Zimmervald que le travailleur n'a pas de Patrie, quand ils étaient tous en train de se tuer, il eut été absurde de leur dire : « Vous n'avez pas de Patrie ». Ils ont dit des choses plus raisonnables, ils ont planté pour nous un draepau, ils ont éclairé, ils ont allumé là-bas un flambeau pour ceux qui avaient besoin d'espérer, pour ceux qui ne puisaient ici dans l'atmosphère décevante de la C. G. T. que le pessimisme, la peur, la haine et qui sentaient leur impuissance bien plus que ceux qui étaient extérieurs à vous autres. Cela a été pour nous, la flamme d'espoir à laquelle nous avons donné à nouveau notre foi internationaliste, nous en avions besoin, car il ne nous suffisait pas à nous gens plus humbles, plus modestes, du geste courageux de l'intellectuel Romain Rolland. En passant, nous rendons un hommage mérité à ce dernier, mais il nous fallait ce qui nous a été donné par Merrheim, par Bourderon. Ils sont allés là-bas, qu'importe ce qu'ils ont dit, qu'importe après tout les paroles échangées, ils ont tendu la main à des camarades d'Allemagne. *(Applaudissements.*

C'est ce que, malgré tout votre désir enflammé d'internationalistes, vous n'avez pas fait encore. *(Applaudissements.)*

Malgré toutes vos affirmations bruyantes d'internationalisme, parmi toutes les possibilités qui étaient dans votre jeu, malgré que vous ayez pu exiger des passeports pour y aller, jusqu'ici, vous n'avez pas encore pu réussir à satisfaire votre culte internationaliste et serrer la main aux camarades d'Allemagne.

BLED. — Si, Jouhaux est allé à Berne avant Zimmervald.

DUMOULIN. — Seulement, vous ne vouliez pas, par mesure de précaution internationale, donner les noms de ceux à qui vous avez serré la main et aujourd'hui l'on affirme hautement qu'on a vu Bernstein et Kausky.

Nous nous mettrons d'accord tout-à-l'heure ; j'affirme, camarades, que pour nous, nous n'avons pas tiré vanité de ce que quelques-uns des nôtres sont allés à Zimmervald ; nous n'avons pas à tirer vanité de ce que nous sentions quelque chose de trop faible dans cette première affirmation internationale, mais c'était quand même des jalons posés sur la route qui conduisait à Stockholm. On a dit ici hier : « Il faudra que l'on s'explique », eh bien ! je veux que l'on s'explique sur ce point particulier que, vous majorité, vous ne vouliez pas de Stockholm. On a dit ici hier que vous aviez des arguments et des raisons contre Stockholm. Stockholm, pour nous, c'était la suite de Zimmervald ; Stockholm pour nous apparaissait avec bien plus d'importance que la réunion de l'Internationale que vous vouiez réaliser aujourd'hui. Je le dis en toute franchise devant le Congrès sans craindre de décourager qui que ce soit. Si nous pouvions réunir aujourd'hui l'Internationale cela ne saurait avoir la même importance que Stockholm. Stockholm, c'était la suite logique de Zimmervald, c'était la conséquence de la Révolution russe, qui s'efforçait d'introduire dans le domaine des faits les principes affirmés à Zimmervald. *(Applaudissements.)*

Si Stockholm était la suite logique de Zimmervald, parce que, sans être la conséquence de Zimmervald, la Révolution russe prenait une importance pour Stockhoim, dont l'impression formidable était capable de réaliser la paix. Nous ne saurions dire la même chose aujourd'hui ; nous ne saurions dire qu'une réunion de l'Internationale aujourd'hui réaliserait la Paix, mais nous pouvions le dire pour Stockholm, grâce à la Révolution russe, grâce à Zimmervald et aux principes qui y ont été affirmés. La réunion internationale de Stockholm, c'était la Paix.. *(Applaudissements)*

C'était la Paix parce que non seulement la Révolution russe mais la situation diplomatique, tout à ce moment-là concourrait à donner à la réunion internationale de Stockholm un caractère de pression tel que la paix aurait été réalisée. *(Protestation.)*

On me dit qu'il y a erreur, tous les sceptiques, tous ceux qui ont perdu les trois quarts de leur foi me diront qu'il y a erreur quand on manque de confiance dans la réunion de l'Internationale. Si vous dites que vous n'aviez pas confiance en Stockholm, vous dites aussi que vous n'aviez pas confiance dans la Révolution russe et je comprends votre méfiance à l'égard de Zimmervald. Je comprends pourquoi nous ne sommes pas d'accord, je sens trop ce qui nous sépare, en réalité, nous n'avons plus la même foi, nous ne pensons plus de la même façon. Je me demande si parmi vous, majorité confédérale, il n'y a pas des cœurs qui se sont tellement désséchés qu'il ne vous est plus possible d'avoir ni foi, ni espérance. *(Applaudissements.)*

Demain, réunion de l'Internationale, et où je vous retrouve dans votre scepticisme, où je vous retrouve dans votre désespérance d'aboutir, c'est quand vous cherchez quelque part le mot qui rallierait l'unanimité pour ne rien faire. On craint qu'un Congrès ne donne au mouvement ouvrier une minorité, un jeu de tendance exerçant une pression et poussant les gens à agir. On a réalisé cette unanimité à Clermont-Ferrand et c'est sans doute pour cette raison que l'on n'a rien fait depuis, c'est sans doute pour cette raison que l'on est en présence d'une situation trouble, dans un état de confusion parmi les esprits ouvriers, c'est sans doute pour cette raison que pèsent sur nos épaules les histoires — puisque les uns les appellent ainsi — les histoires de la grève de la Loire, c'est sans doute l'unanimité qui a réduit le syndicalisme à la paralysie décevante ; c'est pour ces raisons d'unanimité qu'il y a eu ces mouvements désordonnés qui ont été condamnés aussi bien par moi que par vous, mais que je n'ai pas voulu fuir parce que j'étais sur place, un combattant parmi d'autres. Ah certes, de loin on condamne, il est facile, il est permis de juger, de condamner, mais il n'est pas toujours aussi facile de condamner les gens quand on vous fait un devoir d'être sur le parapet avec eux.

Aujourd'hui, il y a en qui les ont fuies, les responsabilités devant le Congrès confédéral. Ils n'apparaîtront pas au Congrès confédéral et resteront logiques avec eux-mêmes, avec leurs fautes, avec leur frousse, mais ceux qui sont ici et qui ont le courage de s'affirmer, doivent dire que les mouvements de la Loire, résultat de l'impatience, résultat de l'accroissement des souffrances, résultat de l'ignorance dans laquelle on maintient les gens, résultat du manque de renseignements, foule ouvrière qui obéira à toutes les tentatives d'action, foule ouvrière qui menacera de vous dépasser demain, foule ouvrière de qui vous sentez souvent le besoin d'agir et dont vous réfrénez les sentiments parce que nous avons encore besoin d'ordre dans notre action, mais, camarades, si chez nous, nous étions dominés par cet excès d'ordre, par cet excès de bon sens, si nous étions dominés par cette obsession des gens irresponsables, si nous étions dominés par le spectre des agents provocateurs, il aurait fallu nous y habituer avant la guerre et nos grands éducateurs syndicalistes avant la guerre auraient dû nous habituer à ne pas tant tolérer dans nos milieux syndicaux, les irresponsables qui y ont été tolérés. Ah ! nous avons vécu comme vous Villeneuve-Saint-Georges et Draveil-Vigneux et Methivier n'est pas de cette guerre, il est de l'autre guerre et si nous devons avouer ces tristesses, ce n'est pas tant pour causer et pour nuire, c'est pour apporter cette clarté utile que nous ne devons pas pécher d'excès. Il sera toujours possible de faire quelque chose d'utile, même quand l'on sentira autour de soi l'inévitable policier, l'inévitable vipère du gouvernement, qu'il y aura toujours parmi les gens qui agiront au grand jour, parmi ceux qui descendront dans la rue pour défendre leurs idées ; il y aura toujours des malpropretés et des scories qui les accompagneront.

Nous n'avons pas fait ce monde, et nous ne pouvons pas espérer établir, dans notre classe ouvrière, la perfection dans les cerveaux et dans les cœurs. Il y aura parmi nous des vipères et il y en a eu dans la Loire, parmi 180,000 grévistes qui voulaient la paix. *(Applaudissements.)*

Ceux-là ne se sont pas occupés des vipères ni des scories, ni des gens malpropres, ni des irresponsables, ni de Charles Albert et Cornélissen, ils se sont occupés de leur désir, du besoin de ceux qui sont là-bas, ils se sont occupés de la guerre. *(Applaudissements.)*

Ils ont dit : « Elle doit finir ». Ils ont fait la grève de bonne foi, à un moment où ils ne devaient pas la faire. Moi, j'ai la franchise de déclarer ici que l'on ne doit pas faire la grève quand il y a offensive allemande et je ne suis pas Défense nationale. *(Très bien !)*

Je suis contre la grève quand il y a menace d'offensive, parce que pour nous, nous ne devrons jamais accepter la responsabilité de diminuer la Défense nationale à un pareil moment. Le plus convaincu des internationalistes, comme le plus incendiaire des chauvins ne quitterront la locomotive si on leur a confié le soin de la conduire, pas plus Dumoulin, quand il était aux tranchées, n'aurait reculé. Camarades majoritaires, avant de condamner, mettez-vous dans la peau de ceux qui ont agi là-bas, dans ce pays de brimades, d'étouffement, de contrainte, là-bas où le métallurgiste est allé au front pour souffrir ensuite à l'usine. Il y en a à Clermont qui sont décorés de la Croix de guerre ; ils sont allés défendre leur pays ; ils ont fait la grève, ils sont condamnés ceux-là comme les autres. Condamnables sont ceux qui les exploitent pour exalter leur raison ; condamnables sont les agents provocateurs qui les excitent.

Condamnez le Congrès minoritaire de Saint-Etienne, condamnez tout ce qui n'a pas fondu dans le creuset de l'obéissance, condamnez les libertés, condamnez la démocratie de ce pays, condamnez toutes les démocraties elles-mêmes, tous les groupements qui ont senti naître une minorité chez eux, qui ont laissé à cette minorité le droit de se réunir à côté, le Parti socialiste auquel nous adressons quelquefois des griefs a laissé la liberté aux minoritaires de se réunir, de se concerter.

Les camarades, impatientés des lenteurs de votre Conférence de Clermont-Ferrand, parce que vous n'avez rien fait depuis Clermont-Ferrand, se sont dit : « Nous allons nous réunir quelque part pour essayer d'exercer une pression suffisante sur la majorité afin qu'elle organise le Congrès confédéral ». Et ces impatients ont cru que si nous sommes aujourd'hui au Congrès de la C. G. T., c'est parce qu'il y a eu le Congrès de Saint-Etienne. *(Protestations.)*

Il fut un temps où les minoritaires désireux de voir se tenir le Congrès confédéral eurent l'impression qu'on ne voulait pas mettre en application les décisions de Clermont-Ferrand. Le Congrès fut reculé jusqu'après le retour de la délégation en Amérique, à laquelle on refusa les moyens de transports.

La confusion, la lassitude, furent la cause du Congrès de Saint-Etienne. L'objet de ce Congrès minoritaire était d'apporter, et nous le confessons sans gêne, de mettre de l'ordre parmi les minoritaires, d'essayer d'apporter un peu de raison parmi les idées minoritaires, est-ce que vous déniez ce droit à des camarades qui ne pensent pas comme vous et qui veulent mettre dans leurs idées pour combattre les vôtres. L'esprit démocratique repose précisément sur la possibilité de combattre les idées qui ne sont pas vôtres. L'état confédéral, moins démocratique que l'Etat lui-même, n'accorderait pas aux minoritaires le droit de se réunir pour combattre des idées ! Eh bien, non, je crois que vous vous êtes servis à dessein d'une formule, en l'exagérant, en lui donnant une tonalité, une couleur criminelle, puisque ce mot a été prononcé par notre ami Lenoir. On a dit : Les gens de Saint-Etienne ont des desseins criminels. Moi, je ne voulais pas aller au Congrès de Saint-Etienne, mais j'ai voulu pourtant aller voir si ces minoritaires avaient des desseins criminels et j'ai trouvé, en effet, une brave femme, une institutrice, aujourd'hui en prison, qui voulait commettre le crime d'une scission ouvrière dans la C. G. T. Les deux cents délégués des Syndicats ont voté une résolution ouvrière. Ils ont dit qu'ils resteraient unis dans la C. G T., pour combattre les idées de la majorité confédérale et travailler pour l'unité ouvrière. *(Applaudissements.)*

Camarades, j'arrive à mes conclusions. Il m'a semblé qu'il n'était pas possible de tirer d'autres conclusions que celles que notre camarade Bourderon a tirées hier. Conclusions qui pourtant, revêtent pour moi le caractère d'une critique s'adressant à la Conférence de Clermont-Ferrand.

J'ai dit que l'unanimité réalisée n'avait pas donné à la C. G. T. la possibilité d'agir, je dis qu'au contraire, si à Clermont-Ferrand, moins enclins à vouloir malgré tout, réaliser cette unanimité, vous aviez laissé à chacune des tendances, le soin de s'exprimer, vous n'auriez pas eu le Congrès minoritaire et il y aurait peut-être eu une autre action au sein de la C. G. T. Je vous reproche de ne pas assez tenir un langage ouvrier et syndicaliste ; de trop vivre à l'extérieur des besoins de la classe de qui vous êtes les mandataires ; je vous reproche de ne pas lui adresser vos appels au lieu de les faire remonter à d'autres origines ; je vous reproche de trop vous élever chez les autres et de ne pas assez descendre chez eux et chez nous.

Je répète que quand on a commenté les lettres d'Autriche, votre devoir était de vous adresser à l'ensemble du prolétariat pour le prendre à témoin de votre indignation de ce qu'on avait laissé échapper une occasion de faire la paix. Vous êtes allés ailleurs. Dans votre âme et conscience, dans votre esprit, vous êtes convaincus d'avoir agi au mieux des intérêts du mouvement ouvrier. Vous êtes allés ailleurs vous plaindre, vous avez rencontré des personnages qui ont été les parrains de la loi des trois ans, vous êtes allés vous plaindre à ces personnages de la situation que l'on faisait à la classe ouvrière. Je vous reproche moins d'y être allé que de ne pas vous être adressé au prolétariat de ce que le gouvernement avait laissé échapper l'occasion de faire la paix, de ce que sa conduite avait été ignoble à ce moment-là ; je vous reproche présentement de ne pas saisir le prolétariat, de ne pas le prendre à témoin de ce que le gouvernement français refuse l'entrée du territoire de la République française à l'ambassadeur de la République fédérative russe, et de laisser, comme le disait Frossard, opérer Isvolsky, cette canaille comme disait Jaurès.

Je vous reproche de ne pas descendre assez souvent dans la classe ouvrière, de planer dans des sphères étrangères qui n'aboutissent qu'à un peu plus de confusion, de trouble, qu'à un peu moins d'union, de fraternité et d'amitié. Voilà ce que vous auriez dû faire depuis la Conférence de

Clermont-Ferrand ; prendre plus souvent le peuple à témoin, vous adresser à lui, aller jusqu'à lui, lui parler dans le langage ouvrier qu'il est capable de comprendre et ce que l'on a oublié de faire depuis quatre ans. Voilà les reproches qui me semblent non pas devoir vous être attribués personnellement, mais qui s'appliquent à ce désir excessif de vouloir réaliser l'unanimité. Si dans ce Congrès, nous étions préoccupés, étouffés par le même désir de réaliser l'unanimité, c'est qu'il y aurait encore parmi nous bon nombre de camarades qui auraient besoin de cette unanimité pour se reposer quelque part et ne rien faire.

Je préfère une affirmation plus nette, plus franche, plus catégorique et qui nous prépare mieux à l'action dont Jouhaux lui-même reconnaît la nécessité. Il sent qu'il ne lui sera plus possible de ne pas agir. Je lui demande à lui Jouhaux, non pas de redevenir majoritaire, mais j'ai invoqué un autre témoignage, celui du camarade Dumas. Il viendra dire ici avec ses sentiments particuliers que lui aussi entend agir demain pour obtenir ses passeports pour l'Internationale. Je demande si la majorité confédérale permettra à Jouhaux cette espèce d'encerclement confédéral, d'où l'on empêchait anciennement les camarades de sortir pour une action et alors s'il est un vœu raisonnable qui peut être exprimé et dehors de celui de Frossard et de celui de Bourderon ; je suis d'accord avec eux, je ne m'embarrasse pas de formules, pourvu que nous arrivions à la Paix. Si quelqu'un, par exemple, agressivement, disait : « La Paix à tout prix », nous nous expliquerions, mais moi, je me contente de ce qu'ont dit Bourderon et Frossard pour la paix, s'il y a un vœu qui devra être formulé dans le Congrès. *(Applaudissements. Vifs applaudissements.)*

Il y a des camarades qui ne peuvent plus être ensemble, Dumas, pour l'action de demain, camarades cheminots, camarade Keufer, il y a à reconstituer la C. G. T. sur des bases vraiment syndicalistes. *(Applaudissements.)*

C'est à l'action que je fais appel, aux hommes d'action, et je leur dis : Débarrassez-vous des formules, des légendes si vous voulez construire. Je constate qu'il y a nécessité de construire, je constate que la guerre elle-même laboure profondément le champ dans lequel nous ensemencerons demain. La guerre ne pouvait pas faire autre chose que de labourer profondément la Société qui ne tenait plus debout, pour faire admettre d'autres réformes, mais, Keufer, ce que nous ne voulons pas faire nous, c'est ensemencer dans les sillons ensanglantés, c'est pourquoi je fais appel aux hommes d'action. *(Applaudissements. Vifs applaudisssements.)*

Le Président. — Camarades, il est l'heure d'aller déjeûner, mais, avant, j'ai l'honneur de vous annoncer que nous avons reçu la délégation de nos camarades anglais, des Trades Unions Congress.

Ils prendront la parole demain à notre Congrès et leurs discours seront traduits par la camarade Mme William à leur arrivée.

J'espère que vous me permettrez unanimement, au nom du Congrès ouvrier organisé de la Confédération de leur souhaiter la bienvenue. *(Applaudissements.)*

Voici, camarades, les noms que l'on m'a fait parvenir pour le Bureau de ce soir.

Président : Bidegarray, de la Fédération des Cheminots,

Assesseurs : Konkaert, des Métallurgistes de Corbeil Lucain, des Etablissements militaires de Bourges.

Adopté.

4e *Séance.* — 16 *juillet, après-midi.*

Président : BIDEGARAY.

Assesseurs : KNOKAERT, LUCAIN.

LE PRÉSIDENT. — Il s'agit de travailler.

Nous avons comme premier orateur inscrit, le Secrétaire de l'Union des Syndicats de la Seine, le camarade Bled.

ESCABASSE. — Camarades, hier, au début des débats sur le rapport de la C. G. T., j'ai déposé une proposition qui avait pour but de consulter le Congrès, à savoir, si nous ne pourrions pas, pour éviter que le débat s'éternise peut-être jusqu'à la fin du Congrès, faire une limitation des camarades désirant prendre la parole. Par ma proposition, j'estimais que vu l'heure terrible que traverse le prolétariat français, vu les dispositions à prendre immédiatement dans ce Congrès, vu la tenue des Congrès fédéraux où chacun d'entre nous avait pu obtenir des éclaircissements sur l'attitude du Comité confédéral, ainsi que sur les délégués des Fédérations, nous pouvions aujourd'hui au moins, au bout d'une journée et demie prendre des décisions sur ce rapport et ensuite aborder les autres questions qui sont à l'ordre du jour. Comme j'ai demandé la parole, je vous déclare, camarades, appartenant à la province, appartenant à une région tout-à-fait opposée à celle de Frossard, puisque lui est de Belfort et moi du Calvados, et que, de plus, c'est une région qui peut-être demain, jouera un des plus grands rôles d'Europe, tout au moins de France, que je voudrais partir de ce Congrès avec des indications précises et savoir si les mesquineries qui, jusqu'à maintenant, ont été portées contre le Comité confédéral, vont être continuées. *(Interpellations.)*

Camarades, vous avez crû, vous croyez immédiatement que je veux me servir du terrain de sentiment et puis faire enterrement sur la question. Eh bien, non, je suis de ceux qui, en temps donné, ont su prendre leurs responsabilités et demain, je suis encore celui qui saura les prendre et les mettre en exécution. C'est justement pourquoi je prétends que nous devons faire l'impossible pour terminer ces débats et aborder les autres questions.

Camarades, après avoir entendu cinq ou six orateurs de la fraction dite — car je ne voudrais pas qu'il y ait une fraction dite minoritaire — minoritaire, et les camarades Bled et Jouhaux pour la majorité, de passer au vote et clôturer ce débat. *(Applaudissements. Brouhaha.)*

Camarades, deux mots encore et j'ai fini.

Le camarade Frossard a fait lui réellement l'exposé des points principaux que j'aurais voulu moi-même aborder. J'ai demandé la parole, mais si le Congrès veut se raillier à ma façon de voir, je la retire et nous aborderons les points principaux que le camarade Frossard a soulignés.

Je demande au camarade Président de consulter le Congrès sur ma proposition.

BIDEGARAY. — Camarades, vous avez entendu une proposition, c'est à vous de la trancher. Permettez-moi de donner l'opinion du président. Il y a ce qu'on appelle un abcès qu'il faut crever, qu'il faut vider pour toujours. Nous avons entendu des critiques, il faut en entendre d'autres, et il faut entendre la défense. Je crois qu'il sera sage pour nous et surtout pour l'avenir de la C. G. T. de vider complètement notre sac. Et, je vous demande à tous d'observer encore cet après-midi le silence le plus absolu. Il y a encore vingt-quatre orateurs inscrits. *(Plusieurs camarades demandent la limitation.)*

Voici ce que je vous propose, sans vouloir étouffer la discussion : Que chacune des tendances se fassent jour en pleine liberté et que l'on puisse à la fin de l'après-midi ou de la soirée, désigner un ou deux camarades de chacune des tendances pour conclure le débat, et que notre camarade Secrétaire confédéral clôture cette question si vive et si complexe du mandat à donner pour l'action internationale et économique de ce pays.

Je mets cette proposition aux voix.

La proposition est acceptée et la parole est donnée à Bled.

Bled. — Camarades, je ne viens pas à cette tribune parce que j'y ai été sommé. Je viens à cette tribune volontairement, parce que j'ai quelque chose à dire. J'avais d'ailleurs demandé la parole avant les sommations du camarade Dumoulin.

Je viens ici en toute liberté et je suis convaincu d'avance que vous ne me laisserez pas faire mon exposé sans vous livrer à des manifestations violentes contre moi et contre ce que je dirai. *(Protestations. Brouhaha.)*

Je savais bien que vous ne me laisseriez pas faire mon exposé sans manifestations violentes. Mais je vous préviens que celles-ci ne m'effraient pas. *(Brouhaha. Sifflets.)*

Jouhaux. — Il est absolument indispensable qu'après avoir été appelé à la tribune par Dumoulin, le camarade Bled ait le droit de s'exprimer en toute liberté. Vous avez entendu ce matin les attaques, il est bien entendu tout de même que la riposte doit se faire jour. Bled a une certaine façon de s'exprimer, c'est la sienne, elle lui est propre, il faut la lui laisser. Vous ne pouvez pas reprocher à Bled son caractère de combativité. C'est, à l'heure actuelle, et je ne crains pas de le dire, un des éléments les plus actifs de notre mouvement ouvrier.

Je dis que vous devez écouter Bled dans son exposé.

Je crois que l'on peut ici continuer ce débat et entendre les paroles réponses à celles qui ont été prononcées ce matin. *(Brouhaha.)*

Dumoulin, puis Frossard montent à la tribune pour essayer de rétablir l'ordre.

Jouhaux. — Camarades congressistes, il ne faudrait tout de même pas continuer ce brouhaha. Les uns et les autres vous retardez l'action du Congrès. Camarades, la parole est à l'heure actuelle au camarade Bled.

Il a été, je le répète, appelé à la tribune par le camarade Dumoulin, il est donc indispensable qu'il vienne à cette tribune pour y répondre sur les questions qui lui ont été posées et vous ne pouvez pas faire qu'il réponde selon votre conception ou selon votre tempérament ; il y répondra selon le sien et je considère que vous devez accepter d'entendre tout ce qui se dit comme je le fais moi qui ne prendrai la parole que lorsque mon tour viendra, pour y répondre. Je vous demande à vous qui n'êtes pas aussi attaqués que moi, d'observer la même impartialité que moi dans les débats, c'est la seule façon de se prononcer d'une façon sûre. *(Très bien !)*

Je vous demande d'écouter Bled qui ne peut parler qu'avec son tempérament, je vous demande de l'écouter attentivement, puisque vous aurez toute lattitude pour lui répondre, et, de faire en sorte que ce Congrès ait une tenue et qu'il donne une impression de puissance et non pas une impression d'impuissance, dans la désunion et dans la scission.

Discours de Bled

Bled. — Il est bien évident, camarades, à moins que je ne charge quelqu'un d'autre de parler en mon nom, que vous êtes obligés de m'écouter moi-même, si vous voulez connaître mon avis sur le réquisitoire dressé par les camarades minoritaires qui m'ont précédé à la tribune.

Mais si vous aviez attendu que je puisse exposer toute ma pensée, si vous n'aviez pas éprouvé le besoin de justifier tout de suite mes prévisions par des manifestations bruyantes, je vous aurais dit que je demandais seulement, pour moi, de n'être pas d'avantage interrompu que ne l'ont été les orateurs précédents, c'est-à-dire le droit de causer aussi librement que ceux qui ne pensent pas comme moi ! *(Applaudissements.)*

Le camarade Dumoulin, à cette tribune, a parlé de cœurs secs, il a parlé de sceptiques, il a parlé de gens qui n'avaient plus la foi : ce n'est pas à moi que cela peut s'adresser !

Ce que l'on peut me reprocher, à moi, c'est mon tempérament de bataille qui ne cessera pas après ce Congrès, comme il n'a pas cessé pendant cette guerre. Mais ce sont là des considérations secondaires, auxquelles je ne m'arrêterai pas.

Je veux causer seulement — car je n'ai rien préparé — en prenant pour base les discours de Frossard et de Dumoulin.

Frossard a vanté mon habileté dans la déclaration que j'ai faite hier ! Ce dont je suis certain, c'est que mon habileté est bien au-dessous de la sienne. Son discours ! Il pourrait bien porter la signature de nombreux camarades majoritaires et la mienne en particulier, sauf bien entendu sur quelques points de détail. Mais au fond, rien d'essentiel ne nous divise et il m'apparaît que les appréciations erronées de Frossard se ressentent de ce qu'il a vécu loin et en dehors de notre vie confédérale.

Dumoulin, ironique, a lancé contre les majoritaires des flèches plus ou moins empoisonnées.

Laissez-moi vous dire tout de suite, en ce qui me concerne, que je ne veux pas retenir ma place dans le ministère qui succédera au ministère Clémenceau. Camarades, on ne m'a jamais offert de portefeuilles ministériels et je n'ai pas eu à les refuser, mais lorsque j'aurai une offre de ce genre, je promets de me désister en faveur de Dumoulin. *(Applaudissements. Très bien !)*

Camarades, ce que je vous demande dans ce Congrès, moi qui n'encombre pas d'habitude la tribune des Congrès confédéraux où j'assiste pourtant depuis longtemps, c'est de m'écouter d'abord en tant qu'accusé, et, chemin faisant, à l'occasion, de m'écouter en tant qu'accusateur. Eh oui ! nous avons ce droit nous qui avons été attaqués et qui avons été à la peine et à l'action à chaque instant de cette guerre ; nous avons le droit de reprendre la formule de Dumoulin lorsqu'il nous disait tout-à-l'heure, en parlant des grèves récentes de Saint-Étienne : « Vous devez vous mettre dans la peau des camarades qui ont agi. Vous devez vous mettre dans la peau de ceux qui ont décidé d'une action ». J'ai le droit, moi, de vous demander de vous mettre dans la peau de ceux qui, comme nous, ont été appelés à prendre des décisions, à déterminer leur action. Et, j'ai le droit, parce que je crois en avoir le moyen de retourner l'accusation et de démontrer que ceux-là qui doivent formuler des regrets sur leur attitude pendant la guerre ne sont pas dans les rangs des majoritaires. Ces regrets que demande Dumoulin, il ne doit pas les attendre de moi ni de mes amis ! Nous n'avons rien à regretter du passé ! *(Très bien ! Applaudissements.)*

Ce qui a été fait à la C. G. T. à un moment où nous n'étions que quelques-uns, où nous n'aurions pas pu réunir un Congrès avec un millier de représentants syndicaux, ce qui a été fait à ce moment, était ce qui pouvait être fait, rien d'autre. On a fait ce qui pouvait être fait et aussi ce qui devait être fait. J'aurais peut-être à cette occasion une certaine modestie et une certaine circonspection à réclamer de la part de camarades qui sont venus au syndicalisme depuis cette époque. Nous étions là, nous, en août 1914. Nous avons pris des responsabilités, nous avons fait ce que nous avons cru devoir faire, ce que notre conscience nous commandait. Nous avons accompli des actes que certains apprécient aujourd'hui un peu légèrement, après quatre années d'une guerre d'invasion. Vous nous permettrez de rétablir la vérité, de faire la lumière sur les légendes, les équivoques, les erreurs, les calomnies qui ont empoisonné notre vie syndicale depuis trois années et dont Frossard et Dumoulin nous ont apporté ici, les échos. *(Applaudissements.)*

Frossard, après nous avoir dit que les dissentiments qui existaient entre la minorité et la majorité, n'étaient pas seulement sur des questions de tactique et de méthode comme je le prétendais, mais bien sur des questions de principes, ne nous a pas montré sur quels principes nous étions en désaccord. J'affirme que sur les principes au sujet de la guerre et de la paix, au sujet de l'Internationale, comme au sujet des Conférences internationales, jamais, à aucun moment, sur ces questions de principe, à la Confédération, il n'y a eu division ! *(Protestations.)*

Il nous a dit, le camarade Frossard — je le répète — que ce n'était pas seulement sur les questions de méthode, de tactique, par des malentendus que nous étions divisés, qu'il y avait plus que cela, qu'il y avait des questions de principe. J'affirme qu'il ne nous a pas dit sur quels principes nous étions en désaccord. Camarades, depuis vingt ans, nous sommes sur la brèche à faire de la propagande contre la guerre et pour la paix. Nous sommes toujours contre la guerre et pour la paix ! Nul plus que nous ne hait la guerre ! *(Protestations et applaudissements.)*

Vous n'avez pas le droit de nous prêter les intentions qu'il vous plaît de nous attribuer, ce sont les nôtres qui comptent pour l'instant ! C'est nous qui savons si nous sommes pour la paix et non pas vous. *(Applaudissements.)*

Un camarade. — Les actes sont là.

Bled. — Sur la question de la paix et de la guerre, camarade Frossard, pas de désaccord quant au fond. C'est seulement sur les moyens d'action pour aboutir à la paix que nous nous sommes heurtés, qu'il y a eu des dissentiments, que des malentendus se sont créés. Et c'est là l'équivoque, l'erreur, la légende. On nous représente comme étant hostiles à la paix parce que nous pensons différemment que d'autres sur les moyens pratiques susceptibles de nous acheminer vers la paix heureuse. Nul plus sincèrement que nous n'aspire à la paix, étant entendu qu'il ne s'agit pas de la paix n'importe comment, de la paix à tout prix.

Vous nous avez dit que le reproche que vous faisiez à la majorité était « d'avoir accepté la thèse gouvernementale ». Camarades, la thèse gouvernementale, je ne sais pas si je la connais !

Frossard demande un mot.

Bled. — Je permets bien volontiers à Frossard de me poser une question ou de faire une déclaration.

Frossard. — J'ai dit, en effet, ce matin, que nos divergences n'étaient pas seulement des divergences de méthode, mais des divergences de principe. J'ai affirmé que la majorité confédérale avait été conduite, par les besoins de sa politique, à faire sienne la thèse gouvernementale sur les responsabilités et les origines de la guerre; j'ai montré, en effet, que, tandis que nous, minoritaires, nous faisions porter tout notre effort sur les responsabilités générales et lointaines, vous ne pouviez envisager, vous, majoritaires, que les responsabilités immédiates et c'est là qu'est notre désaccord, parce que c'est là qu'est le point de départ de deux politiques différentes. Et ce n'est pas ici un désaccord de méthode, c'est un désaccord au fond et c'est parce que vous vous êtes associés à la politique gouvernementale en ce qui concerne l'étude des responsabilités aux origines de la guerre, que vous avez été conduits à cette politique d'Union sacrée, dont vous vous dégagez à peine aujourd'hui.

BLED. — J'avais bien compris l'intervention de Frossard ce matin, mais Frossard, qui n'a pas vécu notre vie confédérale intime, donne une explication à lui, mais toute fantaisiste, de notre division sur les principes. Je lui demande de montrer un écrit, de citer un acte de la C. G. T., de la majorité confédérale qui dise, qui prouve que nous avons fait nôtre ce qu'il appelle la thèse gouvernementale sur les responsabilités et les origines de la guerre.

Au contraire, Frossard ne doit pas ignorer que la délégation confédérale qui assistait à la Conférence socialiste interalliée de Londres en 1915, a approuvé la formule qui déclare qu'il y a dans cette guerre des responsabilités proches et lointaines et que dans celles-ci tous les gouvernements, à des degrés différents, ont leur part. Nous n'avons jamais rien dit d'autre et c'est pourquoi je pouvais approuver le discours de Frossard sur ce point précis.

MERRHEIM. — Ce que nous vous avons toujours reproché, c'est d'avoir associé l'organisation syndicale aux responsabilités gouvernementales.

BLED. — Merrheim, tu auras la faculté de nous prouver par quels procédés, par quelles déclarations, par quelles actions nous nous sommes associés aux responsabilités gouvernementales ! *(Applaudissements.)*

Je déclare que c'est là une de ces légendes, une de ces calomnies contre lesquelles nous nous élevons ! *(Protestations.)* Oui, c'est une calomnie, et nous allons éplucher tout-à-l'heure ce que l'on entend par collaboration gouvernementale, ce que l'on entend par « passivité », comme disait le camarade Bourderon.

Les discours minoritaires sont d'ailleurs assez contradictoires quant à la nature des crimes qu'ils reprochent à la majorité confédérale.

Bourderon nous reproche notre « passivité » en face des gouvernements et Frossard nous reproche de ne pas être restés dans « l'expectative ». Lequel des deux a raison ? Frossard est nettement, sans réserves, pour la Défense nationale alors que Dumoulin nous adresse à nous le reproche qu'il peut aussi bien adresser à Frossard. Enfin, il en a été ainsi depuis qu'il existe des minoritaires : à chaque Conférence nationale, ceux-ci ont eu une plate-forme nouvelle sur laquelle ils ont essayé de se grouper. En 1915 c'était la « collaboration gouvernementale ». En 1916, c'était la « compromission » avec le Parti socialiste le grand cheval de bataille. Puis, enfin, nous voilà à autre chose : « la thèse gouvernementale sur les responsabilités de la guerre ». La vérité c'est qu'on a dû changer à chaque instant d'armes contre la majorité, sans pour cela que l'on ait apporté à aucun moment davantage de raisons, sans pour cela que l'on ait apporté davantage de preuves de l'indignité de la majorité confédérale. *(Applaudissements.)*

Qu'a dit Frossard ? « Nous demandions à la C. G. T. au début de la guerre, dit Frossard, de rester dans l'expectative, dans l'absolue indépendance ». Remarquez, en passant, que Frossard est pour la Défense nationale ! Mais il y a mieux. Il nous reproche de n'être pas restés « dans l'expectative » donc d'avoir agi. Par contre Bourderon, lui, nous reproche d'être restés dans l'expectative, dans ce qu'il baptise une « attitude de passivité ». Qui croire ? La vérité c'est qu'en effet, l'attitude des minoritaires au début, a été pour ne rien faire, pour s'opposer à tout, pour protester contre tout.

Nous, Frossard, nous, camarades congressistes, nous avions une autre opinion. Nous pensions que la C. G. T., et nous le pensons encore, ne devait pas rester dans l' « expectative ». Nous pensions et nous pensons encore que la C. G. T. ne devait pas rester « passive » devant la guerre. Nous avons pensé, nous qui avons toujours vu dans le syndicalisme une arme de nature à défendre à chaque instant les intérêts sociaux et généraux de la classe ouvrière, que nous n'avions pas le droit de rester dans l'expectative et dans la passivité ! *(Applaudissements.)*

Un camarade. — Oui, la grève générale !

Bled. — Ce qu'il faut dire, ce qu'il faut rappeler, ce qu'il faut toujours répéter, c'est qu'à ce moment-là, à la C. G. T., de la fin de juillet jusqu'au départ à Bordeaux, il y eut entre les délégués au Comité confédéral, présents à Paris, une unanimité absolue dans les décisions prises.

Un camarade. — Ce n'est pas vrai !

Bled. — Camarades, dès que le danger de guerre apparut, les membres du Comité confédéral qui le pouvaient, se réunissaient tous les jours, et j'affirme cela parce que c'est l'expression de la vérité : Tous les membres du Comité confédéral qui se sont rencontrés jusqu'à la mobilisation faite, ont été unanimes pour l'attitude à observer par la C. G. T. dans la guerre qui commençait. On me démentira si cela n'est pas vrai. On dira s'il n'est pas exact qu'à la réunion de l'Egalitaire le 1er août 1914, c'est Lenoir et moi qui avons sollicité des camarades présents que nous ayions le courage et l'honnêteté de dire dans notre manifeste à la classe ouvrière, que nous ne demandions pas aux syndiqués de faire la grève générale en face de l'agression. Tous les camarades présents ont été unanimes sur ce point : la grève générale, à ce moment précis, ne pouvait avoir d'autre effet, d'autre résultat, que de favoriser l'invasion.

Nous avons été unanimes pour dire cela et nous l'avons dit. Je ne le regrette pas. Je suis heureux de cet acte et j'en revendique ma part ! *(Applaudissements.)*

Donc, nous étions unanimes. Nous le sommes restés pendant les premières semaines de la guerre.

Que s'est-il passé les tout premiers jours de la guerre ?

S'il y a des gens qui ont vu des ministres, qui ont négocié la non-application du carnet B, ce n'est pas moi. La vérité c'est que, comme l'a dit Dumoulin au début de son discours, le passé est vite enterré, le passé est vite oublié. Et puis, quand on a pris des responsabilités en commun avec des camarades, on est tout prêt à les renier et à les trahir le lendemain ; on est tout prêt à dire qu'ils ont mal agi, qu'ils ont commis de mauvaises actions et c'est là où je vais en arriver à cette fameuse « collaboration de classes » à cette fameuse « Union sacrée », à cette fameuse compromission avec un Archevêque, enfin à cette fameuse « collaboration gouvernementale ».

Sur tous ces crimes, il est bien facile à la majorité et aux majoritaires de s'expliquer.

Ils revendiquent tout. Ils ne renient rien d'une action qui était la seule possible et la seule utile ! *(Applaudissements.)*

Notre participation au Comité du Secours National ? Car c'est-là, n'est-ce pas l'acte de compromission par excellence ?

Savez-vous comment, camarades, nous sommes allés au Comité du Secours national ? C'est à une réunion du Comité confédéral — où je n'étais pas — qu'il a été décidé que Jouhaux et moi, nous irions au Comité du Secours National. Je n'ai fait qu'exécuter une décision, qui était prise à l'unanimité dans un Comité confédéral où je n'étais pas. Et voyez-vous notre crime à Jouhaux et à moi, c'est d'avoir exécuté une décision du Comité confédéral ! *(Applaudissements.)*

Si c'est un crime d'avoir apporté l'appui de l'organisation ouvrière à une solidarité nécessaire dans un moment douloureux ; si c'est un crime d'avoir apporté et mis en œuvre les moyens d'action que pouvaient avoir les organisations syndicales pour soulager les misères ouvrières, vous le direz ! J'ai le devoir de vous dire qu'à recommencer, j'aurais exactement la même attitude que celle que j'ai eue à ce moment-là ! *(Applaudissements. Vifs applaudissements.)*

Oh ! je sais bien, et je veux y répondre tout de suite, Merrheim va vous dire : Nous avions fait des réserves. Mais, Merrheim, ces réserves-là, Jouhaux les avait faites préalablement. Jouhaux avait indiqué que si, à un moment donné, on demandait aux membres représentants de l'organisation syndicale ouvrière, appartenant à ce Comité, une compromission quelconque, une abdication quelconque, un reniement quelconque, ils avaient évidemment pour devoir de donner immédiatement leur démission.

Je me rappelle que pendant le séjour de la délégation confédérale à Bordeaux et à propos de la solidarité à exercer à l'endroit des soldats, Merrheim et d'autres camarades me disaient au Comité confédéral : « Jamais, Bled, nous ne te reprocherons d'avoir été au Comité du Secours National ! » *(Protestations.)*

Je sais bien que la vérité est cruelle, mais il faut l'entendre !

J'attends, camarades, dans tout le travail formidable de solidarité que nous avons accompli par l'intermédiaire du Comité du Secours National, j'attends, sur cette question des compromissions, d'Union sacrée, etc..., j'attends que l'un de vous apporte un acte par lequel il puisse être démontré, prouvé que nous avons si peu que ce soit, renié nos principes, ou abdiqué l'indépendance du mouvement syndical. Quand vous apporterez cet acte, quand vous voudrez démontrer notre indignité autrement que par de vagues formules, il ne nous sera pas difficile de nous disculper ! *(Applaudissements.)*

Les compromissions avec les ministres ? La collaboration gouvernementale ?

Ah camarades, nous qui n'étions pas des passifs, nous qui ne voulions pas de la passivité, nous qui voulions faire quelque chose, nous n'avions pas trois alternatives, nous n'en n'avions que deux : Ou compter avec le pouvoir existant, ou bien, si nous le trouvions indigne et incapable, nous substituer à lui.

Il n'y avait à notre disposition, je le répète que deux alternatives : Ou compter avec le pouvoir existant ou nous substituer à lui. Et nous avons compté avec le pouvoir existant parce que nous n'étions pas capables de le remplacer. *(Applaudissements.)*

Et, qu'est-ce qu'on nous reproche d'avoir fait : On nous reproche d'avoir dit et réclamé que les Ouvriers métallurgistes devaient être dans les usines ? On nous reproche d'avoir dit que les employés et ouvriers des chemins de fer devaient assurer le fonctionnement des chemins de fer ? On nous reproche d'être intervenus pour remédier au chômage qui sévissait ?. On nous reproche de nous être inquiétés de l'emploi de la main-d'œuvre étrangère ? On nous reproche d'être intervenus au sujet des allocations militaires, des secours aux familles des mobilisés ? On nous reproche d'être intervenus auprès des ministres intéressés pour la solution des grèves ? On nous reproche d'être intervenus pour la libération de camarades arrêtés injustement ? On nous reproche, enfin, d'être entrés en rapport avec des ministres, avec le gouvernement dans des circonstances diverses pour empêcher que des injustices soient commises ?.

Point du tout. On ne nous reproche rien de tout cela, en soi. Chacun de ces actes sont approuvés, séparément. En bloc, ils sont condamnés.

On nous reproche tout sous le terme général de compromission gouvernementale ! On sait bien qu'autrement l'on ne trouverait pas une approbation dans une seule cervelle ouvrière. *(Applaudissements.)*

Voilà la vérité ! Elle n'est rien que là, la compromission gouvernementale. Apportez-nous autre chose, apportez-nous les actes condamnables par lesquels l'on a compromis l'indépendance syndicale ! Vous n'avez rien, vous n'apporterez rien contre nous qui ne puisse être approuvé unanimement par ce Congrès ! *(Applaudissements.)*

Et puisqu'il s'agit d'apprécier des attitudes, nous pouvons dire, nous, que les camarades de la Fédération des Métaux, jusqu'au mois de Janvier 1917, se livraient chaque semaine à des protestations épistolaires, mais laissaient à d'autres le soin de s'occuper pratiquement des intérêts des ouvriers des métaux. J'entends bien que vous me direz que la Fédération des Métaux défendait à sa façon les intérêts des ouvriers des Métaux, je ne le conteste pas, mais, jusqu'au mois de janvier 1917, elle nous reprochait nos interventions auprès du ministère de l'Armement pour les ouvriers des Métaux. Or, depuis cette époque, elle fait elle-même ces démarches. Si elle estime avoir raison de faire aujourd'hui les démarches qu'elle fait, je veux qu'elle considère que nous avions raison contre elle au début de la guerre ! *(Applaudissements.)*

Merrheim interrompt. — Il faut du toupet ! Vous me reprochez de ne m'occuper des intérêts des ouvriers métallurgistes que depuis janvier 1917, mais avant, vous, vous les livriez sans défense au gouvernement ! *(Applaudissements et protestations.)*

Bled. — Je dis, camarades, que nous n'étions pas pour la passivité, nous, au début de la guerre et dans les mois qui ont suivis, nous n'étions pas non plus pour la passivité, pour l'expectative. Nous étions, nous, pour l'action de l'organisation ouvrière dans la mesure où l'on pouvait la faire ou la tenter et c'est ainsi que nous avons pris parti, toutes les fois que des intérêts ouvriers nous sont apparus à défendre. C'est ainsi et ainsi seulement que nous nous sommes trouvés en opposition avec les camarades minoritaires de la Fédération des Métaux qui eux voulaient l'attitude passive, l'attitude d'expectative, se traduisant par des protestations verbales et stériles. *(Protestations.)*

Mais, camarades, il n'y a pas une attitude, il n'y a pas de bonnes intentions qui ne puissent être dénaturées et j'ai la conviction que l'on a dénaturé les intentions de la majorité comme on a dénaturé ses actes. *(Brouhaha. Interruptions. Applaudissements.)*

Cela vous gêne donc bien ce que je dis que vous ne voulez pas me laisser parler ? *(Applaudissements.)*

Je dis que dans tous les mouvements ouvriers qui se sont produits — et les Métaux ne me démentiront pas — nous étions là, nous étions dans toutes les grèves qui se sont produites, des Métaux et des autres professions...

Une voix. — Ce n'est pas vrai ! ! !

Bled. — Leclerc, tu protestes contre des choses que tu ne connais pas puisque tu n'étais même pas syndiqué à ce moment-là !

Le Président. — Je demande aux camarades de la Voiture de bien vouloir écouter en silence.

Bled. — Je ne parle pas des grèves récentes, où les camarades de la Voiture s'honorent d'avoir évincé l'Union des Syndicats de la Seine. Ils n'ont pas fait appel à son concours, elle n'a pas eu à le donner. Je ne sais pas s'ils peuvent s'en glorifier et je leur laisse pour compte de tels procédés. Mais je fais appel aux camarades de la Fédération des Métaux, et particulièrement à Blanchard, qui dira si, dans toutes les grèves des Métaux, l'Union des Syndicats de la Seine et la majorité confédérale n'ont pas été à leur poste pour défendre comme il convenait les intérêts ouvriers !

Nous reproche-t-on comme compromission gouvernementale, d'avoir accompagné les délégations de grévistes dans les ministères ? Bien sûr, on ne nous reproche pas cela ! On nous reproche seulement la compromission gouvernementale, mais on ne dit pas que c'est cela que l'on baptise : compromission gouvernementale, parce qu'on ne pourrait pas la condamner. En 1915, 1916, 1917, nous allions dans les ministères pour les ouvriers et ouvrières des métaux, pour l'habillement, les midinettes, les ébénistes, etc... Cela, camarades, nous le ferions demain si besoin était et personne ne peut nous dire que nous avons mal agi. Personne ne peut nous demander de regretter une action que nous considérons comme utile et que nous sommes capables de recommencer ! *(Applaudissements.)*

Enfin, on nous reproche de ne pas avoir mis en mouvement la puissance ouvrière, quand en 1917, il y avait des tractations diplomatiques secrètes, qui étaient marquées à ce moment-là par la lettre de Charles Ier à Poincaré par l'intermédiaire de Sixte-Bourbon. Camarades, je ne pense pas qu'il y ait un minoritaire qui ait eu connaissance de cette lettre, sans cela, ce serait un criminal de ne pas nous en avoir averti, de ne pas nous avoir dit ce qu'il savait. Ce que je sais bien, c'est que la Confédération, ni personne de la majorité n'a connu cette lettre et on ne peut pas nous reprocher de n'avoir rien fait à ce propos, puisque nous ne connaissions rien.

Seulement, quand on prétend qu'il y a possibilité de faire quelque chose, il faut aussi montrer les moyens que l'organisation syndicale possède pour que ce quelque chose soit sérieux et efficace.

Pour connaître la lettre de Charles Ier, il eût fallu que l'organisation syndicale ait une telle puissance d'influence, que l'on soit obligé de compter avec elle et qu'on la tienne au courant de ce qui se passe dans les Chancelleries, au ministère des Affaires étrangères ; mais, pour qu'elle ait cette puissance d'influence et d'action, il n'eut pas fallu, camarades minoritaires, que vous commenciez par la diviser ! Il n'eut pas fallu que vous commenciez par constituer des Comités divisionnistes qui, en faisant apparaître des dissentiments plus ou moins réels dans le sein de la C. G. T., diminuaient d'autant l'autorité morale et la puissance matérielle de la C. G. T. ! *(Applaudissements.)*

Là encore, sur ce point précis ce n'est pas nous qui avons des regrets à formuler ! *(Applaudissements.)*

Que nous reproche-t-on encore ? Dumoulin nous dit, et je crois bien aussi Frossard, qu'il fallait que la C. G. T. aille à Zimmervald. Mais, c'est une question de loyauté, de bonne foi : la C. G. T. n'a rien connu des conciliabules qui ont précédé la Conférence de Zimmervald. Les camarades de la majorité confédérale n'ont appris l'existence de la Conférence de Zimmervald que lorsque Merrheim et Bourderon étaient en Suisse à cette Conférence. C'est après cette Conférence, dans laquelle on n'a rien dit de bien formidable, Conférence dans laquelle on a transpiré presque autant que dans ce Congrès pour mettre debout quelques formules difficiles, des mots ; Conférence dans laquelle on a essayé d'établir un parallélisme permanent entre l'attitude des socialistes et syndicalistes alliés et celle des socialistes et syndicalistes des Empires centraux, que l'on a constitué le premier Comité minoritaire français. Tout le travail de cette Conférence a consisté en l'accouchement de certaines formules plus ou moins équilibrées et, comment dirais-je pour ne pas trop vous vexer, à essayer d'innocenter les camarades allemands ! *(Très bien ! Protestations.)*

Je sais bien que vous allez dire que c'est là raisonner comme les gouvernants. Mais, camarades, voulez-vous que je vous donne un exemple de ce qu'on peut dire de vous à l'extérieur ? Vous n'êtes peut-être pas obligés de prendre pour vous ces moyens de discussion. J'ai là sous les yeux un numéro de l'*Action française* de samedi dernier. Savez-vous ce qu'elle dit cette *Action française* ? *(Protestations. Brouhaha.)*

Camarades, on a laissé dire hier à Bourderon ce qui lui a plu de dire.

Il a invoqué les témoignages de Mayéras, d'autres encore. Ce matin, Frossard nous a parlé d'Iswolsky. Laissez-moi vous parler de Charles Maurras. Il écrit au sujet d'un camarade pur entre les purs, Fournier, des Métaux :

(Ici Bled donne lecture des appréciations de Charles Maurras sur Fournier et sur les opinions exprimées par ce dernier au cours du Congrès des Métaux. Il recommande ces dernières comme étant conformes au vrai syndicalisme, le syndicalisme royaliste.)

Un camarade. — C'est l'opinion d'une fripouille !

Bled. — Camarades, ce que je vous demande, c'est de ne pas employer contre moi, ni contre la majorité confédérale de pareils procédés de discussion ! *(Applaudissements.)*

J'en arrive, après Zimmervald, aux Comités minoritaires qui devaient faire merveille.

Après Zimmervald donc, on a constitué ici un Comité national dont on n'a pas fait beaucoup l'apologie. Je pourrais en causer. On a constitué en rentrant de Zimmervald, le « Comité d'action internationale ». Plus tard, ce Comité qui n'avait pas eu de vie réelle, s'est transformé et s'est appelé : « Comité pour la reprise des relations internationales ». A l'avènement de ce Comité, il y avait des majoritaires comme moi, qui disaient : « Eh bien ! tant mieux, voilà des camarades qui vont nous montrer comment l'on fait de l'action, comment on fait ce que l'organisation syndicale ne fait pas. Et puis, plus tard, j'ai été bien désillusionné, car ce Comité n'a pas plus fait que le premier. Si pourtant, il a fait quelques circulaires, quelques brochures, et en plus il a fait un enfant, le « Comité de Défense syndicaliste » qui, lui, a fait de grandes choses dont nous allons parler.

Oui, on a allègrement, il y a quelques jours, ici dans cette salle, lâché et éreinté le « Comité de Défense syndicaliste », sous le prétexte que ledit Comité s'est substitué à la C. G. T. pour l'organisation d'un Congrès. Mais ce que Merrheim et la Fédération des Métaux ont dit de ce Comité de Défense syndicaliste, il y a quelques semaines, moi, je le disais à sa constitution. Seulement, à sa constitution, qui est-ce qui hurlait à mes chausses lorsque je disais ce que disent aujourd'hui les Métaux ? Tous les camarades minoritaires, les Métaux en avant ! *(Applaudissements.)*

Le Comité de défense syndicaliste a été constitué pour ne pas avoir de compromission avec les politiciens du « Comité pour la reprise des relations internationales ». Déjà à ce moment, il y avait des velléités extrémistes. Pour sauver la face, on s'est arrangé et on a donné l'illusion de l'unité minoritaire. C'est ainsi que le Comité de Défense a été constitué au début comme section du « Comité pour la reprise des relations internationales ». La Fédération des Métaux y est adhérente depuis le premier jour ; elle est à la base de sa constitution comme de celle du « Comité pour la reprise des relations internationales ». La Fédération des Métaux est le père d'un enfant qui a mal tourné ! *(Applaudissements.)*

Un camarade. — Nous ne l'acceptons pas.

Bled. — Camarades, ce que je demande dans ce Congrès, ce que doit donner ce Congrès, c'est de la lumière. Chacun doit prendre ses responsabilités ! *(Très bien !)*

Quand on condamne le Comité de Défense syndicaliste de façon aussi violente que l'a fait le Congrès des Métaux, quand on flétrit comme il l'a fait l'action stérile et dangereuse de ce groupement, je déclare que mes amis et moi s'associent à la Fédération des Métaux dans cette heureuse et tardive attitude qui a toujours été la nôtre. Mais il ne faut pas venir nous raconter, — n'est-ce pas, Dumoulin, — que c'est nous qui avons commis des fautes dans le passé, que c'est nous qui avons des regrets à formuler, des crimes à expier ! Non ! La Fédération des Métaux a la paternité, donc la responsabilité du Comité de Défense syndicaliste. Voilà la vérité ! *(Applaudissements. Vifs applaudissements.)*

J'en arrive à la réunion de l'Internationale.....

Que de bêtises, camarades, on a dit à ce sujet, en accolant la C. G. T. au Parti socialiste. Nous avons vu en 1915, à cette tribune, Loriot, minoritaire influent, venir ici nous mélanger, dans une salade innommable, les résolutions des Congrès socialistes avec celles des Congrès syndicalistes. On a vu mettre dans le même sac le Parti et la C. G. T. au sujet de la reprise des relations internationales. Je demande aux camarades de la minorité de reconnaître loyalement, qu'il n'y a pas de groupement national, ni en Europe, ni dans le monde, qui ait tant fait que la C. G. T. pour la continuité ou la reprise des relations internationales ! *(Applaudissements.)*

Mais oui, camarades, dans une lettre qu'adressait le camarade Merrheim à Graber, représentant Legien en Suisse, le 3 octobre 1914, Merrheim donne là, l'approbation de l'attitude confédérale jusqu'à cette époque tout au moins. Il termine en disant :

« En conclusion, tout ce que nous pouvons et voulons dire pour l'ins-
« tant, c'est que la C. G. T. et le Parti socialiste français ont, cette fois-ci
« — comme dans les crises précédentes au cours desquelles notre action fut
« d'un poids immense pour la paix — fait tout leur devoir pour éviter la
« guerre et les monstrueuses horreurs actuelles qui en sont la conséquence. »

« Signé : MERRHEIM. »

(Plusieurs camarades demandent la lecture complète de la lettre.)

Bled en donne lecture :

Paris, le 3 Octobre 1914.

Au camarade Ach. Graber,

Arêtes 24, à la Chaux-de-Fonds (Suisse).

Bien reçu votre lettre du 10 septembre. Je l'ai soumise au Comité Confédéral du 20 du même mois et la réponse a été approuvée par le Comité du 27 septembre.

Dans votre lettre, vous demandez que la C. G. T. vous envoie des documents et les numéros de *la Voix du Peuple*, pour vous permettre de publier un ou deux numéros du *Bulletin International* des Centrales syndicales auxquelles vous étiez attaché à Berlin.

A notre grand regret, nous ne pouvons vous donnez satisfaction .En effet, la mobilisation de milliers, de millions de travailleurs français nous a enlevé l'immense majorité des militants de nos organisations syndicales et fédérales. L'Etat paie aux familles des mobilisés une indemnité de 1 fr. 25 par jour et, en plus, 0 fr. 50 par enfant ainsi qu'aux chômeurs nécessiteux.

En présence de cette situaiton, dès la déclaration de guerre, Syndicats et Fédérations — par répercussion, la C. G. T. elle-même — ont suspendu le paiement des cotisations. La besogne des organisations consiste à aider les travailleurs, à traverser cette horrible épreuve avec le minimum de privations.

En conséquence, *la Voix du Peuple* a cessé de paraître. Le Comité confédéral a, par l'organe d'une Commission Exécutive, constitué un Comité d'action avec le Parti socialiste ; il a pour mission de faire face aux événements actuels et à ceux pouvant surgir, menaçant nos libertés, et aux difficultés de la situation présente. Les Syndicats, Bourses du Travail et Unions départementales, dirigent ou font fonctionner — avec l'aide du Comité du Secours national et des municipalités — des soupes populaires. Ces dernières délivrent, à raison de 0 fr. 20 par personne des repas comprenant à midi : soupe, viande, légumes et pain, en attendant de pouvoir faire reprendre l'action syndicale. Telle est, en résumé, la situation actuelle en France.

A ce résumé pourrait se borner la présente. Mais, dans votre lettre, vous avez cru nécessaire de nous faire part des sentiments des ouvriers allemands qui, écrivez-vous : « Partent à la guerre contre la France avec le plus grand regret » et vous ajoutez : « Ils se sentent menacés par le tsarisme et craignent qu'une victoire de ce régime ait une répercussion néfaste en Europe, et particulièrement, sur le mouvement ouvrier ».

Permettez-moi de vous dire que l'heure n'est pas aux regrets, qui ne sauraient atténuer les horreurs auxquelles nous assistons. Ce n'est pas non plus le moment de chercher à atténuer ou a établir les responsabilités des uns ou des autres. Pour nous, le fait brutal, c'est que chaque jour des milliers de travailleurs belges, allemands, anglais, autrichiens et français sont fauchés par la mitraille, couchés, blessés ou morts sur les champs de carnage de l'Europe. Qu'au milieu de leurs souffrances, ils entremêlent leurs cris d'angoisses et de douleurs, leurs plaintes atroces et leurs râles d'agonie, sans parler des centaines d'estropiés, invalides que nous retrouverons après la guerre.

Les souffrances à tous sont les nôtres. Les douleurs inguérissables et le deuil de leurs parents, femmes ou fiancées sont les nôtres parce qu'ils sont de notre classe : des travailleurs. Parce que notre idéal aspire à les voir tous réunis ayant au cœur un seul symbole : leur libération, non par la guerre, mais par la liberté conquise par la conscience et l'organisation internationale du prolétariat tout entier. Aucun d'eux ne saurait être, ni apparaître à nos yeux, comme un adversaire, ni un ennemi.

C'est pourquoi, nous nous permettons de vous faire observer que, malgré toute notre bonne volonté, nous ne parvenons pas à saisir la différence qui existerait entre l'impérialisme du kaiser étouffant, sous le poids du militarisme, les libertés en Allemagne et l'impérialisme du tzar moscovite les étranglant à Saint-Pétersbourg.

Les libertés ouvrières ne valent dans l'un et l'autre de ces pays. Elles y sont inconnues, ou à peu près, dans l'un comme dans l'autre.

Aussi, nous ne voyons pas ce que gagneront, vainqueurs ou vaincus, les ouvriers allemands à fortifier dans des fleuves de sang et sur des montagnes de cadavres, l'impérialisme du Kaiser et des hobereaux militaires allemands dont ils ont été et ne peuvent qu'être les perpétuelles dupes ou victimes. En revanche, nous sentons trop ce qu'ils peuvent y perdre et, avec eux, la liberté de l'Europe.

En conclusion, tout ce que nous pouvons et voulons vous dire pour l'instant, c'est que la C. G. T. et le Parti socialiste français ont, cette fois-ci — comme dans les crises précédentes au cours desquelles notre action fut d'un poids immense pour la paix — fait tout leur devoir pour éviter la guerre et les monstrueuses horreurs actuelles qui en sont la conséquence.

Recevez, Camarade, nos salutations internationales et fraternelles.

Pour le Comité Confédéral et par mandat :
Le Secrétaire par interim,
A. MERRHEIM.

(Applaudissements.)

BLED. — Je peux dire que ces applaudissements peuvent nous être adressés, parce que Merrheim n'a pas trouvé d'opposition à cette lettre, dont nous approuvons tous les termes sans exception. Elle n'a pas trouvé d'opposition dans le sein du Comité confédéral dont elle est l'expression, et elle est la preuve certaine qu'à ce moment-là, nous étions complètement d'accord, et sur l'attitude intérieure des organisations syndicales et sur l'attitude extérieure de la Conférération.

Que s'est-il passé depuis ? Eh bien ! la vérité est celle-ci :

On s'est fatigué de la guerre, voilà toute l'explication de l'attitude ; on s'est fatigué des horreurs, des catastrophes, des deuils, des cadavres, on s'est fatigué du fardeau de la guerre, c'est entendu, camarades, mais les raisons qui existaient lorsque Merrheim écrivait cette lettre, ces raisons-là existent encore aujourd'hui. La paix, la majorité confédérale la désire aussi ardemment que les camarades de la minorité *(Applaudissements.)* mais, la Paix, camarades, la Paix, il faut la conquérir !

Lorsque vous nous parlez des relations internationales, y en a-t-il parmi vous qui considèrent les réunions internationales sans que les nations y soient représentées ? Non, une réunion internationale, c'est avec la représentation des organisations nationales. Or, pour tenir cette réunion internationale, il faut avoir l'adhésion des organisations nationales.

Qu'a fait la C. G. T. ? Elle a tout tenté pour aboutir à un minimum d'accord entre les organisations syndicalistes et socialites des pays alliés pour qu'il soit possible de tenir une Conférence internationale. Elle n'a pas abouti. Mais, camarades, pouvez-vous lui en faire un reproche ? Elle n'a pas abouti à convaincre les Anglais, les Américains. Quand j'entends Dumoulin — et je le prierai à ce sujet d'accorder ses violons avec Frossard et Bourderon — dire que l'on n'a rien fait, particulièrement depuis Clermont-Ferrand, cela dépasse toutes les imaginations, quand on a fréquenté le Comité confédéral, quand on sait les efforts qu'a fait la C. G. T. française pour décider les pays alliés à tenir la réunion internationale. Je ne veux pas m'étendre davantage. On a fait à ce sujet l'impossible. Mais, je ne veux pas développer ce qu'aura à dire à ce sujet Jouhaux, d'autant plus que j'en aurai assez dit quand j'aurai répondu eux critiques faites par Dumoulin, concernant *la Bataille syndicaliste*. Est-ce que nous allons maintenant nous mettre à examiner ce qui a été fait dans le Parti socialiste, dans l'*Humanité*, dans les autres journaux, *la Bataille syndicaliste* ? Les rédacteurs dont il a été parlé, Cornélissen, Charles Albert et James Guillaume étaient des rédacteurs attitrés à la *Bataille syndicaliste* avant la guerre, et c'est peut-être bien Dumoulin qui y a introduit James Guillaume. *(Applaudissements.)*

Moi, à ce sujet, camarades, je suis bien à l'aise, j'ai toujours considéré les gens qui papillonnent autour du mouvement syndicaliste pour en exploiter les divisions comme un danger pour l'organisation syndicale. *(Applaudissements.)*

Mais, je ne veux pas seulement considérer cela pour Jacques Guillaume ou Charles Albert, qui n'ont pas fait cette besogne et qui ont toutes mes sympathies, je veux le considérer pour toute cette pléïade d'intellectuels ratés qui créent et entretiennent des divisions factices dans le mouvement syndicaliste. *(Applaudissements.)*

Et maintenant camarades, s'il est vrai que l'on peut juger une attitude à ses résultats, on peut dire que le Congrès d'aujourd'hui est la preuve que l'attitude de la Majorité confédérale n'a pas desservi les intérêts ouvriers. *(Très bien ! Vifs applaudissements.)*

Comment, dans la période la plus troublée que ce pays ait jamais connue, ni d'autres, l'organisation confédérale a pu maintenir debout l'union des travailleurs dans leurs organisations syndicales ; elle a pu redonner vie à ces organisations syndicales, elle a pu leur permettre de se développer ; elle a pu leur permettre de grandir et l'on peut après quatre années de guerre réunir un Congrès avec plus d'un millier de délégués, et vous diriez que l'attitude de la majorité confédérale a compromis l'organisation syndicale !

Plusieurs voix. — Oui, Oui !

Bled. — Vous ne pouvez pas dire cela !

Plusieurs voix. — Vous ne vouliez pas le Congrès !

Bled. — Je vais conclure, mais je dis qu'il y a là une démonstration contre laquelle vous ne pouvez rien. Un Congrès comme celui-ci, c'est la démonstration la plus évidente, la plus indiscutable de l'efficacité de l'attitude confédérale jusqu'ici.

Bled. — Vous, la camarade aux poupées nationales, je vous en prie.....

En m'excusant de l'incohérence de mon exposé, je conclus en disant ceci : Qu'il a été fait à la C. G. T. tout ce qu'il était possible de faire en face du fléau de la guerre. Dans les jours qui ont précédé la guerre et dès son début — jusqu'au 3 octobre 1914, au moins la lettre de Merrheim à Graber est là — il y eut unanimité parmi les membres du Comité confédéral sur l'attitude à tenir, sur l'action à mener. Rien pour nous n'est changé dans le caractère de la guerre depuis cette époque. Rien n'est venu qui puisse nous permettre de modifier notre attitude.

Nous attendons sans crainte le verdict de ce Congrès. Nous avons confiance dans le jugement des délégués, malgré que nous sachions que beaucoup d'entre eux, sans vouloir par là les humilier, ne possédaient pas leur carte confédérale au moment de la guerre ! *(Très bien ! Applaudissements.)*

J'ai terminé, camarades, en disant, en répétant que l'action que nous avons menée et sur laquelle on nous demande de manifester des regrets, cette action-là, à recommencer, nous l'accomplirions de nouveau. Nous n'avons rien à retirer, rien à regretter, nous n'abdiquons rien, nous revendiquons tout et nous continuerons à faire notre devoir, quoiqu'il advienne, à notre place dans l'organisation synale ! *(Applaudissements. Vifs applaudissements. Sifflets.)*

Le Président. — Voulez-vous que nous suspendions la séance ?

(La séance est suspendue pendant dix minutes.)

Le Président. — La parole est au camarade Bartuel, Secrétaire de la Fédération des Mineurs.

Avant de donner la parole au camarade Bartuel, je veux vous dire que j'ai reçu deux motions couvertes de signatures qui demandent que les camarades assistant à ce Congrès comme syndiqués, mais non comme délégués se dispensent de toutes manifestations envers les uns et les autres, délégués se réservent de leurs manifestations envers les uns et les autres, de façon que ce Congrès se déroule dans le calme et devant les responsabilités de ceux qui sont dûment mandatés.

Discours de Bartuel

Bartuel. — Camarades, en raison de ce que vous venez d'entendre de très longs discours et de ceux que vous allez encore entendre, je m'en voudrais de vous gratifier moi-même d'un discours aussi long. Je ne serais même pas intervenu dans le débat, si je n'avais pas à présenter une observation, à vous apporter ici une explication, une précision, un renseignement que vous avez intérêt à connaître les uns et les autres pour étayer votre jugement et vous prononcer en connaissance de cause.

En ce qui concerne l'observation, j'ai relevé dans le discours du camarade Bourderon un qualificatif à l'adresse du Secrétaire confédéral qui est le suivant : Directeur moral, directeur de la politique syndicaliste.

J'estime que ce qualificatif ne s'applique pas au seul Secrétaire confédéral, il s'applique aussi aux membres de la majorité confédérale dont je suis. Dans la circonstance, je repousse pour mon compte ce qualificatif qui ne saurait m'être appliqué. S'il existe dans certaines Fédérations, — et ceci c'est leur affaire — des directeurs moraux, des directeurs de politique syndicaliste, dans la Fédération du Sous-Sol, cela n'existe pas.

Nous ne reconnaissons d'autre directeur que la masse des ouvriers organisés. Nous ne sommes au Bureau fédéral que les divers exécuteurs des décisions de cette masse et pas autre chose.

Et, si je suis de la majorité, ce n'est pas Bartuel personnellement qui a pris telle ou telle attitude parce qu'il lui a plu de la prendre. L'attitude des délégués de la Fédération du Sous-Sol a été définie par nos Congrès nationaux. Nous en avons tenu cinq depuis la guerre, notre dernier date du 2 décembre 1917 et je dois vous dire ici dans ce Congrès, qu'à l'unanimité moins deux voix, on a approuvé l'attitude de la majorité confédérale. On a été plus loin ; dans la même résolution, on a indiqué aux délégués de la Fédération d'avoir a continuer la même politique. Or, c'est la raison pour laquelle ne reconnaissant comme directeur moral que la masse de nos camarades organisés, je réprouve le qualificatif attribué à notre camarade Jouhaux et à la majorité confédérale, en particulier, et à moi-même.

Le renseignement que j'avais à vous apporter, nous ramène quelques années en arrière. Dans le même discours du camarade Bourderon et dans celui, je crois, du camarade Dumoulin, on a parlé des responsabilités, notamment des responsabilités gouvernementales des gouvernements des empires centraux et des alliés. On a parlé des responsabilités des prétendus directeurs moraux du mouvement syndicaliste, dans les divers pays ; on a oublié de dire qu'il y avait d'autres responsabilités, qui se sont établies, qui ont été assumées et cela, bien avant la déclaration de guerre.

Nous les mineurs, nous avions pris depuis longtemps position en prévision d'un conflit armé et dans nos résolutions de Congrès nationaux, nous déclarions être contre le militarisme, contre toutes les guerres, et, sous réserve de réciprocité, nous nous déclarions prêts immédiatement à nous y opposer, par la grève générale immédiate. Telles étaient les résolutions votées dans nos Congrès nationaux avant la guerre. Dans nos Congrès internationaux, il nous a toujours été impossible, non seulement de faire admettre cette résolution, mais d'en amorcer même la simple discussion, on l'a toujours écartée.

Un membre. — Qui l'a écartée ?

BARTUEL. — On a été plus loin, on a fait supprimer, des ordres du jour des Congrès internationaux de mineurs, la question de la paix ou de la guerre, la question de l'antimilitarisme, sous prétexte que cela était une question d'ordre politique qu'il nous était interdit, à nous, organe syndicaliste, de discuter.

Ceux qui ont fait retirer cette question essentielle de nos ordres du jour de Congrès internationaux, eh bien! camarades, c'étaient les délégués des syndicats de mineurs autrichiens et allemands. Camarades, cela se passait en 1910.

Nous reprîmes la question sous une autre forme, à l'occasion d'une revendication économique, proposition de nos camarades anglais qui demandaient aux Fédérations nationales de prendre des dispositions pour limiter la production de la houille dans les pays houillers et tout en apportant au Comité international leur proposition de limitation de la production, ils apportaient aussi leur proposition sur les moyens de la faire aboutir.

A la Fédération nationale des Mineurs français, nous établîmes un rapport sur la question dans lequel nous disions avec nos camarades anglais : Nous sommes d'accord de faire cinq ou six journées par semaine, mais nous considérons que même ne faisant que cinq journées par semaine et même quatre si on le veut, la semaine compte sept journées et nous voulons pouvoir vivre pendant les sept jours. Nous disions donc : La question de la limitation de la production par la limitation de la journée de travail ne peut se séparer du minimum de salaire. Il fallait vivre. Comme moyen d'action, nous proposions à nos camarades des nationalités à côté, oh ! pas grand chose, tout simplement la grève générale. Nous disions : Nous essaierons d'abord nos forces par un mouvement de vingt-quatre heures et si vous ne voulez pas l'appeler grève générale, pour ne pas offusquer certains esprits, nous l'appelerons « repos ». Nous prendrons vingt-quatre heures quand le Comité international nous en donnera l'ordre, quelques jours après, nous prendrons une semaine, pour examiner les forces dont nous pourrons disposer si nous n'aboutissons pas, nous prendons un congé illimité. Concevez-vous, camarades, quelle aurait pu être la puissance d'action de la Fédération internationale des Mineurs, si on avait appliqué cette conception en prévision d'une déclaration de guerre. Concevez-vous de quel poids nous aurions pû être dans la balance ; et, nous étions prêts. Nous étions prêts nous, et nos camarades belges, à nous mettre en travers de toute action de guerre et nous disions à nos camarades allemands, autrichiens, anglais, hollandais, nous leur disions : Puisque vous ne pouvez faire cela sous le couvert d'une question que vous dites d'ordre politique, nous pouvons toujours, en prévision de cette épée de Damoclès suspendue sur notre tête, prendre nos dispositions, sonder ce que sont nos forces, essayer sur le terrain économique cette mobilisation internationale des mineurs de façon que le jour, la veille où nous sentirons que la menace va devenir un fait accompli, nous puissions dire, sur un simple mot d'ordre du Comité international : Si vous voulez la guerre, vous n'aurez pas de charbon. Voilà ce que nous proposions. Eh bien! camarades, j'ai le regret de vous dire que non seulement notre proposition n'a pas été accueillie, mais que nous avons été bafoués, injuriés dans la personne de notre délégué par les délégués allemands, autrichiens, hollandais. Voilà la vérité. *(Applaudissements.)*

Et cela se passait en 1913, au Comité international de Bruxelles.

Ah! on nous dira, je le sais d'avance, que ce n'étaient que des délégués au Comité international, mais, c'étaient tout de même des délégués qui représentaient les mineurs allemands, autrichiens et hollandais ; il y avait des députés, que je pourrais citer, c'est entendu, mais ont-ils été désavoués par ceux qui les avaient mandatés ? Ont-ils eu un reproche quand ils sont rentrés chez eux ? Non, ils ont été constamment approuvés. Donc, ils avaient derrière eux des mandataires qui leur avaient donné la ligne de conduite à tenir et dans ces conditions, nous ne pouvions que dire : S'ils ont parle ainsi, s'ils ne veulent pas marcher, s'ils reculent après que nous leur avons fait sentir le danger qui pèse sur la classe ouvrière du monde entier, eh bien!, véritablement, c'est que nous sommes une Internationale de mineurs qui est châtrée d'avance et nous ne pourrons jamais rien faire.

J'ai dénoncé cela au Congrès national de la Fédération des Mineurs en 1913 et je fais appel aux camarades mineurs, présents à ce Congrès, pour qu'ils disent si les explications que je leur ai fournies concordent avec celles que je vous fournis aujourd'hui.

Ah! on nous dit, on n'a rien fait en 1914. On n'a rien fait parce qu'on ne pouvait rien faire. On aurait pu faire quelque chose — et je ne parle pas de l'opposition des gouvernements — si nous n'avions pas eu l'opposition de la classe ouvrière des Empires centraux.

Voilà, camarades, le renseignement que je voulais vous fournir et je ne vous demande qu'une chose, c'est que vous en fassiez votre profit. J'ajoute qu'il n'est pas encore trop tard et que s'il plaît à nos camarades allemands, autrichiens et autres, de faire le geste qu'ils se sont refusés à accomplir avant 1914, je crois ne pas trop m'avancer en vous déclarant, qu'ici, les mineurs français seront prêts à leur tendre la main, mais nous attendons ce geste, et, il n'est jamais venu. *(Très bien! Applaudissements.)*

Camarades, voilà mon renseignement. Il était nécessaire, utile indispensable que vous le connaissiez.

J'ai retenu ici dans le discours du camarade Bourderon un autre point.

Bourderon a dit, je crois, qu'il serait nécessaire, et nous l'avons dit aussi à la Conférence de Clermont-Ferrand tous ensemble, qu'il serait nécessaire de connaître les buts du Gouvernement. C'est évident.

Eh bien! camarades, il est des buts de guerre que nous connaissons tous depuis 1914. Nous ne pouvions les ignorer ces buts de guerre, c'est nous, c'est la Belgique, ce sont nos départements envahis, ce sont la Roumanie, le Monténégro, la Russie. Ces buts de guerre, vous ne pouvez les ignorer. Ces buts de guerre, c'est nous. Quand nous ne le serons plus et je m'explique, il en est d'autres qui seront sur le point de devenir à leur tour les buts de guerre que nous étions avant eux. A ce moment-là, dans la classe ouvrière française, si nous avons du courage, il faudra faire le geste que d'autres n'ont pas voulu faire et nous opposer à ce qu'ils deviennent à leur tour des buts de guerre.

Dans le discours de Dumoulin, il y a quelque chose qui m'a frappé, étant donné que cela ne saurait se concilier.

Dumoulin a dit : Je ne suis pas pour la Défense nationale, mais, lorsqu'une offensive allemande est suspendue sur nos têtes, je suis contre la grève générale. C'est possible, mais je ne vois qu'un seul moyen de nous y opposer, c'est la grève générale, et si on n'est pas pour la grève générale, on est pour le Défense nationale. *(Brouhaha. Protestations.)*

C'est ma conviction. Il faut croire que ce que je vous dis vous déplaît souverainement. Je le regrette. J'ai pris cette leçon de chauvinisme dans un des syndicats les plus révolutionnaires de France, le syndicat des Terrassiers qui, aujourd'hui, creuse des tranchées pour la Défense nationale.

De deux choses l'une, camarades, où il s'agit de devoir et dans ce cas ils sont aussi chauvins que moi, ou ils agissent pour le salaire, et dans ces conditions, je ne m'explique pas davantage. *(Applaudissements. Brouhaha.)*

Le Président. — La parole est au Camarade Le Guennic.

Le camarade Barthe demande son tour de parole.

Le camarade Hubert demande son inscription pour réfuter les paroles prononcées.

Intervention de Le Guennic

Le Guennic. — Camarades, je pense que dans ce Congrès, nous devions donner l'impression que nous sommes ici les pionniers, les constructeurs d'une cité de fraternité universelle, et, ce n'est pas précisément cette impression que nous donnons depuis le commencement de ce débat.

Il me semble que nous ne prenons pas exactement l'attitude qu'il conviendrait à des hommes libres ; il me semble que des hommes libres doivent d'abord agir par le fonctionnement de leur raison et non pas sous l'influence de la haine ou par devoir de courtoisie. J'estime que des hommes libres peuvent exposer librement leur pensée sans avoir même la crainte de froisser leurs amis alors que leur pensée ne serait pas conforme à la leur.

Il y a deux tendances dans ce Congrès. Je n'ai pas de préférence ni pour l'une ni pour l'autre.

J'ai cherché dans la mesure de ma compréhension à chercher la divergence qui les a séparée. Jusqu'à présent, je n'ai réussi qu'à en saisir une seule. C'est lorsqu'un camarade de la tendance majoritaire se trouve à cette tribune, il est très difficile qu'il se fasse entendre. J'ai constaté, camarades, que vous ne donniez pas la preuve d'hommes émancipés, puisque vous n'arrivez pas à vous dompter vous-mêmes.

J'ai entendu, tout-à-l'heure, des camarades qui me jetaient à la face comme un reproche la date de 1910. Mon ami Bidegarray qui présidait, a dit que j'avais fait mon devoir en 1910, comme j'étais prêt à le faire en 1914. En 1914, j'étais Secrétaire de l'Union des Syndicats du Var et je vous assure que c'est avec une angoisse terrible que j'envisageais les événements qui surgissaient. Je me demandais, pour être logique avec mon passé syndicaliste révolutionnaire, quelle attitude allait être la mienne et à ce moment-là, c'est les yeux fixés sur le Comité confédéral que je cherchais à discerner quel était mon devoir. Il n'y avait pas que ma personnalité qui était en jeu, parce que j'étais chargé d'interpréter également les aspirations d'une Union de Syndicats. Or, à ce moment-là, le camarade Jouhaux qui a été si violemment attaqué à cette tribune a eu une attitude.... *(Interruption.)*

Le camarade Jouhaux qui assumait à ce moment-là comme il le fait depuis, la terrible responsabilité de guider dans la mesure de ses moyens le prolétariat syndicaliste de ce pays, a eu une attitude courageuse qui m'a déchargé de cette angoisse, c'est en raison de cette reconnaissance que je me suis senti le devoir moral de venir à cette tribune lui témoigner ma reconnaissance. *(Applaudissements.)*

Le camarade Bartuel vous a parlé tout-à-l'heure des principes directeurs de notre organisation. J'ai dans ma poche sept mandats d'organisation ouvrière d'un pays où je milite depuis un an seulement. Si, moi, je suis un coupable à vos yeux, je ne pense pas que vous vouliez incriminer les organisations au nom desquelles je viens prendre la parole. *(Applaudissements.)*

Ces organisations, mon devoir strict, consisterait à interpréter ici leur pensée, mais connaissant l'intolérance dont vous êtes imprégnés, je m'en garderai ; cela vous scandaliserait à un tel point que vous ne pourriez m'écouter, ni comprendre ma thèse.

Ces travailleurs ne sont pas des routiniers de la politique, ils ne sont pas des intrigants des milieux où l'on cherche à percer ; ils ne voient qu'une chose, leur misère, leur besogne de chaque jour ; ils n'aspirent qu'à une chose, à pouvoir vivre libres dans la mesure du possible et de leur travail. Ils n'aspirent pas à être exploités au point où vous l'aspirez vous autres, peut-être. *(Protestations.)*

Si je ne suis pas dans l'ordre du jour, il est bien difficile de suivre une discussion, lorsqu'à chaque mot que l'on prononce, on reçoit une injure. *(Brouhaha.)*

Policier ! Ce sont les arguments dont vous vous servez et c'est ce qui vous différencie de la majorité.

Le camarade Bartuel vous a parlé tout-à-l'heure des efforts accomplis par l'organisation des Mineurs pour une entente internationale entre tous les travailleurs des mines, afin de prendre des dispositions susceptibles d'empêcher toute guerre. Je pourrais pour mon compte personnel, invoquer ce qui s'est passé dans l'Internationale des Transports. J'ai été en 1910, délégué par le Syndicat national des Chemins de Fer pour le représenter au Congrès international des Transports de Copenhague. Et je suis allé là-bas avec l'esprit combattif que vous me reprochez aujourd'hui de ne plus manifester. Je suis allé là-bas plein du désir de faire partager aux délégués de l'Internationale des Transports, nos vues, en ce qui concernait les mesures à prendre pour empêcher toute guerre de pouvoir se déclarer. J'ai demandé aux délégués d'entreprendre, dans leur pays, une action susceptible d'amener tous les travailleurs à l'idée de cesser tous les transports, de saboter tous les moyens de transports, dans le cas où les dirigeants des divers pays d'Europe ou du monde tout entier, voudraient déclarer une guerre. Or, cette thèse, sans avoir été entièrement partagée par des militants sans doute plus expérimentés que moi d'Angleterre et d'Amérique, fut cependant écoutée par eux avec une certaine sympathie ; par contre, je fus frappé de l'ostracisme dont firent preuve les délégués d'Allemagne et d'Autriche. Eux, c'est par des sarcasmes et des injures qu'ils écoutèrent ma proposition et ce fut avec une colère inexprimable que les délégués allemands montèrent à la tribune pour réfuter mes enfantillages, disant que mon langage était criminel, que la direction des peuples incombait aux gouvernements divers et que les travailleurs dans leurs organisations syndicales n'avaient d'autre but à envisager que la discussion de leurs intérêts économiques et que leur moyen d'action révolutionnaire, grève générale, ne devait servir qu'à accroître leur pouvoir politique sur les institutions dans les divers pays, c'est-à-dire, pour acquérir des droits politiques ; la grève générale était considérée par ces camarades comme des moyens inadmissibles dans aucun cas, y compris la guerre.

Un camarade. — Tu disais le contraire en 1912.

Le Guennic. — Je n'ai jamais dit le contraire en 1912, pour la bonne raison qu'au sein de la Confédération, j'ai toujours partagé les vues de la majorité. Il n'y avait comme défenseurs de la tactique syndicaliste allemande que les modérés, que nous qualifions à ce moment-là de Réformistes. Il n'y avait que ceux-là qui défendaient la tactique allemande. Par contre, la majorité confédérale a multiplié ses démarches pour obtenir l'organisation de Congrès internationaux ayant surtout pour but de dresser la classe ouvrière en face du capitalisme mondial, pour le cas où une guerre serait possible ; pour le cas où l'on se trouverait menacé d'une conflagration comme celle que nous subissons depuis quatre ans. Or, les organisations allemandes se sont toujours systématiquement opposées à cette proposition de la majorité confédérale. Elles n'ont jamais accepté l'organisation de Congrès internationaux. En outre, elles se sont toujours refusées à inscrire à l'ordre du jour des Conférences internationales, « l'attitude de la classe ouvrière en cas de guerre ».

Tous les camarades qui, dans une circonstance quelconque et quelle que fut leur opinion, ont été appelés à discuter avec les délégués des organisations syndicales allemandes, ont eu l'impression que ces camarades-là se refusaient à faire quoi que ce soit pour empêcher la guerre.

Nous avions une attitude qui prête peut-être à des critiques, parce que nous ne disions pas tous les obstacles devant lesquels nous nous trouvions buter pour étendre notre idéal anti-guerrier au monde entier. Nous nous trouvions dans cette situation, ou déclarer ce qui existait et paralyser par celà même l'extension de nos idées de fraternité internationale....

Un camarade. — Ne parle pas de fraternité.

Le Guennic. — Il y a un camarade qui vient de m'interrompre, je voudrais bien qu'il me dise ce qu'il a à dire.

Je crois comme tous les camarades minoritaires que le capitalisme mondial a été la cause profonde de cette guerre. *(Applaudissements.)*

Je crois comme tous les camarades minoritaires que cette guerre a été fomentée surtout comme moyen de dérivation au travail d'émancipation de la classe ouvrière internationale. Mais, je considère qu'entre les causes et les faits, il y a une nuance.

La guerre s'est abattue sur nous sans que nous ayons pu faire partager notre idéal anti-guerrier aux organisations ouvrières des pays qui nous ont attaqués. *(Très bien! Applaudissements.)*

La guerre s'est déclarée malgré tous nos efforts, la guerre s'est déclarée malgré nous et qu'eussiez-vous voulu que nous fassions au moment où elle s'est déclarée ? Aucun de vous n'est venu le dire. Votre porte-parole le plus autorisé, Merrheim, a approuvé l'attitude de la C. G. T. Aucun d'entre vous n'est venu demander ici, pourquoi la C. G. T. n'avait pas déclaré la grève générale lorsque la guerre s'est déclarée.

Vous n'avez jamais rien fait et cependant, vous leur reprochez de n'avoir rien fait pour empêcher la guerre ! Et, cependant, vous lui reprochez aujourd'hui de ne rien faire pour y mettre un terme ! Moi, j'ai le courage de faire des propositions nettes ; j'ai le courage de cesser les insinuations et la calomnie et j'ai le courage également de reconnaître les efforts persévérants des camarades qui ont eu la responsabilité d'opposer des possibilités d'action de la classe ouvrière de ce pays, aux réalités cruelles dans lesquelles nous vivons actuellement.

Vous me dites que vous êtes les admirateurs de la Révolution russe ! Je serai peut-être admirateur pour l'intention des révolutionnaires russes —vous allez me dire tout-à-l'heure que je cause de choses que j'ignore — mais il m'est possible, par une sorte d'intuition, de me figurer ce qui se passe en Russie, rien que par des déductions de ce qui se passe ici.

Je me figure que, par un coup de force, vous deveniez vous, la minorité, les maîtres de notre destinée de demain, je vois d'ici avec quelle tolérance vous nous permettriez de dire notre pensée. *(Applaudissements. Brouhaha.)*

Dans les événements troubles comme ceux d'aujourd'hui, ce sont les éléments troubles qui arrivent, mais nous ne voulons pas de votre dictature. *(Brouhaha. Applaudissements.)*

Ici se place un incident violent. L'orateur est atteint par un encrier jeté par un délégué de Marseille.

Hubert. — Ce geste qui vient d'être accompli, je pourrais l'approuver étant d'un tempérament très violent, mais dans la situation où nous nous trouvons, je ne peux faire que le désapprouver. Je demande aux camarades qu'ils frappent leurs ennemis de classe, mais qu'ils ne viennent pas frapper des camarades qui affichent des opinions contraires aux leurs. Cependant, l'attitude qu'a eu notre camarade Le Guennic a outré ces camarades ; il ne se rappelle donc plus de la propagande extrémiste, plus qu'extrémiste qu'il faisait ; lorsqu'en 1913, il est venu trouver les camarades qui l'ont apostrophé pour leur demander de cambrioler le bureau de la Fédération des Chemins de fer pour en expulser les......... C'était à cette époque ce qu'on appelait de l'action directe et les camarades qui ont été sollicités pour faire cette besogne ne comprennent plus que Le Guennic ait une tendance de pur chauviniste.

Maintenant, camarades, j'espère que l'incident regrettable qui s'est produit tout-à-l'heure ne se renouvellera pas, tant que dureront nos assises ouvrières, parce qu'il y a eu plusieurs camarades qui ont été touchés par le geste impulsif de notre camarade qui a lancé l'encrier, et qui ont leurs vêtements tâchés. Or, vous savez comme moi que les vêtements coûtent cher en ce moment, il est, par conséquent, inutile de les gâcher et de faire œuvre de division en agissant de cette façon et de faire profiter encore ceux qui exploitent la classe ouvrière par la vente des habits qui nous sont indispensables.

Camarades, je ne continue pas, j'ai demandé la parole au Président. Je suis discipliné dans un Congrès, lorsque mon tour viendra, je serai là pour défendre mon organisation.

BIDEGARAY. — Camarades, nous avons assisté tous (et ici je crois être l'interprête du Congrès) à des actes déplorables, scandaleux, pour des militants. Il y a ici des personnes qui sont en dehors de notre discussion qui ont été victimes de notre acte. Nous avons ici de malheureuses femmes qui travaillent comme nous, qui ont eu leurs effets tâchés par ce geste maladroit. Je crois donc être l'interprête unanime de ce Congrès en exprimant à ces malheureuses dames qui travaillent péniblement pour gagner leur pain, le regret de l'ensemble de la classe ouvrière organisée de la perte de leurs effets. *(Bravo.)*

Il ne suffit pas d'approuver par des applaudissements, je suis persuadé d'avance que personne ne se refusera à ce que je vais dire.

Notre devoir à nous est de faire une collecte à la sortie pour remplacer ce qui a été abîmé.

Camarades, il est six heures, chacun de nous est encore sous l'impression de l'orage de cet après-midi. Je crois que nous arrivons à l'heure où il faudra conclure. Il y a eu des explications, il en faut d'autres ; moi je vous demande à tous, avec l'espoir que vous voudrez quand même discuter le programme du Congrès confédéral que pour demain matin les camarades se réunissent de part et d'autre pour désigner deux camarades seulement par tendance, ou même trois si vous le jugez utile. Il faut que demain matin l'on en finisse de cette question et que l'on arrive aux autres questions qui sont aussi importantes.

La proposition est mise aux voix.

Deux camarades de chaque tendance sont adoptés.

Voici le Bureau proposé pour demain :

Président : Frossard.

Assesseurs : Hélène Brion, Cazals.

La séance est levée à 6 h. 1/4.

5e *Séance.* — 17 *juillet* 1918, *matin.*

Président : FROSSARD.

Assesseurs : Hélène BRION, CAZALS.

FROSSARD. — Camarades, la séance est ouverte.

Je fais observer au Congrès que l'on avait décidé hier de laisser aux deux tendances le soin de désigner chacune deux orateurs ; je n'ai pas encore reçu les noms et je prie les deux tendances de me les faire parvenir.

Les deux orateurs de la majorité sont : Bidegarray et Savoie.

Les deux orateurs de la minorité sont : Merrheim et Thuillier.

La parole est au camarade Bidegarray.

Discours de Bidegaray

BIDEGARAY. — Camarades, je vais donner suite à la discussion sur l'attitude du Comité confédéral depuis le début des hostilités.

Nous avons hier et avant-hier entendu des critiques ; nous avons entendu surtout d'une façon véhémente, par notre camarade Dumoulin, attaquer la gestion de la majorité confédérale ; nous avons entendu hier un réquisitoire contre des hommes qui n'ont eu que le souci de maintenir debout les organisations syndicales en France.

Nous avons été aussi, nous de notre côté, passablement attaqués pour le présent et pour le passé. Et cette vieille formule qui existait avant la guerre au sein de notre Comité confédéral, cette vieille formule qui voulait que nos militants soient partagés entre deux tendances, persiste encore aujourd'hui, non par le fait même de l'action syndicale, mais par la prétention pour certains de se faire une popularité dans le sein de l'organisation.

Majorité, minorité, j'attends que l'on vienne de l'une ou de l'autre des tendances, me démontrer ce que cela veut dire, en tant que dénomination, si ce n'est que quelques personnalités veulent malgré tout forger dans le sein des organisations syndicales, ce que l'on appelle des compartiments pour pouvoir s'en prévaloir dans l'action syndicale.

Nous étions, nous, appelés réformistes avant la guerre ; mais les réformistes ont montré au moment de l'action qu'ils étaient beaucoup plus vigoureux que certains qui se réclamaient du révolutionnarisme.

Réformistes d'hier, majoritaires d'aujourd'hui, paraît-il ! Je ne sais pas pourquoi, mais ce que je peux dire à ceux d'entre-vous qui prétendent avoir le monopole de toute l'action syndicale, c'est que les Cheminots n'ont pas changé d'attitude, ni avant ni pendant la guerre. Ils n'ont eu qu'un désir dans toute leur carrière, dans toute leur action, c'est de faire de l'action syndicale et de l'éducation, chose que vous avez trop souvent négligée dans vos organisations.

Ah ! vous nous reprochez, vous reprochez à la majorité confédérale de s'être élargie et par là même de s'être compromise avec ceux qui la veille, paraît-il, étaient à l'extrême-droite. Vous reprochez à la majorité confédérale d'avoir quitté ce que l'on appelle la fraction vivante de l'action syndicale. Reprenez pour vous-mêmes ce reproche ; c'est vous qui avez quitté la majorité confédérale et, en tout cas, n'est-ce pas l'ambition la plus légitime d'aujourd'hui pour vous, de devenir majoritaires ?

Il y a quelque chose dans nos attitudes qui change ; il y a quelque chose de surprenant dans notre tactique. Au temps où nous étions de la minorité, nous n'avons jamais créé de Comité de Défense syndicaliste pour prouver notre vitalité ; nous n'avons pas jugé utile de créer un Comité confédéral dans le Comité confédéral ; nous avons trouvé plus logique, avec notre tempérament syndicaliste de faire de la propagande dans la masse inerte, de leur faire comprendre leur obligation d'agir pour devenir majorité ; nous n'avons pas employé des moyens à côté ; nous n'avons pas fondé de Comité plus ou moins de défense. Par l'action loyale, par l'action au grand jour, nous avons fait comprendre notre tactique, notre attitude qui était celle que devait suivre la classe ouvrière. Si vous avez aujourd'hui dans votre minorité ceux trop tard venus à l'action syndicale et qui, pour se donner un tremplin, se sont mis dans la minorité alors que leur cœur ne renfermait aucun sentiment syndicaliste, prenez-vous en à vous-mêmes. (*Protestations. Applaudissements.*)

Le Président. — Camarades, je dois vous faire observer qu'après les incidents d'hier soir, nous avions pris l'engagement, les uns et les autres de respecter la liberté de parole de tous les orateurs. Je demande surtout à mes amis de la minorité d'écouter en silence celui qui est à la tribune. (*Très bien !*)

Bidegaray. — Camarades, il était bon de déblayer le terrain sur lequel le camarade Dumoulin, hier, a voulu nous enferrer, pour nous séparer, ou pour séparer la majorité en plusieurs catégories.

Hier, j'ai reçu sans tumulte, tout en bouillonnant en moi-même, toutes les flèches acérées qui m'étaient lancées. Ah oui ! Dumoulin, les Cheminots sont des patriotes, tu l'as dit, seulement, tu as eu le courage toi-même d'annoncer que quand il y avait une offensive sur le front français, tu ne pouvais pas admettre la grève générale. (*Applaudissements.*)

J'ai été de ceux, avec tous mes amis cheminots de toutes opinions qui ont toujours dit : La Défense nationale d'abord. Non pas la Défense nationale à la Barrès, mais la Défense nationale qui est intimement unie à la Défense de la Démocratie. La Défense nationale d'abord, la Défense des intérêts corporatifs après, parce que je prétends que l'une est liée à l'autre.

En 1914, j'ai eu le courage de dire : Si notre pays est attaqué, le devoir de tous est de le défendre, de défendre la démocratie dans le monde. Je l'ai dit à ce moment-là, j'ai mis mes actes en pratique et certains, oubliant l'acte qu'ils ont commis en 1912, ceux qui non seulement n'ont pas pris un fusil de bois mais ont pris un beau fusil Lebel pour courrir à la frontière, trahissant leurs déclarations de la veille, parce qu'ils n'avaient pas le courage de les appliquer, n'ont pas le droit de nous dire, à nous, que nous sommes des patriotes. Nous assurons le front, c'est vrai, mais nous ne pouvons pas admettre que des hommes sans mandat jugent notre attitude comme on l'a fait à Saint-Etienne. Hier, Dumoulin a dit qu'à Saint-Etienne, vous n'aviez eu qu'un souci, celui d'assurer la continuité de l'unité d'action dans le sein de l'organisation syndicale.

Je veux vous dire mon impression, j'ai le droit de l'exprimer.

A Saint-Etienne, vous n'aviez pas le souci de l'unité confédérale et vous n'êtes pas allé là-bas pour exiger le Congrès confédéral qui était décidé avant cette Conférence. Vous n'êtes pas allés à Saint-Etienne pour forger un programme d'action syndicale, vous autres qui étiez sans mandat de vos organisations centrales : vous avez été là-bas pour mettre en application des décisions déjà prises avant le Congrès, et vos protestations ne font qu'affirmer ce que je vous dis. (*Protestations.*)

Vos dénégations sont la confirmation de ce que viens de dire.

J'espère que Merrheim ne me contredira pas car il sait très bien que quand il a été au Congrès de la région de la Loire, le 27 ou le 28 mars, il a assisté à l'embryon de ce Congrès de Saint-Etienne et leur a déclaré : Camarades, vous n'avez pas, vous autres, le droit d'engager l'ensemble de la classe ouvrière dans une action, sans la consulter.

Nous prenez-vous pour des moutons de Panurge, pour ne faire que ce qui vous plaît ? Prétendez-vous que nous n'avons pas le droit d'apporter notre point de vue dans une action aussi formidable que celle d'une grève générale ? Une grève générale sans que les Chemins de fer y participent me paraît vouée à un échec, et les conséquences qui s'en suivraient rendraient victimes de la répression féroce qui ne manquerait pas de se produire des camarades de bonne foi. Et alors, vous vous retournez vers le Comité confédéral et lui dites : « S'il y a des victimes, la faute en est à votre inertie ».

Moi je dis que la faute, la responsabilité en est à ceux qui ont pris part aux débats de Saint-Etienne et qui ont engagé quelques organisations, sans en avoir été mandatés sur des possibilités d'action.

Je sais qu'il y a eu des Cheminots, mais ils étaient sans aucun mandat de leur organisation et j'approuve ces paroles du camarade Lenoir, de la Métallurgie : Quand des militants engagent ou promettent le concours d'une organisation sans l'avoir consultée, ils commettent un crime *(Applaudissements.)* parce qu'alors on noie l'esprit d'hommes de bonne foi. Or je suis de ceux qui ont toujours reconnu la bonne foi de Péricat je me permets de le dire en plein Congrès, et je prétends que ceux qui engagent des hommes loyaux, lorsqu'ils savent pertinemment que leur organisation est incapable de marcher, ceux-là commettent un crime contre la classe ouvrière et sont des hommes dangereux dans nos organisations.

Dumoulin, tu avais raison de dire que ceux qui se vantent d'être plus minoritaires que les autres sont ceux qui, hier, n'étaient pas encore syndiqués. *(Applaudissements.)* Et, aujourd'hui, ils prétendent avoir le monopole d'être les censeurs de l'action syndicale des autres.

Ce que je peux vous affirmer (et là j'attends un démenti), c'est que j'ai parcouru toute la France, j'ai été en Algérie, j'ai été dans toutes les Bourses du Travail et personne ne peut dire que Bidegaray se soit permis des procès de tendance dans ces réunions syndicales. Jamais.

Quelques camarades. — Cela, n'est pas vrai.

Je n'ai eu qu'un souci, c'était de faire de l'organisation, non pour nous seulement, mais pour les Bourses du Travail, les Fédérations, les Unions de Syndicats, la C. G. T. Partout où nous avons passé et chaque fois que je l'ai cru nécessaire, j'ai amené mon ami Jouhaux pour réveiller la torpeur des syndiqués, je l'ai fait avec plaisir pour le milieu intéressé. Je me souviens, sans vouloir froisser personne de la première fois, en 1915, où j'ai été à Saint-Etienne. Il y avait à ce moment-là 40.000 métallurgistes, 2.000 cheminots et la Bourse du Travail débitait 3.000 timbres par mois. Il a fallu que nous y allions ; nous l'avons fait sans arrière pensée, et, aujourd'hui, vous reprochez à Jouhaux d'avoir élargi sa majorité. Avec Jouhaux, nous avons pu avoir dans le temps, non pas des discussions de personne, j'ai toujours banni ces discussions, mais des différences de conceptions, Nous nous sommes expliqués franchement, loyalement comme on doit le faire entre militants. Nous n'avons eu qu'un but, voir la France sortir de cette guerre rehaussée dans son action syndicale, pour bien marquer sa place dans l'Internationale. Nous avons eu, camarades, le souci d'avoir une place prépondérante dans le sein de l'Internationale, pour que nos aspirations soient entendues, nos décisions prises en considération dans les Congrès Internationaux.

Nous avons eu d'abord le soin de créer des Centrales Nationales, puissantes, fortes et éduquées. Ce résultat, nous l'avons obtenu chez nous, nous n'en sommes pas fiers. Mais, il y a un fait: C'est que notre action ne sait pas se soumettre aux caprices de quelques individualités; notre action est au service de l'ensemble des organisations, de la classe ouvrière organisée, elle est au service de la C. G. T., mais non d'une minorité quelconque. Je ne peux pas admettre d'être jugé par Dumoulin ou d'autres. Nous voulons l'Internationale et tous les deux nous sommes d'accord pour sauver d'abord l'organisation nationale.

Ah ! nous sommes les adversaires du Congrès international. Je laisserai le soin à Jouhaux de vous en parler, mais laissez-moi vous signaler ceux qui nous font ce grief. Ce sont des hommes qui n'ont jamais assisté à un Congrès international ; des hommes qui ne connaissent l'Internationale que par les comptes rendus de quelques journaux ; des hommes qui ne savent pas ce qu'est d'être en contact avec des militants de l'Internationale et Bartuel rappelait un fait que j'ai vécu, quant, à mon tour, en 1912, à Londres, au Congrès international des Transports qui suivit celui de Copenhague et où se trouvaient Jochade et Muller d'Autriche, nous avons, nous, les réformistes d'hier, avec Guinchard, avec Rivelli, avec les camarades italiens, avec le camarade Wilson d'Angleterre déposé une motion, non une motion de démagogie théorique, mais une motion d'action précise, immédiate. Nous voulions nous, non pas déclarer sur le papier, sur le bout des lèvres la grève générale, mais nous voulions l'organiser et la faire effectivement. Quand nous nous sommes trouvés en face de la discussion de la motion déposée par nous (j'en appelle aux camarades que j'ai cités tout-à-l'heure) les camarades allemands et autrichiens ont déclaré que c'était une question qui n'intéressait pas les organisations syndicales et qu'ils se retireraient si nous insistions à vouloir discuter la motion. (*Applaudissements.*)

GUINCHARD. — Muller a déclaré que nous serions des enfants de vouloir cette discussion parce qu'elle ne pourrait jamais être mise en application.

BIDEGARAY. — Il fallait donc d'abord que vous connaissiez les hommes qui, par la confiance de leurs adhérents, étaient à la tête des Centrales internationales ; il fallait connaître leurs sentiments et c'est eux-mêmes qui sont encore aujourd'hui à la tête de ces Centrales.

Vous nous dites qu'il faut en saisir la masse allemande ? D'accord. La masse allemande répond, par l'intermédiaire des organisations syndicales : Nous les connaissons leurs moyens d'action.

Pour le Congrès international, nous en discuterons tout-à-l'heure, je l'espère, car de ce Congrès doit sortir autre chose que du verbalisme ; il doit sortir des décisions d'action pour réaliser notre programme et j'espère que tous ceux qui représentent quelque chose dans les organisations prendront leurs responsabilités et feront comprendre les décisions prises.

Quand on parle de l'Internationale, quand on parle de convoquer cette Internationale, il faut des Internationalistes, il faut exister internationalement.

Guinchard avait raison de rappeler la déclaration de Muller, mais ces déclarations n'étaient que la répétition du Congrès des Mineurs, des Transports maritimes ; la répétition des Métaux, des Ports et Docks. Chaque fois que les organisations françaises ont voulu discuter avec les délégués austro-allemands la question de la paix ou de la guerre, nous nous sommes toujours heurtés à leur volonté bien arrêtée de ne jamais discuter ces questions, prétextant toujours que seules les questions corporatives nous intéressaient. Nous, nous prétendions que la vie des hommes qui sont pour toujours couchés là-bas, nous intéressait, et c'est pourquoi nous voulions discuter cette question dans l'Internationale. Nous nous sommes toujours heurtés à leur obstination, malgré cela, comme le disait Bartuel, si demain les camarades austro-allemands, sortant de leur torpeur, se dégageant de la tutelle militariste dans laquelle ils se trouvent noyés, veulent accomplir le geste libérateur envers la civilisation, je n'aurais pas besoin de vos conseils pour agir dans l'intérêt de l'Internationale ouvrière. (*Applaudissements.*)

Chez nous, nous ne disons pas : Et vous, et toi, qu'est-ce que tu fais pour faire de l'action ? Nous disons à la masse : Qu'est-ce que tu comptes faire. Il ne faut pas, parce que l'on est à la tête d'une organisation, prétendre en être les dictateurs. Nous voulons, nous, travailler avec le mandat de la masse, nous voulons que ce soit elle qui prenne ses responsabilités et non quelques individus. La puissance de l'action n'existe que dans le sentiment profond que chacun de nous travaille pour un but déterminé et bien consenti.

L'Internationale ne s'est pas réunie ! Il est dommage que ceux qui ont eu leur place dans la C. G. T. ne soient pas présents. J'aurais voulu que Griffhuelles et Yvetot viennent apporter leurs sentiments internationalistes. Je me souviens de leur retour des Congrès internationaux.

Je vois encore le camarade Griffhuelles revenir complètement désorienté malgré les sentiments internationalistes qui l'animaient. Je le vois encore nous avouer, après l'entrevue avec les Austro-Allemands : « Il n'y a pas d'Internationale possible avec ces camarades, brisons-là tout de suite. *(Applaudissements.)*

A ce moment, camarades, vous ne faisiez pas d'action syndicale. Nous, depuis 10, 15 ans, nous nous préparions contre la guerre. Vous, vous ne vous souciez ni de la guerre, ni de l'organisation. Nous, même en temps de paix, nous étions contre la guerre. La guerre existe, nous la subissons, mais ne faites pas retomber la responsabilité de cette guerre sur la majorité. Une part de la faute en est à la masse qui n'a jamais compris la lutte que menait la C. G. T. contre le militarisme ; en tout cas, il serait trop facile de renvoyer le reproche à ceux d'entre vous qui, le plus violemment, préconisaient l'insurrection, la grève générale, le sabotage de tout le matériel avant la guerre. Ceux-là, n'ont pas eu le courage d'appliquer leur conception parce qu'ils ne le pouvaient pas et Dumoulin tu as très bien fait de dire : « Nous avons été débordés par un torrent de chauvinisme national ». *(Applaudissements.)*

Nous avons été débordés, c'est vrai, Dumoulin, mais la faute en est aux militants syndicalistes d'avant guerre. Pourquoi ? Parce que dans toute la propagande, il y a eu de la démagogie pour se substituer à l'un ou à l'autre et jamais d'éducation syndicale. On a négligé l'éducation syndicale, et, au lieu d'avoir des troupes disciplinées pour une action, nous n'avons eu que des troupes désemparées, sans cohésion, sans directives. Et Dumoulin, malgré que nous seuls, soyons des guerriers, des patriotes, permets-moi de dire que pas mal de sang gaulois a coulé et que le prolétariat n'a eu qu'un seul cri : la France est attaquée, la démocratie est attaquée, nous allons défendre notre pays. Voilà l'histoire ! N'attaquez pas la majorité, vous n'en avez pas le droit et je vous pose la question. Vous qui critiquez tant : Qu'est-ce que vous avez fait vous autres à la place de la majorité ? *(Applaudissements.)*

Quels sont les actes marquants que vous avez accomplis pour sauver l'Internationale, pour laquelle vous n'avez jamais travaillé avant la guerre ? Qu'est-ce que vous avez fait, camarades ?

Vous reprochez à la majorité son inertie, son apathie (c'est le terme de notre camarade Bourderon) ! Bourderon regrette que la C. G. T. n'ait pas été dans le sein du Parti pour lier leur action. Dumoulin, lui, regrette qu'on ne l'ait pas amené à faire cette action commune.

Pour Bourderon, lui qui comme moi, milite dans le Parti socialiste, je lui reconnais le droit de critiquer l'action.

Quant à Dumoulin, je ne lui reconnais pas ce droit, à lui qui n'a jamais été dans le Parti socialiste et qui a toujours été antiparlementaire avant la guerre.

Dumoulin. — Tout de même, quand des camarades se permettent d'éplucher un de leurs collègues, ils devraient au moins prendre le minimum d'information. Bidegarray devrait savoir, s'il l'ignore tant pis pour lui, que j'ai appartenu avant lui au Parti socialiste. C'est la seule déclaration que j'avais à faire.

BIDEGARAY. — Camarades, j'ai permis à Dumoulin de s'expliquer. Je suis très heureux de sa déclaration de doctrine. Seulement, il n'a pas continué car venu ou pas venu au Parti, il a mené la campagne contre le seul élu du Parti, le représentant du travailleur, faisant par là même le jeu de la réaction.

Moi, je suis de ceux qui ont vécu la vie confédérale au jour le jour. Nous ne sommes pas plus infaillibles, nous que vous. Nous ne prétendons pas non plus vous voir blancs comme de l'hermine en face de nous et quand vous nous faites des reproches, vous devriez vous regarder pour savoir si vous n'avez pas les mêmes reproches à vous adresser.

Au lieu de semer la division, au lieu de creuser davantage les sillons ensanglantés, votre rôle aurait été tout d'abord de tenter de redresser les fautes commises, s'il y en avait, pour fortifier l'organisation syndicale. On ne l'a pas fait, mais il n'est pas trop tard pour le faire. Il y eut trop de calomnies, il y a eu trop d'accusations contre les militants et je me souviens que Jouhaux, lui qui était attaqué si violemment, lui que pour ma part j'ai baptisé « l'éternel apôtre », l'homme de collaboration entre tous, l'homme qui n'a qu'un souci, ne froisser ni les uns, ni les autres et j'en appelle à Bourderon, à Merrheim, quand dans le sein du Comité confédéral, il suffisait qu'un camarade prenne la parole pour qu'à côté, en face, se soulèvent les hurlements des autres. Jouhaux, le bon apôtre, se levait alors et faisait appel aux sentiments syndicalistes de tous pour arriver à travailler.

Allez-vous continuer d'accuser certains parce qu'ils ne pensent pas comme vous ?

Allez-vous toujours soupçonner un homme ou des hommes qui vont en délégation auprès du Gouvernement, envoyés par les syndicats ?

Allez-vous toujours les soupçonner de vouloir prendre une place dans un ministère quelconque, quand vous-mêmes, de votre côté, aussitôt que vous avez un mandat, vous prenez vivement un taxi pour vous rendre au même ministère. *(Applaudissements.)*

Puisque l'action des uns et des autres est subordonnée aux possibilités du moment, subordonnée à la puissance que l'on représente, il faut, en sortant de ce Congrès où chacun se sera engueulé copieusement (permettez-moi l'expression) que ce soit fini, qu'il n'y ait plus de suspicion. Nous sommes tous des honnêtes gens — je l'espère du moins — s'il y a parmi nous des brebis galeuses, exécutons-les en plein jour. Il ne faut pas ramener les débris de calomnie pour les rejeter, sans jamais avoir le courage d'apporter des preuves en face des intéressés. *(Applaudissements.)*

Si vous voulez faire de l'action internationale, si vous voulez faire de l'action nationale en même temps, n'ayez pas les yeux seulement fixés sur l'Internationale ; regardez surtout les organisations nationales. Il n'y a pas d'Internationale possible s'il n'y a pas de puissantes organisations nationales. Vous ne ferez jamais ni d'action intérieure, ni d'action extérieure, si vous n'avez pas auparavant éduqué la masse pour une action collective.

Si vous voulez arriver à ce résultat, nous, les réformistes d'antan, nous les impénitents de la majorité, nous vous disons en toute franchise : Chaque fois qu'un individu quelconque, qu'un Comité quelconque (Comité qui ne doit plus exister après ce Congrès) prendra une décision, vous aurez beau déverser toutes les injures que vous voudrez, nos organisations ne marcheront pas à leur remorque.

Pour agir avec efficacité, vous devrez faire comme nous ; vous serez dociles aux décisions prises, vous serez respectueux, disciplinés jusqu'à exécution de ces décisions. Quand nous serons pour l'exécution, les Cheminots ne failliront pas à leur devoir. Ils ne sont pas de ceux qui crient : « Vive la Révolution » et qui, au moment du danger, s'enfoncent dans la cave. Ils ne crient pas à la Révolution, ils crient à l'avènement d'une vie meilleure pour la classe ouvrière, pour la collectivité. Cette transformation ne sera l'œuvre que de la Société elle-même et vous ne ferez jamais cette transformation de la Société tant que vous ne transformerez pas d'abord votre mentalité. Quand cette transformation sera un fait accompli; alors, nous aurons en mains la possibilité de prendre la production des richesses nationales par nos propres moyens.

Voilà ma conclusion.

C'est à vous de juger si vous devez approuver ou désapprouver le Comité confédéral. Il est heureux que cette question vienne en discussion au Congrès : elle aura été la source nécessaire de multiples discussions. Il faut la liquider complètement. On est pour ou on est contre. Les uns ont trahi ou n'ont pas trahi. Ils ont été ou n'ont pas été de bonne foi. Le Congrès jugera. Je ne dis pas que l'on doive les féliciter, mais on doit reconnaître la bonne foi et l'honnêteté de tous dans la circonstance et avoir le courage de prendre ses responsabilités.

Je suis majoritaire, oui, et j'ai participé à toute la vie confédérale. Je prétends que nous avons fait l'impossible dans la mesure de nos possibilités dans l'intérêt de la classe ouvrière et dans l'intérêt de la défense du pays, intimement liés l'un à l'autre.

Je veux dire à Jouhaux qu'il a en moi un ami fidèle qui le soutiendra toujours. Je ne suis pas de ceux qui laissent leurs amis quand ils sont dans la peine. *(Applaudissements.)*

Il peut compter sur nous comme nous comptions, non sur lui, mais sur l'action du Comité confédéral pour arriver à obtenir la confiance de ceux qui, au front, font leur devoir pour nous permettre de travailler pour la civilisation. *(Applaudissements.)*

Merrheim. — Camarades, j'aurais voulu, autant que possible, pour limiter le débat, m'efforcer de ne pas venir aggraver le malentendu qui a séparé les deux tendances qui furent classées, majoritaires et minoritaires, c'est pourquoi j'attendais mon tour de parole, espérant que les camarades de la majorité apporteraient devant le Congrès leur point de vue tout entier.

Je n'ai entendu, jusqu'à présent, que des attaques contre la Fédération des Métaux auxquelles je répondrai, la défense d'une tendance, mais non pas l'exposé des actes de ceux qui représentaient cette tendance.

J'aurais voulu qu'un camarade de la majorité parle encore avant que je prenne la parole pour ne pas la reprendre ensuite et j'aurais voulu aussi qu'un de mes camarades de la minorité vienne aussi à cette tribune exposer son point de vue sur la position actuelle de cette minorité. Si cet exposé vous donne sactisfation et que la minorité ait des responsabilités à prendre, même dans la minorité, nous les prendrons.

Voilà la courte déclaration que je voulais vous faire. C'est pourquoi je demande qu'un camarade de la majorité prenne encore la parole ou qu'un camarade de la minorité monte à la tribune exposer son point de vue ; je prendrai ensuite la parole.

Dumoulin. — J'ai demandé au président la permission de faire une courte déclaration. Cette déclaration revêtira le même caractère d'invitation que lui accorde Merrheim.

Il y a ici une tendance représentée par le Comité de Défense syndicaliste, je déclare à ces camarades du comité de Défense syndicaliste que je ne saurais être leur représentant à cette tribune. Je leur demande, c'est là qu'est le caractère de l'invitation de Merrheim de s'inscrire pour prendre eux-mêmes la défense de leur Comité de Défense et l'action de ce Comité de Défense. *(Applaudissements.)*

LE PRÉSIDENT. — La parole est au Camarade Vallet.

VALLET. — Camarades, j'accepte avec plaisir le devoir qui m'est dévolu, tout en regrettant que les meilleurs du Comité de Défense syndicaliste soient les hôtes des geoles républicaines.

Eux mieux que moi étant plus qualifiés, plus documentés, auraient pu ici faire sombrer très rapidement les calomnies déversées contre ce même Comité de Défense syndicaliste. Mais, tout de même, je m'efforcerai de réfuter, autant que possible, les accusations portées contre le Comité de Défense syndicaliste:

En 1915, les quelques militants renvoyés à Paris, soit réformés, soit pour d'autres motifs, crurent de leur devoir, en raison de leurs sentiments syndicalistes, c'est-à-dire, amoureux du syndicalisme français, ne trouvant pas une place, n'ayant pas les moyens, la possibilité de pouvoir affirmer, de pouvoir convaincre ceux qui étaient à la tête du mouvement ouvrier, ne pouvant les obliger à suivre le syndicalisme d'avant-guerre qui à tous nous était cher, devant les résistances, crurent de leur devoir, dis-je, de créer ce Comité de Défense syndicaliste.

Il n'est jamais rentré dans l'esprit de ces camarades que le Comité de Défense syndicaliste serait un organisme de division et les événements et la vie du Comité de Défense syndicaliste le prouvent trop clairement pour que j'aie besoin de justifier la besogne faite par lui.

Le principal argument que nos adversaires nous servent, c'est que le Comité de Défense est composé de délégués sans mandat. Eh bien, je ne voudrais pas suspecter et je ne suspecte pas la bonne foi des camarades nommés pour la vérification des mandats confédéraux, mais je déclare tout de suite que le Congrès de Saint-Etienne organisé par le Comité de Défense syndicaliste, n'était pas une réunion, ni un Congrès d'individus sans mandat, parce que comme vous, nous avons refusé les délégués qui ne représentaient pas une organisation syndicale. Au Congrès de Saint-Etienne, personne n'était délégué en son nom personnel. Il y a eu simplement 246 délégués, parlant au nom d'Unions de Bourses et de Syndicats, je le dis tout de suite, qui comptent les 70 % des effectifs de la C. G. T.

Vous appelez cela des organisations fantômes et des délégués sans mandat ! Eh bien ! moi, tout d'abord, en tant que Secrétaire de la 18e région, j'ai été mandaté par les organisations du Bâtiment de la Seine qui représentent près de 7.000 cotisants. Est-ce des syndicats fantômes ? Allez-vous dire que nous n'avions pas de mandat ? Péricat parlait au nom du Syndicat du Bâtiment de la Seine qui est le plus fort en effectif.

Dumoulin vous le rappelait très bien hier, quand il vous disait : Nous, faire de la division, non. Une proposition de division a été faite et elle a été rejetée comme elle méritait de l'être, parce qu'il n'est jamais rentré dans l'esprit des camarades du Comité de Défense syndicaliste de faire une scission. Nous ne la voulons pas, nous ne l'accepterons pas.

Nous n'avons jamais fait autre chose, dans les différents meetings que nous avons tenus à Paris, par les délégations des Secrétaires qui m'ont succédé, que de la propagande purement syndicale, mais de la propagande syndicale d'avant-guerre et qu'est-ce que ce reproche que l'on a suscité des haines ? Oh non ! vous ne dites pas votre pensée et vous dites encore moins la vérité.

Vous n'avez pas un seul meeting à votre effectif, tandis que le Comité de Défense syndicaliste en a sept où la salle était comble, la cour et le passage aussi.

Ce ramassis d'individus qui compose le Comité de Défense syndicaliste

— nous acceptons le titre que l'on nous a donné tout-à-l'heure — dénie le droit à des individus de prendre en mains les destinées du syndicalisme d'avant-guerre. A ceci, je pourrais faire une proposition. Quoique jeune, je demanderai que tous les délégués qui n'ont pas vingt ans de syndicalisme soient déchus de leurs mandats et prennent la porte. Nous nous compterions, camarade Bidegarray. Je réponds tout de suite que nous, au Comité de Défense syndicaliste, quoique vieux sous le harnais, comme l'a très bien dit le camarade Le Guennic dans un article qui nous a fait bien plaisir, nous estimons que nous ne jugeons pas la valeur d'un militant au nombre des années en tant que machine à cotiser ; nous reconnaissons les mêmes droits aux syndiqués d'hier, venant avec leur volonté et leur conscience, de participer aux délibérations, de mener le syndicalisme d'avant-guerre.

Et qu'est-ce à dire ? Si nous nous reportons au lundi matin, vous n'avez pas senti la faiblesse du vote que vous, majoritaires, vous avez fait, lorsque vous vous êtes solidarisés et que vous admiriez le geste des emprisonnés qui eux tous revendiquent et ne renient pas leur participation au Comité de Défense syndicaliste ; ce sont tous ceux qui sont à Clermont-Ferrand, à Rouen, à Lyon, à Saint-Dizier, à Châlons, ce sont tous ceux-là, que vous avez admirés et qu'aujourd'hui, camarades majoritaires, vous vous permettez d'appeler un ramassis de gens. Le Comité de Défense syndicaliste n'a fait que de la propagande purement syndicaliste, mais, comme le déclarait Jouhaux dans les couloirs du Palais Bourbon, ce qui a fait que les passions se sont déchaînées au sein de la classe ouvrière organisée, c'est lorsque Jouhaux faisait le reproche aux élus, d'avoir fait le silence le plus complet sur les faits et gestes depuis quatre ans que nous subissons la guerre.

Nous ne disons pas, nous, que le Comité de Défense syndicaliste a fait de la division, nous disons que le peu que la classe ouvrière a su faire est dû à la naissance du Comité de Défense. Le Comité de Défense vous a obligés à donner quelques renseignements à la classe ouvrière organisée, ce que vous ne faites pas et ce que vous refusiez de faire. Voilà la besogne accomplie par le Comité de Défense syndicaliste.

Vous avez fait de belles déclarations au sein du Comité confédéral mais jamais dans un meeting vous n'êtes venus rendre compte du mandat que vous déteniez depuis quatre ans.

Oui, camarades, on a dit que si véritablement la C. G. T. voulait être la C. G. T. d'avant-guerre, immédiatement, je réponds que le Comité de Défense syndicaliste n'a plus sa place ici. Il n'y aurait plus besoin de stimulant, il n'y aurait plus besoin de coups de cravache pour stimuler la force d'inertie qui animait le Comité confédéral.

En tant que Secrétaire par interim du Comité de Défense syndicaliste, je déclare et j'invite mes camarades de la minorité à bien se pénétrer de ceci : Le Comité de Défense syndicaliste ne subsistera pas, si la C. G. T. s'engage à œuvrer, à user immédiatement de son influence en faveur de la paix. *(Très bien !)*

Les moyens ! Camarades, nous serons derrière vous pour les appliquer. Nous estimons, en effet, que si notre C. G. T. que nous aimons autant que que vous, redevient la C. G. T. d'avant-guerre, le Comité de Défense syndicaliste n'aura plus d'utilité. Il aura d'autant moins d'utilité que les militants qui le composent, au lieu de se départager entre deux actions, pourront faire du syndicalisme et du recrutement dans leur propre organisation et seront tout entiers pour faire aboutir les décisions de nos Congrès d'avant-guerre.

Nous vous tendrons la main, camarades, sans rancœur, sans haine, si la C. G. T. veut rentrer dans le chemin qu'elle n'aurait jamais dû quitter. *(Applaudissements.)*

LE PRÉSIDENT. — La parole est au camarade Savoie.

Discours de Savoie

SAVOIE. — Camarades, je vous demande d'avoir beaucoup d'indulgence pour moi, pour plusieurs raisons : D'abord, je suis quelque peu fatigué ayant eu des réunions à faire, à tenir un Congrès précédemment et, d'autre part, j'ai besoin de pouvoir m'expliquer le plus clairement possible, malgré que je n'aie pas des moyens oratoires bien grands. Il faut donc que les camarades du Congrès s'efforcent à ne produire aucune manifestation lorsqu'une parole m'échappant pourrait choquer les oreilles à l'une ou à l'autre des deux tendances.

Je dois vous dire, camarades, qu'ayant demandé la parole hier, les camarades de la majorité n'ont pas cru devoir me retirer cette parole pour la donner à un autre camarade, peut-être plus qualifié que moi pour parler au nom de la majorité. Je rappelle ici aux camarades qu'au Comité confédéral, qu'en différentes occasions, je ne me suis pas toujours trouvé d'accord avec les camarades de la majorité.

A la Conférence de Clermont-Ferrand, je disais que je n'approuvais pas en tout point la position prise dans les deux premières années de la guerre par la majorité confédérale. J'ai déclaré et je vais le répéter ici, que je ne croyais pas qu'il était nécessaire pour la majorité confédérale, pour la C. G. T. de faire intervenir dans ces discussions, dans ses débats, dans ses résolutions, la question de Défense nationale. Non pas, Camarades que je veuille dire que la Défense nationale n'est pas nécessaire, qu'il faut que les organisations syndicales, la C. G. T., commettent des actes qui puissent compromettre cette Défense nationale, non, mais je croyais que la question de Défense nationale n'avait pas à planer dans nos discussions du Comité confédéral et voilà pourquoi, à plusieurs reprises, dans des manifestes, dans des résolutions que le Comité confédéral votait, et votait pour être publiés et portés à la connaissance, contrairement à ce que dit le camarade Vallet, à la connaissance de tous les travailleurs de France, lorsque je voyais que l'on faisait intervenir l'expression de Défense nationale, je demandais qu'on la retire pour la remplacer par d'autres. Camarades, malgré ce désaccord de tactique sur des expressions, je déclare que lorsque, en 1916, après être resté deux ans à l'écart du mouvement, je suis revenu (nous étions au moment de la constitution du Comité de Défense syndicaliste), je n'ai pas cru devoir faire partie du groupe de camarades qui prirent le titre de minoritaires et surtout partager leur méthode d'action, leur manière de faire à l'égard de ceux que l'on appelait les majoritaires.

D'abord, ces deux appellations me choquaient ; j'aurais voulu rester dans le Comité confédéral et j'aurais voulu trouver une nouvelle majorité qui condamne ces expressions : majoritaires et minoritaires. Je me refusais d'être catalogué majoritaire ou minoritaire, mais c'est difficile, très difficile, quoique ces temps derniers on parlait de centristes et peut-être par dérision on m'appelait le centriste au Comité confédéral.

Oui, camarades, peut-être aurais-je pu être minoritaire, si les camarades de la minorité avaient eu une autre attitude que celle qu'ils ont eue et surtout s'il ne s'était pas constitué en Comité de Défense syndicaliste ; je ne veux pas jeter l'opprobe aux camarades qui l'ont constitué et peut-être étaient-ils bien intentionnés.

Ils ont fait une expérience, et des camarades avec eux ont fait une expérience assez douloureuse ces temps derniers pour qu'ils puissent comprendre que s'ils avaient bien réfléchi à la responsabilité qu'ils prenaient en constituant ce Comité dans la C. G. T. qui allait à certains moments jusqu'à vouloir prendre lieu et place du Comité confédéral ; peut-être que certains camarades, s'ils avaient su la besogne que ce Comité de Défense syndicaliste allait faire dans la C. G. T. s'en seraient immédiatement écartés.

Le camarade Vallet dit qu'il fit de la bonne besogne. Il peut se faire qu'il stimula l'énergie faiblissante ; mais, malheureusement, nous sommes obligés de déclarer qu'il fit aussi de la mauvaise besogne.

Le camarade Dumoulin, lorsqu'il nous expliquait dans quelles conditions le Congrès de Saint-Etienne avait été organisé, ne disait pas exactement dans quelles conditions il avait été organisé et il ne disait pas exactement pourquoi il l'avait été. Pourtant, les membres du Comité confédéral savent parfaitement bien, d'après les déclarations de Péricat, lorsqu'il revint du Congrès des organisations syndicales du Sud-Est, disant qu'il avait mandat, si la C. G. T. n'organisait pas le Congrès à telle date, que le Comité de Défense syndicaliste l'organise en son lieu et place.

Camarades, les choses ont changé dans leur application. Elles ont changé camarade Dumoulin, pour quelles raisons ? On ne les a pas encore dites, mais nous les connaissons. Au lieu de vouloir prendre lieu et place du Comité confédéral de la C. G. T. pour organiser le Congrès confédéral de tous les syndicats, l'on a transformé ce Congrès en Congrès minoritaires et seules les organisations minoritaires furent appellées à y assister. *(Protestations.)*

En tous les cas, camarades, il y a ici les représentants de 1.100 syndicats qui doivent savoir s'ils ont reçu une convocation pour se rendre à ce Congrès. Oui, camarades, il peut se faire que vous ayez envoyé des convocations à des invitations à quelques syndicats majoritaires, cela ne change pas les déclarations de camarades du Comité de Défense syndicaliste au Comité confédéral disant que le Comité de Défense syndicaliste ne voulait pas prendre la place du Comité confédéral. Pourquoi, camarades, ce changement en si peu de temps ? Parce qu'une organisation puissante qui avait donné son appui au Comité de Défense syndicaliste ne marchait plus et ne voulait pas suivre le Comité de Défense syndicaliste dans ce Congrès, cette organisation sachant ce que l'on avait l'intention d'y faire, ce que l'on avait l'intention d'y décider, au nom du prolétariat organisé de France.

Eh bien ! camarades, il peut se faire que l'on n'ait pas à jeter de trop fortes critiques aux camarades du Comité de Défense syndicaliste, mais il y a aussi une autre besogne qui a été faite par le Comité de Défense syndicaliste et qui doit être malgré tout dénoncée ; j'espère qu'elle ne se reproduira plus. Le camarade Vallet est venu ici comme un accusé, disant qu'il avait été, que les membres du Comité de Défense syndicaliste avaient été abreuvés d'insultes, de calomnies.

Nous ne connaissons pas encore d'acte régulier du Comité confédéral à l'égard du Comité de Défense syndicaliste ; nous ne connaissons aucune résolution du Comité confédéral insultant les camarades du Comité de Défense syndicaliste. On ne pourra pas apporter ici de la part du Comité confédéral, quelque chose qui puisse salir les camarades et les organisations qui faisaient partie du Comité de Défense syndicaliste.

Malheureusement, il en a été tout autre de la part de ces camarades. Et, lorsque le Secrétaire du Comité de Défense syndicaliste publiait ses petites brochures : « Maîtres et Valets », est-ce que vraiment l'on croyait consolider l'organisation syndicale et lui donner la puissance nécessaire pour lutter contre les gouvernants dans la forme surtout où ils veulent qu'on lutte contre les gouvernants et contre la guerre. Est-ce qu'ils croyaient vraiment ces camarades losqu'ils publiaient ces petites brochures défendre le prolétariat et le syndicalisme français ! S'ils ont cru cela, ils se sont trompés.

Oh certainement ! pour nous militants et pour les camarades mêmes qui sont pris à partie dans cette brochure, cela n'a pas eu une grande répercussion, parce que la plupart des militants qui ont eu cette brochure en mains sont des esprits prévenus qui savent faire la part des choses ; mais, lorsque des brochures semblables tombent dans les mains de camarades de bonne foi, de camarades syndiqués loin de nos discussions, loin des passions que nous avons dans l'exposé de nos pensées et de nos théories, ces camarades quand ils les lisent prennent tout ce qu'il y a dedans pour des vérités, et ne peuvent pas penser autre chose que la majorité confédérale, c'est-à-dire les Secrétaires de Fédérations qui en font partie, les Secrétaires d'Unions ou tout au moins les mandataires des Unions de Syndicats sont tous une bande de vendus à la solde du gouvernement.

Croyez-vous, camarades, qu'une besogne semblable pouvait avoir des résultats heureux ? Je suis certain qu'il y a ici de jeunes camarades venus tout récemment à l'organisation syndicale et je ne leur en fait pas un reproche, il faut toujours avoir un commencement dans une action, mais ces camarades, guidés par le Comité de Défense syndicaliste ont été enclins, eux qui ne connaissaient pas suffisamment les mœurs de nos milieux, l'exagération, le bluff, la démagogie même dans les luttes entre nous-mêmes, dans les heurts entre personnalités, ont cru que vraiment ce qui était imprimé était une vérité et aujourd'hui, ceux qui sont délégués dans ce Congrès, sont impressionnés par ces brochures, sont impressionnés par cette propagande spéciale du Comité de Défense syndicaliste. Camarades, ça n'a pas été la seule. J'ai là le dossier d'une quantité de circulaires que ce Comité a adressées aux organisations, mais il y a surtout autre chose : C'est un rapport qui a été publié par le Comité de Défense syndicaliste peu de temps avant la Conférence de Clermont-Ferrand et où, en dernière page, on donnait la nomenclature des membres du Comité confédéral, avec, en regard de chaque nom, des réflexions plus ou moins adroites, et plus ou moins malsonnantes, sur la situation militaire des membres du Comité confédéral.

Ah, je ne veux pas dire que c'est de la délation, parce que je ne veux pas passionner le débat, mais je veux tout simplement faire remarquer combien cela était dangereux, d'autant plus qu'on ne donnait pas de raisons, d'explications sur cette publication. On ne disait pas : Camarades, nous vous présentons la liste des membres du Comité confédéral et nous vous prions d'en tirer telle ou telle déduction. Non, on laissait aux camarades syndiqués, au camarade secrétaire d'organisation, pas encore bien à la page de la vie confédérale, le soin d'en déduire ce que bon leur semblait et de la façon où s'était présenté, c'était encore pour ruiner l'autorité morale des camarades du Comité confédéral qui ne pensaient pas comme les camarades du Comité de Défense syndicaliste. *(Applaudissements.)*

Et pourtant, camarades, ceux qui ont publié cela ont dû le faire sans réflexion et je me souviens encore que ces jours derniers, dans la cour de la Maison des Syndicats, j'étais aux prises avec des camarades du Comité de Défense syndicaliste qui me disaient : Mais, si tu n'es pas minoritaire, c'est que tu es sursitaire et que tu as besoin pour conserver ton sursis, de rester avec la majorité confédérale ou tout au moins de ne pas la contrarier.

Ces camarades prétendaient que si je n'étais pas minoritaire, que si je n'étais pas contre la guerre à leur façon, c'est parce que je suis sursitaire et alors, j'avais inévitablement à déduire que j'étais un vendu au gouvernement, que j'étais à la merci du gouvernement, que j'étais une créature du gouvernement, que c'était pour cela que l'on m'accordait un sursis. Eh bien ! camarades, cela a été répandu dans tout Paris, dans toute la France et pourtant, si les camarades qui écoutaient ces calomnies avaient voulu réfléchir cinq minutes et dire aux camarades qui me disaient cela dans la cour, camarades qui étaient des sursitaires comme moi, camarades sursitaires qui eux sont contre la guerre et pour la paix à tout prix, pour la révolution et qui dans toutes circonstances l'affirment : Comment, voilà un camarade qui est sursitaire et qui a le droit de dire cela ; vraiment, comment cela peut-il se faire que lui puisse être pour la paix à tout prix, la grève générale, la révolution et que le gouvernement ne prenne pas de mesures contre lui, ne lui retire pas son sursis et que moi, camarades, je serai un vendu au gouvernement parce que je ne penserai pas comme ce camarade. Cela ne tient pas debout.

La preuve que même sursitaire l'on peut avoir une opinion, puisqu'il y a une grande quantité de camarades minoritaires qui sont sursitaires ; par conséquent, ceux qui sont majoritaires et sursitaires ont ce même droit.

On donne à leurs actes toute leur indépendance. Ils ont même plus que de l'indépendance, puisqu'ils peuvent aller jusqu'au extrêmes limites de l'action qu'un camarade minoritaire peut faire en étant sursitaire.

Camarades, j'en aurai fini sur cette question du Comité de Défense syndicaliste. Je tenais à mettre en garde les camarades du Comité de Défense syndicaliste que quelquefois les meilleures intentions se trouvent dénaturées, faussées dans leur réalisation ! L'on nous disait : Jamais le Comité de Défense syndicaliste n'a voulu créer de scission au sein de la C. G. T. ! Camarades, méfiez-vous, lorsque l'on sème dans la classe ouvrière même organisée, des levains de discorde, lorsque l'on sème des raisons de suspicion à l'égard d'un groupe de camarades, la répercussion sur la masse est quelque fois plus forte que ceux qui l'ont déterminée l'auraient voulu et c'est eux-mêmes qui sont entraînés à une scission. Camarades minoritaires du Comité de Défense syndicaliste qui n'êtes pas pour une scission, si vous continuez la propagande et l'action que vous avez faites jusqu'à présent et que vous prétendez avoit été bonnes, vous irez à la scission inévitablement et vous en aurez la responsabilité.

Maintenant, camarades, examinons ce que demande la minorité ou pour mieux m'expliquer, ce que demandent les deux tendances de la minorité car le camarade Merrheim est venu tout-à-l'heure à la tribune encore marquer qu'il y avait chez les minoritaires deux tendances. Il y a pour ainsi dire actuellement le camarade Merrheim avec le camarade Bourderon. Il y a d'un côté le camarade Péricat et d'autres camarades qui ne partagent pas entièrement les vues du camarade Merrheim et vice-versa. Par conséquent, nous nous trouvons devant une minorité qui demande à la C. G. T., chacune pour leur part, une attitude particulière. Le camarade Vallet vient de nous définir ce qu'exigent les camarades extrêmes du Comité de Défense syndicaliste. Le Comisé de Défense syndicaliste a tout simplement dit qu'il voulait que la C. G. T. revienne à son attitude d'avant-guerre ; que la C. G. T. revienne à ses résolutions d'avant-guerre. C'est certainement une formule assez vague, une formule assez imprécise, lorsque l'on se trouve en guerre, et surtout lorsqu'il s'agit de faire une action quelconque pour empêcher la guerre ou plutôt l'arrêter lorsqu'on n'a pas pu l'empêcher.

Il ne suffit pas que les camarades du Comité de Défense syndicaliste, représentés par le camarade Vallet à cette tribune, nous disent : Nous voulons que la C. G. T. revienne à son attitude d'avant-guerre. Il faut que ces camarades nous disent quels sont les moyens d'action dont dispose la C. G. T. quels sont les moyens d'action qu'ils préconisent en conséquence de cette attitude. *(Très bien !)*

Voilà, camarades, un premier point.

Le camarade Merrheim, au nom de la fraction minoritaire, nous dira, lui, ce qu'ils veulent que la C. G. T. fasse, et quelle est l'attitude que la C. G. T. doit avoir. Mais, je crois, camarades, que la question est tranchée ; je crois, camarades, que le comité confédéral ou plutôt la Conférence de Clermont-Ferrand a donné satisfaction à une fraction des minoritaires, à une fraction qui n'est pas des moindres. Je crois que la résolution de Clermont-Ferrand, où le camarade Bourderon venait dire qu'elle avait été rédigée dans l'esprit de la motion présentée par les camarades minoritaires qui se trouvaient à Clermont-Ferrand. Je crois que cette résolution doit donner satisfaction à une fraction des minoritaires et qu'il n'y aura qu'à discuter ce que nous demandent les autres camarades qui, sans doute, veulent aller plus loin.

L'action d'avant-guerre, camarades, oui, il faut en parler. C'est bizarre, il y a des camarades qui en étaient les adversaires avant la guerre et qui la revendiquent aujourd'hui, soit pour assommer leurs camarades avec lesquels ils sont en désaccord, soit par question de tactique. Il y a des camarades qui vont jusqu'à dire : Ah! vous n'avez pas voulu nous écouter avant la guerre, lorsque nous vous disions que vous alliez trop loin dans vos résolutions, eh bien, maintenant, il faut que vous en teniez compte de ces résolutions et nous ne voulons pas vous laisser vous échapper comme cela. Vous avez fait du bluff et de la démagogie avant la guerre, eh bien ! vous continuerez à en faire ! Vous avez pris des résolutions qui vous ont conduit dans une impasse, eh bien ! vous n'en sortirez pas, on y piétinera, on s'y divisera, mais l'on restera sur des résolutions qui, pourtant, camarades, sont insuffisantes, comme elles étaient insuffisantes au lendemain de la déclaration de guerre, pour indiquer notre attitude ; elles sont encore aujourd'hui ibsuffisantes pour tracer l'action que l'on doit faire actuellement, après quatre années de guerre. Nous n'avions pris aucune réserve dans ces résolutions ; nous partions tête baissée dans l'Internationale et la Révolution. C'était un peu de bluff, mais l'on espérait que plus on ferait de bluff, plus on prononcerait d'expressions extrêmes, mieux on arrêterait le gouvernement bourgeois, on ferait reculer les gouvernements bourgeois et qu'ils n'oseraient pas s'engager dans la guerre. La majorité des camarades qui, à Marseille votèrent la résolution n'avait pas la conviction que la guerre pourrait venir et qu'ils seraient mis au pied du mur, devraient mettre cette résolution en application ; autrement, ils auraient fait quelques réserves. Cela ne peut pas s'expliquer autrement. Ils auraient fait des réserves consistant à demander la réciprocité internationale dans les actes à accomplir.

Nous avons à examiner quand même la cause qui a déclenché la guerre, la cause dernière, la dernière goutte d'eau qui a fait déborder le vase et qui, quoique vous en vouliez dire, compte et joue pour une organisation comme la nôtre, qui, ne pouvant pas raisonner comme une individualité, qui ne quoique vous en vouliez dire, compte et jour pour une organisation comme la nôtre, qui, ne pouvant pas raisonner comme une individualité, qui ne pouvant pas raisonner comme un homme seul peut raisonner, est obligé de raisonner comme la masse et de se mettre à sa place *(Très bien !)*; dans nos résolutions de Congrès, nous ne suivions que nos pensées personnelles, nous minorité organisée dans la classe ouvrière française et nous nous sommes trouvés en 1914 devant une situation dont personne aujourd'hui n'a le droit de venir faire un reproche quelconque à la C. G. T., parce que personne au 2 août 1914 n'est venu dire à la C. G. T. : Il faut faire la grève générale insurrectionnelle, personne n'a voulu prendre cette responsabilité.

J'ai entendu des camarades dans le Congrès qui me disaient que (certainement ils ne vivaient pas la vie condéférale à ce moment-là) la C. G. T. avait failli à son devoir au 2 août 1914, en ne déclarant pas la grève générale.

Camarades, quand je disais que nous n'avions pris aucune précaution, je me trompais. Si, une petite précaution avait été prise dans les résolutions de Marseille. L'on avait dit aux camarades syndiqués : Vous n'aurez pas à attendre un ordre de la C. G. T., pour agir. C'est l'ordre de mobilisation qui le remplacera. Et camarades, on leur disait ensuite : Vous vous rendrez dans vos Bourses du Travail.

Demandez aux Secrétaires de Bourses du Travail, d'Unions, ce qui s'est passé dans leur Bourse du Travail, ce qui s'est passé dans les syndicats. Je peux dire qu'en ce qui concerne le Syndicat des Boulangers, nous avons voulu quand même faire une réunion, pour voir ce que l'on pouvait faire. Nous étions trente-cinq à la Salle de l'Egalitaire. Voyez-vous, en admettant que nous aurions dû, en raison des circonstances faire la grève, voyez-vous dans quelle situation nous nous serions trouvés. Nous aurions été meurtris, massacrés et ç'aurait été pour le gouvernement l'occasion de répression, qu'il attendait.

Ah! oui certainement, camarades, si je n'approuve pas en tout point l'attitude de la majorité, je ne veux pas les condamner, car je ne sais pas si une autre attitude aurait permis que nous soyons réunis comme nous le sommes aujourd'hui.

Il y a des camarades qui disaient tout-à-l'heure : Il faut être pour ou contre. Eh bien ! non, camarades, le problème ne se pose pas comme cela. Il faut savoir si vraiment il y a nécessité absolue ; il faut que chaque congressiste prenne la responsabilité du vote qu'il fera tout-à-l'heure et que ce vote ne soit pas simplement une vengeance contre un groupe de camarades ou contre un camarade qui, à leurs yeux, n'ont pas fait ce qu'ils croyaient devoir être fait mais qui n'a pas été fait et vous savez qu'en matière d'organisation syndicale, la pratique est encore au-dessus de la théorie et toutes les idées que l'on peut émettre. En matière d'organisation, c'est surtout l'expérience qui montre qui a eu raison et je ne sais pas, camarades minoritaires, si l'expérience que vous avez faite tout dernièrement de votre méthode d'action peut vous auriser à prétendre que la vôtre est meilleure que celle qui a été suivie jusqu'à présent. *(Applaudissements.)*

Camarades, vous nous avez mis à deux pas de l'étrangelment gouvernemental et si nous adressons notre salut fraternel aux camarades emprisonnés à la suite du mouvement, ce n'est pas parce que nous approuvons en tout point leur acte, mais c'est parce que nous ne lâchons pas des camarades, même lorsque nous considérons qu'ils se sont trompés. *(Applaudissements.)*

Il faut donc, avant de condamner, bien réfléchir à tout ce qui s'est passé. Il faut avant de condamner, que vous pensiez à ceci : C'est que si vous condamnez une attitude, une action, vous devrez mettre à la place de cette attitude, de cette action, quelque chose et quelque chose qui vous engagera, car il ne faut pas croire que l'on peut faire en temps de guerre ce que l'on faisait en temps de paix. Nous avons vu des mouvements en temps de paix qui malheureusement n'avaient pas du tout donné ce que l'on espérait qu'ils donnent. Voilà, pourquoi, camarades, il faut bien comprendre qu'en temps de guerre nous sommes obligés d'avoir une attitude spéciale, que nous sommes obligés, en temps de guerre, d'être des possibilistes. Ah ! on dira : Vous vous rapprochez en la circonstance du camarade Keufer. Oh ! ce n'est pas un principe, c'est une nécessité, parce que, quand on est à la tête d'organisation syndicale, quand on est susceptible à un moment quelconque et dans des circonstances aussi tragiques que celles que nous traversons, d'entraîner les organisations syndicales dans un mouvement, il ne suffira pas de condamner, il faudra, camarades, que vous veniez dire : Nous voulons qu'il soit fait cela ou cela à la place de ce qui a été fait. Il faudra que les Secrétaires de Fédérations, les Secrétaires d'Unions, de Syndicats prennent leur entière responsabilité et qu'au moment où après avoir entraîné la C. G. T. sur une position qu'elle pourrait tenir ou ne pas tenir, il n'y ait pas des dérobades et des fuites de responsabilité. Il faut que chaque Secrétaire ait la certitude, avant d'agir, d'avoir la masse derrière lui pour la conduire là où il veut la conduire.

Celui qui votera une attitude qui doit avoir une action, aboutissant naturellement, sans avoir la certitude d'avoir la masse derrière lui pour agir, ne sera qu'un bluffeur, qu'un démagogue, qu'un criminel.

Voilà pourquoi j'invite les camarades délégués a bien réfléchir à la gravité de la situation et au mandat qu'ils ont entre les mains et d'en faire usage avec modération. Les camarades qui se sont succédés à cette tribune ont presque condamné la démagogie d'avant-guerre. La camarade Frossard l'a dit. Il est partisan que la C. G. T. revienne à une position plus nette, plus en rapport avec ses moyens d'action, à une attitude qui, en vertu de ses moyens puisse avoir une répercussion sur cette action et lorsqu'il disait, dans un article qu'il écrivait dans *le Populaire* : Le Congrès a pleinement approuvé la résolution de la Conférence de Clermont-Ferrand, qui s'est largement inspirée d'une politique d'action qui exclut toute démagogie et toute verbalisme.

Il faut, en effet, camarades, surtout maintenant, que nous excluions de nos délibérations toute démagogie et tout verbalisme. Il ne suffit pas qu'ici, des camarades n'aient pas le courage d'affirmer exactement ce qu'ils pensent, parce que je sais qu'il y a des camarades minoritaires qui pensent des choses qu'ils ne sont pas venu dire à la tribune, mais qu'ils disent dans d'autres réunions, je les ai entendus.

Nous sommes d'accord, je crois, avec les camarades Merrheim, Bourderon, Dumoulin, qu'en 1914, nous ne pouvions pas prendre une autre position que celle que nous avons prise ; qu'il n'était pas possible de faire la grève générale à ce moment-là. Mais, il y a des camarades minoritaires qui ont dit qu'au mois d'août, on aurait dû faire la grève générale.

Nous sommes d'accord, camarades, pour repousser une paix à tout prix. Les camarades Dumoulin, Bourderon, Merrheim sont venus à cette tribune dire qu'ils ne voulaient pas du tout, quoiqu'ils revendiquaient une action pour la paix, d'une paix à tout prix.

Nous sommes d'accord, camarades, pour éviter lorsque les Allemands feront une offensive, une action offensive à l'intérieur contre le gouvernement responsable de la guerre et que je veux laisser seul responsable de la guerre et tout au moins de sa direction. Ne serait-ce que pour cela, nous sommes d'accord pour repousser tout action qui pourrait paralyser la Défense nationale, ou tout au moins l'action du gouvernement pour la Défense nationale.

Nous sommes d'accord, je crois, sur de nombreux points.

Et, camarades, nous sommes également d'accord pour aller à une Conférence internationale. Nous l'avons dit à Clermont-Ferrand, dans la résolution. Vraiment, camarades, il serait bien regrettable qu'alors que presque l'unanimité des organisations syndicales sont d'accord sur ces différents points, que par un vote qui ne peut être qu'une satisfaction personnelle de quelques-uns, une fraction du Congrès se sépare d'avec la majorité confédérale, parce qu'elle considère que dans les deux premières années de la guerre une autre attitude aurait pu être tenue. Est-ce que vraiment cela justifie la raison de creuser plus profondément le fossé qui existe entre ces deux fractions : majoritaires et minoritaires ?

Camarades, vous devez bien comprendre que les camarades de la majorité ne peuvent pas accepter de se laisser condamner. Ils prétendent avoir eu raison et ma foi; il y a des résultats qui ne sont pas ceux qu'auraient peut-être voulu certains camarades, en ce qui concerne la guerre. Mais, est-ce que vous, camarades de la minorité, vous devez vouloir à toute force condamner une attitude qui, malgré tout, n'a pas entraîné le prolétariat dans des voies aussi mauvaises que certains l'ont dit.

Il n'y a pas eu faillite, camarades, et je prétends qu'actuellement dans le monde, à l'exception des Russes, c'est le prolétariat français qui en somme est le plus internationaliste. *(Très bien !)*

Les différentes entrevues que nous avons eues avec les camarades anglais, avec nos camarades américains, donnent la preuve que c'est encore nous qui faisons les plus grands efforts, comme avant la guerre, pour faire de l'internationalisme. C'est nous qui avons insisté auprès des Anglais pour qu'ils acceptent la Conférence internationale ; c'est nous qui, encore dernièrement, faisions tous nos efforts pour que les américains partagent cette idée et nous ne sommes pas encore arrivés à la leur faire partager.

Les camarades, Bartuel, de la Fédération des Mineurs, Bidegarray, des Cheminots, d'autres camarades organisés internationalement, Griffhuelles, Jouhaux, peuvent le dire : avant la guerre, l'internationalisme ouvrier, dans le sens où nous le comprenons nous, n'existait pas. Nous étions absolument seuls à partager notre point de vue dans toutes les Conférences internationales des organisations syndicales. Par conséquent, on ne devait être qu'à moitié surpris, en voyant les résultats au 2 août 1914.

Oh ! c'est certain, tous les peuples ont été aveugles ; tous les peuples ont été trompés, la vérité n'a été dite que sous une forme voilée, même là où l'on a essayé de la dire, mais malgré tout, le camarade Merrheim dans la lettre qu'il adressait aux camarades de Suisse, au moins d'octobre 1914, disait bien quelle était notre situation exacte ; il ne faisait aucun reproche aux camarades allemands de n'avoir pas fait la Révolution, parce que l'on sentait qu'on ne pouvait pas leur faire ce reproche. Il y a dans un mouvement comme le nôtre qui, en premier lieu est un mouvement d'aspirations nationales, non dans l'esprit bourgeois, mais au point où nous le comprenons, c'est-à-dire, défenseur des intérêts nationaux de la classe ouvrière, certaines conditions font que nous ne pouvons pas nous séparer de la nation comme nos aspirations le nécessiteraient ; nous y sommes liés, comme quelquefois les ouvriers sont liés à la situation patronale ; s'ils veulent obtenir des améliorations, il ne faut pas qu'ils étranglent le patron. Il faut, comme on l'a dit, le développement de l'industrie, une amélioration d'outillage, enfin une quantité de choses qui doivent être apportées, afin de permettre non seulement à l'industrie patronale de se développer, mais surtout que les travailleurs puissent en bénéficier, Si nous ne sommes pas complètement libres vis-à-vis du gouvernement, c'est que vous le vouliez ou non, le prolétariat est attaché au char de la bourgeoisie et ne peut pas s'en détacher dans les circonstances actuelles comme il le faudrait.

Les Congrès ont dit que les travailleurs n'ont pas de Patrie, oui, camarades et nous maintenons intégralement cela, surtout lorsque cette expression a pour but de contrebalancer une action politique patriotique qui s'était faite pendant les dix années qui ont précédé la guerre. C'était à cette action chauvine que nous répondions. Mais, quand même, camarades, les travailleurs, dans un conflit comme celui-ci, sont dans une nation. Ils y sont, ils ne peuvent pas en sortir. Nous pouvons avoir des rapports avec les camarades de l'Internationale, mais dire que les travailleurs n'ont pas de patrie, ne peut pas s'interpréter et dire : Qu'est-ce que cela peut nous faire à nous d'être Français ou Allemands ! C'est ridicule. Si je ne suis pas un patriote français, camarades, est-ce une raison pour que je fasse quelque chose pour devenir allemand ? Quand je serai allemand, je serai encore dans une Patrie. *(Très bien !)* Oui, camarades, je sais que les camarades qui tiennent ce raisonnement sont peu nombreux et qu'ils disent : Ma foi, si les allemands sont les maîtres, je m'en irai dans un autre pays, en Amérique ou ailleurs, mais cela n'est pas une solution. Ils rencontreront là aussi des bourgeois qui feront la guerre, ils feront ainsi le tour du monde. *(Protestations. Applaudissements.)*

Je ne comprends pas l'émotion que provoquent mes paroles !

Je déclare ceci : Je crois qu'il y a dans le Congrès une forte majorité qui peut se retrouver et je ne dis pas comme le camarade Dumoulin : Jouhaux, si tu veux exclure de ta majorité les réformistes d'hier, c'est-à-dire, les camarades Cheminots, les camarades du Livre, les camarades du Textile et encore d'autres camarades, tu nous retrouveras à tes côtés pour te soutenir. Eh bien! camarades, je crois que ce serait du mauvais travail. Je ne crois pas, qu'en ce qui concerne la guerre, il y ait beaucoup, comme on l'a dit, des « jusqu'auboutistes ».

C'est certain, comme Dumoulin, quand j'ai lu les articles de Charles Albert, de Cornélissen et d'autres camarades, dans *la Bataille*, j'ai critiqué fortement, je ne les ai pas approuvés ; j'ai même envoyé à ce moment, une lettre à Jouhaux, où brutalement, je disais ma façon de penser. Mais, je je ne connais pas un vote de la majorité confédérale, ou tout au moins du Comité confédéral où il y a cette expression : La guerre jusqu'au bout. Je ne pense pas que l'on ait été jusque-là dans cette majorité confédérale et d'où vient donc alors ce mot que l'on jette à la face du Comité confédéral ? Je ne pense même pas que les camarades qui étaient hier des réformistes soient, en ce qui concerne la guerre, des « jusqu'auboutistes ». Cela n'est pas nécessaire pour défendre leur théorie. Voilà pourquoi, camarade Dumoulin, il faut que ces camarades restent avec nous.

Il faut que nous trouvions une formule qui ne soit pas une formule d'union sacrée, mais qui permette aux camarades qui ont fait partie de la majorité, jusqu'à présent, d'en faire partie encore demain. Il y a des extrêmes des deux côtés, à droite comme à gauche. Eh bien! camarades, au lieu d'une majorité, il y aura des extrémistes à droite et des extrémistes à gauche et il y aura un fort groupe qui, lui, dirigera la C. G. T. vers l'action qui lui est possible de faire pour arriver à obtenir des gouvernements : les passeports, la publication des buts de guerre.

Tout cela, c'est contenu dans la résolution de Clermont-Ferrand. Voilà pourquoi, camarades, à Clermont, je me suis efforcé de rapprocher les tendances. Mon intervention à Clermont n'a été que pour cela et encore aujourd'hui, je viens dire, malgré les paroles de Bourderon, malgré les paroles de Dumoulin qui veulent que catégoriquement l'on soit fixé par un vote précis. Bon, camarades, il ne faut pas, non pas, que je craigne que la majorité n'ait pas encore la majorité, mais parce que même s'il y avait une minorité forte dans ce Congrès, cela créerait un fossé qui ne pourrait pas se combler d'ici longtemps, un fossé qui serait dangereux autant pour la majorité que pour la minorité, qui favoriserait une action divergente, qui permettrait aux gouvernements, surtout en temps de guerre, d'être les maîtres bien tranquilles de la situation.

On a dit tout-à-l'heure, ne parlons pas des agents provocateurs, il y en a eu et il y en aura encore demain ; mais, en dehors des agents provocateurs, il y a des actes ouverts au grand jour du gouvernement qui sont quelquefois des provocations. Et la coïncidende de l'application de la loi Mourier juste au moment où l'on allait tenir le Congrès minoritaire de Saint-Etienne est pour moi une indication très grave et qui me fait croire que le gouvernement a une lourde responsabilité dans les derniers mouvements, parce qu'il voulait que ce mouvement se produise, Clémenceau recommençait le coup des postiers, où, après avoir été obligé de capituler, il provoqua une grève nouvelle, après avoir pris toutes ses précautions pour les écraser, pour les mutiler. Aujourd'hui, il semble que nous ayons assisté au même spectacle pour les camarades métallurgistes et si, à ce moment-là, il n'y avait pas eu divergence d'opinions si, tout au moins, il n'y avait pas eu un Comité de Défense syndicaliste, peut-être que cela ne se serait pas produit. Peut-être que le mouvement se serait produit, mais dans d'autres circonstances et avec une puissance beaucoup plus grande. Ce n'aurait pas été un mouvement qui se lançait dans une impasse tête perdue, où il a fallu que les camarades qui ne voulaient pas prendre de responsabilités parce qu'ils n'y avaient pas été appelés, en prennent quand même pour essayer de sauver la situation. *(Très bien! Vifs applaudissements.)*

Camarades, on parle de calomnies. Eh bien! camarades, de par la disposition de mon bureau, j'assiste à toutes les réunions qui se font dans la petite salle. J'ai pu entendre que certains camarades disaient : Il faut faire la chasse à tous les dirigeants de la C. G. T., à tous ceux qui sont responsables de la guerre, qui sont responsables si la guerre se poursuit. Et un camarade disait : Et Merrheim, et Merrheim ?

Et le camarade répondait : Merrheim a eu raison de ne pas prendre position ; il a été adroit. Mais, les responsables, ce sont les Bled, les Jouhaux, qui aussitôt que la grève éclata, prirent une automobile pour se sauver de Paris. Voilà comment on écrit l'histoire.

Alors que le camarade Jouhaux accompagnait Merrheim chez Clémenceau où il s'était toujours refusé d'aller, des camarades venaient le poignarder dans le dos, devant une poignée de camarades qui étaient incapables de pouvoir répondre, car, ne connaissant rien, ils étaient obligés de croire ce que leur disaient ces camarades qui paraissaient renseignés.

Camarades, cette mauvaise besogne a été faite et si elle doit se continuer si on doit assister encore à ce que l'on a assité dernièrement lorsque le citoyen Kerensky est venu donner des explications.... *(Brouhaha.)*

Je ne comprends pas vos manifestations, Kerensky n'est pas là.

Frossard. — Tous, nous avons acclamé la Révolution russe et je trouve vos manifestations déplacées, s'adressant à un homme qui a été un moment l'âme de la Révolution russe.

Savoie. — Je ne crois pas que nous ayons la science infuse pour pouvoir connaître tout sans étudier et sans nous renseigner.

Lorsque les camarades des Soviets sont venus à Paris, ils sont venus à la C. G. T. expliquer quelle était leur position, quelle avait été leur action ; lorsque Kerensky est venu à Paris, nous avons voulu l'entendre. A nous de croire ou de ne pas croire et de tirer les déductions qu'il nous plaira de tirer de ses dires.

Nous n'avons pas le droit, nous, en tant que représentants du mouvement ouvrier en France, de nous fier simplement à nos intuitions et à nos penchants. Nous devons même par moment aller à l'encontre de ce qui nous plaît, pour essayer de découvrir la vérité, pour essayer de découvrir la voie que nous devons suivre dans l'action que nous devons mener, parce que nous sentons bien que lorsque nous prenons des décisions, ce n'est pas simplement pour nous, mais c'est au nom d'une quantité de camarades qui sont derrière nous, qui, demain, nous appelleront à faire une action, à faire un geste qui pourra avoir des répercussions terribles, c'est-à-dire, qu'il peut quelquefois être insuffisant, ne pas donner ce que l'on aurait voulu qu'il donne et, au contraire, donner un résultat qui meurtrit la classe ouvrière et permettre à la bourgeoisie de faire ce qu'elle désire faire. Oui, camarades, dans la guerre, il y a un tas d'intérêts. Nous savons très bien qu'il y a des gens qui espéraient qu'à la faveur de la guerre, on étranglerait, on étoufferait le mouvement ouvrier. Eh bien ! camarades, ils n'ont pas réussi, mais, ils ne désespèrent pas de réussir et voilà pourquoi je dis aux camarades minoritaires, que s'ils veulent à toutes forces condamner une attitude, malgré que l'attitude d'aujourd'hui, nécessitée par les circonstances donne satisfaction, ils commettront une grosse maladresse ; ils permettront à la bourgeoisie, aux politiciens de tous les partis qui ne demandent pas mieux de voir la C. G. T. qui, depuis la guerre, a une puissance grandissante, s'effondrer dans la division. Lorsque je trouve, dans certains journaux, l'écho de nos dissensions, lorsque je vois dans des feuilles publiées tout récemment, ou tout au moins depuis les dernières années de la guerre, avec quelle persévérance l'on entretient la division parmi nous ! J'en tire des déductions. Je vous dis, camarades, attention, si vous voulez que le mouvement ouvrier français conserve sa puissance, restez dans la possibilité de moyens d'action dans les résolutions que vous prendrez, et alors, camarades, vous pourrez faire une action contre la guerre, avec les Cheminots, avec les camarades du Livre qui suivront la majorité.

Camarades, j'ai toujours compris qu'une menace pesant sur nos gouvernants ou sur les patrons est pire quelquefois qu'une réalité. Cette menace, on peut la maintenir, la faire grossir constamment, et ne la faire éclater que quand on ne peut plus faire autrement et alors cela influence plus sur les gouvernants que les derniers mouvements qui se sont produits. Camarades, il ne faut pas que l'on pose ici cette question de condamnation.

J'ai préparé une résolution ; je m'empresse de dire que ce n'est pas au nom de la majorité que je vous la présente, c'est comme à la Conférence de Clermont-Ferrand, absolument au nom des organisations qui m'ont mandatées.

Je vais vous en donner lecture. La majorité en présentera peut-être une, les minoritaires, une autre, le Comité de Défense syndicaliste a présenté la sienne, nous verrons celle que nous devrons accepter.

« Le 19e Congrès corporatif, XIIIe de la C. G. T., expression naturelle « des volontés nationales et des intérêts économiques ouvriers de ce pays, « maintient sa confiance au Comité confédéral et à son bureau, l'engage à « précipiter la réalisation de la motion de la Conférence de Clermont-Ferrand, « ainsi que d'agir pour l'aboutissement de toutes autres revendications et « pour la reconnaissance des droits ouvriers. »

A. Savoie.
Délégué : Boulangers de Corbeil et de Bordeaux ; Cuisiniers de Perpignan et de Toulouse et de la Fédération de l'Alimentation.

Je demande à ce que vous fassiez confiance à tout le Comité confédéral pour l'application de la résolution de Clermont-Ferrand.

Il est certain que je vous retire l'arme qui consiste à vouloir frapper la majorité confédérale dans son attitude dans les deux premières années de la guerre et si je le fais, c'est parce que je considère qu'il est utile de le faire ; c'est parce que je considère que, même pour vous, camarades minoritaires, ce serait une piètre satisfaction que vous pourriez obtenir contre le Bureau confédéral. Si nous sommes d'accord sur la résolution de Clermont-Ferrand, nul besoin de condamner une attitude passée, puisque celle qui existe à l'heure actuelle, vous donne entièrement satisfaction. *(Applaudissements.)*

Le Président. — Le Congrès veut-il continuer la séance ?

Que ceux qui sont partisans que la séance soit renvoyée à cet après-midi le manifeste en levant la main.

La séance est renvoyée à deux heures précises.

6e *Séance.* — 17 *Juillet, après-midi.*

Président : BOURGUET.

Assesseurs : MIDOL, MILLERAT.

LE PRÉSIDENT. — Camarades, vous avez bien voulu confier à un modeste militant de province la tâche de présider cette séance. Au nom des camarades que je représente ici, je vous en remercie. Mais je vous demande de me faciliter la tâche et de comprendre, une fois pour toutes, que quelles que soient les paroles prononcées, les expressions employées, elles ne sauraient porter atteinte aux militants conscients de leur devoir et de leurs droits. Chacun a la libre disposition de cette tribune, par conséquent, on peut réfuter les erreurs ou approuver dans un certain sens les paroles prononcées.

Tant que je serai Président, avec mes collaborateurs, nous serons les premiers à ne pas tolérer que l'insulte soit employée comme un argument. Nous n'admettrons jamais cela. Des hommes ne s'insultent pas ; ils discutent avec leur tempérammment mais l'injure doit être éloignée de la bouche des militants.

Ceci dit, et sans autre préambule, je donne la parole au camarade Merrheim.

Discours de Merrheim

MERRHEIM. — Comme vient de le faire le Président, je fais appel au sang-froid du Congrès, et surtout à ceux qui sont dans les tribunes. Je leur demande, non pas tant de m'écouter, mais d'écouter la réponse qui sera faite par le Secrétaire confédéral ; de l'écouter parce que j'ai la conviction qu'ici il y a deux hommes qui parleront cet après-midi, qui, à vos yeux, ont représenté les deux courants qui se sont manifestés, au sein de la C. G. T. ; quel que soit ce que vous pouvez penser de ces deux courants, ma conviction est que vous ne pouvez pas reprocher, ni à l'un, ni à l'autre, de ne pas avoir apporté toute la bonne foi qu'ils étaient capables d'apporter dans les attitudes qu'ils ont prises. *(Applaudissements).*

Camarades, n'interrompez pas, parce que trop souvent en interrompant vos adversaires, vous n'arrivez pas à saisir toute leur pensée. Entrant dans le vif du débat, je me trouve dans cette situation d'aborder la tribune pour y défendre l'action corporative de la Fédération des Métaux ; y justifier, en même temps, l'attitude prise par elle dans les événements actuels. Et, j'aborde la tribune à quel moment ? Au moment où, je tiens à remercier Dumoulin d'avoir eu le courage de le dire dans son discours, au moment où une offensive est déclenchée sur nos fronts, où ma pensée se porte non seulement vers ceux qui luttent, mais vers les millions d'hommes qui sont tombés sur tous les fronts et où en même temps ma pensée se retourne vers un procès qui s'ouvre à l'heure actuelle devant le Sénat et qui n'est pas le procès d'un homme. *(Applaudissements. Vive Malvy !)* mais qui est le procès des libertés et de la classe ouvrière toute entière. *(Applaudissements).*

Je tiens à le dire du haut de cette tribune, et je tiens à le dire pour prendre ici toutes mes responsabilités, avec vous, avec toute la classe ouvrière, il faut pour nous, pour notre honneur à tous, vous m'entendez bien, il faut que le feu de peloton, qui a roulé dans les fossés de Vincennes, soit le dernier pour la classe ouvrière. *(Applaudissements).* Il ne faut pas qu'il y en ait d'autre.

Je dis que c'est tout cela, tous ces faits qui dominent ma pensée. Ils la dominent parce que demain nous pourrons avoir à faire face à cette situation; à celle, quelle qu'elle soit sur le front, favorable ou défavorable ; si elle nous est défavorable, et cela peut se produire, c'est à ce moment-là qu'il faudra que contre le courant de chauvinisme qui nous a emporté en 1914, nous nous retournions tous, pour ne pas laisser écraser un peuple.

En abordant cette tribune, et je vous prie, dans les explications qui vont suivre, de bien saisir toute cette pensée et de vous dire que ce que je voudrais, c'est ramener le mouvement confédéral à sa véritable voie. Ce n'est pas aujourd'hui que nous l'essayons, à la Fédération des métaux. En suivant les débats de ce Congrès, je me retrouve devant la même situation qu'en 1912-1913, quand, à la Conférence des Bourses, je faisais des déclarations par lesquelles j'essayais, contre l'extrême-droite et l'extrême-gauche, de ramener à l'action confédérale tout le mouvement ouvrier français.

Vous voyez que c'est sans haine, sans acrimonie, avec des préoccupations bien élevées, que j'aborde cette tribune, et tout de suite, j'en arrive à l'attitude que, corporativement, la Fédération des Métaux a prise dans le conflit.

En écoutant Bled, tout à l'heure, je retrouvais le sceptique d'avant la guerre ; le dilettante écoutant, comme l'a dit Jouhaux, écoutant son tempérament, et fichant des coups de boutoir à son adversaire ; oubliant l'histoire pour accabler ses adversaires. Pour avoir dit, écrit, sur ce terrain corporatif, quelle fut notre position, avons-nous à quelque moment, refusé de prêter notre concours aux hommes qui avaient des responsabilités. Je rappelle ici, pour mémoire, que je fus l'auteur du premier rapport qui fut transmis à Sembat pour être soumis au Conseil des ministres, en octobre 1914, après la débâcle de la Marne.

Notre état-major avait cru qu'une production de 13,600 obus par jour était suffisante pour faire la guerre. Je fus auteur du premier rapport, que me demanda Renaudel pour Sembat, montrant que tous les ateliers de métallurgistes pouvaient ête mis à la disposition du ministre de la Guerre, alors que que l'on soutenait une toute autre thèse ; alors que les industriels, me disait-on, prétendaient que ceux qui avaient travaillé pour le ministère de la guerre avant la Guerre, étaient seuls capables d'exécuter les mêmes travaux.

Quand Thomas revint de Bordeaux, il nous fit appeler, Lenoir et moi, car nous étions les seuls à la Fédération des Métaux que la mobilisation n'avait pas encore atteints. Il nous exposa la situation et il nous dit qu'il pourrait peut-être, si nous l'aidions un peu, apporter quelques atténuations à la situation des ouvriers métallurgistes dans les usines. Nous n'avons pas hésité ; en tant que Secrétaire de la Fédération des Métaux et comme Secrétaire de la Commission du Travail au Comité d'action — Lenoir ayant été mobilisé — je fournis à Albert Thomas tous les renseignements qui pouvaient l'aider à défendre les ouvriers métallurgistes. Quand il me demanda, parce que impuissant, à l'accompagner chez Millerand, ministre de la Guerre, le 13 janvier 1915, j'y allais. Pourquoi ? Parce qu'il m'avait dit : « Peut-être que le ministre de la Guerre, après vous avoir entendu, pourra apporter des atténuations ,des améliorations à la situation pénible faite aux ouvriers métallurgistes. » J'y alllais, accompagné de Prost et Albert Thomas, pour entendre un ministre me dire : « Il n'y a plus de droits ouvriers, des lois sociales, il n'y a plus que la guerre ».

Ensuite, les situations se précisèrent. Albert Thomas songea un moment à abandonner la collaboration avec Millerand et il me demanda d'entrer en relation avec Voilin, qui le suppléerait. Je fis le nécessaire et c'est en essayant d'abandonner cette collaboration qu'il arrive au Sous-Secrétariat d'Etat aux munitions. Je ne veux pas retracer toute la conversation que nous eûmes à ce moment sur la situation de la guerre.

Je me contenterai de vous donner lecture d'une lettre que je lui adressais après cette entrevue, et qui est datée du 5 juin 1915. Vous y trouverez toute la pensée de la Fédération des Métaux, son action, et aussi la différence qui pouvait marquer les deux tendances qui s'opposaient et se sont affirmées au cours de cette guerre.

Je lui écrivais :

Paris, le 7 juin 1915.

Mon cher Thomas,

Comme vous me l'aviez demandé, j'ai envoyé à l'ami Simiand la déclaration des Métaux, et après avoir longuement réfléchi à notre entretien de jeudi dernier, je tiens à le préciser très nettement. J'en ai tiré cette conclusion:

Je suis — et reste plus décidé que jamais — pour la continuation et l'intensification d'une action en faveur de la paix, s'exerçant tant intérieurement qu'extérieurement.

Vous êtes pour la temporisation jusqu'à l'heure favorable — qui sera aussi celle de la majorité confédérale actuelle — où cette action apparaîtra nécessaire, indispensable aux milieux gouvernementaux.

Quelles que soient les conséquences qui puissent en résulter pour moi, personnellement, cette attitude de temporisation ne saurait me convenir. Vous comprendrez aussi que je refuse à modeler mon action présente, ou à venir, sur celle des gouvernants, malgré la sympathie particulière que j'ai pour votre personne.

Cette décision ne saurait vous surprendre. Non seulement je l'ai mûrement réfléchie, mais elle est conforme à l'attitude que j'ai prise dès le premier jour des hostilités. Je n'ai cessé de l'observer depuis, vous ne l'ignorez pas.

Je disais, à cette époque, que c'est une guerre sans issue où il n'y aura ni vainqueur ni vaincu. Je me trompe, il y a quelqu'un de vaincu pour n'avoir pas pu empêcher la guerre et qui l'est chaque jour davantage: *C'est la classe ouvrière*. Les événements n'ont fait que fortifier ce point de vue et ces sentiments.

D'autre part, si j'observe la situation militaire, je constate qu'elle est exactement la même qu'il y a huit mois. Que dis-je ! Elle est pire...

Vous espérez y apporter remède en organisant, en intensifiant la production des munitions, etc., et c'est guidé par ce désir que vous acceptez la lourde, l'immense responsabilité — qui vous pèsera lourdement au lendemain de la paix — du sous-secrétariat à la Guerre.

Je vous l'ai dit, je ne partage pas vos illusions. Je connais trop la situation, les insatiables et formidables appétits, le manque absolu de scrupules, la somme de parti pris, d'esprit de routine et d'impuissance industrielle contre lesquels viendront se heurter, pour s'y briser, toutes vos initiatives et vos efforts. Quelles que soient votre bonne volonté, votre capacité de travail jointe à celle de vos collaborateurs, je suis convaincu que vous ne les surmonterez pas, ne les dominerez pas. S'ils ne réussissent pas à vous décourager, ils vous briseront.

Faut-il parler de l'état d'esprit animant ceux qui sont sur le front? Nous en avons causé et je vous ai dit ce que je pensais. Moralement ils sont épuisés et leur lassitude, leur démoralisation — comme celle de nos camarades des ateliers — va chaque jour grandissant. Ce n'est pas en réprimant durement, comme le prouve le douloureux chapitre des conseils de guerre, ni en fusillant comme on le fait constamment qu'on améliorera leur état d'esprit et leur sentiment, au contraire. Ce qu'ils attendent de nous c'est une action pour la paix et non pour la guerre.

Il en est de même au point de vue international. J'ai toujours dit — je vous l'ai répété lundi — il ne saurait y avoir un véritable effort pour la paix en Allemagne, si cet effort n'a pas son corrollaire en France, s'appuyant l'un sur l'autre de confiance dans l'action. Vous avez dû en convenir avec moi jeudi dernier. Or, Parti socialiste et C. G. T., — pour ne pas parler de la démagogie de Vandervelde — font exactement le contraire. Leur attitude, leurs gestes ou les écrits de leurs principaux leaders, sous la surveillance complaisante de la censure, tout l'ensemble de leur attitude et de leur action n'a qu'un but: paralyser en l'écrasant la courageuse minorité allemande.

C'est à tout cela qu'en écoutant sympathiquement vos conseils d'opportunité et de prudence, qu'en vous suivant je m'associerais ! Je ne le peux, ni ne le veux, je suis au contraire résolu, plus que jamais, à persister dans l'action que j'ai menée jusqu'ici et que j'estime plus que jamais nécessaire en ce moment. Bien cordialement à vous.

A. Merrheim.

Voilà dans quel état d'esprit j'étais. Voilà ce que je répondais à une demande de collaboration, car on a peut-être défendu quelques-unes des libertés de la classe ouvrière, mais on en aurait défendu bien d'avantage, si on avait tenu ce langage quand il était encore temps de le faire et si on ne s'était pas associé aveuglément à toute l'action des gouvernants. J'en termine tout de suite sur ce chapitre, parce que je ne veux pas animer, aviver les rancœurs des uns et des autres en remontant dans le passé et en le rappelant inutilement.

***

Je passe au Comité d'action. Nous fûmes pendant des mois, à ce Comité, Luquet, Doumenq et Merrheim, à nous réunir et à assurer le fonctionnement des Commissions. J'avais le secrétariat de celle du travail. Jusqu'au moment où se pose la question de la loi Dalbiez, nous étions restés presque seuls. Vint la discussion de cette loi, nous posons les conditions. J'établis un rapport que nous publierons la guerre terminée, parce que nous ne pouvons pas le faire actuellement. Je le porte avec Prost, de l'Union des mécaniciens, à Renaudel pour son interpellation, lui exposant de vive voix la situation des métallurgistes. Je fais, en un mot, ce que je croyais devoir faire, assurer la défense des intérêts corporatifs des adhérents de la Fédération des Métaux. Alors s'engage au Comité d'action une discussion extrêmement vive entre la Fédération des Métaux et la majorité confédérale qui revient régulièrement aux réunions.

La Commission exécutive des Métaux adresse une lettre dans laquelle elle pose ses conditions, d'après la demande qui en a été faite par le Comité d'action, sous l'impulsion du citoyen Vaillant. Ces conditions étant posées par lettre, nous estimons que l'on devait y répondre par lettre.

Que dit le Comité d'action ? Il décide qu'une délégation ira chez Albert Thomas et que je dois l'accompagner. La majorité confédérale, elle, me reproche de poser des conditions. Elle me dit que c'est parce que je suis contre la guerre et que je ne veux pas m'associer à l'effort pour les fabrications de guerre que ces conditions, ces garanties, sont demandées.

Au même moment, on parcourait la France répandant la même thèse. J'envoie une seconde lettre à Albert Thomas et cette lettre n'est jamais sortie des archives de la Fédération des Métaux. Elle n'en serait jamais sortie sans les attaques de Bled dans ce Congrès.

J'écrivais à Albert Thomas : « Je vous ai envoyé une lettre à telle date, qui reflétait l'état d'esprit de la Fédération des Métaux. Elle vous demandait, pour prendre des responsabilités, en tant qu'organisation, que vous lui répondiez par lettre, et si je ne viens pas à l'entrevue qui vous a été demandée, je ne puis vous en laisser ignorer les raisons, parce que dans les polémiques qui suivront, peut-être votre nom, à vous, peut être mêlé ».

Je vous lirai simplement quelques passages de cette lettre, qui vous intéressent et justifient notre attitude. Après avoir, dans cette lettre, rappelé la situation des ouvriers dans les usines, je disais :

« C'est la Fédération des Métaux, ou leur syndicat, c'est-à-dire l'organisation, qu'ils rendraient responsables, les uns de n'avoir pris aucune garantie contre l'arbitraire qui s'exerce sans limite dans les ateliers, les autres de n'avoir pas été rappelés.

« Notre adhésion au Comité d'action n'a jamais et ne peut pas impliquer une telle abdication de nos devoirs, ni de nos droits d'examen et de critiques. Elle n'a dans notre esprit que le pouvoir de les fortifier en les développant. De plus, comme j'ai eu l'occasion de vous le dire et écrire, précédemment, dans le gâchis, la routine criminelle, l'impuissance d'outillage et industrielle contre lesquelles, j'en reste plus que jamais persuadé, se briseront votre volonté et vos efforts, nous ferions prendre très légèrement à la Fédération des Métaux *des responsabilités morales et matérielles que ceux qui la représentent en défendent l'avenir, entendent laisser toutes aux industriels et à leurs organisations, comme aux gouvernants responsables.*

« Tout cela, je l'ai honnêtement, loyalement expliqué, développé au Comité d'action. Que m'ont répondu certains, je ne dis pas tous, mais quelques-uns ?

« Ils ont osé répondre à mon argumentation logique, irréfutable, par des inepties telles que : « La Fédération des Métaux serait responsable (?) du manque de munitions (??) des morts (???) de la prolongation de la guerre (???) ou qu'elle n'avait plus qu'à décréter la grève générale ! !

« C'est que, chez ceux-là, la pensée supérieure, dominante, c'est beaucoup moins la nécessité de produire des munitions que l'ardent, l'âpre désir, volonté de compromettre moralement une organisation et un militant pour triompher plus facilement ensuite de leur opposition actuelle. J'ai conscience d'avoir tout fait pour ne pas être mis dans l'obligation pénible, douloureuse même, de founir l'explication ci-dessus, car voici comment vous êtes appelé à voir mon nom mêlé à cette besogne que j'ose qualifier de peu recommandable, si contre tout bon sens et toute logique elle se continuait.

« Il y a un mois environ, un ancien membre du Comité confédéral et voyageur de commerce nommé Loiseau, se trouva face à face, à Boulogne-sur-Mer, avec le secrétaire-adjoint — mobilisé — de la C. G. T. Il expliqua à son interlocuteur, quelque peu estomaqué, comment et avec quelles armes, après la guerre, certains membres de la C. G. T. justifieraient triomphalement une attitude moralement injustifiable à mes yeux. Par trois fois, il insista pour faire admettre par le secrétaire-adjoint de la C. G. T. l'idée de demander un sursis d'appel que X..., affirma-t-il, obtiendrait facilement. Bref, ce fut un déballage complet et aujourd'hui que — sans l'avoir sollicité, et par une lettre du 2 juillet — j'en ai connaissance dans le détail, je ne puis y songer sans éprouver beaucoup de honte pour la dignité et l'avenir de l'organisation confédérale.

« Mais passons. Le commis-voyageur en arriva à disséquer le rôle de l'opposition à laquelle X... appartient : la Fédération des Métaux, et à dire :

...« *Il y a bien une poignée d'anarchistes tels que Monnatte, mais ce sont des personnalités isolées qui ne comptent pas. Merrheim ? on l'aura par Albert Thomas. CELUI-CI LUI DONNERA QUELQUES RAPPORTS A FAIRE ET TOUT SERA DIT.* »

« Est-ce inconscience ou cynisme ?...Je l'ignore. Ce dont je suis certain, c'est que par ses étroites, intimes relations, Loiseau est bien renseigné, et ce sont, hélas ! des vérités qu'il exposa pendant plusieurs heures au secrétaire-adjoint — mobilisé — de la C. G. T.

« C'est pourquoi, quant au Comité d'action, j'ai vu l'insistance acrimonieuse, violente, qu'ont mis certains membres du Comité confédéral a vouloir, malgré mes explications irréfutables, imposer à la Fédération des Métaux des responsabilités découlant d'une besogne inutile, autant qu'inopérante dans ses résultats. Quand j'ai constaté le même parti-pris, la même insistance acrimonieuse, presque insultante qu'ils ont mis ensuite pour m'englober dans une délégation totalement inutile, dans laquelle je n'avais rien à faire, car la lettre de la Commission exécutive des Métaux est très nette ; elle appelle non une conversation verbale avec vous, MAIS UNE REPONSE ECRITE DU MINISTRE DE LA GUERRE RESPONSABLE, j'ai compris que cette insistance avait une relation étroite avec les propos de Loiseau à Boulogne-sur-Mer. J'ai accepté la délégation en me promettant bien de m'y dérober et d'y apporter une conclusion par la présente lettre.

« Je n'accompagnerais donc pas la délégation auprès de vous, car j'entends qu'on sache que mon absence signifie que je ne suis pas dupe de ces manœuvres, et cette délégation auprès de vous, après toutes les explications que j'ai données, en est une. J'avais prévue, à la Commission exécutive des Métaux, l'insistance que l'on mettrait pour m'obliger à en faire partie et, pour cette raison, j'avais mis les membres de la Commission au courant des affirmations et des déclarations du commis-voyageur Loiseau. J'agis ainsi en vous envoyant cette lettre, en plein accord et en conformité de vues avec eux. »

Voilà ce que j'ai écrit, dans quel état d'esprit on était à ce moment-là, et les lettres sont connues au Comité d'action, tout au moins d'Albert Thomas.

Elles démontrent, une fois de plus, que j'ai essayé de ne pas être entraîné dans une collaboration que j'estimais néfaste pour les travailleurs de la métallurgie et que nous exigions des garanties, que nous posions des conditions que l'on osait nous dire ne pas pouvoir nous donner. A ce moment-là, la majorité confédérale a été contre la Fédération des Métaux et avec Albert Thomas.

Ces garanties, on espérait pouvoir les donner, nous disait-on, par la création des contrôleurs de la main-d'œuvre. Je répondais, au nom de la Commission exécutive, au Comité d'action, qu'elles étaient insuffisantes et l'avenir nous a donné raison. Quand, enfin, les grèves de femmes éclatèrent, j'y participais. Ce furent ces grèves qui en réalité imposèrent au sous-secrétariat d'État les garanties refusées et les tarifs du 17 janvier 1917, surtout parce qu'il y avait d'autres grèves en perspective, la situation des ouvriers étant devenue impossible dans les usines de guerre. C'est alors qu'on proposa et qu'on discuta le tarif minimum de salaires. Avons-nous refusé notre concours ? Ne sommes-nous pas allés chez Albert Thomas lui porter les revendications des ouvriers ?

Nous l'avons fait, et si on nous avait suivis à ce moment-là, au lieu d'écouter les industriels, si on avait accepté le tarif minimum établi par la Fédération des Métaux et le syndicat des Mécaniciens et des Métaux du département de la Seine, on ne serait pas aujourd'hui dans cette situation inextricable où l'on se trouve de ne pouvoir régler cette question de salaires.

Ainsi, comme vous le voyez, nous n'avons cessé de défendre le droit, la reconnaissance de notre organisation fédérale et les intérêts corporatifs de nos adhérents, refusant de nous laisser entraîner dans une collaboration personnelle, qui pouvait, au point de vue général, ne pas apporter des avantages aux travailleurs de la Métallurgie et aliéner nos libertés et l'action de nos organisations.

Ensuite, quand Albert Thomas quitta le pouvoir, quelle fut notre situation. Nous l'avons examinée à la Fédération des Métaux. Quand la grève de l'aviation éclata, c'était M. Loucheur qui était ministre de l'Armement. Nous y allâmes en délégation, mandaté par la Commission exécutive des Métaux pour lui dire nettement que nous ne connaissions pas les personnalités, que nous ne connaissions seulement que les intérêts des ouvriers métallurgistes dont nous étions les représentants et que nous venions lui apporter les revendications des travailleurs de l'aviation, comme nous l'avions fait avec Albert Thomas pour essayer de résoudre la situation devant laquelle nous nous trouvions et les revendications posées.

Vous avez dit, citoyen Bled, que la majorité défendait à notre place les intérêts de métallurgistes. Oui, vous les défendiez, en tant que personnalités, en tant qu'individus ; vous rendiez des services personnels, mais vous oubliez de dire que c'était des intérêts généraux qu'il fallait défendre, et ceux-là seuls, et vous les sacrifiez à des intérêts personnels.

Au contraire, pour ma part, je me suis refusé pendant des mois et toujours à toute démarche personnelle, disant : « Pas de défense d'intérêts personnels. Les intérêts généraux, oui, nous les défendrons au nom et par l'organisation.

Voilà, sans vouloir m'étendre longuement, notre différence d'attitude et les explications que j'ai tenu à apporter et que j'aurais pu appuyer de lettres et documents qui sont là dans mon dossier.

***

Maintenant, il me faut aborder l'autre question, qui est celle du Comité de défense syndicaliste.

On nous a dit : « Vous êtes le père d'un enfant qui a mal tourné ». C'est possible, mais, je le démontrerai, si nous avons été le père d'un enfant qui a mal tourné, c'est parce qu'il s'est trouvé des camarades qui avaient une famille à sauvegarder et qui ont étranglé cette famille, ce qui nous a obligé à faire naître un nouvel enfant. Si nous avions pu, après les preuves que j'apporterai tout à l'heure, nous mettre d'accord, même à la fin de 1915, le Comité pour la reprise des relations internationales n'aurait pas été créé ; nous ne l'aurions pas constitué et le Comité de défense syndicaliste n'en serait pas sorti. Seulement, vous nous rendrez cette justice, c'est que, dès le mois de juillet 1917, quand l'enfant, comme vous le dites, a commencé à mal tourner, nous sommes intervenus pour lui crier casse-cou et l'empêcher de tourner mal. Nous avons fait notre devoir comme nous le faisions en 1912 et 1913, contre l'extrême-gauche et l'extrême-droite du mouvement confédéral, car la situation d'aujourd'hui est la même, pour nous, qu'à cette époque.

A ce moment-là, nous adressions des lettres (je ne veux pas les lire ici, mais je les ai lues au Congrès de la Fédération des Métaux) au Comité de défense syndicaliste, protestant contre la direction qu'il donnait à son action. Nous estimions — et ce n'est pas ceux qui étaient de la majorité avant la guerre qui peuvent nous le reprocher aujourd'hui, car n'avaient-ils pas constitué le Comité d'action directe — qu'une propagande par le tract et la brochure était nécessaire.

Notre intention était de faire une propagande qui fasse connaître ce que la presse même socialiste de ce pays refusait de faire connaître sur les mouvements à l'étranger et sur la guerre.

Prenez la collection des brochures publiées par le Comité pour la reprise des relations internationales. Je suis bien tranquille, malgré ce qu'a dit Bled, vous n'y trouverez pas une attaque, pas une injure contre la majorité confédérale. Vous y trouverez simplement des documents que nous avons rassemblés, au prix de bien des difficultés, et que nous n'avons fait imprimer que très difficilement, parce que nous ne pouvions trouver un imprimeur qui consente à prendre la responsabilité de les imprimer. Dites-vous donc bien que je ne suis pas en désaccord, quand au fond, avec la minorité que représente le Comité de défense syndicaliste.

Je suis d'accord avec son action, celle que nous devrons continuer à mener demain, mais que je veux voir mener dans le sein de la C. G. T. avec la majorité toute entière, non à l'extérieur et contre cette majorité. Voilà le fond de notre désaccord car, et c'est là la question, si le Comité de défense syndicaliste est un organe se substituant par son action aux organisations régulières et à la C. G. T., je suis contre le Comité de défense syndicaliste.

Si, au contraire, il conservait son caractère de renseignements, de propagande simplement, eh bien ! je dis que je serai encore avec lui.

Par conséquent, ne venez pas jeter dans le débat, le Comité de défense syndicaliste, en tant que Comité de propagande ; c'est à son action que je m'oppose. Et à vous, ce que je vous conteste, camarades du Comité de défense syndicaliste, c'est le droit de dire que votre action, votre attitude, le Congrès de St-Etienne, ont été pour quelque chose, ont déterminé la décision de la majorité confédérale à fixer le Congrès qui se tient aujourd'hui. *(Applaudissements)*.

Je dis que cela n'est pas exact. Il faut, camarades de la minorité, nous placer dans l'examen des faits en toute loyauté.

Après Clermont-Ferrand, la majorité confédérale avait adressé un questionnaire aux organisations syndicales les invitant à se prononcer pour ou contre un Congrès. Nous pouvons regretter que les organisations, qui sont ici représentées, n'aient pas répondu à ce questionnaire ; mais ce que nous ne pouvons pas faire, ce que nous n'avons pas le droit de faire, c'est condamner la majorité sur ce point alors que les syndicats n'ont pas répondu, ou très peu, à l'appel qu'elle avait fait pour la tenue d'un Congrès.

Ensuite, l'offensive malheureuse est venue. La majorité nous a présenté quelques observations sur l'opportunité de ce Congrès ; nous les avons acceptées, minorité, en raison de cette situation. C'est alors que la majorité, commençant à sentir les lourdes responsabilités qu'elle allait avoir à supporter, demanda au Comité confédéral de constituer une Commission exécutive, et, notamment, à la Fédération des Métaux, d'y envoyer un de ses secrétaires. La Fédération des Métaux accepta, mais en posant comme condition que la majorité confédérale déciderait que le Congrès confédéral se tiendrait incessamment.

Vous m'entendez, c'est dans ces conditions que j'acceptais d'être membre de la Commission exécutive de la C. G. T. A ce moment-là, il n'était pas même question du Congrès du Comité de défense syndicaliste.

A cette Commission exécutive, je fus, je veux bien le reconnaître, très souvent en minorité ; j'y allais quand même, et pour remplir mon mandat. Quand nous eûmes fixé la date du Congrès des Métaux, je demandais à la majorité, conformément à l'engagement pris, de fixer la date du Congrès confédéral. Nous avions décidé notre Congrès pour le 23 juin et nous disions que là nous prendrions la décision de demander aux Fédérations, qui pensaient comme nous, de prendre l'initiative de convoquer le Congrès confédéral si la majorité refusait de le faire. Elle fixa le 15 juillet, et c'est ainsi que le Congrès des Métaux se tint du 10 au 14 juillet, et celui de la C. G. T. du 15 au 18, c'est-à-dire en ce moment-ci.

Voilà la vérité. Par conséquent, camarades, ne venez pas parler de cette tactique de coups de trique donnés aux uns et aux autres ; je ne veux pas l'accepter. Je ne vous conteste pas le droit de faire toute la propagande que vous croyez devoir faire, mais le droit que je vous conteste, c'est de vous substituer aux organisations régulièrement constituées, de prendre leur place et de les mettre en face des responsabilités qu'elles n'ont pas provoquées, ni été amenées à en examiner l'éventualité.

Voilà, camarades, et sans m'étendre sur ce point.....

Barthe. — Camarade Merrheim, quand, au Comité confédéral, nous avons posé la question du Congrès confédéral, celui-ci a été subordonné au voyage de Jouhaux en Amérique. Il avait été dit que quand Jouhaux reviendrait d'Amérique, nous prendrions la décision pour fixer la date du Congrès confédéral. C'était, cela, dans le commencement du mois de mai. Mais, déjà, le Congrès minoritaire de St-Etienne avait été décidé puiqu'il était pour le 18 et le 19.

Merrheim. — Je t'en prie, ne m'oblige pas à retracer ici, en raison des camarades qui sont à Clermont-Ferrand, les discussions qui eurent lieu au Congrès intercorporatif du 25 mars, parce que je serai obligé d'entrer dans des détails que je ne voudrais pas aborder.

Barthe. — Tu avoueras qu'au commencement de mai, le Comité confédéral avait décidé que le Congrès ne se ferait que quand Jouhaux reviendrait d'Amérique.

Merrheim. — Camarade, je vais répondre immédiatement au camarade Barthe, et ma réponse ne sera pas suspecte, puisqu'il sait qu'au Comité confédéral, j'ai été contre le voyage en Amérique. Mais je dis qu'à ce moment, déjà, si la date précise n'était pas fixée, il avait été entendu que si Jouhaux ne pouvait pas partir pour rentrer le 3 juillet et fixer la date du Congrès, il ne partirait pas.

Et alors, j'ai été battu, Barthe, sur le voyage en Amérique, c'est exact. Je me suis trouvé pour la millième fois minoritaire, mais je me suis incliné devant la majorité, qui fut obligée de fixer la date du Congrès.

J'ajoute tout de suite que je tiens à rendre hommage aux camarades qui sont à Clermont-Ferrand. Je tiens à déclarer que l'on ne peut suspecter leurs intentions. Ce que je regrette, c'est qu'il y avait un homme au gouvernement qui cherchait une revanche et qu'il lui ont fourni l'occasion de l'avoir. J'ai terminé, car nous nous expliquerons un jour sur toutes ces questions.

***

J'ai examiné les deux points principaux du débat. Je vais esseyer d'aborder, en me résumant, le plus possible et sans acrimonie, l'action confédérale.

Je me reporte, en pensée, en juillet 1914.

Il est certain que j'étais le premier à dire, et je l'ai répété dans des dizaines de réunions, que si nous avions voulu, à ce moment-là, nous opposer à la guerre, dès juillet 1914, nous aurions été balayés par la folie nationaliste qui s'était déchaînée dans le pays. J'avais déjà cette sensation quand le jeudi 30, nous nous sommes rencontrés avec Jaurès. Il nous amena par son raisonnement, par le rappel des engagements qu'il avait pris à Bruxelles à reporter au 9 août la démonstration contre la guerre que nous avions fixée au 2 août 1914.

J'avais cette sensation que tout était terminé ; qu'il croyait la guerre inévitable et qu'il la voyait avec épouvante pour la classe ouvrière. C'est ici qu'il faut que nous nous expliquions pour situer les différentes attitudes prises par les uns et par les autres. On a rappelé souvent la réunion de l'Egalitaire. Oui, à l'Egalitaire, le samedi 1er août, nous étions d'accord. Nous nous considérions comme des vaincus. Nous avons adressé à la classe ouvrière française, par voie d'affiches, une déclaration qui enregistrait notre défaite. Nous n'avons pas le droit, ni les uns, ni les autres, de récriminer à l'heure actuelle contre cette décision. Mais, où le désaccord s'est immédiatement produit, c'est quand on a essayé de rejeter sur les seuls gouvernants de l'Allemagne les responsabilités de la guerre qui sont aussi lourdes pour eux que pour nos gouvernants.

Camarade Bidegaray, permettez-moi de vous le dire : l'exposé des déclarations que vous avez rappelées ce matin, qui ont été faites dans tous les Congrès internationaux, que ce soit celui des Transports, des Métaux, ou d'ailleurs, et qui consistent à condamner les Allemands parce qu'ils ne voulaient pas de la grève générale est exact. Ils la croyaient impossible, impuissante à empêcher la guerre et ils étaient logiques avec eux-mêmes en nous renvoyant aux partis politiques, en disant que cela ne regardait pas les organisations syndicales. Dans le rapport du Comité confédéral, qui devait être distribué à Grenoble, nous retrouvons la trace de cet état d'esprit dont nous n'avons pas le droit de nous montrer surpris aujourd'hui.

La C. G. T. adressa, en 1912, un manifeste à l'opinion publique. Ce manifeste est lancé au moment où l'Allemagne et la France sont d'accord pour empêcher la guerre. C'est une des dernières tentatives qui est faite avant les conflits qui vont éclater à propos des Balkans ; parce que, pour moi, j'ai la conviction, (et l'Histoire le dira un jour) que cette guerre ne fut pas déclarée le 1er août 1914, mais qu'elle l'a été en fait en 1913, quand les ambassadeurs de toutes les puissances réunis à Londres, se séparèrent impuissants, sans avoir pu mettre debout une paix pour les Etats balkaniques ; ce jour-là, la paix européenne était irrémédiablement compromise.

Notre faute, c'est de n'avoir pas saisi cette situation, c'est de ne l'avoir pas comprise. Et, rappelez-vous, camarades, non pour en faire un reproche, je fus le seul à la C. G. T., à ce moment-là, qui refusa de faire le voyage avec la délégation envoyée à Berlin. Je disais : « Oui, allons à Berlin. Mais demandons aux travailleurs anglais d'être avec nous dans ce voyage de Berlin, et les Allemands refusèrent d'inviter les Anglais prétextant que nos délégués allaient faire un voyage d'études ; je refusais de participer à ce voyage d'étude sentant combien déjà, dans un sentiment de politique internationale, où la démocratie allemande appelait la démocratie française la délégation anglaise, auprès d'elle, aurait été un suprême espoir de paix, augmentant les chances d'éviter la conflagration européenne. On alla faire ce voyage, cette partie de plaisir, comme je l'ai qualifiée à l'époque.

J'allais à Berlin en 1913, au Congrès des Métaux. J'en revins avec une impression de force, de puissance, non seulement du prolétariat, mais de puissance industrielle, de cette âme collective qui unit la nation allemande et que nous devrions susciter chez nous, Français ; âme collective pour animer la collectivité nationale et, en même temps, pour unir ces collectivités nationales contre la guerre dans l'intérêt de l'Humanité.

Voilà le sentiment qui m'animait à ce moment-là. Et dans le manifeste la C. G. T. dit : « Il est vrai qu'une concordance de vue anime les gouvernements français et allemand dans une même tentative pour sauvegarder la paix européenne ».

Alors, le rapport ajoute : « Les réponses qui parvinrent au Bureau confédéral des Centrales syndicales, sont une fin de non-recevoir déclarant que la proposition de la C. G. T. était du ressort des partis socialistes. Que faire ? Va-t-on abdiquer devant le refus qui nous est exposé ? Le danger est là, pressant ; chaque jour la menace guerrière devient plus périlleuse. Les deux grands groupes d'États européens. Entente cordiale et Triple Entente, ont pris position, se chicanant déjà pour s'accaparer les dépouilles des vaincus.

Eh bien ! Ce qui était vrai en 1912, était encore plus vrai pour moi, en 1914. C'est pourquoi je me refuse tout de suite à voir dans la rencontre de Bruxelles entre Jouhaux, Legien et Dumoulin autre chose que ce que Dumoulin a dit, à cette tribune. Ce que je reproche surtout, c'est que l'on se soit servi de cette rencontre fortuite pour dire que le peuple allemand était seul responsable de la situation, de la déclaration de guerre et, partant, de la guerre elle-même.

Je dis non ; le peuple allamand a été emporté par la vague de chauvinisme comme nous l'avons été nous-mêmes en France. Ayons le courage de le reconnaître.

J'ai eu l'occasion d'avoir des traductions de journaux relatant ce qui s'est passé en Allemagne au début de la guerre. Pour faire accepter la guerre, ici, on démolissait les boutiques des « Maggi » ; là-bas, on démolissait les boutiques françaises. Il y avait cette folie chauvine, guerrière, qui avait soulevé les peuples et à laquelle nous n'avions pas pu résister. Pourquoi, alors, accabler le peuple allemand ? Voilà où la séparation s'est faite immédiatement entre nous.

(Spinetta demande deux mots.)

SPINETTA. — On a déclaré dans ce Congrès qu'il y avait sur les responsabilités de la guerre, des responsabilités immédiates et des responsabilités lointaines.

Le Congrès est unanime à dire que les responsabilités immédiates incombent à l'Allemagne, mais que les responsabilités lointaines sont partagées. Permettez-moi d'examiner ce point ; permettez-moi d'établir que même les responsabilités lointaines ne sauraient incomber à la France.

Les causes lointaines des guerres sont : biologiques, affectives, mystiques ou économiques.

Causes biologiques : Je citerai comme exemple, les invasions germaines qui, poussées par la faim, détruisirent la civilisation romaine. Si cette cause a agi dans la guerre présente, elle a agi sur l'Allemagne dont la population était croissante et non sur la France dont la population diminuait constamment.

Causes affectives : Telles que haine, colère, ambition. Je sais que notre pays a ses chauvins, mais je n'oublie pas ceux de l'Allemagne, je ne méconnais pas les sentiments de la classe ouvrière allemande, mais je n'oublie point ceux de la classe ouvrière française ; je sais que son internationalisme avait atteint la plus haute expression ; il y a là l'indication certaine que si l'on fait pour les deux nations la somme des colères, des haines et des ambitions, le total exprimé sera plus élevé pour l'Allemagne. Si donc les causes affectives ont pesé sur cette guerre, c'est sur l'Allemagne qu'elles ont pesé.

Causes mystiques : Rêve d'hégémonie, croire que l'on a une mission divine, qu'on est la race supérieure, mais n'est-ce pas en Allemagne que le Kaiser donne ces indications de race supérieure et d'appel à Dieu ? Où avez-vous vu qu'en France un seul ministre, qu'un seul de nos généraux ait parlé au peuple, aux soldats, un tel langage ?

Causes économiques : Mais, camarades, est-ce la France qui avait besoin d'écouler la surproduction ou est-ce l'Allemagne ? Poser la question, c'est la résoudre.

Si les causes économiques ont pesé sur cette guerre, c'est en Allemagne qu'elles ont agi et non en France.

Et voilà comment, en restant sur un terrain pratique humain, que l'on examine les causes lointaines, les responsabilités déterminantes de la guerre n'incombent dans aucun cas à notre pays.

Merrheim. — Camarades, je suis à la tribune et, naturellement, je vais répondre très rapidement.

Le camarade qui vient de parler a examiné la question comme si à l'heure actuelle, sur les champs de bataille, et même comme si à la déclaration de la guerre et avant, il n'y avait eu en Europe que deux peuples face à face. Or, n'oubliez pas qu'en 1904, l'Angleterre était l'ennemie héréditaire de la France et qu'aujourd'hui elle est notre amie. N'oubliez pas que nous avions l'alliance franco-russe et les arguments qu'on vient d'apporter, et il y a des Allemands qui les ont employés, non vis-à-vis du peuple français, mais vis-à-vis du peuple russe, pour justifier leur situation et entraîner le peuple allemand dans la guerre.

Ainsi donc, il n'est pas possible, dans un conflit où tant de nations sont engagées de venir causer de la situation, des sentiments intimes ou du passé de deux seulement de ces nations en conflit. Il y a une situation d'ensemble, une politique de deux grands groupes d'Etats européens, opposés l'un à l'autre, qui fut menée pendant des années et qui ne pouvait avoir d'autre aboutissant que celui qu'elle a eu : la guerre européenne dépassant les prévisions les plus audacieuses.

J'ai certains documents en main, que je communiquerai la guerre terminée, parce que aujourd'hui, il y a encore certaines choses qu'on ne peut pas dire, qui le prouve surabondamment.

Maintenant, j'en reviens à la question. Je fais appel aux sentiments du Congrès pour ne pas allonger inutilement cette discussion.

Je continue en rappelant que nous estimions qu'en présence de l'entrevue de Bruxelles sous un autre angle que celui où elle devait être présentée, on commettait une faute, et une faute d'autant plus lourde que l'on n'ignorait pas dans quel état d'esprit étaient les camarades allemands avant la guerre et l'arme qu'on fournissait au nationalisme contre nous.

***

Je ne veux pas allonger ce premier point. Je veux maintenant répondre à ceux qui disent que, dès le début de la guerre, nous avons été unanimes et que ce n'est que longtemps après que nous avons pris l'attitude que nous avons eue.

Eh bien ! Camarades, oui, j'accepte la responsabilité de l'affiche de l'Egalitaire : oui ! j'accepte la responsabilité du discours prononcé par Jouhaux sur la tombe de Jaurès. Je l'accepte, ce discours, parce que, à ce moment-là, nous étions dans un tel état d'esprit et d'affaissement qu'aucun de nous n'a demandé à Jouhaux ce qu'il allait dire sur cette tombe. Or, à ce moment-là, nous avions le devoir de lui demander : « Que vas-tu dire sur cette tombe ? » Nous ne l'avons pas fait, et il est possible que si nous avions lu son discours avant qu'il soit prononcé, nous aurions apporté des réserves et quelques indications. Mais, ensuite, comment nous trouvons-nous engagés ? On nous apporte la proposition du Comité de secours national. A l'unanimité, a dit Bled, c'est certain. Pourquoi ? Parce que nous nous trouvions devant un fait acquis, une chose qui était déjà acceptée. Une entrevue avait eu lieu, la décision, même, était prise, tout au moins dans l'esprit de certains militants. Tout ce que nous avons pu faire, c'est des réserves en demandant qu'on n'aille pas plus avant et c'est Lenoir qui les a faites.

Ici je vais lire une lettre qui remonte au 9 janvier 1917, parce qu'à la Conférence des Bourses, on avait mis mon collègue Lenoir en cause. Il n'était pas là et on m'avait crié : « Vous, à la Fédération des Métaux, vous étiez, à la déclaration de la guerre, partisans du vote des crédits, et l'on rappelait une conversation qui fut tenue avec Lenoir à l'issue des obsèques de Jaurès.

J'écrivis immédiatement à Lenoir pour lui demander de préciser, car si les faits avaient été exacts, nous l'aurions reconnu publiquement. Il nous a répondu, montrant combien les faits étaient inexacts et comment une conversation dont on prétendait se servir, avait été volontairement mal interprétée.

Le Hâvre, 9 janvier 1917.

Mon cher Merrheim,

Avant de recevoir ta lettre, j'avais déjà appris, très vaguement du reste, que Jouhaux avait jugé utile pour son argumentation de me mettre en cause à la Conférence des Bourses et Fédérations. J'en fus d'autant plus étonné en apprenant l'extraordinaire déclaration que j'aurais faite, relative au vote, par les députés socialistes, des crédits de guerre. Il m'a fallu tes précisions sur la date, le lieu et les circonstances pour aider ma mémoire à reconstituer les quelques paroles échangées à ce sujet et que Jouhaux dénature trente mois plus tard dans un but que je saisis bien difficilement.

En effet, c'était après les obsèques de Jaurès : j'étais dans un groupe comprenant Morin et Laval, députés, puis Griffhuesle et Labe, ainsi que plusieurs autres que je ne saurais préciser plus exactement. A un moment j'entendis Griffhuelles qui, parlant à un ou aux deux députés que je viens de désigner, s'exprimait ainsi ou dans cet esprit : « Moi, si j'étais à la place des élus socialistes, je quitterais la salle au moment du vote ». Je suis alors intervenu bien brièvement et je déclarai : « Je me demande si, dans une situation aussi grave, le départ des députés apparaîtrait comme une véritable attitude des élus socialistes » et j'ajoutai : « Je préférerais voter les crédits plutôt que de me dérober à une véritable décision ». Ce fut tout.

Le caractère de mon intervention dans ce bavardage fut purement et simplement une opposition à la manière de voir de Griffhuelles. On ne me demandait pas mon avis, nous ne discutions pas doctrine ; j'ai manifesté ma répugnance pour l'abstention et je défie bien qu'on puisse déduire de cette phrase une idée précise et favorable au vote des crédits par les députés unifiés.

Je ne mets pas en doute la bonne foi de Jouhaux ; je lui reproche seulement d'avoir invoqué une soi-disant affirmation de moi quand depuis vingt-cinq mois je suis absent, lorsqu'au cours des quatre premiers mois de la guerre je lui ai fourni maintes occasions d'invoquer cette conversation pour prouver ma versalité et le manque de sérieux de mes convictions.

Le Comité confédéral lui-même fut témoin de mon attitude à l'égard de la guerre, avant comme pendant. Le vote des crédits implique fatalement, dans ma pensée, une collaboration entière avec le Gouvernement, il implique l'union sacrée, cette homicide abdication des peuples, il implique le reniement des droits indescriptibles de l'humanité. Or, le 4 août 1914, sans nécessité aucune, sans la moindre contrainte, je me serais déclaré résigné à servir aveuglément la guerre en donnant aux députés, le conseil, bien superflu d'ailleurs, de voter sans hésitation tous les milliards nécessaires et collaborer pieusement avec les parties non irresponsables de la guerre. Et soudain, le 7 août 1914, c'est-à-dire, trois jours plus tard, j'interviens au Comité confédéral au sujet du Comité de Secours National auquel le Secrétaire confédéral fut désigné, non par le Comité confédéral, mais avec la simple faculté pour ce dernier de ratifier ce choix.

A cette réunion, très amicalement, je demandai au Comité de veiller avec soin à ces formes de collaboration qui, prolongées trop loin, seraient susceptibles de faire perdre à la Confédération son véritable caractère de classe et tout esprit d'origine.

Plus tard, lorsque la digue des scrupules fut emportée par le flot guerrier, je m'élevai à plusieurs reprises avec véhémence. Jouhaux me répondit avec emportement et pourtant il ne me jetta pas à la face ma compromettante conversation.

Voilà, mon cher Merrheim, les quelques explications que je te devais. Je te les donne, non pour toi, ni pour Blanchard, ni pour Labe ; vous n'en avez pas besoin. Entre nous, nous avons toujours eu trop d'estime pour voiler nos moindres pensées et atténuer la moindre parcelle de vérité. Ces explications sont pour nos amis communs, pour tous ceux qui veulent encore juger eux-mêmes, avec leur raison et leur conscience. Je ne désespère pas, car ceux-là sont encore nombreux. Même les camarades sincèrement attachés à la majorité confédérale ne sont pas pour moi des ennemis. La guerre est un drame si gigantesque et si complexe. Elle s'empare des meilleurs comme des plus mauvais sentiments. Elle flatte l'atavique brutalité comme elle captive les plus nobles générosités. Elle arme le bras du réacteur, du sabreur professionnel comme elle est parvenue à enthousiasmer les plus sincères espérances de paix définitive et de fraternité universelle qui émergeaient enfin des flots de sang et des monceaux de cadavres.

Mais le grand justicier de la guerre, qui ramènera la mesure et l'équilibre de la raison humaine, ce sera sa fin.

Oui, c'est elle seule qui sera invincible et qui implacablement établira l'inventaire, en montrant l'immensité de la douleur passée et la réalité effroyable des jours à venir.

C'est la fin seule qui fera dissoudre dans une brume bien sombre les belles visions de gloire, qui étouffera le bruit belliqueux et énivrant des armes, qui ramènera le silence sur l'immense tombeau des nations. Et alors seulement la guerre sera appréciée. Les lourds sacrifices qu'elle lèguera à tous les peuples démontreront au moins clairvoyant si c'est la guerre qui peut enfanter pour les hommes, la paix, l'abondance et la liberté.

J'ai dit non avant la guerre ; j'ai dit non le jour des obsèques de Jaurès, et c'est toujours non que je pense depuis.

Mon cher Merrheim, je te serre bien amicalement la main.

Ton ami,

R. Lenoir.

Voici la lettre qu'il envoyait. Elle prouve non seulement l'état d'esprit dans lequel nous étions, mais elle prouve également qu'il n'y avait de notre part ni sentiment de colère, ni calomnie lancée contre la majorité confédérale.

Oui, j'ai souvent écrit des lettres, comme vous me l'avez reproché, mais c'était à mes collègues, pas à Dumoulin — il était dans les tranchées et j'estimais que ceux qui étaient dans les tranchées avaient suffisamment de peines — que j'écrivais. Je leur demandais si je ne me trompais pas, si je n'avais pas été injuste dans l'attitude que j'avais prise.

J'en arrive maintenant à Copenhague.

On a lu la lettre que j'adressais à Beaumeister comme le premier acte que j'ai accompli comme secrétaire par intérim de la C. G. T. et pour l'opposer à mon attitude.

Je défie bien de trouver dans cette lettre à Graber, quelque chose qui ne soit pas les préoccupations que nous allons trouver à Copenhague. Et ici, il faut quand même rappeler des faits dont je n'aurais pas voulu parler, pour dire la vérité. Nous n'avons pas examiné cette question de Copenhague avec tout le sang-froid nécessaire, parce qu'il y avait eu les incidents du départ de Bordeaux, où le secrétaire confédéral, ayant accepté une mission à titre individuel, était parti comme commissaire à la Nation. Nous nous étions ensuite trouvés en face d'une tournée de propagande, organisée de Bordeaux. Et, c'est exact, ce que disait Dumoulin tout à l'heure, cela allait très mal à Bordeaux, à ce moment-là. Nous le savions au Comité d'action. Sembat fit appeler Renaudel. Je savais par Renaudel les difficultés que Sembat rencontrerait à Bordeaux avec les personnalités syndicalistes et politiques qui y étaient. Un jour, Renaudel m'annonça son départ de Bordeaux en disant qu'il espérait pouvoir refaire l'accord entre les personnalités qui se chicanaient. C'est alors que je lui demandais de dire à Jouhaux de rentrer, de revenir à Paris reprendre sa place, car il n'avait plus rien à faire à Bordeaux. Peu de temps avant, je lui avais écrit une lettre que Jouhaux, à son retour, a déclaré ne pas avoir reçue, car si elle l'avait touché, il ne serait pas rentré.

Tous les incidents qui se produisirent au Comité confédéral provenaient du départ à Bordeaux ; quant à la délégation qui, de Bordeaux, devait partir en tournée de propagande, nous voulions que cette délégation reflète le caractère confédéral et soit rétribuée par la C. G. T. Il y eut tous ces incidents que je suis obligé de rappeler, et d'autres dont je ne veux pas faire état. Je passe, et vous m'entendez bien, je passe pour ne pas aggraver nos divergences et parce qu'il me faudrait mettre d'autres personnalités en cause, alors que nous devons rester sur un terrain de discussion plus élevé.

C'est pour toutes ces raisons que, quand vint la proposition de Conférence à Copenhague, nous n'avons pas eu toute la liberté d'esprit, tout le sang-froid désirable pour examiner la proposition qui nous était faite.

En effet, on reçoit une lettre de Copenhague qui n'était pas une invitation à assister à la Conférence, et on la discute comme si elle était une invitation formelle. C'était simplement un avis que demandaient les pays neutres. Ils demandaient l'avis de la C. G. T. Si la C. G. T. verrait avec assez de sympathie la tenue d'une conférence des pays neutres pour examiner la situation et l'action possible en faveur d'une paix rapide. Nous avions, Fédération des Métaux, demandé au Comité confédéral d'envoyer la lettre suivante :

PREMIÈRE RÉPONSE A COPENHAGUE

Camarade,

Votre lettre du 11 novembre a été soumise au Comité confédéral et discutée dans sa séance du 29 courant qui a voté la résolution suivante :

« La Confédération générale du Travail considère que les travailleurs des nations neutres et surtout leurs organisations n'ont pas à délaisser la grande idée de Fraternité internationale malgré l'effroyable tourmente qui sévit actuellement sur l'Europe.

« Plus que jamais, elle conserve à l'égard de toutes les guerres, la même conception dont elle a fait preuve jusqu'à ce jour. Aussi elle regrette profondément, malgré toutes ses initiatives et ses efforts, de n'avoir pu éviter l'effroyable conflit qui fauche chaque jour tant de vies humaines.

« La guerre, pour elle ne peut être un moyen digne des Peuples civilisés, même s'ils prétendaient la faire servir à une cause juste et élevée et lourdes sont les responsabilités de ceux qui les suscitent.

« La Confédération générale du Travail, qui ne peut éviter de tenir compte des situations délicates et complexes, provoquées au sein des nations belligérantes par la guerre actuelle, apprécie favorablement les sentiments internationalistes et généreux qui vous animent en faveur de la paix.

« Elle suivra, à distance, et avec beaucoup d'intérêt, les travaux de la Conférence de Copenhague pour lesquels elle fait des vœux de succès, et dont l'innappréciable résultat sera, tout au moins, de permettre aux travailleurs de toutes les nations de confirmer, dans un moment pénible, la persistance de leur pensée et l'invincible conception de la paix entre les peuples. »

On nous fit observer, c'est exact, que nous ne parlions pas de l'envahissement de la Belgique, de la violation de la neutralité belge. Nous n'en disions rien, ou, plutôt, nous ne précisions pas le caractère de cette violation, c'est vrai. On discuta. Nous examinâmes la question à la Commission exécutive. Nous nous sommes placés, pour la Fédération des Métaux, à ce point de vue. Pouvions-nous, nous qui étions belligérants, à un moment où des neutres se réunissaient, avions-nous le droit de leur dire: « Vous allez vous prononcer sur l'envahissement de la Belgique, vous devez condamner vous, neutre, cette violation. Nous estimions à la Fédération des Métaux que nous n'avions pas ce droit. Néanmoins, pour montrer notre esprit de conciliation, nous décidions de modifier la proposition et nous la modifions en effet dans ce sens, non pas en apportant une espèce d'ordre impératif à ces neutres, mais en leur apportant une indication. Quelle était cette modification: la voici :

« La Confédération générale du Travail, qui ne peut éviter de tenir compte des situations délicates et complexes provoquées au sein des nations belligérantes et, *notamment dans la Belgique*, par le guerre actuelle, *apprécie hautement l'esprit d'équité, de justice et de dignité que reflète, pour toutes, votre lettre d'invitation*. Elle suivra, à distance et avec beaucoup d'intérêts, les travaux de la Conférence *des nations neutres qui provoquera, pour ces dernières, l'inéluctable nécessité de se prononcer sur la violation de leur territoire, de leur indépendance et de leurs libertés. En même temps elle aura le résultat, lui aussi appréciable*, de permettre aux travailleurs de toutes les nations de confirmer, dans un moment pénible, la persistance de leur pensée et l'invincible conception *internationaliste* de la paix définitive entre les peuples.

C'est en faisant des vœux pour le succès des travaux de Conférence que la C. G. T. vous adresse l'expression de ses meilleurs sentiments. (1)

Pour la Fédération des Métaux:
Les délégués au Comité confédéral:
R. Lenoir, A. Merrheim.

Comme vous le voyez, tenant compte de notre position de belligérants, nous ne condamnions pas la violation de la Belgique, mais nous invitions les neutres à le faire comme ils avaient le devoir de le faire.

Voilà dans quel état d'esprit la résolution fut modifiée. Si nous n'avons pas été suivis, c'est, il faut le dire, qu'il n'y avait plus au sein du Comité confédéral le sang-froid nécessaire pour examiner pareille proposition.

D'un côté, le parti socialiste s'était prononcé contre la conférence, et cela gênait certains membres du parti que la C. G. T. puisse se prononcer contre la décision de ce parti. D'autre part, malheureusement, il y avait dans l'esprit de certains camarades de la majorité confédérale que tout ce qui venait des pays neutres était payé par l'Allemagne, que c'était une action allemande, et pour cette raison que nous ne devions pas répondre. Quand cette mise au point fut faite, nous avons appelé Moulinier et Jouhaux ; nous étions d'accord et ils acceptèrent cette proposition ainsi modifiée. Or, à notre grande surprise, le jours de la réunion du Comité confédéral, il y eut trois propositions : une de Luquet, une du Bâtiment, pour ne pas répondre, et une de la Fédération des Métaux, qui fut repoussée pour accepter celle du Bâtiment.

Luquet. — La mienne était pour répondre en reprenant les termes mêmes des déclarations de Copenhague.

Merrheim. — Peut-être, mais présentée de telle façon qu'elle devait faire échouer la nôtre. Voilà l'histoire de Copenhague. Voilà comment elle se déroula. J'indique en passant que quand on dit : « Nous avons toujours été pour la reprise des rapports internationaux », il y avait une façon d'entendre cette reprise. Vous la vouliez pour après la guerre, alors que nous, Fédération des Métaux, nous la voulions immédiate, c'est-à-dire pendant la guerre.

Bled, qui affirmait si lourdement ici ce désir, à cette même tribune, a prononcé un jour de 1er Mai, des phrases qu'un militant n'a pas le droit de prononcer et qui prouvent son désir de reprise des rapports internationaux. Il disait : « Comment, vous voulez réunir une Internationale boche ? » c'est le mot qu'il a employé. *(Protestation de Bled)*.

Merrheim. — Si, tu l'as dit un jour de 1er Mai, dans cette salle. Par conséquent, cela est une indication de l'état d'esprit dans lequel on se trouvait.

C'est ainsi qu'on nous apporta la proposition de l'American Federation of Labor. Etait-elle pour la reprise des rapports internationaux ? Oui, mais à la fin de la guerre, c'est-à-dire quand les diplomates seraient réunis autour de la table de la paix; c'est pourquoi vous l'avez alors adoptée. Vous l'auriez repoussée si elle avait été pour la reprise immédiate.

Donc, camarades délégués, saisissez l'état d'esprit qui existait à ce moment. Les uns voulant une action convergeant vers une reprise immé-

---

(1) Les passages soulignés sont ceux qui furent ajoutés à la première résolution.

diate pendant la guerre, des rapports internationaux, les autres acceptant la proposition de l'American Federation of Labor, consistant à ce que nous nous réunissions au moment où les diplomates discuteraient les conditions de paix, et qui, pour cette dernière raison, est votée.

Et si la minorité a voté la motion de l'American Federation, avec la majorité, c'est, je le rappelle, que nous avons obtenu, après de longues discussions, que l'on ajoute à cette résolution, la phrase suivante: « S'associe à elle pour prendre l'engagement formel d'agir pour faire pénétrer dans la pensée des travailleurs du monde entier que, même sous la forme d'Etats-Unis d'Europe, les gouvernements capitalistes seront toujours impuissants à garantir efficacement la paix ; que cette dernière ne saurait être définitive et assurée que le jour où les classes ouvrières de toutes les nations auront acquis au sein de l'organisation une conscience profonde de leurs droits et de leurs devoirs réciproques, et par cela même une puissance d'action véritable des forces organisées, agissant dans l'Internationale ouvrière. »

Voilà comment, dans quelles conditions, respectivement, nous avons voté à ce moment-là la proposition de l'American Federation.

***

Avant de passer à une autre question et avant de situer les faits, je me tourne du côté de Jouhaux et je lui demande qu'il veuille bien ne pas voir dans l'exposé que je vais faire une attaque personnelle à son égard. Je n'oublie pas qu'il est le secrétaire confédéral ; je ne l'ai jamais oublié ; je veux trop que le respect de la personnalité des militants pénètre dans la pensée des masses ouvrières pour attaquer ceux qui sont à la tête des organisations, surtout quand ce sont les secrétaires de la Confédération générale du travail.

Je veux trop qu'il y ait plus de moralité chez nous, afin que, quand un militant a démérité, ce ne soient pas les hurlements de la masse qui l'obligent à quitter sa fonction, mais que ce soit sa conscience de militant qui lui impose ce départ, pour apporter, ici, une attaque personnelle à Jouhaux.

Mais je veux rappeler des faits vécus, qu'il m'est pénible de signaler, et de les rappeler parce qu'ils montrent comment s'est aggravé, après Copenhague, l'état d'esprit dans lequel se trouvaient les deux tendances dites majoritaire et minoritaire. Je veux parler des incidents du voyage en Italie, que Jouhaux n'a finalement pas effectué, je le dis tout de suite, pour bien situer la question, mais qui n'en provoqua pas moins de violents incidents.

Dans le courant du mois d'août 1914, nous nous rencontrions à quelques-uns seulement au Bureau confédéral. Quelque temps avant le départ à Bordeaux, Jouhaux nous dit : « Je partirai peut-être sous peu en Italie, mais n'en causez à personne », et il partit sans vouloir en dire plus long. Il fut trois jours absent. Il n'avait pas été en Italie. La question tomba d'elle-même. Mais un jour, en Comité d'action, plusieurs mois après, j'entendis Laval faire l'exposé d'un premier voyage qui devait être fait en Italie, qui devait être effectué par une délégation du Parti et de la C.G.T., représentée par Jouhaux, et c'est parce que le président du Conseil d'alors, M. Viviani, trouva que le moment n'était pas opportun qu'on n'alla pas en Italie. C'est un des gros griefs que nous fîmes à Jouhaux à ce moment-là, car que pouvions-nous reprocher à Sudekun si on avait pensé agir comme lui auprès des Italiens.

Bien longtemps après, la question se posa à nouveau à la Commission exécutive de la C. G. T., qui existait à ce moment-là. Jouhaux nous parle de la nécessité d'aller en Italie. Nous lui demandons de nous apporter une lettre. C'est Bourderon qui pose la question des organisations italiennes justifiant ce voyage. Il apporta la lettre, nous la lisons à la Commission exécutive et nous trouvons, à notre tour, que le voyage n'était pas opportun, c'est-à-dire complètement inutile. Une discussion très vive s'engage; Jouhaux, sur une interpellation de Lenoir, qui lui dit : « Si tu vas en Italie sans poser la question au Comité confédéral, je la poserai », répond : Puisque c'est ainsi, j'irai en mon nom personnel ; je prendrai mes responsabilités ». C'était la seconde fois qu'il prétendait agir ainsi en son nom personnel.

On se sépara. Il y eut au Comité confédéral, suivant une scène violente que Luquet se rappelle certainement, parce que Jouhaux voulait faire couvrir son voyage en Italie par des délégations à Lyon et à Marseille, et à la suite de cette scène violente, nous avons envoyé à Bourderon la première lettre qui fut écrite par Lenoir et par moi, pour lui montrer notre attitude au Congrès des Métaux ; je ne veux pas la relire ici.

Jouhaux partit. Il s'arrêta à Lyon. Il rencontra des camarades qui lui montrèrent l'imprudence de l'action qu'il allait accomplir. C'est à la suite de leurs observations qu'il se contenta d'aller jusqu'à Marseille et de donner un interview à un journaliste italien, De Ambris, montrant son état d'esprit à ce moment-là, et très habilement la nécessité pour l'Italie de se joindre aux Alliés.

Eh bien ! Camarades, une pareille attitude n'était pas pour rapprocher ceux que l'on appelle aujourd'hui majoritaires et minoritaires, parce que, s'il y avait un moment où le Secrétaire de la C. G. T. ne devait pas agir comme personnalité, c'était bien à cette époque-là.

C'est donc à titre personnel que Jouhaux voulait aller en Italie ; que que voulait-il aller y faire? Non pas se séparer de l'action gouvernementale, mais aller travailler à l'action de notre gouvernement, c'est-à-dire essayer, comme ces derniers le voulaient, d'entraîner l'Italie dans la guerre, qui y entrera à son heure, avec ses sppétits impérialistes, comme les traités secrets l'ont prouvé depuis.

C'était, à nos yeux, une grosse faute, et quand vous nous demandez de ne pas au moins exprimer un regret, vous nous demandez beaucoup ; vous nous demandez une abdication de notre attitude ; de celle que nous aurions voulu que la Confédération eut dans et pendant la guerre.

Je ne lis ni lettre, ni rien de tous les faits que j'ai là dans mon dossier. Je passe sur les séances du Comité confédéral, où je fus obligé de défendre l'*Avanti*, qu'on accusait de se développer avec des subventions allemandes. Je fus obligé, à un certain moment, d'envoyer une lettre relatant ce qui s'était passé au Comité confédéral, et les accusations apportées, lettre qui fut insérée dans l'*Avanti*.

Ah ! Tout cela a pesé sur nous, sur la C. G. T., lourdement, et je vous le rappelle au Congrès pour bien montrer qu'il n'y avait ni calomnie, ni haine de notre part, mais qu'il y avait une position prise de laquelle vous, majorité, vous ne pouviez pas vous dégager. Et, j'ai même le droit de dire aujoud'hui que je suis persuadé que le procès de la Haute-Cour ne serait pac ce qu'il est si nous avions eu l'attitude que je préconisais à ce moment-là.

Par conséquent, si nous pouvons et si nous devons examiner tout ce passé sans haine, vous n'avez pas le droit de nous demnder de pas le regretter.

***

J'en arrive aux conférences socialistes interalliées et, ici encore, je veux être bref et je ne lirai pas toutes les protestations que j'ai faites au Comité. Mais, ne disais-je pas, il y a quelque temps, au Comité confédéral, à propos de la Conférence de Londres — février 1918 — que nous étions exactement dans la même situation qu'en février 1915 ?

Nous étions dans la même situation, c'est-à-dire que nous suivions le Parti dans le sillage de son action politique. Il faut avoir le courage de reconnaître que nous ne nous dégageons pas suffisamment de l'action de ce Parti

J'ai dit, en janvier et février 1915, qu'aller à Londres dans ces conditions, c'était encore une faute s'ajoutant à toutes les autres fautes. C'est ce que la minorité essaya de vous faire comprendre. Et nous, Fédération des Métaux, est-ce que nous ne parlions pas, est-ce que nous ne vous demandions pas de prendre position dans la guerre ? J'ai à cette date déposé, au nom des Métaux, une résolution au Comité confédéral disant :

CONFÉRENCE DE LONDRES

RÉSOLUTION

Le Comité confédéral, après avoir examiné et discuté les possibilités de la participation de la C. G. T. à la Conférence des Partis socialistes des Nations alliées, devant se tenir les 14 et 15 février à Londres, estime que le moment est venu d'affirmer son point de vue pour la sauvegarde et l'avenir de l'Internationale ouvrière.

Le Comité confédéral considérant:

Que la guerre actuelle n'est pas, dans ses causes, le fait d'une seule des Nations belligérantes ;

Qu'elle a été rendue inévitable par une politique générale d'impérialisme économique par laquelle plusieurs nations n'étaient préoccupées que par leur volonté réciproque de dominer économiquement l'Europe et de s'assurer la prédominance des principaux débouchés économiques du monde ;

Que depuis plus de dix ans, toutes les menaces de guerre étaient la conséquence de cette politique générale d'impérialisme économique.

Que la folie des armements à outrance — devant fatalement aboutir à la guerre — n'a eu ses raisons d'être, son développement que dans les causes et raisons de cette politique générale d'impérialisme économique.

Qu'à vouloir l'écrasement de l'Allemagne — en admettant que l'on puisse réduire les 70 millions d'habitants qui la composent — on aboutirait au maintien du militarisme, à une exaspération des sentiments nationaux qui prépareraient et rendraient fatalement inévitables de nouvelles guerres pour les futures générations.

En conséquence le Comité confédéral déclare :

Que c'est leurrer la classe ouvrière internationale d'affirmer que la guerre présente est une guerre de délivrance et que la *seule* victoire *militaire* des armées alliées assurerait une paix définitive à l'Europe.

Qu'il serait criminel de dire et de propager que c'est une guerre de races: *germains* contre *latins* dont l'une doit être nécessairement jugulée, opprimée par l'autre pour assurer la paix.

Qu'il proteste par avance et s'efforcera au besoin de s'opposer à toutes conditions de paix visant au démembrement politique de l'Allemagne en tant que nation. A toute solution visant à son isolement économique après la guerre, en raison qu'une telle mesure ne ferait que fortifier les sentiments d'impérialisme de l'Allemagne et compromettrait à brève échéance la paix européenne.

D'autre part, le Comité confédéral considérant:

Que la seule victoire militaire des armées alliées ne saurait aboutir à établir une paix stable, définitive pour l'Europe.

Que les bases, l'assurance certaine de la disparition de l'impérialisme *militaire* et *économique*, conséquemment du désarmement des nations, pour une paix définitive, réside dans une étroite association *économique* des nations, non pour se dominer l'une l'autre, mais pour collaborer mutuellement, sans idée préconçue, au progrès commercial des différentes formes de progrès et de mouvements économiques.

Considérant qu'une Conférence entre Socialistes des nations alliées a comme conséquence inévitable de renforcer et de faire endosser par les Socialistes et les Travailleurs des nations alliées la politique des grandes puissances qui a dressé une moitié de l'Europe contre l'autre.

Que, par suite, la Conférence de Londres, loin de préparer les bases d'une Conférence vraiment internationale, ne fera que la retarder et la rendre plus difficile.

Pour ces motifs: Le Comité confédéral, convaincu, aujourd'hui comme hier, que la principale garantie de Paix réside dans la Force et la Volonté de la classe ouvrière organisée internationalement, décide de ne pas participer à la Conférence de Londres.

Pour la Fédération des Métaux,
Pour les Unions départementales du Rhône
et de la Loire :

Le Délégué: A. Merrheim.

Ainsi, vous voyez si nous avons parlé net ; nous avons dit sur la guerre notre sentiment, l'attitude que devait prendre la C. G. T. C'était au mois de février 1915. Ah! Nous fûmes battus. Et la majorité me demanda d'aller à Londres défendre ce point de vue qui n'était pas le sien ; j'y allais, avec mandat de la Commission exécutive des Métaux, pour défendre ce point de vue. Je passe sur les discussions de cette Conférence ; je ne veux pas vous en retracer les phases, mais je puis dire que je fus le seul avec les Anglais et Mac Donald et Anderson à refuser de me rallier au texte de Vandervelde.

J'ai demandé que l'on introduise dans ce texte que nous ne poursuivons pas l'écrasement politique et économique de l'Allemagne, et j'en prends encore la responsabilité.

Mais, n'oubliez pas que s'il n'y avait pas eu déjà cette opposition, que si, en Angleterre, il n'y avait pas eu Mac Donald et ses amis qui pensaient comme nous, la résolution qui a été votée aurait eu un tout autre caractère. Et c'est Mac Donald qui, en sortant de la Conférence, disait à Longuet : «Vous nous avez attirés dans un beau traquenard ».

J'ai soutenu que c'était un acte gouvernemental que nous accomplissions, peut-être sans le savoir, en allant à cette Conférence de Londres, et à quel moment. Au moment même où nos gouvernants négociaient avec la Russie tzariste pour lui donner Constantinople, vous m'entendez bien ; car chacune de nos protestations est marquée par un fait comme celui-là.

A ce moment-là, croyez-vous que si nous avions eu une Confédération unie, dressée, comme nous voulions qu'elle le fût, en face de ses gouvernants, croyez-vous, dis-je, qu'ils auraient aussi facilement subi la trahison du Tzar qui voulait bien ne pas trahir l'Entente à condition qu'on lui donne Constantinople. Je dis, camarades de la majorité, que c'est encore une faute, qu'en tant que représentants de la classe ouvrière, vous avez commise et que vous n'auriez pas commise si vous ne vous étiez pas mis autant aux côtés de nos gouvernants dans cette guerre ; si vous aviez conservé notre idéal supérieur, notre foi dans l'Internationale, vous ne vous seriez pas trompés, nous n'aurions pas été impuissants comme nous l'avons été.

Je passe. Je ne veux pas parler de la dernière Conférence interalliée, pour aller plus vite. Nous y sommes allés pour enregistrer la décision de cette Conférence. Nous avons enregistré, nous n'avons pas pu discuter. Et si nous avons été d'accord avec vous, nous minoritaires, c'est parce que nous avions la volonté d'aboutir à la convocation du Congrès d'aujourd'hui et, surtout à la réunion de l'Internationale.

J'en arrive à Zimmerwald. Pour ne pas laisser, dans la pensée des délégués, subsister la moindre équivoque, je suis obligé d'être un peu long. Je m'en excuse et je m'efforcerai de réduire le plus possible mes observations.

Ici encore, il faut ramener nos personnalités aux attitudes et dégager notre esprit de toute spensées d'attaques personnelles.

Les deux questions qui sont posées sont : l'entrevue Bernstein-Kautsky et la Conférence de Zimmerwald.

La majorité nous dit : « Nous n'avons pas su que vous alliez à Zimmerwald, et nous n'avons connu la Conférence qu'après qu'elle eut été tenue. »

C'est possible. Mais il y a de nombreuses personnalités qui le savaient. Le parti, la Commission administative du Parti savaient que l'on allait tenir cette Conférence. Morgari vint plusieurs fois à Paris voir Renaudel, Dubreuil, les principaux membres du Parti. Il se heurta à un refus catégorique, quoiqu'il eut montré la portée que cette Conférence pouvait avoir.

J'ajoute tout de suite, camarades, pour détruire une légende qui va peut-être être répétée au procès, que jamais, nous ne reçûmes un centime pour la Conférence de Zimmerwald. Nous allâmes à Zimmerwald aux frais de la Fédération des Métaux, de la Fédération du Tonneau et de celle des Chapeliers. Quant à Zimmerwald, Grim voulut nous payer nos frais, nous lui avons répondu : « Camarade Grim, nous avons pris pour ligne de conduite de ne rien faire qui ne puisse se savoir. Accepter de vous un centime, un sou, le jour où cela se saurait, nous passerions pour avoir reçu de l'argent, une subvention de l'Allemagne, et cela nous ne voulons pas, et nous n'avons rien accepté.

Quand Morgari vint me voir et me demander de participer à la Conférence, je lui répondis : « Je veux bien accepter, mais je voudrais qu'il y ait des camarades du Parti ». Il me conta alors l'inutilité de ses démarches auprès de la Commission administrative du parti, du groupe socialiste parlementaire, et comment il s'était heurté partout à un refus. Malgré cela, d'accord avec lui, nous faisons une autre tentative. Il y avait une minorité dans le Parti. Nous nous sommes réunis, Martoff, Trosky, Lapinsky, qui prennent aujourd'hui une part active dans la révolution russe, et Pressemane. Nous examinons la situation. Pressemane refuse son concours. Nous prenons alors la décision, Bourderon et moi, d'aller à Zimmerwald. Pourquoi, à ce moment-là, n'avons-nous pas fait appel à la majorité de la C. G. T. ? Mais, camarades, quelle était notre situation au Comité confédéral ? Quand, au mois d'avril 1915, nous avions demandé à la majorité confédérale de faire un geste qui n'était pas bien dangereux, elle s'y refusa obstinément. J'avais lu la résolution que les hommes de confiance des organisations de Berlin avaient votée contre la guerre ; j'avais donné connaissance d'un tract répandu en Allemagne par la tendance de Liebneck et je demandais à la majorité de bien vouloir faire imprimer ce tract, qui précisait l'état d'âme de la minorité allemande et de l'envoyer aux organisations françaises. On repoussa cette proposition, mais l'on proposa de se rencontrer avec la minorité allemande. La question fut discuttée. Il y eut deux délégués de désignés. Un pour la minorité, un pour la majorité. Mais l'on fit revenir le Comité confédéral sur cette décision, et le 24 juillet, en raison de cette décision, j'adressais au Comité confédéral une lettre de protestation. Cette lettre, la voici :

Paris, le 24 juillet 1915.

Aux Camarades délégués au Comité confédéral. — Paris.

Camarades,

Nos délégués au Comité confédéral, les camarades Blanchard et Merrheim, nous ont rendu compte de leur mandat et, notamment, de votre séance du 17 courant.

En vertu de votre décision du 10 juillet précédent, cette dernière séance était extraordinairement convoquée pour discuter le mandat à donner aux délégués devant prendre contact, pour échanger des vues et voir ce qui pourrait se faire, avec quelques camarades de la minorité allemande s'affirmant si courageusement contre la guerre et, actuellement, contre les tendances annexionnistes des « Grandes Unions industrielles et économiques » de l'Allemagne.

En passant, il nous semble nécessaire de rappeler que cette proposition fut adoptée par le Comité confédéral le 18 avril dernier, et de préciser que c'est le correspondant de *l'Humanité*, en Suisse — à l'exclusion de tout autre — qui a servi d'intermédiaire pour arrêter la date et le lieu de cette rencontre, non encore définitivement fixée à notre connaissance, et que le Comité a presque tout ignoré des pourparlers jusqu'à présent.

Dans ces conditions, il nous apparaît comme de toute logique qu'à la réunion du 17 juillet — extraordinairement convoquée à cet effet — le mandat à donner, comme la nomination des délégués, vint en discussion dès l'ouverture de la séance, c'est-à-dire aussitôt après la lecture du procès-verbal précédent. Nous avons été extrêmement surpris d'apprendre, par le compte-rendu de nos délégués qu'il en avait été tout autrement. Qu'on avait commencé par la lecture des réponses des Unions et Fédérations départementales à la circulaire concernant la Conférence du 15 août. Le délai fixé pour la réception de ces réponses étant le 25 juillet, c'est après cette date, à notre avis, que s'imposait leur examen et la discussion pour une décision d'ensemble, d'un caractère général, ne pouvant en aucun cas revêtir un caractère particulier. Nous regrettons, ici, que nos délégués ne l'aient pas fait observer dès le début de la séance en protestant.

De ce fait, c'est à vingt-deux heures et demie seulement, qu'a pu être abordé la discussion, non sur le mandat à donner et sur les questions à poser, comme cela aurait dû être, mais sur la nomination des délégués.

D'autre part, des comptes-rendus des précédentes séances du Comité, que nous avaient fait nos représentants, il nous était apparu, nettement, que la Délégation confédérale à cette entrevue comprendrait au moins *deux* délégués. C'eut été logique et pour les organisations, comme pour les camarades désignés eux-mêmes, une garantie morale inattaquable les mettant, ainsi que la C. G. T., à l'abri de toutes récriminations et critiques.

Aussi nous avons été stupéfaits d'apprendre, par nos délégués, que la discussion sur le mandat à donner n'avait même pas été abordée au cours de cette séance, cependant extraordinairement convoquée pour en discuter. Qu'en raison de l'heure tardive, après le départ d'un certain nombre de délégués pressés par leurs moyens de transport; c'est, d'abord, par 6 voix contre 6, ensuite par 9 voix contre 5 que le Comité a décidé l'envoi d'un seul et unique délégué à cette entrevue si délicate et importante en ce moment et pour l'avenir même de l'attitude de la C. G. T.

En raison surtout, des circonstances extraordinaires que nous traversons, il ne nous est pas possible à nous Commission exécutive de la Fédération des Métaux, d'accepter la responsabilité des suites et conséquences pouvant découler de cette entrevue si elle se réalisait dans de pareilles conditions.

C'est pourquoi, si le Comité confédéral maintient ce vote, s'il n'admet pas qu'un second délégué soit adjoint à celui déjà nommé, nous demandons, en espérant qu'il voudra bien l'admettre avec nous, qu'un procès-verbal traduit dans les deux langues allemande et française, signé des délégués présents, soit établi, sanctionnant cette entrevue. Nous ajoutons que, même avec deux délégués, cette garantie d'avenir nous semble également nécessaire à tout point de vue.

En terminant, nous tenons à nous élever une fois pour toutes, contre le parti pris de dénaturer notre pensée, exprimée fidèlement par nos délégués, et notre action en représentant la Fédération des Métaux comme étant et agissant pour la paix sans conditions ou à n'importe quel prix.

Notre ordre du jour du 17 avril 1915, repoussé à la presque unanimité le lendemain, 18 avril, par le Comité confédéral.

Notre déclaration, résumant notre attitude et notre pensée, publiée dans *l'Union des Métaux* du 1er mai, ne peuvent laisser aucun doute à cet égard. Mais — comme nos délégués n'ont cessé de le répéter — ce que nous tenons à affirmer avec la même énergie, la même force de volonté et de ténacité, c'est qu'il n'y aura en Allemagne un mouvement véritablement puissant en faveur de la paix que si, parrallèlement, il y en a un s'affirmant également et sympathiquement en France.

La campagne annexioniste des grandes associations industrielles et des puissantes unions économiques allemandes prouve, à nos yeux, combien est lourde la responsabilité de ceux qui, en France, n'ont rien voulu faire pour encourager les efforts de la minorité de nos camarades allemands et n'ont cessé de la paralyser en s'opposant, en continuant de s'opposer à cette action parrallèle si nécessaire des prolétariats des deux pays.

C'est surtout vers ce but qu'a été dirigé toute notre action, c'est vers lui que sont tendus encore, actuellement, et continueront à se tendre toute la force de notre pensée, de notre activité et de nos efforts. Et c'est pour nous d'un grand réconfort, d'un puissant encouragement, comme la preuve de ce qu'il aurait été possible de faire si nous avions été écoutés, d'enregistrer aujourd'hui que nos camarades métallurgistes allemands n'y sont pas restés indifférents, comme le prouve l'une de leurs résolutions votée à leur récent Congrès. En vous demandant l'insertion de cette lettre à la suite du procès-verbal de la séance du 17 juillet, recevez, Camarades, l'assurance de nos sentiments syndicalistes.

La Commission exécutive de la Fédération des Métaux:

Les délégués présents: M. Blanchard, M. Beaurepaire, V. Brébant, A. Camus, A. Comien, H. Dubreuil, J. Couergou, Eug. Griffray, H. Heckemmeyer, L. Legros, L. Lefèvre, P. Nart, V. Noiraut, C. Paradis, H. Picot, P. Veber.

Pour la Fédération des Métaux, l'un des Secrétaires:

A. Merrheim.

Ainsi, dans cette lettre, une fois de plus, la position de chacun est nettement précisée. Elle indique pour quelles raisons nous sommes allés à Zimmerwald. Certes, si vous aviez admis qu'il y eût deux délégués : un pour la minorité, un pour la majorité, pour l'entrevue Bernstein-Kautsky, vous seriez peut-être venus à Zimmerwald, parce que ce que nous avions proposé à la minorité socialiste, nous l'aurions proposé à la Confédération.

Quelle ne fut pas notre stupéfaction, en arrivant à Berne, Bourderon et moi, nous apprenons que l'entrevue avait eu lieu et qu'il y avait Renaudel. Bourderon et moi, nous avons été sur le point de reprendre le train. Nous nous demandions si nous avions le droit de prendre la responsabilité de participer à la Conférence, sans savoir ce que l'entrevue Bernstein-Jouhaux-Kautsky-Renaudel avait donné. Oui, nous avons eu ce moment d'hésitation. Ainsi, il ne nous a pas été possible de vous faire connaître la tenue de la Conférence de Zimmerwald en raison de l'attitude que vous aviez prise et, ensuite, à cause des moyens que vous avez employés pour nous écarter de l'entrevue proposée le 18 avril par vous-mêmes.

Ici encore, c'est nous demander beaucoup de dire que nous ne devons pas demander au Congrès de regretter une pareille action, pareille attitude de la majorité.

Qu'avons-nous fait à Zimmerwald, quelle a été notre pensée, celle que nous avons exprimée ? Avons-nous demandé la paix à tout prix, comme tant de fois vous nous l'avez reproché ?

Ah oui ! l'entrevue fut émouvante. Cette entrevue d'abord avec Lénine, où, huit heures durant, nous discutâmes pied à pied notre attitude. Lénine était pour une troisième internationale ; nous avons défendu l'Internationale existante, car nous considérions qu'elle n'avait pas encore failli à son devoir.

Et Ledebourg et les autres travailleurs allemands, que nous disaient-ils ? « Ce n'est pas à vous de faire la Révolution, c'est à nous. Mais nous vous demandons de nous aider par votre attitude en France, parce que si vous parlez comme nos pangermanistes, vous paralysez notre action. *(Très bien, applaudissements).*

Voilà ce qui s'est passé, au début, à Zimmerwald : pas autre chose. Nous étions dans cette Conférence, camarades du Congrès, avec toute notre dignité de travailleurs français, au sens propre du mot, comme les Allemands y étaient avec leur dignité de travailleurs allemands au sens propre du mot, mais réunis dans une commune pensée d'humanité et de solidarité internationale.

Ensuite, les Allemands nous demandèrent de rédiger une résolution commune. Ils l'écrivent en français et nous l'apportent. Nous la reprenons, Bourderon et moi. Intentionnellement, nous ne parlons pas de la Belgique ; nous n'en disons pas un mot. Les Allemands, après avoir lu notre résolution, nous disent : « Nous ne pouvons pas l'accepter, vous avez oublié la Belgique *(Très bien)*, et vous ne pouvez pas l'oublier, parce que ce n'est pas l'annexion de la Belgique, en tant que nation, que nous craignons, c'est l'annexion économique, qui serait bien plus terrible. Nous mîmes alors le passage sur la Belgique. Je vous demande, camarades, si au lieu de délégués sans mandat, comme nous l'étions, agissant sous leur propre responsabilité, il y avait eu une majorité, fusse même une minorité de la C. G. T. et du Parti se rencontrant avec les minoritaires allemands dans une pareille conférence, et ces derniers disant : « Il faut parler de la Belgique », si cette déclaration n'aurait pas eu une importance internationale qui aurait obligé les Allemands à avoir une autre attitude que celle qu'ils ont observée en Belgique.

Voilà la vérité.

Et, que disions-nous dans la résolution franco-allemande que nous présentions à la Conférence de Zimmerwald et qui va servir de pivot à la discussion de cette Conférence. Que disions-nous ? Voici le passage principal :

...« C'est pourquoi nous, socialistes et syndicalistes allemands et français, nous affir-
« mons que cette guerre n'est pas notre guerre !

« Que nous réprouvons de toute notre énergie la violation de la neutralité de la Belgique,
« solennellement garantie par les conventions internationales, admises par tous les états
« belligérants. Nous demandons et ne cessons de demander qu'elle soit rétablie dans toute
« son intégralité et son indépendance. Nous déclarons que nous voulons la fin de cette guerre
« par une paix prochaine, établie sur des conditions qui n'oppriment aucun peuple, aucune
« nation ;

« Que nous ne consentirons jamais à ce que nos gouvernements respectifs se prévalent
« de conquêtes qui porteraient fatalement dans leur sein les germes d'une nouvelle guerre ;

« Que nous œuvrerons, dans nos pays respectifs, pour une paix qui dissipera les haines
« entre nations, en donnant aux peuples des possibilités de travailler en commun.

« Une telle paix n'est possible, à nos yeux, qu'en condamnant toute idée, toute viola-
« tion des droits et des libertés d'un peuple. L'occupation de pays entiers ou de provinces ne

« doit pas aboutir à une annexion. Nous disons donc: Pas d'annexions effectives ou masquées! Pas d'incorporations économiques forcées, imposées, qui deviendraient encore plus intolérables par le fait consécutif de la spoliation des droits politiques des intéressés!

« Nous disions que le droit des populations à disposer de leur sort doit être rigoureusement observé.

« Nous prenons l'engagement formel d'agir inlassablement dans ce sens, dans nos pays respectifs, pour que le mouvement pour la paix devienne assez fort pour imposer à nos gouvernants la cessation de la tuerie. »

Ainsi, réprobation de la violation de la Belgique. Pas d'annexions. Droit des populations à disposer de leur sort, telles sont les caractéristiques de la résolution franco-allemande, rédigée et présentée par nous, les Allemands à Zimmrewald. C'est loin de demander la paix à tout prix.

Et la résolution votée par la Conférence, que dit-elle ? Elle dit :

« Dans cette situation intolérable, nous représentants de partis socialistes, de syndicats, ou de minorités de ces organisations, allemands, français, italiens, russes, polonais, lettons, roumains, bulgares, suédois, norvégiens, hollandais et suisses, nous qui ne nous plaçons pas sur le terrain de la solidarité nationale avec nos exploiteurs, mais qui sommes restés fidèles à la solidarité internationale du prolétariat et à la lutte de classe, nous nous sommes réunis pour renouer les liens brisés des relations internationales, pour appeler la classe ouvrière à reprendre conscience d'elle-même et l'entraîner dans la lutte pour la paix.

« Cette lutte est la lutte pour la liberté, pour la fraternité des peuples, pour le socialisme. Il faut entreprendre cette lutte pour la paix, pour la paix sans annexion ni endemnité de guerre. Mais une telle paix n'est possible qu'a la condition de condamner toute pensée de violation des droits et des libertés des peuples. Elle ne doit conduire ni à l'occupation de pays entiers, ni à des annexions partielles. Pas d'annexions ni avouées, ni masquées, pas plus qu'un assujetissement économique qui, en raison de la perte de l'autonomie politique qu'il entraîne, devient encore plus intolérable. Le droit des peuples à disposer d'eux-mêmes doit être le fondement inébranlable dans l'ordre des rapports de nations à nations. »

Voilà ce qu'a dit Zimmerwald et que personne ne pouvait ignorer car, ces résolutions ont été imprimées en brochures.

Que nous a-t-on dit quand nous sommes revenus ? Que nous voulions la paix à tout prix, que nous étions des « paix à tout prix ».

J'aurais bien voulu ne pas le rappeler ici, mais je ne peux tout de même pas oublier les séances du Comité confédéral, où les camarades nous lançaient que nous étions les partisans de la paix à tout prix, que Zimmerwald, c'était la paix à tout prix, alors qu'en réalité, c'était un acte de conscience, une tentative pour sauver les peuples de l'épuisement inévitable par la prolongation de la guerre.

Voilà la vérité. Et, camarades de la minorité, c'est vers vous que je me tourne maintenant.

C'est à propos des principes de Zimmerwald qu'a éclaté notre différend et que nous n'avons plus été d'accord, après avoir associé nos efforts. Zimmerwald n'a jamais voulu dire la paix à tout prix, comme quelques-uns d'entre vous cherchent à le faire croire sans oser le dire publiquement ; Zimmerwald n'a jamais voulu dire qu'il fallait, quand une offensive se déclenchait, faire la grève générale. Zimmerwald n'a jamais voulu dire que nous ne devions pas défendre les intérêts généraux de la classe ouvrière de notre pays, et quand on tient un autre langage, je dis que l'on abandonne ces intérêts généraux de la classe ouvrière et que l'on sacrifie en même temps notre idéal et nos possibilités d'action internationale.

Ah! c'est là qu'il faut saisir l'importance de la déclaration que j'ai faite ce matin. Si vous êtes pour la paix à tout prix, dites-le, mais ne vous réclamez pas de Zimmerwald, car je serais contre vous. Si vous êtes pour agir avec nous dans le cadre des organisations en y défendant les principes de Zimmerwald, mais en respectant l'autonomie de ces organisations, leurs libertés, celle de la Confédération générale du Travail elle-même, si vous êtes pour cette action, dans ce cadre-là, je suis avec vous. Mais, si vous êtes pour la catastrophe avec l'espoir que de cette catastrophe vous ferez surgir la Révolution sociale, je ne suis pas avec vous ; je reste fidèle avec mes principes, avec les organisations. *(Très bien, applaudissements.)*

La situation est ainsi nette, précise et sans équivoque.

Je vous demande de retenir cette déclaration, de la rapporter chez vous, dans votre milieu, de la rapporter parce que j'ai le sentiment que, demain, camarades, nous allons-nous trouver dans des situations bien plus pénibles et bien plus difficiles que celles que nous avons déjà rencontrées. Camarade Bidegaray, ce matin, vous avez crié : « Je vais chercher dans la masse mon inspiration ». La masse, camarade Bidegaray, sachez-le, elle est pour la paix à tout prix, et c'est contre elle que nous devons lutter, pour qu'elle n'accepte pas la paix à tout prix, si les circonstances faisaient qu'une telle éventualité se présente.

Camarades, permettez-moi de suivre ma pensée. Il est possible que je me trompe, mais vous n'avez pas le droit de me le reprocher sans que j'aie achevé ma pensée.

Je dis que nous ne pouvons pas être avec cette masse, qui est pour la paix à tout prix, car, quand elle sort de l'atelier ou de l'usine, en dehors des organisations, et avec cette illusion qui lui suffira, dans les circonstances tragiques que nous traversons, d'une grève de quarante-huit heures, de quatre jours ou de huit jours pour avoir la paix, je dis qu'elle commet une erreur grave, parce qu'alors, si elle n'a pas cette paix, elle peut se retourner contre ceux qui veulent sincèrement la paix humaine et juste pour se joindre aux nationalistes, pour les rejoindre dans leur volonté de poursuivre la guerre afin d'obtenir la paix, non par la raison, mais par la victoire militaire. C'est l'état d'esprit de la masse à l'heure actuelle et qui peut se présenter demain.

Oui, c'est vrai, la masse est fatiguée ; oui, nos camarades qui sont sur le front sont fatigués ; oui, les exodes des évacués, qui ne retrouvent pas toujours dans la patrie française le foyer, l'accueil, la famille qu'ils ont abandonnés dans la partie de notre pays occupée par l'armée allemande, oui, tout cela, tout ce mécontentement forme un tout qui peut déchaîner un mouvement formidable qui m'a fait dire brutalement à la réunion des Gauches à la Chambre des députés : « Prenez garde si vous ne parlez pas au pays, au peuple, ce peuple refusera bientôt de se battre pour accepter tout ce qu'on voudra lui imposer. Oseriez-vous dire que ce mécontentement crée un état d'esprit révolutionnaire ? Non ! Et ici, courageusement, tous, il faut vous prononcer sans arrière-pensée. Le jour où la fatigue de cette masse sera au même point d'épuisement qui avait atteint la masse russe, le soldat russe, est-ce que ce jour-là nous ne serions pas obligés d'accepter une paix comme celle de Brest-Litovsk. Une paix de Brest-Litovsk qui va peut-être, avec le concours de l'Entente, assassiner la Révolution russe *(Applaudissements)*. Est-ce une paix ? Elle est signée. Nos camarades bolcheviks l'ont discutée, sans la lire, parce qu'ils ne pouvaient pas faire autrement. Je connais Trotsky pour avoir souvent discuté avec lui ; je comprends par quelles anxiétés il doit passer, lui qui se tournait du côté de l'Entente, lui qui voudrait sauver la Révolutin russe et qui, peut-être, ne trouvera qu'un moyen de la sauver : se rapprocher de l'Allemagne contre l'Entente qui, par son attitude, veut assassiner la Révolution russe.

Est-ce que, si les événements se présentent, nous serons pour une telle paix, camarades minoritaires ? Vous ne pouvez pas l'être, vous n'avez pas le droit d'être pour une telle paix, et vous ne vous trouverez pas dans une telle situation s'il y a la force et la puissance des organisations qui, seules, pourraient alors faire appel à l'Internationale pour que la paix soit la paix des peuples et non celle des gouvernements vainqueurs. *(Applaudissements, vifs applaudissements).*

Ainsi, j'examine sans colère, sans haine, la situation telle qu'elle se pose, telle que nous avons le devoir de la voir à l'heure présente, dans les circonstances où nous nous trouvons. Je fais cet examen, camarades minoritaires, sans abandonner rien de ma pensée de Zimmerwald, sans abandonner rien de ma pensée pour une action pour la paix, mais en essayant de sauver ce qui doit faire la dignité et la moralité, la force de la classe ouvrière : l'organisation. Je dis que c'est ce souci qui doit dominer dans ce Congrès et je vais terminer maintenant, très rapidement, par un examen bref de nos Conférences syndicales nationales.

***

Rappelez-vous celle du 15 décembre 1915, tenue dans cette même salle, où, dans une résolution, la Fédération des Métaux disait :

« Cette guerre n'est pas notre guerre. Loin d'être exclusivement, comme on ne cesse de « nous le clamer, la guerre de l'impérialisme germanique contre l'Europe, elle n'est que le « résultat du choc *de tous les impérialismes nationaux*, qui ont intoxiqués les états grands et « petits et qui ont pris naissance dans les ambitions démesurées, essentiellement égoïstes, « des classes dirigeantes. »

Phrase qui résumait notre pensée et après laquelle nous vous demandions d'accepter notre résolution disant :

« La Conférence estime que la C. G. T. a trop ignoré les efforts vers la paix de la mino- « rité socialiste d'Allemagne, de l'Independant Labour Party d'Angleterre, du Parti Socia- « liste Italien et de la majorité des socialistes russes, ainsi que de l'opposition à la guerre des « Partis socialistes balkaniques invitant encore tout récemment:

« *Les organisations Socialistes des Balkans à entreprendre une active propagande en faveur « de la paix.* »

« Pour ces raisons, la Conférence décide que la C. G. T. devra participer à toute action « prolétarienne pour la paix ayant pour bases principales :

1° La libération des territoires envahis, y compris la Belgique ;
2° Pas d'annexion sans consultation des populations intéressées ;
3° L'indépendance politique et économique de chaque nation ;
4° Le désarmement ;
5° L'arbitrage obligatoire.

« D'autre part, la Conférence considère que la vie économique des nations modernes « s'internationalise de plus en plus ; que ce n'est pas la guerre économique entre nations, « mais un régime de conventions libres, par des concessions réciproques qui peut créer les « conditions les plus favorables pour l'évolution de la lutte économique du prolétariat mon- « dial.

« Elle considère que cette attitude rendra plus efficace, plus vigoureuse, plus audacieuse, « l'action des minorités qui, dans les autres nations et, notamment, en Allemagne, agissent « dans ce sens et qu'elle stimulera l'activité salutaire de l'Internationale ouvrière.

« Elle réclame la discussion immédiate des conditions de la paix.

« Elle dénonce « l'Union Sacrée » qui, dans tous les pays, a été le plus sûr moyen de ligo- « ter la partie la plus saine et la plus consciente du prolétariat et réclame le rétablissement « des libertés syndicales, de la liberté de la Presse et de réunions, etc.,

« La Conférence déclare qu'à aucun moment la C. G. T. ne devrait renoncer à son objec- « tif principal, sa raison d'être: *La lutte de classes.*

« Quelles que soient les conditions extérieures dans lesquelles se trouve le pays, oublier « cette tâche c'est abdiquer, sacrifier la liberté et les droits des travailleurs au seul profit des « capitalistes.

« Elle demande à la classe ouvrière organisée de montrer qu'elle restera invinciblement « attachée à l'Internationale.

« Elle considère qu'ayant été impuissante à empêcher la guerre, il est encore, quand « même, du devoir de la C. G. T. de travailler de toutes ces forces à une rapide conclusion de « la paix.

La Conférence ne l'accepta pas. Elle vota une autre résolution dans laquelle elle se contentait, au lieu du programme d'action internationale, de dire :

« La Conférence désapprouvant toute politique de conquête fait appel au prolétariat « international pour que la paix, prix de tant de sacrifices et de tant d'horreurs, soit le triom- « phe définitif du Droit sur la Force.

« Que des garanties, acceptées par tous les pays: recours à l'arbitrage obligatoire, sup- « pression de la diplomatie secrète, fin des armements à outrance, surgisse la possibilité de « constitution de la Fédération des Nations assurant à tous les peuples le droit de disposer « librement d'eux-mêmes en sauvegardant l'indépendance de toute les nationalités. »

Ainsi donc, notre proposition était pour une action pour la paix, non pas immédiate, mais par l'action internationale. La majorité au contraire, fait appel à l'Internationale pour une réunion au moment de la discussion de la paix et pour que la paix soit le triomphe du droit sur la force, et c'est tout, on se borne là.

Et à ce moment-là, je dois le dire, pas dans l'esprit de tous les membres de la majorité, mais dans l'esprit de beaucoup, l'Italie qui ne pouvait entrer dans la guerre, la Roumanie qui pouvait apporter son appoint était l'espoir sur lequel on s'appuyait pour la victoire du droit sur la force ; on comptait sur la force, comme si la force pouvait apporter cette victoire du droit, alors qu'au contraire, toute nouvelle force s'ajoutant aux forces en guerre n'était qu'un renforcement de ces forces contre le droit.

Vous la voyez, la différence de tactique, d'attitude entre les minoritaires et majoritaires.

Le 25 décembre 1916, deuxième Conférence. Nous signalons dans une déclaration qui est distribuée à la Conférence que « Tous les gouvernements font la guerre de conquête » — C'est la Russie qui le dit ! — dans laquelle nous montrons qu'on a promis Constantinople à la Russie.

Il y a dans la salle des camarades belges qui me posent des questions: Ah ! je n'ai pas relu la sténographie de cette époque, mais combien de vérités je disais à ce moment-là, sans le savoir, par simple intuition.

Le 25 décembre, proposition de l'Allemagne, de discutter pour la paix, que l'on a repoussée à cette époque, comme les gouvernements ont refusé la lettre de Charles Ier, qui apparaît comme une suite à cette proposition, par l'enchaînement des événements. L'attitude du président Wilson nous permet de nous rallier à une motion d'unanimité. Nous réalisons dans cette salle l'unanimité sur une résolution rédigée en commun pour appuyer l'action du président Wilson.

Le 17 janvier, le président Wilson lance un message au Sénat dans lequel il reprend exactement, l'homme à qui nous faisions appel par notre résolution d'unanimité du 25 décembre, les termes de Zimmerwald, le point de vue de Zimmerwald. En effet, sa déclaration publiée par toute la presse le 24 janvier 1917, que dit-elle ? Que la paix doit être une paix sans victoire. Ecoutez plutôt ce passage de son message au Sénat américain :

« Pour que, dit-il, la paix à venir soit durable, il faut qu'elle soit assurée par une force « supérieure organisée dans l'humanité. La question dont dépendent la paix et la politique « futures du monde est celle-ci. La guerre actuelle est-elle une lutte pour une paix juste et « durable ou seulement pour un nouvel équilibre de puissances? Si ce n'était qu'une lutte « pour un nouvel équilibre de puissances, qui garantira, qui pourra garantir la stabilité du « nouvel accord? Seule une Europe tranquille peut être une Europe stable. Il doit y avoir, « non pas équilibre des puissances ; non pas des rivalités organisées, mais une paix commune « organisée.

Elle doit être une paix sans victoire

« Heureusement, nous avons reçu des assurances très explicatives sur ce point. Des « hommes d'État des deux groupes de nations actuellement dressées les unes contre les « autres, ont déclaré, en termes qui ne sauraient être mal interprétés, qu'ils ne songeaient « absolument pas à écraser leurs antagonistes. Mais les inductions de ces assurances ne peu- « vent pas être les mêmes des deux côtés.

« Je pense qu'il sera utile que j'essaye de vous exposer comment nous comprenons ce « qu'elles doivent être. Elles impliquent avant tout que la paix doit être une paix sans vic- « toire.

« Je demande la permission de dire vraiment ce que j'en pense. Je cherche à répondre aux « réalités et à y répondre sans dissimulation.

« Une victoire signifierait une paix imposée au vaincu ; les conditions du vainqueur im« posées au vaincu. Elle serait accepté dans l'humiliation, au prix de sacrifices insupporta« bles, et laisserait du ressentiment et un souvenir amer sur lesquels reposeraient les condi« tions de paix. Cette base ne serait qu'un sable mouvant. Seule une paix entre égaux peut « durer. Seule une paix dont les principes mêmes sont l'égalité et la participation commune « au bénéfice commun. Le juste état d'esprit et le juste sentiment entre nations sont aussi « nécessaires pour une paix durable que ne l'est le juste règlement des questions territoriales « ou de nationalités. »

Voilà le langage que tenait Wilson. C'était l'Internationale qui aurait dû avoir l'honneur de tenir la première un pareil langage ; elle ne l'a pas tenu et les Conférences interalliées se sont associées à une action en faveur de la paix des gouvernants, c'est-à-dire à la paix par la victoire et non à la paix sans victoire, c'est-à-dire sans l'écrasement de l'un ou de l'autre des belligérants.

Hélas ! la paix par la victoire, nous voyons ce qu'elle est ; les Russes la subissent. A l'heure présente, les peuples sont dans cette alternative tragique, après trois ans de guerre de se trouver à un carrefour où ils n'aperçoivent pas de paix possible sans l'écrasement d'un peuple. Ils sont à ce carrefour terrible, derrière les gouvernants jouant au jour le jour l'existence de leurs pays. Ils se demandent si, demain, ils ne seront pas les victimes, si leur existence de peuple ne sera pas sacrifiée par un de ces coups de chances qui peuvent se produire dans une bataille et donner la victoire à un des belligérants qui ne manquera pas d'en abuser.

Toute la majorité n'a cessé de travailler à créer cette situation que vous nous demandez aujourd'hui de ne pas au moins regretter. Dois-je maintenant parler de Clermont-Ferrand, où nous avons fait une concession à la majorité ? Faut-il rappeler, pour signaler votre persévérante attitude que nous demandions que la Conférence envoie aux révolutionnaires rsuses le salut du prolétariat français. A la Commission des résolutions, vous vous êtes violemment opposés à l'envoi de ce salut au Gouvernement russe paralysé, malgré l'appel émouvant de Bourderon vous disant : « Ce que vous me demandez, c'est d'abandonner mes camarades russes ; je me rencontrerai peut-être un jour avec Trotsky et Lénine, et si je cède à votre opposition, je n'oserai peut-être pas me présenter devant eux, car c'est un acte de lâcheté que vous me demandez d'accomplir en ce moment. Nous avons eu cette faiblesse, pour l'unité ouvrière, de ne pas insister, d'abandonner ce point de la résolution. Vous y étiez opposés à ce moment-là, majoritaires, parce que vous pensiez encore comme les gouvernants, qui disaient : « Le gouvernement bolchevik ne vivra pas, ne résistera pas longtemps car il ne représente pas la révolution russe, la pensée du peuple russe. Or, il existe toujours ».

Je dis, moi, que vous n'auriez pas dû écouter cette suggestion des gouvernants, suggestion que l'on retrouvait dans la presse, car le Gouvernement nous laissait ignorer tout de la situation de Russie, et quand nous ne pouvons douter que le Gouvernement russe se débat dans une situation extrêmement difficile.

Quand Kerensky est venu au Comité confédéral, sans vouloir insister, sachant dans quelle situation délicate il se trouvait, je lui ai posé plusieurs questions. Il a reconnu sur une des questions que je lui posais, que le tort des gouvernements alliés au début de la révolution russe avait été de ne pas avoir répondu à l'appel de la révolution russe qui leur demandait la revision de leurs buts de guerre. Je dis que Kerensky reconnaissait ainsi que l'Entente avait une grande part de responsabilté dans la signature de la paix de Brest-Litovsk. Qu'elle avait augmenté sa responsabilité en refusant, ensuite, de se mettre aux côtés du gouvernement russe, pendant qu'il discutait les conditions de paix avec l'Allemagne. Responsabilité d'autant plus lourdes qu'il y avait à ce moment-là les suggestions de l'Autriche avec lesquelles on pouvait peser dans la balance ; on a agi ainsi parce qu'on comptait sur le concours de l'Amérique, et c'est pourquoi on n'alla pas à Brest-Livtosk, comme l'on refusa les passeports aux délégués qui voulaient aller à Stockolm, parce que là, les peuples se seraient rencontrés et l'on aurait connu un peu de vérité.

Tel est l'enchaînement des faits. Aujourd'hui, nous sommes à ce carrefour tragique, camarades, (et je vous demande de ne pas m'interrompre si je heurte vos sentiments) à ce carrefour tragique, aussi bien pour nous que pour le peuple allemand. Tragique parce que la guerre ne pourra pas durer des années encore. Il arrivera un moment où il faudra faire la paix, et alors, qui va être écrasé ? C'est ainsi que se pose la question. Sera-ce nous ? Nos gouvernants disent non, parce que nous avons l'Amérique avec nous. En Allemagne, les gouvernants disent non aussi, parce qu'ils ont l'organisation, la force, l'unité de commandement.

Voilà dans quelle situation tragique nous sommes. Aucun Gouvernement ne sait, ne peut dire ce que sera demain, et alors, par une interruption vous venez me demander, à moi, de vous indiquer les moyens de réaliser la paix.

Non, après quatre ans de guerre et d'abdication, je veux que ceux qui ont la responsabilité de la guerre aient la responsabilité de la paix. Ce que je ne veux pas, c'est que cette paix soit faite contre les peuples. C'est pourquoi nous devons être unis dans nos organisations, agir par l'Internationale, non pour parler le même langage de tous les gouvernements mais pour agir contre leur action néfaste. Et pour notre part, aux Métaux, cette besogne nous la ferons chaque fois que notre conscience exigera que nous la fassions ; sans peur des responsabilités, parce que la vie des hommes, même des militants, ne comptent pas à l'heure actuelle, quand il y en a des milliers qui tombent sur le front. Il faut qu'à partir de demain, et c'est cela que nous vous demandons, qu'au lieu d'une action s'adaptant à la guerre, il y ait une action s'élevant, se dressant contre les gouvernements, non pour les menacer d'une paix à tout prix, mais pour leur dire : « Pas de paix, si ce n'est la paix des peuples, par les peuples, pour les peuples et pour l'Humanité ». *(Applaudissements).*

Voilà à quoi nous demandons que vous réfléchissiez et je vais descendre de cette tribune persuadé que tout le monde aura compris l'appel que ma conscience m'a fait un devoir de jeter, surtout à mes camarades de la minorité et je leur demande de ne pas aller jusqu'à nous dire, dans les circonstances difficiles où nous nous trouvons actuellement, que nous n'avons pas le droit de demander au Congrès de regretter ce qui s'est fait dans le passé, l'attitude de la majorité.

Certes, je ne veux pas juger, mépriser, condamner, mais je veux, pour l'action confédérale de demain, pour la responsabilité des hommes qui, demain, prendront la tête de cette organisation, que le Congrès exprime ce regret afin de leur indiquer qu'on ne peut pas à la fois être militant, personnalité et secrétaire d'organisation, que l'on est, que l'on doit toujours être, le représentant ouvrier, au service de la classe ouvrière, surtout à la Confédération générale du Travail. *(Applaudissements.)*

DUMOULIN demande la parole pour une déclaration. *(Accordé)*

Déclaration de Dumoulin

DUMOULIN. — Les camarades sont impatients d'entendre maintenant la réponse du Secrétaire confédéral ; dans l'esprit de tout le Congrès, il va de soi qu'elle terminera ce débat.

Pour ma part, j'étais inscrit pour prendre la parole. Je retire mon tour de parole et je vais me borner à une simple déclaration car je ne veux pas que le Congrès puisse penser que je prends possession de cette tribune pour le besoin d'y parler.

Camarade Savoie, impossible de te suivre, impossible.

Hier encore, mal renseigné, en présence d'aucun document, j'ai apporté des critiques provenant de renseignements superficiels.

Aujourd'hui, convaincu plus que jamais de la nécessité de regretter, au moins de regretter l'attitude de la majorité confédérale, je n'obéirai pas aux suggestions de Savoie.

D'autre part, il faut que la conscience du Congrès s'éclaire complètement et je dis ceci pour nos Camarades minoritaires.

Je voterai une résolution qui contiendra des regrets pour la besogne faite par la majorité, mais à la condition qu'elle contienne aussi la condamnation de pratiques syndicales qui retirent aux organisations régulièrement constituées, la direction de tous leurs mouvements, de toute leur action.

Jouhaux. — Je vous demande, en raison même de la netteté des explications qui doivent être apportées ici, qu'il y ait une suspension de séance qui permette aux camarades de pouvoir se rafraîchir et qu'ensuite ils reprennent leur place pour que nous puissions nous expliquer en toute netteté.

(La séance est levée.)

Le Président. — Camarades, nous avons reçu plusieurs communications.

Le camarade Hubert, des terrassiers, demande qu'une collecte soit faite en faveur de nos Camarades emprisonnés. *(Adopté.)*

En conséquence, les Camarades auteurs de la proposition pourront à la fin de la séance, recevoir ce que chacun de nous ne manquera pas de verser.

Le Camarade Montmousseau, supposant avoir senti une allusion dans les paroles de notre camarade Merrheim, vous présente une rectification au sujet du compte-rendu fait par *La Bataille*.

Voici le texte actuel:

Nous avons essuyé des insultes, nous les pacifistes, parce que nous considérions, qu'au triomphe du militarisme, correspondrait la mort de l'Internationale.

Enfin, voici une proposition signée de la Fédération des Transports, des Cheminots de Pantin, de Châlons-sur-Marne, des Cochers-Chauffeurs, de la Petite-Batellerie, du Livre, de la Fédération de la Marine, disant :

Le Congrès, en raison de l'heure tardive demande que le camarade Jouhaux prenne seulement la parole au début de la séance de demain.

Le camarade Guinchard demande la parole pour expliquer sa proposition.

Guinchard. — Je comprends bien que vous voudriez continuer le débat, mais nous savons tous que Jouhaux ne peut pas répondre en une heure ou deux au réquisitoire qu'ont dressé jusqu'ici les divers orateurs de la minorité, contre la majorité, lequel a duré des heures et des heures. Il ne serait pas admissible que vous ne le laissiez pas répondre dans la même latitude.

Je crois qu'il serait plus juste de remettre l'audition de notre camarade Jouhaux à demain matin, à huit heures ou sept heures et demie si vous le voulez.

Déclaration de Jouhaux

Jouhaux. — Camarades, on m'a en effet pressenti pour faire cette proposition. Je n'ai voulu ni conseiller, ni déconseiller ceux qui l'ont faite. Cependant, je dois dire immédiatement qu'il est six heures moins un quart et qu'à sept heures, nous avons la réception des délégués étrangers ; par conséquent, il ne sera pas possible dans une heure un quart de répondre aux questions qui ont été posées, aux points qui ont été invoqués.

Il n'est pas douteux qu'il vaudrait certes mieux, pour la clarté même de la discussion, pour l'écourtement des déclarations que j'ai à faire, qu'elles se fassent d'une traite, car en réalité, il peut se faire que ce que je pourrais dire ce soir soit en partie repris demain par moi, sans qu'il y ait aucunement de ma volonté.

Si le Congrès est de cet avis, j'accepterai la proposition consistant à parler demain matin. Si le Congrès considère que je dois parler ce soir, je parlerai ce soir.

Vous entendez bien, il y a quatre ans que j'attends cette heure *(Applaudissements)* et je ne veux pas m'y dérober. Je ne me suis d'ailleurs jamais dérobé à aucune responsabilité; je les ai prises toutes, et je continuerai à les prendre. Il m'importe peu, vous m'entendez bien, que j'ai approbation ou désapprobation. Ma conscience est avec moi et elle me suffit pour me guider. Si de ce Congrès la majorité considère que j'ai failli, qu'il y a des actes qui ont entâchés la dignité de la classe ouvrière, qu'elle le dise franchement, sans peur. Je considérerai sans haine que mon devoir est de reprendre ma place dans le rang et je la reprendrai.

C'est avec toute franchisz que j'aborderai la tribune, j'exposerai tout ce que j'ai à exopser, je dirai tout ce que j'ai à dire, votre religion sera amplement éclairée et ensuite, vous aurez à vous prononcer.

Je parlerai ce soir, ou demain, comme vous voudrez, à vous de juger et de vous prononcer.

Le Président met cette proposition aux voix et le Congrès vote à l'unanimité la remise de l'audition de Jouhaux au lendemain.

Jouhaux. — Camarades, si vous le voulez bien, la séance pourra commencer demain matin à huit heures, mais le temps qui nous reste ce soir ne sera pas perdu, puisque ce matin les Secrétaires des Unions départementales se sont réunis pour examiner une question d'organisation, sur laquelle ils se sont mis d'accord et dont ils peuvent maintenant vous donner communication.

Je crois que c'est du travail utile qui pourrait être fait.

Maintenant, il y a des camarades qui se trouvent en permission et dont la permission expirera demain soir. Nous pouvons prendre l'engagement de faire les démarches nécessaires pour obtenir une prolongation. Je ne dis pas que nous l'obtiendront, mais nous ferons les démarches nécessaires pour cela demain.

Pour un Comité confédéral national

Lapierre. — Nous sommes pris un peu à l'improviste. Nous avons déjà eu plusieurs réunions entre secrétaires d'Unions départementales et nous avons décidé de vous présenter un projet qui apporte dans l'organisme confédéral des modifications profondes. Ce sont ces modifications que nous voulons vous soumettre. Nous avions pensé vous soumettre un rapport écrit adopté demain au cours d'une nouvelle réunion des secrétaires d'Unions départementales. Ce rapport je vais vous le donner verbalement, mais en tout cas, c'est d'accord avec les délégués réunis ce matin. Ces camarades sont unanimes à demander la transformation complète de la représentation des Unions départementales et des Fédérations au Comité confédéral, c'est-à-dire qu'il n'y ait plus un Comité confédéral tel qu'il fonctionne actuellement. Ce sont ces propositions que je veux développer devant vous en demandant l'avis favorable du Congrès.

Nous pensons qu'il est utile après ce Congrès, d'avoir non plus un Comité confédéral composé de représentants ne reflétant pas du tout l'expression de nos camarades de la province, mais un Comité national qui soit l'émanation directe des Unions départementales et des Fédérations nationales.

Nous proposons donc que le Comité confédéral fonctionne comme par le passé, jusqu'à ce qu'une commission composée de dix membres, cinq membres pour les Fédérations, cinq pour les Unions ait étudié la question et convoqué dans un délai qui n'excédera pas le mois de décembre prochain, un Comité confédéral.

Nous savons bien, Camarades, que cette question soulève beaucoup de difficultés; nous savons bien que pour payer les frais des délégués de la province. représentant des Unions départementales, nous allons grever la caisse confédérale. Mais, nous disons nous, Unions départementales, que nous sommes prêts à payer les timbres; le même prix que les Fédérations et aujourd'hui la différence est sensible: le prix des cotisations est de sept francs pour les Unions et de douze francs pour les Fédérations. Par conséquent, c'est une question à mettre à l'étude. Je ne pense pas que nous rencontrions opposition de la part des Fédérations nationales.

Nous pensons aussi qu'il faudra remanier entièrement le bureau confédéral.

Nous demandons qu'il n'y ait plus à la Confédération générale du Travail un secrétaire nommé par les Fédérations seulement, mais un secrétaire général nommé par le Comité national confédéral et en plus deux secrétaires de sections et un Secrétaire adjoint. Nous ne toucherons pas aux deux trésoriers. Ils seront nommés par le Comité national confédéral.

Voilà, camarades, brutalement, rapidement peut-être, les explications que nous avions à vous donner et nous vous demandons surtout que le Congrès donne avis favorable pour qu'une commission ait plein pouvoir pour ne pas remettre à deux ans encore la discusssion de ces modifications profondes aux statuts confédéraux.

Nous vous demandons qu'une commission désignée à raison de cinq membres pour chacune des sections confédérales, puisse modifier et apporter à un prochain Comité national confédéral, les modifications nécessaires.

Déjà ce matin, les Unions ont nommé leurs délégués, il suffira donc que les Fédérations désignent les leurs.

Vous conviendrez comme nous, camarades, qu'il y a nécessité de modifier la représentation actuelle des Unions départementales de syndicats qui ne répond plus aux besoins qu'exigent le rôle important que doit remplir la C. G. T. La propagande à faire aujourd'hui n'est plus la même, presque toutes les Unions départementales se sont constituées. Il y eut des mouvements ignorés par le Comité confédéral; demain, par notre Comité national confédéral, il n'y aura plus de mouvements ignorés. Dans un délai de quarante-huit heures, on peut en cas d'urgence réunir le Comité confédéral national et ainsi donner à tous les explications qui sont nécessaires afin que des mouvements cahotiques ne puissent plus se déchainer.

En plus de cela, comme indication seulement, nous avons pensé comme le demandait Jouhaux à la première réunion de ce Congrès, qu'il fallait faire un statut pour les Unions départementales et locales de syndicats.

Voilà, Camarades, les grands projets que nous vous demandons d'accepter pour le faire aboutir, d'accord avec les Fédérations nationales d'industrie.

Le Président. — Le camarade, auteur de la proposition concernant les emprisonnés, demande que le Congrès envoie, non seulement moralement mais aussi peut-être pécuniairement, l'expression de son hommage et de sa sympathie aux camarades rappelés au front et à l'arrière à la suite des récents mouvements du Centre et de la Loire.

Lapierre. — Je tiens à préciser. Dans notre proposition, il est bien question d'une modification aux statuts, sans attendre un nouveau congrès, en demandant que les cinq délégués des Fédérations soient désignés et que cette Commission ait tout pouvoirs pour apporter les modifications nécessaires et convoquer le premier Conseil national.

La proposition est adoptée.

Le Président. — Le bureau proposé pour demain :

Le camarade Cherrau, de Rennes, comme Président ;

Suzanne Lion, de Rouen; Chesnet, de Nantes, comme assesseurs.

Pour le soir:

La camarade Hélène Brion, comme Président ;

Sauze, de Nîmes, et Jeanne Chevenal, de Lyon, comme assesseurs. — *(Acceptés).*

La séance est levée.

7e *Séance.* — 18 *Juillet* 1918, *matin.*

Président : Chéreau.

Assesseurs : Lyon, Chenet.

Le Président. — Camarades, il est inutile que je vienne redire tout ce que les présidents qui sont venus ici, ont dit ; c'est à dire de vous demander le plus grand silence. Merrheim, hier, a dit qu'il y avait des hommes qui devaient être écoutés avec un silence quasi religieux. Je vais donner tout de suite la parole à Jouhaux et je demande aux camarades congréssistes de faire le moins de tapage possible et à nos camarades des tribunes d'observer la même conduite.

Discours de Jouhaux

Jouhaux. — Camarades, je serai peut-être un peu long et vous voudrez bien m'en excuser. Je vais faire tous les efforts nécessaires pour ramasser le plus possible les arguments et les développements que j'ai à vous fournir. Merrheim a déclaré hier que nous étions à un moment grave, et appelés à vivre des situations plus difficiles encore. Il ne se trompait pas et ce matin vous avez pu voir dans les journaux le rapport fait par M. Peres devant la Haute Cour, dans lequel se trouve cette phrase : « La classe ouvrière n'a aucune qualité pour discuter sur les faits de la guerre et sur les conditions de la paix, etc.... »

C'est, camarades, la preuve que nous allons avoir à vivre des heures difficiles et c'est pourquoi je dois, en défendant la politique de la majorité confédérale, vous donner les éléments qui vous permettront de comprendre les raisons profondes du procès qui se déroule à l'heure actuelle, et de comprendre avec Merrheim que ce n'est pas seulement le procès d'un homme, mais que c'est aussi le procès des libertés ouvrières, et qu'il faut en réalité que les fusils qui ont crépité hier soient les derniers qui crépitent à l'intérieur et que demain il n'y ait pas de nouveaux cadavres qui viennent cimenter la politique de réaction qui s'annonce déjà. *(Applaudissements.)*

Je veux aussi faire une autre déclaration. Merrheim dit que nous étions de bonne foi et je me fais un plaisir de répéter que j'ai toujours considéré qu'il était, lui aussi, de bonne foi sur le terrain, sur lequel il s'était placé. Je veux débarrasser le débat d'un préambule nécessaire. Frossard a rappelé l'attitude d'avant guerre, qu'il a qualifiée d'attitude démagogique faite de propagande antimilitariste et antiguerrière. Cette attitude, nous ne devons pas la regretter, elle justifie la position que nous avons à l'heure actuelle, car elle a rasséréné nos consciences dans le grand drame qui se joue. Avant la guerre, nous avons fait la propagande qu'il nous semblait nécessaire de faire pour amener au jugement et à l'action, ceux avec lesquels nous étions obligés de compter. Nous avons fait cette propagande dans les formes où nous devions la faire avec des images simples, grossières quelquefois même, destinées à frapper les consciences des masses ; destinées à les conduire un peu plus vers la réalité. C'est l'histoire de notre mouvement ouvrier, avec ses formules simples, outrées, destinées ainsi à frapper plus sûrement le cerveau des travailleurs. Est-ce que nous devons regretter cela ? Non !

Nous devons simplement dire : « Aujourd'hui, nous sommes en face d'une situation nouvelle. Aujourd'hui, il ne s'agit plus de jeter des formules à travers l'espace, mais de réaliser. »

C'est justement parce qu'il s'agit de réaliser, qu'il s'est creusé des différences d'interprétation qui ont pris apparence de différences de conceptions qui n'ont que les apparences.

Il faut aujourd'hui, sans rien regretter du passé, que notre organisation syndicale fasse l'œuvre constructive que les masses populaires attendent d'elle. On a dit qu'il n'était pas possible de construire alors que le sang coulait à flots, que les fusils crépitaient, que les canons tonnaient. Oui, certes, notre esprit doit être tendu vers les douleurs des champs de bataille, mais nous ne devons pas oublier non plus que si nous ne savons pas à l'heure actuelle réaliser les transformations que les événements contiennent en eux, demain, il sera trop tard. *(Applaudissements.)*

Camarades, l'attitude de la majorité confédérale fut dictée par les circonstances mêmes que nous vivons, par les événements qui se sont déroulés et par le souci de maintenir et de sauvegarder les libertés acquises.

Dumoulin a ramené une conversation à un fait banal. C'est son droit d'interprétation. Je ne le lui contesterai pas, mais il me permettra de lui dire qu'à côté de la conversation particulière il y eut le Congrès des organisations syndicales belges, auquel nous assistions, nous, comme délégués fraternels, à côté du délégué hollandais et de Legien, secrétaire du bureau international. Dans ce Congrès, nous n'entendîmes pas de la part du secrétaire du bureau international les paroles que nous aurions voulu entendre. On se contenta à ce moment tragique, à cette minute décisive de l'action des masses ouvrières organisées internationalement, de nous parler de chiffres de comptabilité d'effectifs. Pas un mot sur la situation, pas un mot sur l'attitude qu'il convenait de prendre. Une simple déclaration se bornant à montrer que les effectifs du secrétariat international avaient augmenté.

Il y eut chez nous une grande stupeur, mais il y en eut une aussi grande chez nos camarades belges, et nous le vîmes, lorsque appelés à prendre la parole, nous parlâmes de la guerre et de la nécessité de faire une action effective contre la guerre. C'est par acclamations enthousiastes, unanimes, que les travailleurs belges nous répondirent. C'est cela qui précéda la conversation que nous eûmes au café pendant quelques instants puisqu'une demi-heure après, Legien, rappelé par un télégramme, reprenait le train pour Berlin.

Cet ensemble de faits montre en réalité ce que nous connaissions déjà. On ne voulait pas prendre position contre la guerre, et engager la responsabilité des organisations. C'était tellement vrai qu'il y a quelques mois, parlant à Brême, Legien déclarait que la question que je lui avais posée lui avait bien été posée, et il ajoutait, ce que je n'aurais jamais dit : « J'ai répondu : si la guerre est déclarée, les soldats allemands marcheront. »

Voilà quelle fut cette entrevue et l'importance qu'elle eut dans notre esprit. Quand nous revînmes, Dumoulin et moi, dans le train qui nous ramenait en France, nous échangions nos pensées et à ce moment là nous communions ensemble dans une même crainte, et c'est cette crainte que nous exprimâmes au Comité confédéral qui se tint au moment de notre arrivée.

On a dit qu'on ne savait pas quelle était la personne qui avait bien pu parler de l'application du carnet B, et qu'il était difficile de se représenter la logique gouvernementale passant, en quelques jours, de l'idée d'application du carnet B, à l'idée de non-application. Je n'ai pas le droit de citer le nom de la personne qui vint nous trouver au moment où nous tenions notre réunion du Comité confédéral, mais j'ai le droit de dire que sa sincérité est complète et entière et que la nouvelle qu'elle nous apportait était exacte.

Certes, sur le retrait d'application du carnet B beaucoup de légendes ont couru. Des hommes s'en sont attribués le mérite les uns après les autres, essayant par cela même de poser leurs personnalités et de prendre une place importante dans les circonstances et dans les événements. Je ne veux pas les juger. Ce que je veux dire c'est qu'en réalité le carnet B ne fût pas appliqué. Cela dira-t-on était une mesure de précaution de la part du gouvernement ? Peut-être ! De prévoyance ? Peut-être ! Mais de confiance aussi !

On ne savait pas ce que nous allions faire, quelle attitude nous allions prendre car, en réalité, jusqu'à l'enterrement de Jaurès, l'attitude de la classe ouvrière fut oscillante. Le manifeste de l'Egalitaire ne paraissait qu'au moment même où l'on déclarait ne pas vouloir appliquer le carnet. B. Par conséquent, cet événement prend une certaine importance. Il n'y a pas de militants ouvriers qui n'aient discuté sur l'application ou la non-application du carnet B. Mais c'est en dehors de nous que la décision fut prise, et, par conséquent, notre attitude ne fut pas dictée par cette décision, mais par d'autres événements. Lesquels ?

— Ils sont pour moi la mort et l'enterrement de Jaurès. Merrheim vous l'a dit hier. Pour l'enterrement de Jaurès, personne ne me demanda ce que j'allais dire. Personne ne m'indiqua dans quel sens j'allais parler, et, moi-même, jusqu'au dernier moment, sentant la lourde responsabilité qui pesait sur mes épaules, sentant que les paroles que j'allais prononcer auraient une grande importance et allaient être peut-être dangereuses pour les intérêts de la classe ouvrière, je ne savais pas exactement quel langage j'allais tenir. Ce que je voulais éviter par-dessus tout, c'est que mes paroles puissent être une cause quelconque de répression à l'égard de la classe ouvrière, et c'est dans ce sentiment que j'ai parlé. Par quel phénomène psychologique, pour ainsi dire, la pensée me vint-elle et fut-elle orientée dans le sens qu'elle prit ?

Il me serait difficile de le dire.

Il y a à certains moments, dans la vie d'un homme, des pensées qui semblent lui être étrangères et, qui, cependant, sont le rassemblement des traditions qu'il porte en lui, et que les circonstances lui font évoquer avec plus ou moins de force. *(Applaudissements.)*

J'ai vécu peut-être un de ces moments-là. Dumoulin le disait avec quelque ironie. Je ne lui en veux pas, d'ailleurs. Il disait : Jouhaux, c'est un conventionnel, un républicain de 1793, un quarante-huit ?... Peut-être. Il est certain qu'il doit y avoir eu dans ma famille des gens qui ont participé à ces principes révolutionnaires et qui m'ont donné des pensées, qui ne correspondent peut-être pas à la réalité des circonstances présentes, mais qui sont tout de même une filiation entre la pensée d'hier et celle d'aujourd'hui ; comme les idées que nous exprimons aujourd'hui seront nécessairement la filiation avec nos pensées de demain. *(Applaudissements.)*

C'est peut-être tout cet ensemble de choses qui me fit prendre la position que j'ai prise au moment de l'enterrement de Jaurès et ceci fixe mon attitude. Mon discours avait été prononcé publiquement, il n'engageait peut-être que ma personnalité, et je ne me suis plus départi de la ligne de conduite que je m'étais ainsi fixé. Je suis resté sur ce terrain, essayant dans cette attitude d'apporter le plus possible de réconfort à ceux qui souffraient.

On me reproche ma « collaboration de classes. »

Peut-on appeler collaboration de classes l'action qui consiste à soulager la misère ? Non, ce n'est pas à faire de la collaboration de classes que d'aller vers celui qui peine, qui est dans la misère et d'essayer de le soulager, quand ce soulagement lui est apporté en toute dignité, quand on ne réclame de lui aucun engagement, quand, en réalité, c'est fraternellement qu'on lui apporte l'aide dont il a besoin. *(Applaudissements.)*

Non, ce n'est pas de la collaboration de classes d'être allé au Comité de Secours national.

Nous n'eûmes, moi et Bled, pas à prendre position sur des questions d'intérêt de classes. Ces questions ne furent jamais évoquées. On se contentait dans ces réunions de discuter sur ce qu'il y avait lieu de faire pour apporter le plus de soulagement possible aux misères signalées. Ce fut notre seule préoccupation et c'est pourquoi nous pouvons, nous, réfuter allègrement l'idée que l'on nous a prêtée, d'avoir fait de la collaboration de classes dans ce milieu particulier.

***

Mais je veux, avant d'examiner dans l'ordre chronologique les faits et gestes de la majorité confédérale, répondre à deux questions qui m'ont été posées ici.

La première a trait à un voyage en Italie, voyage que Merrheim lui-même a reconnu n'avoir pas été fait ; responsabilité que je n'ai prise qu'en pensée, puisque l'acte n'a pas été accompli. Mais je veux tout de même vous dire comment cet événement a pris naissance. Au début de la guerre, dans une conversation particulière, Laval me dit : « Il serait peut-être bon que nous allions en Italie exposer la situation du prolétariat français ». Évasivement, je lui répondis : « Tu as peut-être raison, je ne refuse pas, » et la conversation se termina là. Plus tard, un jour que je n'étais pas là, Laval crut devoir faire une déclaration au Comité d'action au sujet de cette conversation. Je ne sais pas dans quel sens Laval a pu faire ses déclarations, mais ce que je sais, c'est qu'il n'y eut entre nous qu'un échange d'idées, sans aucune décision arrêtée.

Puis, c'est à Bordeaux. Je reçois un jour la visite d'un camarade russe. Je ne le connaissais pas. Il me fut présenté par Fernand Despres, qui m'assura que c'était un camarade sur la loyauté duquel on pouvait compter et qu'il était un des chefs « maximalistes » en 1905, que, par conséquent, je pouvais me fier à lui.

Nous entrons en conversation et il me dit être mandaté par les organisations syndicales italiennes, pour venir me demander d'aller en Italie exposer la situation des ouvriers français et du mouvement ouvrier français.

Je lui répondis : « Je ne puis accepter votre invitation. Si je me trouvais en face d'une lettre officielle des organisations ouvrières italiennes, j'y répondrais ; mais devant votre seule invitation, je ne puis que la décliner. »

Voilà à quoi se borne la deuxième conversation. J'ai reçu ensuite une lettre des camarades italiens, dont je donnai connaissance au Comité confédéral, qui ne crut pas qu'il était de bonne politique de répondre au désir des organisations italiennes qui faisaient la proposition, et il décida que je ne pouvais pas y aller.

Dans mon esprit, ce que je voulais faire, ce n'était pas tant de demander l'intervention italienne — je ne pouvais pas tout de même me croire assez puissant pour déclancher l'intervention italienne — ce que je voulais et je l'ai expliqué à un ami de Lyon qui l'a écrit à Merrheim, ce que je voulais, dis-je, c'était amener les organisations italiennes et suisses, comme les autres organisations, à se prononcer sur la violation de la Belgique. Voilà quel était le point de vue sur lequel je me plaçais. Si avoir eu cette pensée était un crime, ce crime je l'ai commis. Si ce crime est un reniement, ce reniement j'en assume la responsabilité.

Pour en terminer avec ce voyage en Italie, un jour nous recevons au Comité confédéral une délégation des ouvriers gaziers en grève. Leur patron était le gendre du général Galliéni, à ce moment gouverneur de Paris, et nos camarades italiens avaient pensé qu'il y avait peut-être nécessité à faire pression sur ce directeur qui, jusqu'ici, s'était toujours refusé à accorder les satisfactions demandées. Ils sont venus nous trouver pour faire la proposition au Comité confédéral que j'accompagne la délégation italienne auprès du directeur du gaz de Milan, et, qu'ainsi peut-être, par l'apport que nous fournirions aux ouvriers italiens, nous obtenions la revendication. Ce qui fut fait.

Nous fîmes cette délégation et nous fûmes assez heureux pour obtenir, non pas la totalité des revendications déposées, mais une grande partie ;

et nos camarades italiens me demandèrent de vouloir bien les accompagner en Italie pour rendre compte de cette délégation, ceci pour démontrer — c'est leur expression devant le Comité confédéral — que, malgré la guerre, les intérêts des travailleurs étaient encore liés étroitement entre eux. Le Comité confédéral, après discussion, accepta la proposition et je partis à Milan. Là, je participai à la seule réunion organisée par les ouvriers gaziers et le langage que je tins put être écouté par tous ceux qui, adversaires de conception, épiaient la parole imprudente qu'on aurait pu ensuite exploiter contre moi. On n'a pu trouver dans ma bouche une parole qui puisse m'être reprochée. A ce moment-là, se tenait à Parme, le Congrès des Syndicats agricoles qui avait à son ordre du jour la participation à la guerre. De Ambris me demanda de venir à ce Congrès, non pas — me disait-il — pour parler de la guerre, mais pour apporter le salut fraternel aux ouvriers agricoles du Parmesan. Je refusai catégoriquement d'accomplir cette délégation, sachant très bien quel sens elle aurait dans les circonstances où elle serait réalisée. *(Applaudissements.)*

Le soir même je fus dans une salle de spectacle exprès pour que l'on put constater ma présence à Milan, parce qu'on avait dit dans le journal *l'Avanti* que j'étais allé à Parme. Le lendemain, nous nous présentâmes pour demander des explications à *l'Avanti*, sur les déclarations qui avaient été faites la veille. Après des explications un peu violentes, la conversation roula sur la situation, et le camarade Serrati lui-même rendit hommage à mon langage dans la réunion des ouvriers gaziers de Milan. J'étais satisfait.

Je pouvais revenir en France, sachant très bien qu'on ne pourrait pas dire que mon langage avait été un langage dirigé dans le sens de l'intervention. J'avais accompli étroitement, je dis étroitement, car si ce n'avait pas été ces criconstances, il est fort probable que j'aurais eu en Italie une attitude plus large que celle que j'ai eue, je me suis borné étroitement à rester dans le mandat que m'avait donné le Comité confédéral. Par conséquent, il est impossible de dire que cette délégation fut une délégation faite dans un sens d'intervention. Elle fut une réponse à une demande d'organisation ouvrière, et là se borna son caractère.

Un deuxième point : Les délégués à la Nation. On m'a reproché d'avoir accepter la délégation à la Nation. On a déclaré que c'était là une déviation et, par conséquent, une faute grave. Cette délégation à la Nation n'était pas ce que Dumoulin croit : C'était une délégation de réorganisation économique. Il ne s'agissait pas d'aller avec Charles Benoist enquêter sur la situation économique. Il s'agissait tout simplement de se rendre librement dans toutes les villes, de prendre contact avec les milieux que l'on représentait et de créer une vie publique, de tenir un langage indépendant pourvu qu'il ne soit pas contraire à la défense nationale. Là seulement était l'engagement pris par les délégués à la Nation. *(Applaudissements.)*

Et nous étions alors en plein état de siège. La Chambre était en vacances, le gouvernement était dominé par les militaires. Partout c'était la mort et le silence. J'ai senti qu'il fallait réagir contre cette situation déprimante, et c'est la raison pour laquelle j'ai accepté le mandat de délégué de la Nation que me proposait le citoyen Guesde.

Ce que je voulais, c'était créer une vie publique, c'était regrouper nos organisations dans toutes les villes et dans tous les centres, les relier entre eux de façon à ce qu'ils dominent la vie publique et qu'ainsi nous ayons entre les mains une armée puissante qui nous eut permis, au moment nécessaire, de faire pression sur le gouvernement lui-même. *(Applaudissements.)*

Les délégués à la Nation éliminés, nous étions à Bordeaux et mon idée était toujours la même : essayer malgré l'état de siège de faire quelque chose. C'est alors qu'avec Sembat, nous essayâmes de traiter une autre possibilité d'action. C'est alors, Dumoulin, que l'idée d'enquête économique surgit et qu'il nous fut proposé de remonter vers Paris en visitant chacun une partie du pays.

Nous acceptâmes cette proposition, guidés par l'idée de reconstituer les organisations syndicales, de faire revivre le mouvement ouvrier afin de lui donner la place qu'il doit occuper dans la direction de l'opinion publique.

Cette délégation ne s'accomplit pas non plus et nous revînmes à Paris, où le Comité confédéral se prononça contre cette idée. Oui j'ai eu des moments de rancœur, des instants d'écœurement, et j'en fis part au camarade Lenoir et à d'autres encore. J'avais la sensation qu'il y avait entre nous, ou plutôt entre moi et certains camarades du Comité confédéral, une incompréhension d'attitude et que, par conséquent, il vaudrait peut-être mieux que je disparaisse pour ne pas être une cause de scission dans le sein du Comité confédéral et je le dis à ces camarades. Je leur exprimai le désir de m'en aller, de ne pas être une possibilité de heurt entre les éléments du Comité confédéral.

C'est alors que tous intervinrent pour me dire que je n'avais pas le droit d'accomplir cet acte ; que la politique que j'avais esquissée engageait ma responsabilité et que mon devoir était de rester parmi eux. Je suis resté. Si l'on m'eut écouté, si mes camarades n'eussent pas fait sur moi la pression qu'ils firent, peut être n'y aurait-il pas eu au Comité confédéral de minorité ni de majorité ; peut-être que moi disparu, le Comité confédéral aurait eu une action unanime ; peut-être que moi parti, le Comité confédéral n'aurait peut-être pas eu de ces divergences de pensées. Ce sont des suppositions que j'ai le droit de faire, mais je dis que je n'ai pas de responsabilité sur ce point, car, en réalité, j'avais prévu les différences d'opposition qui déjà se manifestaient et c'est pour cette raison, après une tentative infructueuse qui avait été faite après cette faillite des délégués à la Nation, après cette attitude ridicule, ambitieuse des politiciens qui ne pensaient qu'à leurs intérêts particuliers, sans souci des intérêts supérieurs du pays, je sentais que la lutte allait devenir difficile, allait être plus ardue, que les oppositions d'idées allaient devenir plus concrètes et c'est en raison de ces sentiments que je voulais à ce moment m'en aller. Mes camarades ne l'ont pas voulu. Je suis resté. J'ai cru devoir vous donner ces explications pour montrer qu'il n'y avait en réalité, aucune ambition personnelle dans la position prise, mais le souci de rester d'accord avec les idées exprimées. *(Applaudissements.)*

Et maintenant, camarades, passons à l'examen de ce qu'on peut appeler la politique intérieure de la C. G. T. Collaboration avec le Gouvernement ? Si accomplir les démarches, présenter des observations, formuler les revendications s'appelle collaboration. Si, au contraire, comme je le crois, le mot collaboration suppose la responsabilité dans la direction politique du gouvernement, cette collaboration nous ne l'avons jamais faite.

Nous sommes allés partout où nous considérions que les intérêts ouvriers étaient à défendre. Nous y étions allés au début même de la guerre et je rappelerai à Merrheim un détail. Lorsque se constitua la Commission du Travail à Paris, avant le départ du gouvernement à Bordeaux, je fus appelé à siéger dans cette Commission. Je me trouvais à mon bureau et je dis à Merrheim : « Voilà la proposition qui m'est faite. Je ne sais si je dois l'accepter car je dois partir dans quelques jours. » Merrheim me répondit : « Alors je te remplacerai ». — Est-ce vrai Merrheim ?

MERRHEIM. — C'est exact, mais il faut dire quel était le sens de cette Commission du Travail.

JOUHAUX. — Volontiers. Cette Commission du Travail présidée par Sembat avait pour objet de lutter contre les résistances administratives qui prétendaient que la déclaration de guerre devait avoir pour conséquence de faire cesser toute activité économique. Cette Commission avait pour objet de faire reprendre les travaux dans les conditions et dans les possibilités où ils pouvaient être repris. Cette Commission avait pour objet de donner aux travailleurs, non appelés par la mobilisation, le moyen de gagner leur vie et de ne pas avoir recours aux subsides mêmes de la solidarité. C'est donc là des principes que nous pouvions accepter. Cette Commission — Hubert se le rappelle — permit l'appel de nombreux ouvriers terrassiers pour les travaux qu'il y avait à faire à ce moment. Cette Commission se dressa donc contre les bureaux de la préfecture de la Seine qui prétendaient qu'on ne pouvait ouvrir aucun chantier, et qui se refusaient, systématiquement, à laisser continuer les travaux malgré la présence de nombreux chômeurs. C'est le premier acte de collaboration dans le sens que j'indiquais tout à l'heure.

Ensuite, il y en eut d'autres. La Commission des allocations militaires ? Là encore, appelé par le ministre, j'acceptai la proposition qui m'était faite, après en avoir référé au Comité confédéral. Ai-je eu tort ? Doumencq, qui est encore un des membres actifs — le seul même de cette Commission des allocations militaires — pourrait dire les milliers et les milliers de cas que nous avons résolus. Combien de protestations se sont élevées des conseils généraux, des conseils municipaux, des préfectures, contre les décisions que nous prenions ? On considérait que nous jugions en cégétistes, le terme a été inséré dans le rapport d'un préfet. On demandait au ministre de l'Intérieur, de cette époque, de vouloir bien nous rendre notre liberté et de mettre à notre place des gens qui n'auraient pas jugé aussi largement que nous le faisions. Je dois dire que le ministre de l'Intérieur s'est refusé à accomplir le geste qu'on lui demandait ; que nous sommes restés à la Commission supérieure des allocations et que, de toutes les parties de ce pays, des lettres nous furent adressées, demandant que les cas litigieux fussent jugés par nous et je dis qu'il n'est pas beaucoup de demandes ouvrières qui n'aient reçu satisfaction. *(Applaudissements.)*

Nous avons conscience d'avoir dans ce milieu particulier défendu les intérêts des travailleurs ; nous avons conscience d'avoir dans la possibilité des circonstances répondu aux désirs de la masse, et nous ne sommes pas responsables si les affaires n'ont pas été liquidées plus promptement. Si l'on avait accepté, à cette Commission, les propositions faites par nous, je puis dire sans crainte d'être démenti qu'il n'y aurait plus, à l'heure actuelle, un seul cas d'allocation militaire qui n'eut pas été résolu. *(Applaudissements.)*

Voilà l'action que nous avons menée dans cette Commission des allocations militaires.

Dans d'autres Commissions où nous allâmes également, après décision du Comité confédéral, c'est le dans même esprit que nous intervînmes, que nous prîmes position, toujours pour défendre les intérêts ouvriers, considérant que nous ne faisions dans cette enceinte ni luttes de classes ni collaboration de classes, mais que nous prenions sur des points précis la défense des intérêts ouvriers. *(Applaudissements.)*

Et, sur ce terrain, la question de la main-d'œuvre fut par nous abordée et par nous résolue dans le sens même où le Comité confédéral l'avait acceptée.

A la Commission mixte du département de la Seine, nous soutînmes un point de vue qui a aucun moment ne pourrait être désavoué, même par le plus extrémiste d'entre nous.

Nous eûmes des discussions violentes au sein de cette Commission où s'est posée la question de la main-d'œuvre étrangère et quand des camarades municipaux réclamaient certains droits exclusifs pour les ouvriers français, à l'exclusion des ouvriers étrangers, c'était nous qui intervenions pour réclamer l'égalité des devoirs. *(Applaudissements.)*

Sur toutes les questions, qui se discutèrent dans cette Commission, il n'est pas un acte, pas une parole que nous ne puissions hautement revendiquer. J'en appelle au témoignage de ceux qui participent aux travaux de cette Commission et qui ne partagent pas mes idées. Ils peuvent dirent quelle fut la position prise.

Ah ! Dumoulin disait : « Je ne comprends pas que Jouhaux soit d'accord avec Keufer ». Si je voulais raconter les discussions d'opposition d'idées que nous eûmes Keufer et moi au sein de cette Commission, il y en aurait long à dire.

KEUFER. — Je me suis toujours rallié aux intérêts ouvriers.

JOUHAUX. — C'est exact, mais Keufer parlait avec un sentiment que j'estime aujourd'hui dépassé par les circonstances, alors que j'essayais, moi, de parler avec un sentiment prévoyant l'avenir ; et c'est en réalité ce qui faisait l'opposition entre nos deux positions.

Est-ce que cette lutte d'idées et de principes, au sein de cette Commission, devait nous éloigner, devait me faire rejeter Keufer ? Non ! Et nous avions raison, puisque malgré toutes les divergences de vues, Keufer acceptait en fin de compte le point de vue que nous exprimions ; et je puis dire, qu'à de rares exceptions près, la délégation ouvrière fut toujours unanime pour se prononcer contre le point de vue représenté au sein de cette Commission. Si à l'heure actuelle, il y a quelques rudiments d'organisations du travail dans ce pays, s'il y a, épars à travers quelques villes de France des bureaux de placement, l'on peut dire que cette Commission, comme celles qui ont existées en province, n'ont pas été étrangères à cet essai, à ce commencement d'organisation. Et qu'on ne vienne pas dire que c'est là un palliatif, car alors, je me permettrai de rappeler que l'idée principale première de Pelloutier, secrétaire de la Fédération des Bourses, était en réalité de créer le placement ouvrier. *(Applaudissements.)* Car il considérait qu'en dehors du placement ouvrier, il n'y avait pas d'organisation possible, et pas de régularité dans la continuité du travail. C'est donc, je ne dis pas une question de transformation, mais c'est tout de même une question d'organisation du travail, et nous devons estimer que ce rudiment d'organisation doit être poursuivi pour être complété et pour que le contrôle de ce placement revienne entre les mains des travailleurs organisés. *(Applaudissements.)*

Voilà, camarades, et je veux me borner à celles-là, les quelques Commissions dans lesquelles eurent lieu des discussions dominées par le souci des intérêts ouvriers. Si cela s'appelle faire de la collaboration de classes, cette collaboration de classes nous l'avons accomplie. Mais je ne pense pas pour ma part que cela puisse s'appeler de la collaboration de classes. Le fait de discuter sur des questions générales, d'apporter un point de vue et de l'opposer à un autre, n'est pas tout à fait la même chose.

Et passons maintenant à un certain moment de notre vie ouvrière. Nous sommes en mai 1917. Le prix des vivres à considérablement augmenté, les salaires des ouvriers sont restés à des stades inférieurs. Il y a des bouillements de colères dans les ateliers parisiens, ce qui fait que les ouvriers sortant des ateliers, se dirigent vers la Bourse du Travail, vers la Maison des Syndicats pour demander aux organisations syndicales aide et protection dans les revendications qu'ils formulent. Quelle est notre attitude ? Avec les organisations intéressées nous essayons de diriger, de coordonner ce mouvement impulsif fait avec des gens qui ne peuvent pas avoir la conscience syndicale qui ne sont mûs, en réalité, que par des intérêts immédiats qui sont venus à l'organisation syndicale, parce qu'elle leur paraît capable de leur donner satisfaction.

A cet instant, nous essayons de coordonner ces milliers d'ouvriers et nous essayons aussi d'obtenir satisfaction pour la revendication qu'ils formulent. Là, ni majoritaires, ni minoritaires. Tous comprennent que si on laisse les ouvriers en face du patronat intransigeant, c'est l'impossibilité d'obtenir satisfaction et c'est briser par avance toute possibilité d'organisation. Alors, nous nous rendons au ministère de l'Intérieur pour demander au Ministre de faire appeler les patrons, de les mettre en présence des représentants des ouvriers pour essayer, après discussion, d'obtenir satisfaction. Millerat ne partage pas mes sentiments, il est minoritaire, je suis majoritaire, mais je lui demande de dire si le langage que je tins au cours des délégations — tant pour la couture que pour la chapellerie et d'autres industries — si le langage que je tins, à ce moment, fut un langage majoritaire ou simplement le langage du représentant des intérêts ouvriers.

MILLERAT. — Parfaitement.

JOUHAUX. — C'est ainsi que dans ces circonstances, me préoccupant peu des qualificatifs, des divergences qui pouvaient exister entre nous, j'essayai dans la mesure de mes forces d'apporter mon concours le plus actif possible aux organisations en bataille contre la résistance patronale. Et je veux tout de même — puisque dans une autre enceinte on en parlera pour accabler un homme — je veux tout de même parler d'une journée qui reste dans mon cerveau inoubliable. C'était un vendredi. Les midinettes défilaient joyeusement dans les rues de Paris, mais à côté d'elles d'autres éléments avaient conçu l'idée de manifester, et alors que les midinettes envoyaient leurs rires à tous les échos, certains éléments troubles essayaient de susciter la bagarre et c'est à ce moment précis que les garçons de café, les femmes des cafés-restaurants décident de sortir à leur tour. C'est alors que les boulevards parisiens prennent un caractère d'émeute, de révolution populaire.

Les députés parisiens, réunis à la Chambre des Députés, sentant le danger monter, appellent le ministre de l'Intérieur et lui disent : « Il faut prendre des mesures ».

Que fait alors le ministre de l'Intérieur ? Il fait appeler le secrétaire de la C. G. T. et lui dit : « Voilà la proposition qui m'est faite, que feriez-vous à ma place ? » Je lui répondis sans hésitation aucune : « Refusez, nous prenons, nous, Confédération du Générale Travail, la responsabilité de l'ordre dans ces circonstances ». *(Vifs applaudissements.)*

C'est ainsi que dans ces moments particulièrement difficiles, nous essayâmes d'obtenir satisfaction en restant dans les limites de la défense des intérêts ouvriers. Je pourrais aussi vous dire qu'il y eut un moment où le grand quartier général, pour masquer sa responsabilité, prétendit que les échecs militaires étaient la cause de la propagande défaitiste et pacifiste qui se faisait à l'intérieur du territoire et que, par conséquent, il fallait procéder à des perquisitions, à des arrestations, qu'il fallait, en conséquence, remettre les pouvoirs de police entre les mains des généraux commandants les régions. Eh bien ! cela ne s'est pas accompli, et il n'y eut pas de perquisitions, et il n'y eut pas d'arrestations à part quelques-unes sur lesquelles je ne veux pas discuter plus longtemps. *(Applaudissements.)*

Mais à proprement parler, il n'y eut pas d'arrestations et pas de perquisitions, et les pouvoirs civils ne furent pas remis entre les mains des généraux commandants les régions. C'est un résultat.

Et pendant, camarades, que nous discutions dans les Commissions, que nous aidions les mouvements, que nous prenions position pour essayer, dans la mesure de nos forces, que ne soient pas plus atteintes les libertés existantes, nous nous adressions, camarade Vallet, aux organisations syndicales, pour la propagande que nous faisions, au moyen de réunions tenues en assez grand nombre. Nous nous adressions aux organisations syndicales par les Conférences nationales de 1915, 1916, 1917, au cours desquelles nous exposions nos points de vue. Nous y exposions nos idées, nous mettions nos camarades au courant de ce que nous pensions et de ce que nous avions réalisé.

On peut reprendre, les uns après les autres, les ordres du jour votés dans ces Conférences et on verra qu'il y a en réalité une filiation de pensée entre eux et dans l'action ; ce qui nous permit de faire l'unanimité à Clermont-Ferrand. Ce n'est pas parce que nous avons cette unanimité qu'il nous fut impossible d'agir, Dumoulin ; non, parce que depuis Clermont-Ferrand, nous avons agi dans le même sens de la motion votée à l'unanimité et quand on vient déclarer à cette tribune que, sans le Comité de Défense syndicaliste, nous n'aurions fait aucun pas, aucun geste, que le Congrès actuel ne serait pas tenu, on commet une inexactitude profonde, une erreur involontaire. Après la Conférence de Clermont-Ferrand, il y eut la Conférence de Londres, de laquelle sortit le mémorandum interallié et l'idée de délégation auprès du président Wilson.

Il y eut réunion au Comité confédéral qui, après avoir accepté le principe de la délégation, décida aussi du principe du Congrès que nous tenons aujourd'hui. Merrheim a répondu. Je ne veux pas répondre sur ce point, mais je dirai tout de même que quand Vallet déclare que nous avions fixé le Congrès confédéral au retour du secrétaire confédéral d'Amérique et que, par là, nous voulions encore plus éloigner la date de ce Cognrès, il se trompe. A ce moment, nous l'avions fixé au 3 juillet. Et cela, les camarades du Comité de Défense syndicaliste devaient le savoir. Ils le savaient. Comme ils savaient également que nous avions décidé le principe d'une manifestation d'ensemble pour aboutir au but prévu par la résolution de Clermont-Ferrand. On le savait, parce que cela avait été décidé par le Comité et porté à la connaissance de toutes les organisations. En même temps que nous disions aux organisations qu'il nous était impossible de les appeler à chômer pour le 1er mai, nous leur disions de se préparer à une manifestation d'ensemble pour montrer la volonté de la classe ouvrière. *(Applaudissements.)*

Je ne veux pas, camarades du Comité de Défense syndicaliste, porter une accusation quelconque. Je voudrais tout de même déclarer que c'est après cette décision du Comité confédéral que s'est placé le Congrès de Saint-Etienne et qu'ont eu lieu les événements qui nous ont placés, je dois le dire, dans l'impossibilité de réaliser jusqu'à maintenant ce que nous avions projeté. *(Applaudissements.)* Evénements sur lesquels je ne veux pas porter non plus d'accusation. Je suis intervenu dans ces grèves sur la demande de la Fédération des métaux. J'ai accompagné cette Fédération dans les délégations qu'elle a accomplies, je me suis associé à elle pour essayer que ce mouvement ait le moins de dommages possibles, je me suis associé à elle pour qu'il y ait le moins possible de camarades frappés. Et encore à l'heure actuelle, hier, la semaine dernière, avec Blanchard, nous allions trouver le président du conseil pour lui dire que nous ne voulions pas tolérer que les camarades frappés à la suite des derniers événements soient versés dans des compagnies d'exclus de Saint-Dizier. *(Applaudissements.)*

C'est le langage que nous tenions au président du conseil. Certes, nous pouvons différer de conception, avoir une opinion différente sur les mouvements qui se sont déroulés, et qui vous ont autant échappé qu'à nous-mêmes, mais nous n'avons aucune divergence pour la défense de ceux qui ont été frappés, même quand ils ne pensent pas comme nous. *(Applaudissements.)*

***

Voilà, camarades, la preuve que nous nous sommes attachés, dans les limites des possibilités, à la défense de ceux qui avaient été frappés et c'est aussi pour défendre ceux qui avait été frappés que nous sommes allés à la Chambre des Députés, non pour y accomplir un acte politique, mais pour y faire entendre des vérités. Camarades, il faut que vous nous disiez si le Parlement n'existe plus, s'il ne compte plus, s'il n'a plus aucune action, ou, alors, si vous reconnaissez qu'il a encore une action, qu'il est encore l'expression de la volonté nationale, quels que soient vos sentiments, il faut faire pression sur lui pour l'orienter dans la voie où nous voudrions qu'il le soit. *(Applaudissements.)*

C'est l'acte que nous avons accompli. C'est pour faire entendre la volonté de la classe ouvrière que nous sommes allés à la Chambre des Députés, et c'est aussi pour faire entendre la volonté de la classe ouvrière que nous avons adressé à la Chambre et au Sénat le manifeste dont vous avez eu connaissance. Est-ce qu'il y a dans ce manifeste un seul mot que vous ne pouvez accepter ?

Est-ce qu'il y a dans ce manifeste des idées contraires à celles exprimées par la Conférence de Clermont-Ferrand ? Non ! Et c'est la preuve que depuis Clermont-Ferrand, Dumoulin, nous avons réalisé l'unité, l'unanimité. Il y a une action plus forte, plus cohérente, seulement troublée par des mouvements désordonnés ; action qui aurait rendu plus, si tous, dans le mouvement ouvrier, avaient eu conscience de la force de discipline qui crée la puissance de l'armée révolutionnaire. *(Applaudissements.)*

J'en ai fini avec la politique intérieure. Je voudrais examiner rapidement ce que vous me permettrez d'appeler la politique extérieure. La politique extérieure ? Ce sont les Conférences interalliées qui commencent avec celle de Londres, en février 1915, pour se terminer avec celle de Londres, en février 1918. Ces Conférences furent toujours dominées par le même souci d'apporter la clarté dans l'expression de nos idées et d'essayer de trouver le terrain sur lequel nous pourrons reconstituer à nouveau l'internationale.

En février 1915, si nous avons parlé des responsabilités immédiates, nous avons aussi parlé des responsabilités lointaines. En février 1915, nous avons affirmé des idées contre une guerre de conquêtes, contre des annexions, nous nous sommes affirmés pour rester sur le strict terrain de la défense nationale ; et c'est la résolution qui fut votée à l'unanimité, après l'amendement accepté par Merrehim.

Cette résolution a une valeur historique parce qu'elle montre, qu'au début même de la guerre, la pensée des classes ouvrières des pays de l'entente s'était déjà précisée sur des points qui sont en opposition la plus absolue avec l'impérialisme et, par conséquent, avec le militarisme.

Cette Conférence fut suivie d'une délégation que nous accomplîmes tous ensemble auprès de la General Federation pour réclamer qu'elle accepte, avec nous l'idée, d'adresser une circulaire aux centrales nationales de tous les pays pour obtenir le transfert du secrétariat général international dans un pays neutre.

Cette circulaire disait que ce n'était pas pour des questions de personnes, que ce n'était pas par haine que nous réclamions ce transfert mais, simplement, comme indispensable à la reconstitution de l'internationale pendant la guerre.

Ceci prouve qu'après avoir accepté la proposition de l'American Federation, nous, nous n'entendions pas, si cela était possible, ne pas renouer les relations internationales, même pendant la guerre.

Cette circulaire montre en réalité notre volonté de donner à l'action internationale un centre qui éloigne de lui toute suspicion, pour permettre d'écrire en toute liberté et en toute indépendance.

Et pourquoi? Parce que la lettre que j'écrivais à Beaumeister, en octobre 1914, après celle que Merrheim avait écrite à Graber, cette lettre qu'il me demandait de publier, me disait-il, avec tout ce que la censure allemande voudrait en retirer. Vous comprendrez quel danger il y avait à laisser ainsi accomplir cet acte qui aurait dénaturé notre pensée, et peut-être servi à une politique qui n'était pas la nôtre et à atteindre un résultat que nous ne voulions pas atteindre.

C'était une raison suffisante pour nous ouvrir les yeux, et pour montrer la nécessité de donner au secrétariat international syndical la liberté qui lui était indispensable. Cette besogne de transfert du secrétariat inter national syndical, nous l'avons toujours poursuivie, et ce n'est pas notre faute si, par la résistance que nous avons rencontrée nous n'avons pas pu obtenir cette possibilité de reconstitution de la vie internationale.

C'est le secrétariat général international lui-même qui en est responsable, quand il nous fit déclarer par le canal de la Hollande, par la plume d'Oudegeest, qu'il était impossible de donner satisfaction à notre proposition avant que les statuts ne fussent changés. Ainsi, au moment même où, partant d'un sentiment plus compréhensible, pour un but efficace, profitable à tous, nous réclamions le transfert du S. S. I., on nous répondait : « Voilà les statuts », et on repoussait notre proposition.

Après la Conférence de février 1915, il y eut la Conférence de Leeds, nous y avons défendu un point de vue ouvrier international, nous nous sommes affirmés pour des clauses ouvrières à insérer dans le traité de paix. Nous avons demandé à nos camarades anglais de clarifier leur pensée, de déclarer avec nous qu'ils ne poursuivent aucun but d'annexion. Nous sommes arrivés à nous mettre d'accord et, aujourd'hui, nous avons la satisfaction de constater que les syndicats autrichiens qui viennenent de se réunir, déclarent qu'ils sont entièrement d'accord avec nous :

« Nous sommes d'accord avec les revendications de la Conférence interalliée de février 1918 au sujet de la Ligue des Nations, des rapports économiques entre peuples, des revendications politico-social demandées pour le traité de paix.

« A ce dernier sujet, nous approuvons particulièrement les revendications des Conférences syndicales internationales de Berne et de Leeds. » *(Applaudissements.)*

C'est la preuve que nos résolutions, ainsi que nous le voyons, ont pénétré les milieux ouvriers de tous les pays, qu'elles sont appelées à la discussion et que nous avons à l'heure actuelle un intérêt de discussion et d'action pour le secrétariat international syndical.

Et c'est une raison qui nous faisait réclamer avec force la liberté d'aller à la Conférence de Berne ; car si nous avions été à la Conférence de Berne, sans nul doute, notre point de vue eut triomphé et nous eussions obtenu le transfert du S. S. I. et aujourd'hui la question de possibilité d'action commune ne se poserait plus, car elle se pose encore malgré toutes nos déclarations. *(Applaudissements.)*

Puis il y eut la Conférence interalliée de Londres, justement pour essayer de faire accepter par nos camarades anglais l'idée de participer à la Conférence internationale. Nous ne parvînmes à les convaincre, mais ils acceptèrent une motion qui excluait toute annexion et qui les faisait se prononcer sur un point sur lequel jusqu'ici ils avaient gardé le silence : la liberté des mers. Avec nous, alors, à ce moment, nos camarades anglais et américains se sont prononcés pour la liberté des mers. C'était un résultat.

Puis, enfin, c'est la Conférence de février 1918 qui aboutit au mémorandum accepté unanimement. Ce mémorandum contient-il toute notre pensée ? Non ! Nous avions nous-mêmes rédigé un mémorandum, et nous l'avions apporté pour essayer qu'il soit accepté. Il ne le fut pas dans sa totalité mais, cependant, il est vrai de dire que certains points de notre rédaction furent insérés dans le texte définitif et si le mémorandum de Londres ne contient pas entièrement notre point de vue, tout au moins a-t-il cet avantage énorme de contenir un certain nombre de points qui permettent aux délégués de tous les pays, nous pouvons dire belligérants ou neutres, de se retrouver d'accord pour une action internationale. *(Applaudissements.)*

Mais, camarades, et c'est là où nous arrivons à la période la plus difficile ; nous sommes d'accord sur le mémorandum de Londres ; nous sommes d'accord sur la Conférence internationale. Frossard nous posait hier la question suivante : « Que ferez-vous pour obtenir les passeports ? »

Eh bien ! je le dis, Frossard a posé une question qui ne s'adresse pas à Jouhaux, mais aux organisations syndicales. *(Très bien ! Très bien !)*

La Conférence internationale s'organise, nous y sommes invités ; nous avons décidé par avance d'y participer ; le gouvernement nous refuse les passeports ; quelle doit être notre attitude ? Quel est le geste que nous avons à accomplir ?

HUBERT. — La grève générale. *(Mouvements divers.)*

JOUHAUX. — La grève générale, dit Hubert, c'est en effet une réponse, et ce n'en est pas une ! Je dis, répondant à Frossard, que, pas plus que moi il n'est à l'heure actuelle en possibilité de dire ce qu'il fera si on refuse les passeports. *(Applaudissements.)*

Ce que nous pouvons déclarer, c'est que nous ferons l'indispensable pour les obtenir, que nous obligerons les parlementaires à se prononcer ; les socialistes, comme ceux qui prétendent représenter la démocratie. *(Applaudissements.)*

Que nous leur demanderons de dire publiquement s'ils sont pour que constamment on étrangle la pensée ouvrière, et s'ils sont pour que seule la diplomatie occulte agisse ; en un mot, de mettre d'accord leur attitude avec leur pensée. Qu'en adviendra-t-il ensuite ? Nul ne peut répondre.

Voilà, camarade Frossard, ce que j'avais à répondre à la question posée. Il n'est pas possible, à l'heure actuelle, de préciser ce que nous ferons, si nous nous trouvons en face d'un refus du gouvernement fortifié par l'inertie du Parlement. Mais, camarade Frossard, je veux à mon tour dire qu'il ne suffit pas d'être partisan de la Conférence internationale ; qu'il ne suffit pas de vouloir passionnément les passeports, mais qu'il faut encore pour aboutir avoir une pensée précise sur les événements que nous aurons à examiner, sur les solutions que nous aurons à apporter, et j'ai le droit de dire qu'à l'heure actuelle, nous n'avons pas encore dans ce pays une unité de vues, une unité de pensées sur les problèmes que la paix doit résoudre et il faut que nous l'ayons ; ou tout au moins, il faut que nos pensées ne soient pas tellement contradictoires que le choc de nos idées, dans la Conférence internationale, soit un recul pour la paix elle-même. *(Applaudissements.)*

J'ai dit que le mémorandum de Londres permettait la discussion. Vous l'acceptez. Nous l'acceptons. Mais le mémorandum de Londres n'apporte pas toutes les solutions réclamées par la situation. La Russie aujourd'hui, en train de se morceler, d'aller vers l'impuissance, est un exemple des précautions qu'il convient de prendre.

Il faut d'abord un point de vue qui n'apporte pas l'obscurité, qui n'apporte pas de causes de prolongation de la guerre, et, me retournant vers les camarades qui font profession de foi d'irrédentisme, je dis : Je ne puis m'associer à votre idée de reconstitution particulière indépendante des petites nationalités. *(Très bien !)*

Ce que je veux, c'est que les peuples, tous les peuples, aient les mêmes droits, mais qu'ils aient entre eux le lien qui leur permette de continuer leur développement. Ce développement là doit être une cause de paix au lieu de devenir une cause de guerre. *(Applaudissements.)*

Voilà un des points sur lesquels il faudrait que nous accordions nos violons. Il en est un autre aussi : la Société des Nations. Certes, on peut dire que c'est là une panacée bourgeoise ; mais c'est un premier pas fait dans une voie nouvelle, c'est un premier pas qui permettra d'arriver plus rapidement à la Fédération des peuples libres que nous voulons constituer. C'est pourquoi, il faut que la Société des Nations soit acceptée par nous, comme un minimum de garanties, et non pas avec quelques nationalités seulement. Ce qu'il faut éviter par dessus tout, c'est en réalité qu'il n'y ait dans le monde deux Sociétés des Nations. C'est pour cela qu'il convient précisément que nous ne laissions pas cette idée entre les mains des intellectuels bourgeois qui peuvent, demain, dominés par leurs pensées intimes, ne pas comprendre la nécessité d'aboutir à un résultat et créer encore des causes de conflit tout en réalisant l'idée de Société des Nations. *(Applaudissements.)*

Voilà quel est mon esprit, quels sont mes opinions. Cette opinion reflète les pensées intimes des masses populaires. Nul ne peut mettre en doute l'idée que l'homme le plus populaire à l'heure actuelle est le président Wilson. C'est, à l'heure actuelle, un drapeau dont nous devons nous servir pour relever toutes les hésitations et pour mener notre bataille, afin d'aboutir au résultat désiré. Et puis, il faut aussi — et ce sera là la dernière partie de mon exposé — que nous nous mettions d'accord sur les lignes générales de l'organisation syndicale. A l'heure actuelle, tant pour l'œuvre de paix que pour celle de reconstitution sociale, le mouvement ouvrier a une large tâche à réaliser. Il dépend de lui que les transformations qui sont dans l'air s'accomplissent ou ne s'accomplissent pas.

Il dépend de lui qu'une partie du programme qui est le nôtre soit réalisé ou ne le soit pas. Il dépend de lui que les travailleurs prennent entre leurs mains des armes plus puissantes que celles qu'ils possèdent à l'heure actuelle. Il dépend de lui que l'ouvrier commence son émancipation économique.

On a dit qu'il n'était pas possible de penser aux reconstitutions à l'heure même où la guerre est déchaînée avec autant de violence.

Certes, le souci le plus grand est la guerre mais, à côté de la guerre, il y a tout de même l'œuvre de reconstitution sociale. Elle s'accomplit ou elle commence à s'accomplir.

Elle se fera contre nous si elle se fait sans nous, et nous en subirons les conséquences. Il nous faudra alors une fois de plus recommencer à lutter contre les faits acquis, au lieu de lutter pour agrandir les champs de liberté. *(Applaudissements.)*

L'œuvre de reconstitution sur laquelle, d'ailleurs, nous nous sommes déjà en partie prononcés, en ce qui concerne les reconstitutions dans les pays envahis, n'est pas la seule et le Congrès des Métaux s'en est fait l'écho lui-même.

Merrheim avec raison disait : « Les méthodes de production seront demain changées et si les ouvriers n'ont pas examiné ces méthodes de productions, ils seront une fois de plus atteints douloureusement, par ces méthodes de production ». Il convient donc qu'on les examine. Il convient donc que l'on prenne position en face d'elles et, sans vouloir les exclure systématiquement, il convient de prendre position en dehors du simple point de vue corporatif trop étroit pour permettre d'examiner ces problèmes.

Nous devons lier les intérêts des producteurs à ceux des consommateurs, qui sont confondus dans la même personne. Il nous faut aboutir à la réalisation de cette formule : le maximum de production dans le minimum de temps, pour le maximum de salaires, avec l'augmentation générale de la capacité de consommation de tous. *(Applaudissements.)* Voilà la formule qu'il faut réaliser et pour la réaliser, il faut tout de même, quoi qu'on en ait dit, examiner les problèmes économiques.

Avec raison, nous avons protesté contre les bénéfices scandaleux réalisés par les industriels ; avec raison, nous avons protesté contre l'inertie coupable des compagnies de chemins de fer, de navigation ; avec raison, nous déplorons, qu'à l'heure actuelle, ce pays ne dispose pas d'un tonnage maritime qui réponde à ses besoins ; avec raison, nous déplorons que demain, ce pays restera tributaire de l'Amérique ou de l'Angleterre et que, par conséquent, quelques soient nos efforts à l'intérieur, nous n'arriverons pas à modifier nos conditions d'existence.

Mais alors, si cela nous atteint, doit peser demain sur nous. Il faut donc que nous examinions ces problèmes ; il faut donc que nous demandions que soient réalisées, les réformes qu'il convient de réaliser. Il faut donc, en un mot, que nous provoquions le perfectionnement de la technique, là où l'inertie et la cupidité veulent marquer le pas sur place.

C'est à nous, et c'est une œuvre profondément révolutionnaire, celle-là, Est-ce que nous n'avons pas toujours dit que le mouvement syndical portait dans ses revendications des éléments de transformation sociale, qui étaient pour l'industriel même le stimulant. Eh bien, puisque c'est dans la tradition même du syndicalisme, je pense que nous nous retrouverons tous d'accord pour accomplir cette besogne qui nous attire, qui nous sollicite, qui nous demande d'intervenir parce que, quels que soient les livres qu'on ait écrit, quels que soient les discours que l'on ait prononcés, rien n'a été fait dans ce domaine.

Aujourd'hui, nous nous trouvons dans cette situation d'infériorité manifeste, au moment même où le monde entier dans la capacité de production a diminué, au moment même où dans le monde entier la valeur d'échange à diminué, nous sommes nous, dans une situation inférieure encore, nous ne vivons que par les lettres de crédit. Que celles-ci disparaissent demain et c'est pour nous la faillite, la banqueroute lamentable. *(Applaudissements.)*

Un congressiste. — La terre ne manquera pas.

JOUHAUX. — Evidemment, la terre ne manquera pas sous tes pieds, mais toi comme ceux qui vivront avec toi, nous en supporterons toutes les conséquences. Nous devons trouver les moyens de remédier le plus possible à une situation dangereuse. C'est pourquoi je dis que ces questions doivent nous préoccuper, qu'elles sollicitent notre attention et je n'en veux pour preuve que les déclarations que faisait Hubert au moment où partaient les terrassiers pour creuser les tranchées : « Tâchez de bien travailler, pour que l'exemple ainsi fourni puisse, demain, permettre l'organisation syndicale d'accomplir, à son tour, par les travailleurs, les travaux qu'il y aura à faire. C'est là ce qu'il disait. *(Applaudissements.)*

C'est donc notre préoccupation à tous et c'est un levier puissant de transformation.

Vous ne pouvez attendre du Parlement qu'il nous donne sans pression extérieure la besogne qui lui revient. Il faut que ce soit la classe ouvrière qui accomplisse cette besogne et quand dans des réunions moins nombreuses que celle-ci, mais composée de militants et d'ouvriers, on étudiera les nouvelles méthodes de travail, il faut que l'ouvrier apporte son appréciation, ses idées, ses indications. Ce jour-là, il y aura quelque chose de changé dans la production et nous en subirons les contre coups heureux.

C'est sur ce terrain, pour cette question, comme pour toutes les autres, que je ne veux pas examiner plus longuement, mais qui cependant existent que l'unité du mouvement ouvrier est indispensable ; mais l'unité dans la cohésion disciplinée, l'unité dans la confiance, l'unité en dehors de la démagogie, l'unité en dehors de l'indiscipline, l'unité pour l'intérêt supérieur de la classe ouvrière, l'unité pour la paix elle-même, mais l'unité en dehors de ceux qui prétendent travailler à réaliser le bonheur populaire en fustigeant ceux qui portent les responsabilités de l'action. *(Vifs applaudissements.)*

Le Président. — Je crois, camarades, que nous allons pouvoir passer au vote.

Il y a la question de savoir ceux qui approuvent l'attitude la majorité confédérale et ceux qui ne l'approuvent pas. C'est net.

Mais, avant, je voudrais vous dire ceci : J'espère que le Congrès va continuer à avoir l'attitude qu'il a eue jusqu'à présent ; si nous voulons faire une besogne utile et sortir d'ici sans équivoque, il va falloir s'entendre.

J'ai posé la question. Ceux qui sont d'avis que nous passions au vote. le manifesteront en levant la main. Egalement, le Congrès décidera s'il doit voter sur les propositions qui vont venir au Bureau.

Y a-t-il des camarades qui demandent la parole sur le vote.

Perier. — Camarades, je ne serai pas long.

J'estime que nous devons faire un vote significatif et, en conséquence, je demande que l'on vote par oui ou par non, sur l'attitude de la majorité confédérale pendant la guerre, c'est-à-dire, que l'on dise si l'on est pour ou contre l'attitude de la majorité, sans accepter les propositions qui seront soumises.

Dret. — Camarades, l'ami Chéreau part peut-être d'une très bonne intention, mais je crois que l'on va perdre un temps énorme à savoir si l'on votera comme il le propose, ou si l'on se prononcera sur les propositions. Il y en a déjà de déposées, et, jusqu'ici, dans tous les Congrès, c'est sur des propositions que les Congressistes furent appelés à se prononcer et lorsque des propositions étaient en contradiction, on essayait de constituer une Commission chargée de rédiger les propositions soumises.

Je ne sais pas si vous vous êtes aperçus comme moi que la division, que beaucoup de camarades de province croyaient très profonde, n'est que superficielle. Je ne sais pas si comme moi, vous avez vu disparaître les malentendus et beaucoup de ceux qui espéraient les exploiter nous apparaissent aujourd'hui comme une source de division funeste qu'il faut faire disparaître.

On a parlé de majoritaires et de minoritaires, eh bien ! j'espère que dans le travail de demain, on ne connaîtra plus ni majoritaires ni minoritaires.

Faisons en sorte d'examiner les propositions déposées et nommons une Commission chargée de rédiger une proposition unique ; nous pourrons ainsi espérer réaliser l'unanimité.

C'est une proposition ferme que je fais, et, je demande qu'on la mette aux voix ;

Savoie. — Je maintiens la proposition que j'ai déposée hier sur le Bureau après mon intervention.

Je prie le camarade Président qui occupait le Bureau hier de bien vouloir dire où a été mise cette proposition, parce que le Président actuel ne la trouve plus.

Nous avons entendu hier le camarade Dumoulin dire : Je ne puis pas accepter la suggestion du camarade Savoie, car je considère que si l'on ne doit pas demander au Congrès de condamner l'attitude de la majorité confédérale dans les premières années de la guerre, on doit tout au moins manifester des regrets.

Eh bien ! camarades, croyez-vous que ce serait sérieux pour un Congrès comme le nôtre de manifester des regrets pour une attitude qui, à mon avis, est enterrée depuis la Conférence de Clermont-Ferrand, puisqu'à Clermont-Ferrand, une attitude nouvelle qui faisait plaisir à une grande partie des camarades minoritaires, a été prise et qu'elle sera encore le point de départ de l'action confédérale de demain.

Camarade Dumoulin, quand tu demandes des regrets, tu fais les trois quarts de la route qui mène au but où je veux vous conduire. En demandant des regrets, tu es d'accord avec moi pour essayer d'obtenir que sorte du Congrès confédéral, une puissance d'action pour demain, mais je ne sais pas si la majorité, si les camarades que l'on appelle majoritaires, accepteront des regrets qui sont une condamnation déguisée.

Voilà pourquoi, camarades, j'ai fait une proposition qui, tout en maintenant la confiance au Comité confédéral et à son Bureau, lui dit que sa ligne de conduite pour demain est la décision de Clermont-Ferrand.

Croyez-moi, camarades, ce n'est pas une manœuvre que je tente de faire pour sauver quelqu'un. Je veux simplement qu'il ressorte de ce Congrès une puissance d'action pour demain et ceux qui ne me croiront pas, c'est qu'ils veulent voir demain encore, le prolétariat divisé et affaibli et ils prendront leurs responsabilités.

Merrheim. — Camarades, il faut que chacune des tendances examine la situation avec loyauté. J'enregistre pour ma part la déclaration de Savoie disant à cette tribune que l'attitude passée de la majorité confédérale avait été enterrée à Clermont-Ferrand et je demande immédiatement au Congrès de passer à l'ordre du jour ; de décider que chacune des tendances nommera un certain nombre de délégués pour composer une Commission qui discutera, essayera de se mettre d'accord sur un texte et le proposera ensuite au Congrès. Si nous n'arrivons pas à nous mettre d'accord, chacune des tendances apportera son texte et prendra ses responsabilités.

Voilà, camarades, la proposition que je demande au Congrès d'accepter et de l'accepter immédiatement si nous voulons poursuivre les travaux.

Le Président. — Je mets aux voix la proposition du camarade Merrheim.

Elle est adoptée à l'unanimité.

Le Président. — Pour procéder par ordre, nous allons demander aux camarades minoritaires d'envoyer des noms.

Frossard. — Camarades, on nous demande d'envoyer des noms. Ce n'est pas ainsi que doit être constituée la Commission des Résolutions. Il faut que nous laissions à chacune des tendances le soin de se réunir pour désigner ses délégués à la Commission. Nous pourrions décider tout de suite que chacune des tendances apportera ses noms au début de la séance de ce soir.

Reste à fixer le nombre de membres de la Commission des Résolutions. Je crois qu'avec six camarades de chaque côté, se serait suffisant.

Le Président. — Il est entendu que les deux tendances se réuniront pour désigner leurs délégués à la Commission.

Frossard. — Camarades, maintenant, je vais vous donner lecture de l'ordre du jour que j'ai déposé :

« Le Congrès confédéral, réunissant les représentants de plus de 1100 syndicats ouvriers, indigné à la pensée des infamies policières produites devant la Haute-Cour de Justice et inventées de toutes pièces pour atteindre dans son honneur la classe ouvrière.

Voue au mépris public « les misérables » qui osent accomplir cette abjecte besogne.

Et affirme sa résolution de ne pas tolérer une campagne dirigée à la fois contre les libertés ouvrières et l'honneur des militants et qui ne manquerait pas de se retourner, comme ses inspirateurs en ont le dessein, contre la République elle-même. »

MERRHEIM. — J'avais demandé la parole, non pour me défendre contre l'accusation stupide publiée dans le rapport de M. Pérès, mais pour m'indigner que l'on puisse, quand on connaît les déclarations officielles des organisations, baser des accusations sur des rapports de police, qui ont tronqué complètement les déclarations que j'ai faites à la réunion de la rue de Bretagne, à mon retour de Zimmerwald.

J'ai dit, rue de Bretagne, que les frais du Congrès de Zimmerwald avaient été payés par le Parti Socialiste italien, mais que nous avions refusé totalement de toucher le moindre centime ; que c'était la Fédération des Métaux, la Fédération de la Chapellerie, la Fédération du Tonneau qui avaient payé les frais de la délégation et j'ajoute que c'est avec le surplus des sommes versées, que la première brochure sur la Conférence de Zimmerwald fut payée.

Par conséquent, quand on vient dire que nous avons touché vingt-cinq mille francs du Parti Socialiste italien, volontairement on dit un mensonge.

J'ajoute qu'à côté de cela, jamais, à aucun moment, (et ceux qui m'ont entendu dans les réunions peuvent le dire) dans les réunions où j'ai pris la parole, je n'ai attaqué les soldats français que pour mieux vanter les soldats allemands qui étaient en face d'eux et, ainsi, apparaît toute la trame policière dirigée contre la classe ouvrière.

Eh bien ! nous devons nous indigner et dire aux gens qui ont écrit un pareil rapport qu'il est indigne d'un peuple qui prétend lutter pour la justice, la liberté, le droit, d'employer de pareils moyens contre la classe ouvrière de son propre pays.

Nous devons crier que le mouvement syndical, ses militants ne peuvent être rendus responsables que des actes officiels des organisations et que tous les rapports des mouchards et des agents provocateurs, que l'on envoie dans nos organisations, sont des actes de basse police et non des actes d'organisations ouvrières.

Voilà, camarades, la déclaration que je voulais faire. J'espère qu'elle sera entendue en dehors de cette enceinte et j'ajoute sur mon honneur de militant, vous m'entendez bien, que rien, ni un geste, ni une parole, ni un point de vue, ne peut atteindre l'honneur de la Fédération des Métaux, dans le mouvement pacifiste qu'elle s'est efforcée de développer dans ce pays.

Et, camarades minoritaires, je me tourne de votre côté : souvent, vous l'avez reproché quand je vous disais : Ne faites pas des tracts qui ne portent pas la signature du Comité pour la reprise des relations internationales, car il est trop facile de mélanger notre action propre avec l'action malpropre des Comités policiers qui étaient constitués.

Eh bien ! je crois qu'à l'avenir nous devrons agir avec plus de prudence encore que par le passé. Nous devons avoir cette prudence et dites-vous bien, camarades que c'est ma prudence d'hier qui nous sauve à l'heure actuelle et sauvera demain nos camarades qui sont à Clermont-Ferrand. *(Applaudissements.)*

Je termine en disant qu'à l'avenir, nous devons dans nos organisations, ne jamais rien faire que nous ne puissions hautement et clairement revendiquer au dehors de nos organisations et devant l'opinion publique.

HUBERT. — Je tiens à faire remarquer que nous sommes des cotisants de la fraction minoritaire, qu'elle a été faite avec nos cotisations propres et que nous n'avons jamais rien demandé à personne.

GUINCHARD. — A mon avis, l'ordre du jour Frossard n'est pas complet. Il laisse bien entendre qu'un homme aujourd'hui est au banc de la Haute-Cour de Justice, mais il ne dit pas pourquoi il y est. J'estime que nous avons tout de même le droit de dire qu'il y est parce qu'il a fait confiance à la classe ouvrière, ce qui a permis au mouvement syndicaliste de se développer. Cet homme est accusé, on va le condamner, mais nous pouvons tout de même faire une intervention disant que si Malvy se trouve devant la Haute-Cour, c'est parce que véritablement, il n'a pas emprisonné les camarades ouvriers.

FROSSARD. — Camarades, il me semble que du sentiment qui vient de se manifester dans ce Congrès, il résulte que l'ordre du jour que je propose a la sympathie unanime des Camarades qui sont ici. Nous sommes tous d'accord pour élever la protestation la plus véhémente contre les affirmations calomnieuses du rapport Perès. Je ne sais pas si nous pouvons aller plus loin et je veux faire observer à notre camarade Guinchard qu'en dégageant ainsi la responsabilité des militants ouvriers que l'on essaie d'atteindre et en se solidarisant avec eux, l'affirmation que nous produisons est de nature à fortifier la position de celui qu'on vient de traduire devant la Haute-Cour de Justice.

Je demande aux camarades de voter immédiatement sur ma proposition.

JOUHAUX. — Je me rallie à l'opinion exprimée par Frossard.

J'estime que dans les paroles prononcées hier par Merrheim au début de son discours, comme dans celles que j'ai moi-même prononcées, comme dans l'interprétation profonde de cet ordre du jour, il est assez fortement senti la condamnation du rapport Pérès, pour que nous ayons besoin d'y ajouter quoi que ce soit. Mais, j'ajoute que l'ordre du jour que vous votez aujourd'hui me servira demain ou après-demain ; qu'en répondant comme témoin devant la Haute-Cour, je confondrai les accusations infâmes qui veulent entraîner l'homme politique et le mouvement ouvrier. *(Applaudissements.)*

LE PRÉSIDENT. — On me prie de vous faire savoir que la collecte faite en faveur des emprisonnés a rapporté la somme de 251 fr. 50.

Je laisse à mon successeur le soin de donner lecture au Congrès, dès l'ouverture de la séance, des ordres du jour et des propositions qui sont parvenus.

La séance est levée.

8e *Séance.* — 18 *juillet, après-midi.*

Président : Hélène Brion.

Assesseurs : Sauze, Jeanne Chevenal.

La Présidente. — La séance est ouverte.

Camarades, je me donne immédiatement la parole pour protester qu'une Commission des résolutions ait été nommée un certain jour, et qu'elle ne se soit jamais réunie. Or, j'avais quelque chose à lui dire ; ne le pouvant, je vais vous le dire, en attendant qu'elle ait fini ses travaux.

Je voulais demander la protestation du Congrès contre ce fait : Notre délégué du syndicat des Instituteurs de la Seine avait demandé une autorisation à notre chef hiérarchique pour assister au Congrès. Elle lui a été refusée, quoiqu'il eût bien spécifié que c'était pour assister au Congrès confédéral. La réponse portait aussi : « l'autorisation est refusée pour assister au Congrès confédéral ».

J'aurais voulu que le Congrès protestât contre cette façon dont on nous dénie le droit syndical. Je l'aurais voulu d'autant plus, qu'à l'ouverture de ce Congrès, alors que Bled présidait, j'ai été frappée d'entendre qu'il y avait des camarades mobilisés dont la permission n'était pas encore arrivée et qu'on la leur ferait parvenir. Je ne vois pas pourquoi il y a deux traitements pour les travailleurs ; qu'il est permis aux uns de venir et aux autres défendu.

J'aurais demandé à cette Commission de voter une motion qu'elle nous aurait rpésentée et qui, il me semble, aurait eu quelque intérêt.

Je n'insiste pas ; je ne voudrais pas animer le débat.

Malgré l'atmosphère de sympathie que nous voulions apporter à la classe ouvrière, nous avons parfois rudement été brimés par les camarades majoritaires et même les minoritaires n'avaient pas que des fleurs, loin de là, à notre égard. Eh bien, pour dissiper ce malaise et pour affirmer en face de notre ennemi commun qu'est notre administration, le gouvernement, notre solidarité, j'aurais voulu demander à la Commission des résolutions d'en bâtir une et de vous la présenter.

Je regrette profondément que cela n'ai pu être fait, étant donné que c'était avec intention que nous avions choisi au syndicat de la Seine, un camarade en plein exercice, ayant besoin d'une autorisation pour venir au Congrès. Nous voulons poser devant nos chefs cette revendication du droit syndical qui est la nôtre depuis toujours. Il y a encore une raison à cela, camarades. Devant tenir un Congrès les 3 et 4 août prochain, le premier depuis la guerre, alors que les autres Fédérations ont pu tenir les leurs régulièrement, les nôtres ont été brimés, soit interdits d'avance, soit pendant qu'il se tenait ; nous avons toujours été obligés d'user de ruse pour nous réunir.

J'aurais voulu que vous protestiez avec nous, si cette année encore, malgré que tous les Congrès fédéraux se soient tenus avec beaucoup plus d'éclat que d'habitude, on nous refuse la permission de nous réunir.

Frossard. — Croyez-vous qu'il ne serait pas préférable que vous formuliez votre résolution et que vous la donniez à la Commission des résolutions ?

Hélène Brion, présidente. — Ce n'est pas nous qui devons la faire, c'est vous qui devez la trouver avec ce que vous avez dans le cœur à notre égard.

Maintenant, il y a un autre point particulier, Je ne l'ai pas posé plus tôt parce que je respecte le temps du Congrès.

Cela aurait trait à la constitution d'une Commission d'enquête, ayant mandat de s'occuper des soldats russes qui sont en France pour lutter sur notre front. Il paraît qu'ils sont dans une situation lamentable. Nous nous plaignons quelquefois de la vie qui est faite aux nôtres dans les camps de concentration allemand ! Eh bien ! nous rougirions si on pouvait dire publiquement ce qui se passe dans les camps de concentration où sont enfermés les malheureux soldats russes pour des crimes qui n'existent pas.

Le camarade qui a donné ces renseignements ne demande qu'à s'expliquer devant la Commission d'enquête. Le camarade a dit : Ils n'ont commis aucun crime, on les tient à l'ombre, parce que si on les lâchait et qu'ils aillent raconter tout ce qu'ils ont vu et souffert, il y a trop de gens que cela gênerait. Je répète qu'il serait important qu'une Commission d'enquête soit nommée pour faire la lumière sur ce point. Il y a deux cents de ces soldats qui sont venus chez nous pour nous défendre, enfermés à l'île..... Ils sont sept à huit mille disséminés dans le nord de l'Afrique.

Si la Commission des résolutions dont j'avais l'honneur de faire partie, s'était réunie, je lui aurais demandé de rédiger une résolution dans ce sens. Comme elle n'a pas pu travailler, je vous soumets directement la chose, espérant que sur ce point-là comme sur le premier, il vous sera possible de faire quelque chose.

Outre la clarification d'attitude, j'espère qu'il sortira du travail réel et positif de ce Congrès.

J'ai fini et je n'oublie pas de vous remercier de m'avoir donné la présidence.

Je vous demande de vous souvenir que cette séance est importante et que vous manqueriez à votre dignité, vous, classe ouvrière organisée, si vous vous laissiez aller à des manifestations comme celles que nous avons tous vues.

La parole est au camarade Renaud.

RENAUD. — La Commission des résolutions a été nommée par le Congrès, seulement, elle n'a jamais été réunie. Tout-à-l'heure, j'ai demandé à Bled ce qu'il en pensait et quand nous pourrions réunir cette Commission. Il m'a répondu que toutes les questions seraient discutées ensemble après les résolutions qui pourraient être prises ou après le vote émis.

A l'heure actuelle, c'est au Congrès de décider que cette Commission des résolutions doit se réunir immédiatement et examiner les questions posées.

Je demande au Congrès de nous donner le mandat de nous réunir soit immédiatement, soit après.

(Bruit dans la salle.)

Lorsqu'on a nommé cette Commission, il était bien entendu qu'elle était nommée simplement pour envisager les ordres du jour remis au bureau et qui ne pouvaient pas être discutés dans le Congrès.

Il ne s'agit pas de la Commission qui a été nommée ce matin pour faire une résolution, il s'agit de la Commission chargée d'examiner les protestations ou ordres du jour déposés au bureau, contre les pouvoirs publics ou les gouvernants.

MÉRIC. — Camarades, je vous prie de faire le plus grand silence, vu que moi-même je l'ai fait durant tout le Congrès et même, j'avais demandé la limitation du temps de parole.

Des camarades de Russie m'avaient prié, en vue de ce prochain Congrès réunissant tous les camarades de France qui s'inspirent des idées communes du syndicalisme international et de défense ouvrière, de penser à ceux qui, dernièrement, on avait envoyé en France pour rejoindre nos camarades sur le front et prendre contact avec eux pour faire le coup de feu contre les Allemands.

Lorsque la Révolution russe a éclaté, vous savez que Kerensky a donné droit aux régiments de nommer un Comité, à seule fin de se préoccuper des intérêts des régiments et que ceux-ci ne soient plus entre les mains des officiers.

Un comité de vingt-et-un membres fut formé. Les officiers fidèles à Nicolas II ne voulurent pas entendre de cette oreille et il arriva qu'il y eût des disputes ; il se passa des choses tout-à-fait déplorables parce que ce Comité fut constitué et les capitaines s'insurgèrent contre lui. Par suite de ces disputes, il y eut même des luttes entres les troupes russes et les troupes françaises, des coups de canons et des coups de fusils furent échangés, Qu'est-ce qui arriva ? Vingt-et-un de ceux qui composaient le Comité furent envoyés à l'Ile d'Elbe. En ce moment, il y en a trois cents en Afrique. il y en a sept mille à Tours, à Rennes et dans d'autres grandes villes de France. Les Russes sont dans des camps de concentration et depuis deux mois, ils ne peuvent plus correspondre avec qui que ce soit. Par conséquent, nous avons pour devoir, nous les militants syndicalistes, de défendre ces camarades. Je crois que le prolétariat français, puisqu'ils sont en France et sont victimes du gouvernement français, doit prendre entre ses mains la défense de ces camarades, nous renseigner sur la situation qui leur est faite. Je crois que si nous les abandonnions, ils n'auraient plus la sympathie qu'ils avaient pour nous et diraient que l'esprit de solidarité n'existe pas chez nous.

Je crois que nous devons passer des paroles aux actes et vous devez, camarades du Comité confédéral, prendre en mains la défense de ceux qui luttent comme nous tous, pour la cause du socialisme international, pour la cause du prolétariat.

Millerat. — Le camarade Renaud parlait de réunir la Commission des résolutions que vous aviez nommée au début du Congrès et il est entendu que la Commission qui a été nommée ce matin n'a rien à faire avec la Commission des résolutions.

Il peut se faire qu'il y ait dans la salle des camarades délégués qui aient des ordres du jour ou des protestations à émettre devant le Congrès, et comme ceux-ci doivent venir devant la Commission qui doit se réunir, je vous demande que les débats cessent immédiatement pour que nous puissions délibérer et revenir devant vous avec une définition complète de ces ordres du jour.

Miller. — Camarades, ne croyez-vous pas qu'il serait plus simple de renvoyer toutes les résolutions à la Commission que nous avons nommée ce matin ?

Discours de Hubert

Hubert. — Camarades, je me serais peut-être abstenu de prendre la parole à ce Congrès si notre syndicat n'avait pas été attaqué par notre camarade Bartuel. Je crois que le moment est venu de nous expliquer, pendant que les Commissions de résolutions font leur besogne et en attendant qu'elles nous présentent des ordres du jour qui seront soumis à l'approbation des délégués.

Notre camarade Bartuel a insinué que le Syndicat des Terrassiers qui passait pour le syndicat le plus révolutionnaire du monde, a été faire des tranchées.

Lorsque la guerre s'est déchaînée, il n'y eut plus de travail sur le pavé parisien. Sur six mille neuf cents camarades qui composaient le Syndicat des Terrassiers, six mille furent pris par la mobilisation.

Jouhaux, ce matin, nous rappelait les Commission du travail qui avaient fonctionné et il en appelait à mon témoignage. En effet, vous savez tous comme moi que la mobilisation s'est opérée progressivement, suivant les classes.

Au moment du chômage dont nous a parlé Jouhaux, j'ai fait une enquête personnelle, accompagné des quelques camarades qui s'étaient groupés autour de moi et qui, comme moi, avaient échappé à l'ordre de mobilisation. Nous avons constaté que sur 3.675 ouvriers terrassiers, il y avait 3.640 chômeurs et ils étaient accompagnés de nombreux travailleurs du bâtiment du département de la Seine.

Nous allons arriver aux tranchées.

Le gouvernement n'a pas fait appel immédiatement au Syndicat des Terrassiers. A la suite de la constitution des Commissions du Travail, déjà, les retranchements fonctionnaient lorsque l'on a fait appel au Syndicat des Terrassiers. Seulement, les entrepreneurs Blein, Lapereire et autres, qui dirigeaient les retranchements en Seine-et-Marne, avaient embauché les têtes qui leur convenaient et naturellement, ils avaient eu soin d'éliminer les membres du Syndicat des Terrassiers, soi-disant révolutionnaire.

Nos camarades, désabusés, mourant de faim sur le pavé parisien, viennent me demander mon avis. Devant la misère noire qui s'exerçait sur nous, j'ai convaincu mes camarades qu'ils n'avaient rien à perdre en allant travailler dans les entreprises qui avaient les travaux de retranchements, au compte du génie militaire de Paris. Mais je leur ai recommandé de s'y rendre avec l'intention d'y faire de l'action directe pour avoir de de lourdes conditions de travail. C'est ce qu'ils ont fait

Ces camarades, sur mes conseils, s'y sont rendus au nombre de 64, et au bout d'une dizaine de jours; ils étaient cent-cinquante.

A cette époque, les entrepreneurs payaient les ouvriers 60 centimes de l'heure et 65 centimes ceux que l'on appelle, en terme terrassier, les forts à bras, ceux qui entraînaient le restant de la masse à la surproduction.

A la première paye, les éléments du Syndicat des Terrassiers se sont refusés à recevoir un salaire aussi minime, aussi avilissant et ils ont entraîné les autres à manifester avec eux pour réclamer les salaires et les tarifs fixés par notre Syndicat. Ils ont amené une telle perturbation sur les travaux que le gouvernement militaire a pensé que les Terrassiers n'avaient pas du tout compris l'Union sacrée. *(Applaudissements.)*

C'est à la suite du mouvement effectif fait par les éléments de la terrasse, que le gouvernement militaire de Paris a pensé qu'il avait besoin de parler avec les organisations syndicales et pour ce faire, il nous délègue le lieutenant Paul Boncour, à la Bourse du Travail.

Préalablement, les divers syndicats se réunissent et se mettent d'accord pour établir un prix qui corresponde un peu mieux aux nécessités de l'existence. La résolution des conseils syndicaux était de demander 90 centimes de l'heure.

Quand Paul Boncour vint à la Bourse du Travail, il trouva excessive cette revendication et il me demanda d'aller consulter le gouvernement militaire de Paris qui devenait notre patron en l'occurrence. Il revint deux jours après avec l'affirmation que nous pouvions constituer des équipes au prix demandé par le syndicat.

C'est alors seulement — et je considère qu'il n'y a pas eu abnégation de nos sentiments révolutionnaires — que nous avons accepté de constituer les équipes. Et, pour démontrer notre esprit large d'internationalistes, nous n'avons pas choisi les ouvriers lorsqu'ils se sont présentés à nous ; nous avons pris n'importe quel camarade et de n'importe quelle corporation.

Si c'est cet acte que notre camarade Bartuel nous reproche, je vous demande alors de m'indiquer quelle ligne de conduite, quelle attitude doivent avoir des syndicalistes tels que nous les concevons.

Naturellement, à mesure que le recrutement des ouvriers se faisait à la Bourse du Travail, le chômage diminuait progressivement.

Seulement, pour nous réunir, ce n'était pas facile, puisqu'il n'y avait plus de travaux à Paris et néanmoins, nous devions penser à faire de la solidarité pour soulager les misères pressantes qui nous environnaient ; dans cela, camarades, nous ne faisions que nous inspirer des circulaires qui étaient sorties de notre Fédération d'industrie; de l'Union des Syndicats du département de la Seine et de la Confédération générale du Travail qui demandaient aux syndicalistes, en raison de la misère semée dans nos milieux par la mobilisation, de faire de la solidarité.

Nous avons pratiqué cette solidarité aussitôt qu'une Commission de notre Syndicat put se réunir, pour prouver nos sentiments humanitaires et solidaires, aux œuvres sociales qui nous sont chères.

Nous avons commencé par voter une somme de 2.500 francs pour les Orphelins qui sont à l'œuvre de Madeleine Vernet, à Epône et autant pour nos enfants de la Ruche dont notre camarade Sébastien Faure était le directeur. *(Applaudissements.)*

Cela, ce n'était pas de la solidarité couchée sur du papier, dans des ordres du jour, mais de la solidarité qui permettait aux malheureux qui étaient frappés par l'ordre de mobilisation de manger. Ensuite, pour pallier aux besoins des camarades qui, par leur âge, n'avaient pas été mobilisés; des femmes de nos copains qui étaient sur le front, involontairement mais forcés par la mobilisation, nous avons établi des bons de consommation qui permettaient à nos adhérents possesseurs de la carte de 1914 et aux femmes des mobilisés, de se restaurer aux repas populaires institués à cet effet, dans le département de la Seine.

En ce qui concerne notre collaboration à l'institution des repas populaires, notre syndicat, en effet, n'est pas resté indifférent à cette institution parce qu'il lui avait été dit que c'était pour des repas communistes. Comme nous avions déjà, dans cet ordre d'idées, lutté dans nos nombreuses grèves, nous avons désigné trois camarades pour se mettre à la disposition de l'Union des Syndicats de la Seine en vue d'instituer les repas communistes. Mais ces camarades se sont retirés, avec l'avis du Conseil d'Administration, quand ils ont appris qu'il y avait collaboration avec des œuvres qui ne nous conviennent pas.

J'arrive à nos traditions révolutionnaires.

Au 1er mai 1915, il faut convenir que les organisations n'existaient pas comme aujourd'hui et, par conséquent, il est peut-être difficile d'adresser des reproches aux Camarades qui n'ont pas suivi notre attitude, mais, cependant, je dois dire que dans cette première période de guerre où tous les cœurs saignaient, où tous les plus braves se terraient, le Syndicat des Terrassiers a pris la décision, pour ce jour de 1er mai d'affirmer sa solidarité internationale avec tous les peuples, belligérants ou neutres, en appelant les ouvriers au chômage.

Ce jour de 1er mai 1915, nous avons été presque seuls à chômer. Malgré la pression faite sur les ouvriers par les officiers dans les camps retranchés de Paris qui les avaient menacés de renvoi en cas de chômage, la presque totalité des ouvriers terrassiers était présente dans la salle Ferrer, à la Bourse du Travail, en compagnie des femmes de mobilisés.

Est-ce cela, camarades, que vous voulez nous reprocher ? Je ne le pense pas !

A cette réunion du 1er mai, nous n'avons pas ménagé nos paroles ; nous avons dit ce que nous pensions de la guerre, nous avons dit, nous, que tous les gouvernements, quels qu'ils soient étaient responsables de la boucherie qui ensanglantait l'Europe ; nous avons dit — et à cette époque, permettez-moi, camarades, de vous faire observer, qu'aucun de nous n'a eu la pensée que ce cataclysme durerait quatre années — nous avons dit : La guerre a été voulue par l'Internationale capitaliste, par l'Internationale des Finances, par l'Internationale des dirigeants gouvernementaux.

Ensuite, l'horizon international étant toujours aussi noir qu'au début des hostilités, nous fûmes appelés un jour dans la petite salle de l'Union par nos camarades Merrheim et Bourderon qui ont oublié de vous dire ici, à cette tribune, le début du rassemblement de ceux qui, malgré la boucherie, étaient restés internationalistes et contre tous les gouvernements impérialistes ; ce n'était pas le Comité de la reprise des relations internationales que nous avions constitué à cette époque, c'était le Comité d'action, section française de l'Internationale ouvrière pour la reprise des rapports internationaux.

A cette époque, étant obligés malgré tout, si nous voulions faire pénétrer notre pensée dans la masse ouvrière, de nous affirmer et d'accepter toutes les tendances qui se manifestaient pour faire cesser le carnage épouvantable dans le plus bref délai possible, nous avions fait appel à toutes les bonnes volontés. C'est alors que le Syndicat des Terrassiers, par principe syndicaliste, n'y a pas officiellement adhéré, mais vota une somme de cinq cents francs pour faire des manifestes, nous permettant de faire connaître notre pensée qui était noyée dans le chauvinisme outrancier. Nous fîmes également des collectes sur les chantiers.

Ensuite, vint une délégation de nos camarades socialistes minoritaires, qui nous demanda s'il ne serait pas plus profitable d'élargir cette action, de ne former qu'un seul groupe, à seule fin d'être plus forts moralement et pécuniairement pour pouvoir tirer ces malheureuses brochures qui nous ont été tant reprochées.

La discussion fut chaude entre les éléments extrémistes que nous sommes. Enfin, nous arrivâmes à nous mettre d'accord pour faire disparaître le titre du groupe d'action de la section française de la reprise des relations internationales, et pour le remplacer par celui de la constitution de la reprise des rapports internationaux.

En effet, comme Jouhaux et Bled le déclarèrent, nous ne nous sommes pas toujours entendu. C'était fatal. Des camarades voulaient se renfermer dans le verbalisme, tandis que nous, nous voulions faire de l'action.

Camarades, j'en arrive au départ de nos camarades Cégétistes à Bordeux.

PASSERIEU. — Hubert pourrait-il nous dire s'il n'a pas cru se compromettre, en acceptant de monter dans l'auto ministérielle de Sembat ?

HUBERT. — Je vais répondre immédiatement à Passerieu.

Il me demande comment il se fait que j'ai été avec Sembat dans son automobile au ministère de l'Intérieur.

A cette époque, alors que ceux qui me posent la question n'avaient pas encore donné signe de vie, voilà le fait qui s'est produit ;

Au début de 1915, les travaux commençaient à reprendre leur activité, mais la vie également commençait à devenir intenable pour les ouvriers.

Les chantiers de la terrasse de la ligne de Paris-Chartres incombaient à notre patron, parce que les travaux étaient en régie directe. Marcel Sembat, à ce moment, représentait le ministre des Travaux Publics.

Voyant l'agitation qui se poursuivait, les agents et les gendarmes du département de la Seine molestaient nos camarades sur les chantiers, au nom de l'Union sacrée, je déclanchai, avec nos camarades de la ligne Paris-Chartres, le mouvement du métro. Le mouvement déclanché, une nuée de policiers envoyés par M. Malvy pour molester les grévistes étaient sur les chantiers. Quand les femmes de nos camarades qui étaient encerclés avec les grévistes, passaient pour aller faire leurs provisoins, elles ne manquaient pas de leur lancer quelques quolibets et leur disaient : Est-ce que votre place ne serait pas ailleurs qu'à tourmenter nos maris qui manifestent pour améliorer le sort de leurs enfants.

La perturbation s'ensuivit très grande · M. Malvy comprit que l'Union sacrée allait en souffrir et décida de demander à Marcel Sembat de me convoquer dans son cabinet pour tâcher d'arranger le conflit.

Je n'avais pas le droit, en tant que secrétaire de syndicat, de refuser la médiation qui m'était proposée et qui pouvait être profitable aux camarades qui étaient en grève.

J'allai trouver Sembat. Il me dit qu'il était impossible pour l'instant, de donner satisfaction aux ouvriers. Mais, j'ai le droit de dire que dans la circonstance, il a fait ce qu'il a pu pour arriver à donner une solution au conflit.

Il me dit ensuite que le ministre de l'Intérieur l'avait prié d'être son interprète pour me demander de me rendre dans son cabinet. J'acceptai. Je priai un camarade de chez nous et le camarade Elion, secrétaire du Bâtiment à cette époque, de m'accompagner.

Malvy me dit : Voyons à quoi pensez-vous de faire un pareil mouvement en pleine guerre.

Je lui répondis · M. Malvy, je pense à quelque chose, c'est que j'ai honte pour la République française et ses représentants, de voir les enfants de nos camarades aller mendier leur pain à la porte des casernes.

De plus, je ne crois pas que vous soyez qualifié pour traiter la question de la greve, ceci étant du ressort du Préfet de la Seine.

Mais enfin, me dit-il, si vous voulez me promettre d'arrêter votre conflit (probablement qu'il était gênant), je vous donne ma parole que je donnerai les instructions nécessaires pour que vous vous rencontriez avec les entrepreneurs.

J'acceptai, car on ne fait pas la grève pour le plaisir de la faire.

Miller. — N'est-ce pas, dans ton esprit, faire de la collaboration de classes ?

Hubert. — Le travail était repris. Huit jours se passent, dix jours se passent et je ne recevais aucune nouvelle.

Je rédige un manifeste qui a eu le don de les émouvoir, puisque le lendemain, on me réclame de nouveau au ministère des Travaux Publics.

On me dit : M. Malvy a fait le nécessaire. Le Préfet a convoqué les entrepreneurs dans son bureau, seulement, ils ne veulent pas consentir à parler avec le secrétaire du Syndicat des Terrassiers ; ils consentiraient tout au plus à discuter avec M. Jouhaux ou M. Chanvin.

Je voulus partir, en disant : Je ne suis pas partisan du syndicalisme centraliste et j'ai la prétention que le Syndicat des Terrassiers doit être jaloux de son autonomie et si les camarades qui m'ont donné mandat de les représenter ne sont pas contents de moi, ils n'ont qu'à en nommer un autre ; tant qu'ils n'auront pas pris cette décision, ce sera Hubert qui parlera au nom de ses camarades et si je n'ai pas une solution dans quatre jours, ce sera la grève générale dans la Seine.

Le lendemain, nouvelle convocation, nouvelle proposition d'accepter que Jouhaux ou Chanvin aillent à la délégation.

J'ai refusé en me poussant dans mes derniers retranchements, vu que nous avions à cœur l'attitude de ces camarades depuis le début des hostilités.

Cela se passait le vendredi. Le lundi, la grève devait se déclancher. Quand ils ont vu ma résolution irrévocable, ils m'ont convoqué le samedi avec les entrepreneurs dans le cabinet du ministre du Travail. Il y avait là une vingtaine d'entrepreneurs, le ministre du Travail, le ministre de l'Intérieur, le ministre des Travaux Publics, le Préfet de la Seine et le directeur des travaux.

Je leur accordai deux jours avant de déclarer la grève générale.

Le mardi, nous étions convoqués auprès du préfet de la Seine qui nous informa que les quatre sous nous étaient accordés.

JACCOUD. — Etant donné que tu mets en relief l'action de ton Syndicat, je te demande de bien vouloir indiquer au Congrès les raisons pour lesquelles le Syndicat des Terrassiers a décidé la suppression des cotisations au début des hostilités.

HUBERT. — Au Congrès fédéral, j'ai demandé au secrétaire fédéral de faire une séance de nuit pour m'entendre, il s'y est refusé. Mais, je suis toujours à la disposition de ma Fédération ; quand elle voudra m'entendre, je donnerai mes explications.

En ce qui concerne nos traditions révolutionnaires, nous les avons maintenues en chômant le 1er mai.

Quand la Confédération générale du Travail a fait appel aux sentiments de la classe ouvrière française, pour venir en aide à nos camarades de la Révolution frappés, le syndicat des Terrassiers, à ce moment-là, n'a pas cru utile de savoir s'il y avait une majorité ou une minorité, il a voté immédiatement une somme de deux cents francs pour venir en aide aux victimes de la répression espagnole.

Ayant fait partie de la délégation qui se rendit à Berlin pour affirmer les sentiments internationalistes de la classe française, je me suis trouvé en face de camarades qui, comme nous, n'avaient pas l'idée de faire la guerre en août 1914.

Je me rappelle l'accueil chaleureux de la population berlinoise qui est venue nous couvrir de fleurs et qui s'affirmait comme nous contre la guerre, et, je dis que les fautes que quelques-uns ont osé reprocher à la classe ouvrière allemande, ne sont pas fondées. Ils ont été comme nous, ils n'ont pas eu la force d'empêcher la boucherie; ils ont été entraînés, comme nous, à y participer.

Nous comprenons que la Confédération générale du Travail doit prendre une autre orientation.

L'autre jour, au Comité confédéral, où minoritaires et majoritaires ont été d'accord pour aller devant la représentation nationale, j'ai été le seul à protester, en demandant à la Confédération qu'elle commence déjà à faire quelque chose par elle-même, pour démontrer aux députés, à la représentation qui se dénomme démocratique, que nous n'étions pas décidés à nous laisser brimer. J'ai dit qu'elle avait banni la classe ouvrière, en laissant enfermer nos camarades, les meilleurs militants étrangers, dans des geôles, mais qu'elle serait submergée par le flot de réaction et qu'alors, elle devrait faire appel à la classe ouvrière.

Le jour où cette représentation nationale viendra demander l'appui de la classe ouvrière, nous nous réunirons et lui demanderons des garanties pour la classe ouvrière, avant d'engager notre action.

Je déclare que j'ai été animé, moi, un ignorant, par les théories que l'on m'avait données avant la guerre ; je les ai faites miennes, parce que je crois qu'elles sont justes. Je crois que ce n'est pas en sollicitant quelque chose des gouvernants que nous arriverons à notre émancipation intégrale ; c'est par la lutte de classes déterminée et par l'action des masses populaires que nous arriverons à faire arrêter le carnage et s'il est nécessaire, par la grève générale.

En ce qui concerne Trotsky, je dis que c'est un homme qui est incapable de commettre une malpropreté, je m'en porte garant et s'il était là, le secrétaire des Terrassiers lui serrerait la main. Quand il s'est rencontré avec nous, il était tout-à-fait d'accord avec Merrheim. Il a mis en pratique les théories qu'il préconisait.

Je termine en criant : Vive Trotsky ! Vive les Soviets russes !

La Présidente. — La Commission demande de ratifier quarante-deux mandats de syndicats depuis qu'elle a donné son rapport.

Acceptez-vous ces quarante-deux mandats ?

Les quarante-deux mandats sont acceptés.

La parole est au camarade Appleton, secrétaire de la Fédération générale anglaise.

Les délégués étrangers

Appleton. — J'adresse au Congrès les saluts fraternels de tous les ouvriers organisés d'Angleterre et je forme le vœu que de ce Congrès sortent des décisions propres à renforcer notre volonté commune de détruire tout militarisme *(Applaudissements.)*, principale source de toutes les guerres.

Nous voudrions, comme vous, pour réaliser la Paix des Peuples, employer des moyens de conciliation, s'il était possible de négocier avec les véritables représentants du peuple souverain allemand.

Mais, et en cela nous sommes d'accord avec les camarades américains, nous reconnaissons, hélas, qu'en Allemagne, les pangermanistes, la caste militaire, sont les maîtres et n'ont jamais cessé de rêver la victoire militaire.

Il nous faut donc, de toute nécessité, lutter jusqu'à ce que nous ayons abattu cette prétention. Peut-être alors, le peuple allemand prendra-t-il la parole et fera entendre le langage de la raison, après cet effroyable hécatombe sans résultat.

Dans tous les cas, à ce moment-là, nous pourrons utilement agir.

Nous avons la ferme conviction que tout ce que nous pourrions faire aujourd'hui dans ce sens, serait complètement inutile, sinon malsain pour le moral de l'Armée et l'avenir du Pays et nous craindrions ainsi d'affaiblir la défense avant que la totalité du concours américain eut le temps matériel de traverser les situations militaires. (*Applaudissements.*)

Si nous ne songeons pas au parti pour nous-mêmes, nous devons y songer pour les millions d'êtres innocents, femmes et enfants, qui seraient victimes de notre funeste erreur.

J'ose espérer, camarades, que le bon sens français nous aidera à nous maintenir unis pour la résistance, d'abord, aux forces aveugles déchaînées contre nous, ensuite, pour la constitution d'une Internationale ouvrière capable d'exiger tous nos droits, auxquels nous pourrons d'ailleurs d'autant mieux aspirer, que nous aurons pendant la guerre, fait tout notre devoir et en raison de tous nos sacrifices. *(Applaudissements.)*

La Présidente. — Je vous annonce l'arrivée de nos camarades Belges et Serbes.

La parole est au camarade J.-B. Williams, du Comité Parlementaire des Trades Union Congress.

J.-B. Williams. — C'est avec la plus grande satisfaction que le Comité parlementaire du Trades Union Congrès a reçu l'invitation de M. Jouhaux d'envoyer des délégués au Congrès National des Syndicats français.

En ce moment, il y a un grand et grandissant désir de resserrer les relations entre les syndicats de France et de Grande-Bretagne, et notre mission est d'apporter aux syndiqués français les salutations fraternelles de plus de quatre millions de syndiqués Anglais, affiliés à notre Trades Union Congrès.

Il y a des industries particulières qui se sont jointes en des confédérations internationales, mais cette année nous sommes ici, moins peut-être pour compléter un mouvement international, que pour planter le jeune arbre qui, après cette terrible guerre fleurira et portera des fruits, à l'avantage de tous les travailleurs organisés de nos deux pays.

Si les syndiqués de France avec leur tempérament humanitaire et artistique se joignent avec les prosaïques et pratiques syndiqués de Grande-Bretagne, nous devons établir un mouvement qui, immédiatement après la fin de la guerre, liera les syndicats de tous les pays alliés.

Nous ne sommes pas ici pour discuter la guerre, mais il est impossible d'éviter d'en parler.

Les Français et les Anglais sont coude à coude, ils mêlent leur sang, ils se battent et meurent côte-à-côte.

S'ils peuvent faire ça pour préserver la liberté, et sauver la démocratie du talon de fer du militarisme, nous avons confiance que quand le pouvoir brutal du militarisme sera anéanti, les Français et les Anglais rapprocheront leurs idées et leurs pensées pour bâtir pour les travailleurs un nouveau monde d'ou le pouvoir oppressif du militarisme sera entièrement et absolument aboli.

La guerre est une horrible chose pour les hommes qui se battent, c'est dur. Pour les femmes qui attendent les nouvelles de ceux qu'elles aiment, c'est aussi dur. Mais quand on pense aux enfants, c'est là, que nous, hommes et femmes d'aujourd'hui, qui avons réalisé entièrement la brutalité de la guerre, sentons que nous devons faire notre part pour obtenir la destruction complète du militarisme et de toutes les horreurs qui en sont les conséquences.

Autrement, nous passerons à nos enfants un leg d'horreur tel, qu'on tremble d'y penser.

Avec ces pensées profondément gravées dans nos cœurs nous nous appuyons sur la phrase du mémorandum interallié des buts de guerre qui déclare que « la victoire des alliés doit être la victoire des peuples de la liberté, de l'unité, de l'indépendance et de l'autonomie des nations, dans la Fédération pacifique des Etats-Unis de l'Europe et du monde ».

Nous sommes fermement convaincus qu'il n'y aura pas de paix réelle, et pas de possibilité pour chaque peuple de déterminer sa propre destinée jusqu'à ce que la menace de tout militarisme soit détruite.

Du côté du travail féminin il y a un grand développement reconnu pour la première fois par l'élection d'une femme à notre Comité parlementaire et nomination, aussi pour la première fois de la même femme comme déléguée du Trades Union Congrès.

La classe organisée, qui a toujours été en faveur de la cause féminine a vu avec un sincère plaisir l'amélioration politiquement et industriellement de statuts des ouvrières anglaises.

Nous avons observé des évidences du désir de créer l'antagonisme entre les rêves probablement dans l'espoir qu'une guerre entre sexes empêcherait les femmes de s'organiser et donnerait au patron l'opportunité d'obtenir le travail des femmes à de meilleures conditions.

La politique agréée par le travail organisé est de recevoir l'organisation des femmes au même titre que celle des hommes.

Nous croyons que par cette politique, la copoération des femmes donnera pour résultat d'améliorer le taux de la vie pour tous.

Nous sommes heureux d'annoncer qu'au moment présent il y a plus de cinq cent mille femmes syndiquées affiliées à nos Trades Unions Congrès.

Le peu de temps dont nous disposons nous prévient seul de citer plusieurs traits de la loyauté des femmes syndiquées et leur enthousiasme, au milieu des circonstances difficiles, pour les idéals du travail.

Notre mouvement est déterminé que jamais les conditions, prévalant avant la guerre dans les industries des femmes, ne soient acceptées dorénavant,

Un délégué. — Camarades, je viens au nom de mon organisation dire que si je ne peux accepter les grandes lignes de la résolution présentée ici, c'est surtout parce qu'on a oublié de mettre dans cette résolution la condamnation ou le regret de l'action passée ; à partir du mois d'août 1914 jusqu'à la Conférence de Clermont-Ferrand.

Je n'accepte pas qu'on donne aujourd'hui le blanc-seing pour l'action passée et je dis aux camarades de la fraction minoritaire à laquelle j'ai appartenu depuis le début, que nous ne pouvons pas avaler l'action personnelle des individus, surtout l'action de la majorité confédérale qui a été durant ces quatre années en opposition avec nos idées de paix, et avec le principe même du syndicalisme français.

Si nous avons réussi, à la Fédération des Métaux, à faire l'unanimité, c'est parce que nous, minoritaires, soit disant extrémistes, nous avions obtenu des déclarations formelles de la part du camarade Merrheim au nom du secrétariat.

Je considère que nous qui avons dit que nous approuvions l'action de la minorité au sein du Comité, nous ne pouvons aujourd'hui approuver également l'action du Comité confédéral dans sa majorité.

Il faut être logique avec soi-même, il ne faut pas quoique nous désirions une unité d'action pour demain, nous faire avaler le passé de trois années.

Dumoulin. — Nous ne sommes plus ici pour faire des discours mais pour prendre position. En réalité, camarades, je considère que quand tout-à-l'heure vous diminuiez par des qualificatifs l'importance de la résolution qui vous est présentée, vous diminuiez également notre Congrès, quand déjà on s'entêtait à dire : cette résolution c'est la confiance, le blanc-seing accordé au Comité confédéral, on diminuait déjà l'importance de l'action qui doit souligner notre Congrès d'aujourd'hui.

Moi, camarades, je ne retire rien du Congrès lui-même ; personne ici de ceux qui ont pris la parole ne retire quoique ce soit des déclarations qui ont été faites. Le Congrès reste dans son entier l'expression de sa pensée tout entière.

Mais, camarades minoritaires, nous avons été tenus de réfléchir et d'interroger nos consciences, songez que si à un moment donné une minorité nombreuse n'accordait pas sa confiance au Comité confédéral, et qu'une majorité diminuée, fortement diminuée, la lui accordait, il faut le dire, demain la C. G. T. ne pourrait pas se représenter devant la classe ouvrière ni devant ses ennemis.

C'est pourquoi, camarades, nous ne voulons pas, je ne veux pas me livrer à cette manifestation pour le plaisir d'une manifestation, je veux, puisque la résolution accorde sa confiance à tous les militants, je veux que la Confédération générale du Travail conserve sa force pour, étant donné l'urgence du péril et la nécessité de travailler utilement, réaliser au plus vite la paix que nous désirons tous. *(Brouhaha dans les tribunes.)*

Merrheim. — On crie des tribunes : Embrassez-vous. S'il avait été dans ma pensée d'avoir des haines personnelles et d'oublier le rôle de l'organisation, vous pourriez me lancer cette apostrophe. Comment ! ceux qui refusent de voter la résolution viennent dire : « Nous ne la voterons pas parce que nous voulons une action plus forte et plus puissante pour la paix », et, au moment même, ils enlèvent à cette action toute la force qu'elle doit avoir. Comment ! vous ne sentez pas, camarades, que si ici, nous, minorité, nous ne prenons pas nos responsabilités à l'heure actuelle, ce n'est pas l'unité d'action que nous allons retrouver mais ce sera la division dans cette action ; et pour la minorité, elle sera encore plus impossible qu'elle n'était dans le passé.

une structure permanente et assez solide pour assurer aux travailleurs un monde dans lequel il y aura plaisir à vivre. *(Applaudissements.)*

La Présidente. — La parole est au camarade Maximovitch, délégué serbe.

Maximovitch. — Camarades, je viens avec mon camarade, vous apporter les salutations fraternelles de notre mouvement ouvrier en France et en même temps, je pourrais dire, au nom de toute la classe ouvrière serbe. Nous sommes d'accord avec cette partie qui est maintenant au front. Nous qui sommes depuis deux ans et demi parmi vous, nous nous sentons maintenant comme parmi nos frères, grâce à votre sentiment de solidarité ouvrière, grâce aux secours que vous avez apportés à notre mouvement en France.

Nous vous en remercions et nous vous apportons la reconnaissance de toute la classe ouvrière serbe restée en Serbie, qui connaît les secours que vous donnez à notre mouvement ouvrier.

C'était la première fois à Clermont-Ferrand, que nous avions le grand bonheur d'assister à une de vos réunions nationales, c'est la seconde fois, ici. C'est pour nous un grand honneur et à la fois une grande école.

Après les discours qui ont été faits ici au Congrès, il s'est détaché surtout une idée : c'est l'idée d'unité du mouvement ouvrier français. Cette idée nous donne un réconfort et l'espoir que notre idéal se réalisera bientôt.

Nous avons assisté pendant ces deux ans et demi à votre accroissement numérique et à l'accroissement moral de la classe ouvrière française.

Nous sommes persuadés que vous allez parer aux intentions de la classe bourgeoise qui veut conserver et élargir ses privilèges. Votre force organisée s'est sentie pendant cette guerre. Il n'y a pas une question touchant les intérêts ouvriers qui peut-être résolue sans vous. C'est une leçon pour nous. Nous devons saisir toute occasion de nous agrandir, de devenir plus forts que nous ne le sommes actuellement.

Ce que nous avons également constaté dans ce Congrès et ce qui est très important pour nous, c'est l'idée de la solidarité internationale de la classe ouvrière. Nous l'avons détachée des discours de tous les orateurs de ce Congrès.

La classe ouvrière a toujours fait son devoir de solidarité internationale et nous croyons qu'après ce Congrès, cette idée de solidarité internationale se réalisera par une Conférence internationale. *(Applaudissements.)*

Nous le croyons, d'après vos idées, vos sentiments, d'après ce que nous apercevons en Allemagne, en Autriche, en Bulgarie, partout, en Russie aussi. La Russie ouvrière qui a commencé à réaliser notre idéal commun nous tend la main et la classe ouvrière n'a jamais refusé de prendre une main tendue ; elle ne la refusera pas, elle la prendra, elle fera tout son devoir envers la Révolution russe. *(Applaudissements.)*

Etant dans une Conférence internationale, en contact avec les classes ouvrières de tous les pays, nous croyons, qu'ayant fait tomber les barricades élevées par le capitalisme, elles sauront faire leur besogne et n'être pas le jouet des intentions de ceux qui se réclament des morts. Nous croyons que la classe ouvrière, en face de la Société des Nations devra ériger une autre Société des Nations ouvrières, l'Internationale ouvrière.

Peut-être la bourgeoisie a-t-elle l'intention que la Société des Nations fasse un bloc capitaliste, un bloc contre le travail.

Si elle a ses intentions, il faut les déjouer.

Notre classe ouvrière a été, pendant toute la durée de la guerre celle qui clamait la paix. Elle a toujours demandé que l'internationale ouvrière soit convoquée. Elle n'a rien demandé, elle n'espère rien de la guerre. Elle a attendu que sous la pression de l'Internationale soient résolus les grands problèmes. Elle attend que la paix se fasse et qu'après cette paix, l'Internationale se développe.

Voilà ce qu'elle attend notre classe ouvrière, car la Victoire d'un côté ou de l'autre, ne résoudrait pas les questions et les problèmes nationaux. Il est préférable qu'il n'y ait ni vaincu, ni vainqueur, qu'il y ait seulement des conciliateurs. *(Applaudissements.)*

Le mouvement ouvrier français est tout-à-fait d'accord avec notre classe ouvrière, puisque pendant la guerre, il a attendu lui aussi que l'Internationale se réunisse le plus tôt possible.

Je répète, camarades, que nous vous remercions de tout vos secours pour tous nos camarades, en Serbie et partout ailleurs.

Nous vous remercions également pour cette leçon que vous nous donnez à ce Congrès, que vous nous avez donnée partout.

J'extrait seulement un exemple, celui de nos camarades qui ont été frappés, en même temps que les vôtres aux dernières grèves. Ils ont été touchés par les sentiments de fraternité avec lesquels ils ont été accueillis par les camarades de la Fédération des Métaux.

Je me sens obligé de vous manifester ma reconnaissance au nom de tous mes camarades.

Faisons la paix, faisons l'action internationale. Faisons une paix qui sera non seulement éternelle, mais qui donnera la possibilité d'une action future internationale qui repérera les méfaits commis par cette guerre.

Au nom de mes camarades, je vous apporte de nouveau nos salutations fraternelles et vous remercie de tout ce que vous avez fait pour nous.

Vive l'Internationale ouvrière ! Vive la classe ouvrière française !

LA PRÉSIDENTE. — La parole est au camarade Cramp, délégué du Labour-Party.

Le Labour-Party correspond à notre parti politique.

CRAMP. — Je suis ici pour vous apporter les salutations fraternelles du Parti socialiste anglais qui se compose d'environ trente mille hommes.

Je réprouve autant que vous les horreurs de la guerre et je crois que c'est un sentiment uniforme dans le monde entier.

La principale thèse soutenue par nous, est la thèse de l'Internationale. Nous demandons une place dans la gestion des affaires administratives et économiques de la Nation. Nous ne croyons pas que la Société bourgeoise, telle que nous la connaissons soit seule qualifiée pour reconstruire la société de demain.

Nous ne permettrons plus les errements de jadis et les mœurs capitalistes qui n'aboutissent qu'à l'exploitation de la classe ouvrière. *(Applaudissements.)*

C'est pourquoi nous voyons avec joie, l'accord symbolique qui se dessine entre le parti socialiste français et le Labour Party anglais, pour la paix sur les bases du mémorandum de Londres. *(Applaudissements.)*

Ces buts de guerre, nous voulons les voir affirmer, proclamer par tous les gouvernements. *(Applaudissements.)*

C'est grâce à cet accord que nous espérons pouvoir agir sur les peuples des puissances centrales afin de ramener le plus vite possible la bienfaisante paix. *(Applaudissements.)*

LA PRÉSIDENTE. — La parole est au camarade Volckaert, délégué belge.

VOLCKAERT. — Camarades, la sanglante tragédie que nous vivons depuis quatre ans, a suspendu les relations internationales entre tous les prolétariats organisés ; nous avons pu, néanmoins, maintenir entre des fractions très nombreuses, des relations de plus en plus suivies.

Aujourd'hui, ce n'est pas un délégué venu de Bruxelles qui prend la parole au nom des travailleurs belges. Au début de ce Congrès, c'était notre ami Eckeelers, secrétaire du Syndicat des travailleurs belges réfugiés en Angleterre, qui vous a adressé, au nom de cinq mille membres, le salut de sympathie.

Je viens au nom du syndicat des travailleurs belges, résidant en France vous apporter à mon tour, notre sympathie et nos remerciements pour l'accueil que vous nous avez réservé.

De tous temps, il a existé entre les camarades syndicalistes français et les camarades syndicalistes et socialistes belges, une puissante sympathie, car tous vos militants, victimes de condamnations pour leur lutte syndicaliste, lorsqu'ils étaient obligés de s'exiler, recevaient à Bruxelles, dans notre Maison du Peuple comme dans toutes les maisons du Peuple de Belgique, l'accueil que l'on doit à des frères de classe. *(Applaudissements.)*

Je salue ici, avec joie, la présence de camarades, comme mon vieux camarade Bréjaud de Seine-et-Oise et je regrette de ne pas voir un camarade dont, personnellement, je ne partage pas les idées, mais pour lequel j'ai la plus grande estime, je parle de notre ami Péricat. *(Applaudissements.)*

Cette sympathie entre Belges et Français date de loin, car nous n'oublions pas que si en Belgique, on dispose de certaines libertés, ces libertés viennent de la grande Révolution française que le peuple français nous a donnée.

Nous savons que si la Belgique était indépendante, elle le devait au puissant concours que la France est venue nous apporter en 1830 lors de la constitution de la Belgique. Nous avions donc raison de vous aimer et de vous estimer.

Nous sommes un peuple essentiellement antimilitariste, et pas d'aujourd'hui, camarades, je vous prie de le croire. Il y a trente ans que nous luttons, que les socialistes belges sont sur la brèche et luttent avec une ardeur qui leur a valu des mois et des années de prison et des années d'exil. *(Applaudissements.)*

Nous savons que dans tous les Congrès internationaux les syndicalistes et les socialistes français sont venus apporter des propositions qui, si elles avaient été acceptées et appliquées, auraient fait que nous n'aurions pas l'horrible guerre que nous subissons depuis quatre ans.

C'est vous également qui avez, aidé par les Belges, demandé dans les Congrès internationaux, d'organiser, dans un but antimilitariste, la grève générale contre la guerre. Hélas ! Camarades, français, vous n'avez pas été suivis.

Nous savons que vous êtes antimilitaristes et l'effort que vous avez accompli pour empêcher la guerre ; nous savons que s'il y avait encore en France quelques mauvais éléments qui rêvaient une semblable boucherie, la majorité du peuple français était antimilitariste, et qu'aux dernières élections, la majorité du peuple français s'était prononcée contre la loi de trois ans.

Lorsque le 4 août 1914, la masse impérialiste nous adressait son ultimatum, nous avions nous, pacifistes convaincus, antimilitaristes acharnés, à choisir entre la paix et la guerre. La paix que l'Allemagne nous offrait, c'était la paix dans l'esclavage ; on nous demandait de pouvoir venir ici écraser les ouvriers pacifistes français, on nous demandait à nous, Belges, de vous trahir, d'être complices du plus grand crime que l'histoire ait vu commettre. Certes, peut-être aurions-nous tiré des bénéfices de cette trahison, de cette lâcheté ; nous aurions peut-être pu demander à l'Allemagne qu'elle nous promette quelque part dans les dépouilles, mais nous n'avons pas voulu. Nous étions un peuple pacifiste et pour empêcher que la France soit écrasée et que les libertés du monde soient brimées, nous, les pacifistes, nous avons pris les armes pour défendre notre nationalité et la liberté du monde avec elle.

Nous n'avons aucune responsabilité dans la guerre et nous n'avons aucun but d'annexion ; lorsqu'à certains moments, nous avons eu aussi quelques capitalistes qui rêvaient de profiter de la guerre pour des annexions, nous avons immédiatement exigé du gouvernement belge, une déclaration nette et catégorique « que le peuple belge ne voulait aucune extension de territoire ». Nous ne demandons rien que de reconquérir notre indépendance nationale. Pour reconquérir notre indépendance nationale, nous sommes convaincus pourvoir compte sur la totatlié du prolétariat, français, car nous n'avons rien à nous reprocher et nos camarades là-bas, en Belgique, partagent les sentiments que je vous exprime aujourd'hui.

Certes, camarades, en Belgique, malgré la guerre, malgré la domination étrangère, les camarades restés là-bas, sont encore exploités sans merci par le capitalisme belge. Mais, ce que je veux que vous sachiez, c'est que nos amis luttent avec une belle énergie. Malgré la domination, jamais le mouvement syndical belge n'a été plus puissant qu'actuellement. *(Applaudissements.)*

Hier, j'ai reçu une lettre de Belgique, lettre passée naturellement en fraude.

Cette lettre nous disait que dans des corporations de métier où nous n'avions jamais pu parvenir, on a groupé des travailleurs et fait des syndicats puissants ; que partout, l'esprit de classe avait été maintenu, malgré la domination, malgré les persécutions, le travail forcé et que les camarades de la Fédération du Bâtiment, l'élément le plus avancé, le plus révolutionnaire des syndicats, avait son secrétaire et trente membres de son Comité qui venaient d'être condamnés à six mois et à trois mois de prison par les Allemands, pour avoir protesté contre les persécutions dont les Alsaciens et les Polonais étaient victimes actuellement. *(Applaudissements.)*

Ceux qui ont cru que la guerre leur permettrait de briser l'organisation syndicale du prolétariat, se sont trompés.

Les camarades anglais vous ont dit la puissance acquise par le mouvement syndical en Angleterre ; en Belgique, malgré la domination, il a continué plus que jamais ; ici, votre admirable Congrès démontre la vitalité de la classe ouvrière.

Eh bien ! camarades, comme l'a dit l'Internationale, le monde va changer de face. Il s'agit, pour la classe ouvrière de tous les pays d'être prêts à prendre sa place dans la reconstruction de la Société. Pour arriver à cela, il faut tout d'abord conquérir la paix, mais une paix qui rétablira l'indépendance de tous les peuples, si petits soient-ils, une paix qui mettra fin au militarisme et à l'impérialisme de tous les pays.

Eh bien, camarades, nous nous retrouverons tous unis pour arriver à assurer aux prolétariats de tous les pays, une vie exempte de souci, une vie absolument libre, mais pour cela, au nom de la sympathie que nous avons pour le prolétariat français, au nom du prolétariat international qui a les yeux fixés sur vous, je vous demande, camarades de France, de faire une unité entre vous pour travailler à la Société de demain où la fraternité internationale ne sera plus des résolutions de Congrès, mais une réalité dans les faits. *(Applaudissements.)*

Un délégué des Cheminots de Béziers. — Je demande quand le rapport financier de la C. G. T. sera soumis au Congrès.

Nous, congressistes, nous devons connaître la situation financière de la C. G. T. pour en donner connaissance à nos organisations.

Marck. — Absent depuis plus de deux ans de Paris, je ne connais pas non plus la situation financière de la C. G. T., mais notre camarade

Calveyrach, qui m'a remplacé, vient de me dire qu'avec la meilleure volonté il n'a pu obtenir la constitution de l'état financier. Il ne peut dire autre chose que cela : Il y a environ une soixantaine de mille francs dans la caisse confédérale.

Il est vraiment regrettable que nous n'ayons pas eu la possibilité de la faire, mais je reconnais qu'il était impossible à un seul trésorier de faire tout ce travail.

Becker (Voiture). — Camarades, j'avais envoyé une lettre au camarade Jouhaux pour lui demander la reconstitution de la Commission de contrôle. Comme il y a de cela au moins six mois, il me semble que quelque chose aurait pu être fait dans ce sens.

Le Président. — La parole est au camarade Marchand qui a demandé la parole sur des questions économiques.

Marchand. — Camarades, je ne voudrais pas abuser des instants du Congrès. J'avais demandé à la camarade Hélène Brion de m'inscrire, lorsque les questions économiques viendraient en discussion. Ce n'était pas pour critiquer les expositions faites dans le rapport, mais pour indiquer aux Fédérations et aux syndicats, l'intérêt qu'il y a pour la Confédération générale du Travail à s'intéresser à la situation des mutilés.

Depuis déjà près de deux ans, l'organisation qui a son siège à la C. G. T. même et nous avons eu les plus grandes difficultés à nous faire connaître dans les milieux syndicaux, non que la C. G. T. ne nous ait pas prêté son aide morale et ne nous ait pas facilité notre développement. Le local fut mis à notre disposition ; des tracts furent tirés aux frais de la C. G. T. ; un appel fut adressé aux organisations syndicales, Fédérations et Bourses. Il rendit assez peu mais le second que nous avons fait aux syndicats parisiens et aux Unions départementales nous a rapporté un peu plus, ce qui nous a permis de commencer notre propagande.

Nous n'avons aucun reproche à faire à la Confédération générale du Travail.

Je vous indique aussi, que, demain, la guerre terminée, la situation des mutilés de la guerre sera déplorable, si nous ne créons pas des organisations qui tiendront en contact les mutilés avec les syndicats confédérés. Nous ne devons pas les laisser accaparer par des œuvres à bases philanthropiques, qui ne font qu'une chose, tenter d'étrangler les mutilés, tenter d'en faire un sous-prolétariat.

Les Syndicats et les Unions départementales doivent attacher une importance à cette question et faciliter le développement de la Fédération ouvrière des mutilés et réformés de guerre.

Lescalier. — Camarades, j'ai demandé la parole pour vous mettre en garde d'un organisme très puissant qui se constitue en France, où l'on a su donner, d'une façon adroite, les postes de confiance, postes de secrétaires dans les Bureaux de placement paritaires, ou autres, aux mutilés. Grâce au placement paritaire, on peut dire que les Préfets auront entre les mains les moyens de briser les grèves à l'avenir. Déjà, pendant la guerre, par ces Bureaux de placement, nos camarades sont exploités et mis à la disposition du patronat en province avec cinquante pour cent de rabais.

Descarsin. — Je prends la parole quoique le camarade Marchand, le premier qui a parlé, ait bien défini ma pensée, mais je veux répondre au deuxième camarade.

Je suis sûr que dans les mutilés, il n'en est pas un qui brigue aucune place, seulement, ce que nous demandons à la classe ouvrière, c'est de nous soutenir dans les moments critiques, après la guerre, car nous, mutilés, possédant une modeste pension de deux francs, nous serons bannis par la Société.

Dret. — Camarades, si je demande la parole, avec l'autorisation de notre camarade Keufer, c'est à cause des mutilés de guerre.

Mutilé moi-même d'une autre guerre, j'ai trop senti dans quel état d'infériorité pouvaient être placés demain les camarades qui nous reviendront du front, pour que je ne me sois pas intéressé à la situationqui sera faite à ces camarades.

En effet, je suis peut-être le premier secrétaire d'organisation centrale qui ait déposé au ministère du Commerce, un projet de rééducation et de sauvegarde pour les mutilés. Je l'ai déposé en décembre 1914.

Actuellement, délégué par ma Fédération, je suis membre de l'Office national des mutilés de la guerre. Je tiens à déclarer, d'accord avec notre camarade Marchand, que lorsqu'on est venu me pressentir pour en faire partie, j'ai dit à celui qui est venu, j'accepte, mandaté par la Fédération, à condition qu'un délégué de la Fédération ouvrière des mutilés de la guerre qui a son siège à la C. G. T. ait elle aussi, un délégué qui fasse partie de l'Office national.

Nous voulions sauvegarder les intérêtsde ces camarades. J'en appelle à Keufer et à d'autres camarades qui ont assisté à la Conférence interalliée pour la rééducation des mutilés de la guerre.

Nous n'avons pas voulu que l'on fasse des mutilés une catégorie de travailleurs à part des autres travailleurs ; nous avons dit qu'ils devaient être demain rétablis dans leur complète indépendance, en complète liberté, vis-à-vis de ceux qui les emploient et placés comme les autres travailleurs. Voilà ce que nous avons revendiqué à l'Office national.

Tout-à-l'heure, le camarade Lescalier nous a parlé de l'Office de placement paritaire, cela n'est pas du tout la même chose.

Lorsque nous discutons à l'Office national des mutilés de la guerre, et j'en appelle au camarade Marchand, nous demandons toujours qu'ils soient placés sous le contrôle des organisations ouvrières.

Nous avons demandé cela, parce que nous ne pouvons pas admettre que les mutilés de guerre soient exploités par le patronat, en se servant de leur pension. Nous disons qu'ils ne doivent pas vivre de la charité officielle et qu'ils doivent être des travailleurs capables de se défendre devant les exigences du patronat.

La Présidente. — Camarades, j'avais déposé une proposition de résolution qui tendait à tenir deux séances aujourd'hui, pour examiner les questions restant à l'ordre du jour.

Desoblin. — Jouhaux nous a dit qu'il interviendrait pour essayer de faire accorder une journée de plus aux délégués qui sont en permission, de façon que nous puissions terminer l'ordre du jour, je viens demander si cela a été fait ou si nous allons nous contenter de repartir dans nos régions, sans avoir abordé aucune des questions économiques qui nous intéressent au plus haut point.

Je dis, camarades, qu'il serait intolérable que nous soyons venus ici dépenser l'argent de nos syndicats, pour entendre simplement des discours sur l'attitude de la C. G. T.

Je dis qu'il est important plus que jamais de venir ici aborder les questions qui demain, au moment de la paix, intéresseront la classe ouvrière tout entière. Nous avons à sauvegarder la classe ouvrière contre les prétentions des patrons de s'assurer la domination et l'embauchage de la classe ouvrière. Il y aura demain un arrêt et nous devons prendre aujourd'hui, nos précautions pour que nous ne connaissions plus les journées de chômage.

Nous devons sauvegarder et la main-d'œuvre masculine et la main-d'œuvre féminine, et il est indispensable qu'ici même nous prenions nos précautions, si nous voulons réaliser nos rêves de voir la transformation de la Société.

En attendant cette transformation, il faut que nous puissions procurer à la classe ouvrière ce qu'elle a besoin immédiatement.

Montagne. — J'ai déposé pour la prolongation des permissions, une motion. Jouhaux n'a qu'à intervenir pour essayer d'obtenir les permissions pour que les camarades ne soient pas obligés de partir ce soir.

Vallet. — Camarades, des critiques ont été formulées depuis lundi, sur le terrain économique, en ce qui concerne l'attitude de la C. G. T. vis-à-vis de la classe ouvrière avant la guerre.

Après la question qui vient d'être soulevée à cette tribune par le camarade Marchand, secrétaire de la Fédération ouvrière des Mutilés et Réformés de Guerre, je veux faire entendre un son de cloche qui n'est peut-être pas conforme aux aspirations de l'Association des Mutilés.

J'accuse, en tant que mutilé de la guerre, la Confédération générale du Travail de n'avoir pas pris une position nettement définie pour la protection des mutilés de la guerre.

Il y a eu des interventions individuelles qui se sont faites ; mais, dans un ordre général, la protection qu'attendaient les mutilés de la guerre, n'a pas été assez efficace.

C'est une critique que j'apporte contre le Comité confédéral et la Confédération générale du Travail.

A Saint-Etienne, j'ai fait entendre ce son de cloche et qu'est-ce à dire ? Est-ce que tous les mutilés de la guerre n'ont pas été sollicités, comme moi, d'accomplir une besogne qui n'était pas conforme au métier qu'ils venaient de quitter ? Et la rééducation, dans quel sens s'est-elle faite ?

Si l'on veut parler de la rééducation, il faut d'abord parler de la protection des syndiqués qui sont partis faire la guerre. Cette protection, on l'attendait dans les hôpitaux où l'on nous traitait de glorieux mutilés de la Marne.

J'ai écrit, moi, à la C. G. T. la situation qui nous était faite et alors, Jouhaux est intervenu pour moi personnellement. Mais, camarades, l'intervention dont j'ai pu bénéficier, ne s'appliquait pas aux camarades qui souffraient moralement, autant que moi. Jamais, au grand jamais, la circulaire de Justin Godard n'a été mise en application dans les hôpitaux militaires à part quelques rares exceptions qui ont pu bénéficier de l'intervention des camarades de la C. G. T.

Et c'est pour cela que je dis que pour la protection première des mutiles de la guerre, la C. G. T. aurait dû prendre position, aurait dû s'affirmer hautement par une propagande nettement définie, à seule fin qu'on ne brime pas plus, qu'on ne meurtrisse pas davantage que nous l'étions, le mutilés de la guerre revenant du Champ de bataille : elle aurait dû les protéger moralement. Cela n'a pas été fait dans une forme complète, cela n'a été fait que sous une forme indirecte.

A ce moment-là, camarades, croyez-vous que les mutilés de la guerre aient pu venir répondre à l'appel de l'Association ouvrière des Mutilés de la Guerre qui était ici. La preuve, c'est que moi, militant, je n'ai connu l'existence de cette Association des Mutilés qu'à mon retour en 1916.

J'estime que la C. G. T. qui voulait rétablir la vie économique du pays, n'aurait pas dû oublier ceux qui, tous les jours, étaient mutilés sur les champs de bataille et renvoyés ensuite. Moi je dis qu'elle n'aurait pas dû les laisser livrer à la merci d'un gouvernement domestiqué de la réaction qui nous obligeait même sans être guéris, à reprendre place sur les champs de bataille.

J'ai vu des quantités de camarades qui, parce que ne voulant pas aller à la messe, étaient considérés comme capables de reprendre un fusil, sans tenir compte de la possibilité où ils étaient de remplir la rôle qu'on leur assurait et il n'y a pas eu pour eux de protection de la C. G. T. Pourtant, la C. G. T. n'ignorait pas cette situation. Les journaux réactionnaires tels que l'*Action française*, signalaient cette situation pénible de ceux qui se trouvaient dans les hôpitaux et qui ne voulaient pas aller à la messe. Les camarades étaient brimés moralement et la C. G. T. n'a pas pris position. J'estime qu'elle a commis une grande faute.

Aujourd'hui, je déclare devant ce Congrès, que quels que ce soient les avantages que l'on pourra nous faire miroiter, nous estimons que la grande famille de mutilés, la trop grande famille de mutilés ne doit plus être augmentée. La seule satisfaction qui peut nous être donnée, c'est que le Congrès se prononce dans ce sens, c'est qu'il dise qu'il y a assez de mutilés, qu'il y en a de trop et que c'est la paix qu'il nous faut.

Couergou. — Je m'étonne que l'orsqu'un camarade vient ici causer de questions économiques, tous les camarades quittent la séance.

La Présidente. — La parole est au camarade Keufer.

Discours de Keufer

Keufer. — Camarades, vous avez entendu tout à l'heure un ténor de premier ordre, un ténor de l'extrême gauche des minoritaires, c'est notre camarade Hubert. Vous lui avez accordé toute votre attention et je m'en suis félicité, parce que j'ai pensé que tous les camarades qui ont pour devise : « Bien-être et liberté » doivent aussi accorder la liberté de s'exprimer à ceux qui ne pensent pas comme eux, même à ceux qui les combattent.

C'est au bénéfice de ces observations que je désire être écouté pendant quelques minutes seulement. Vous ne me reprocherez pas d'avoir abusé de la tribune, quoiqu'au cours de ces quatre journées de vifs débats, j'aie été mis en cause souvent, par nos camarades Dumoulin, Jouhaux, etc. La Fédération du Livre a été plusieurs fois citée comme étant à l'extrême droite du Parti ouvrier français, de la C. G. T. Il a même été dit que nous devrions être éliminés des rangs de la C. G. T. en raison de la méthode modérée de la Fédération du Livre. Vous ne serez donc pas surpris que je vienne dire quelques mots au sujet des inexactes explications qui ont été faites.

Le camarade Hubert s'est expliqué et défendu contre les critiques qui avaient été faites à l'égard de ses collègues du syndicat des terrassiers, connus comme des antipatriotes, des antimilitaristes ardents et qui travaillaient pour la défense nationale, qui faisaient des tranchées.

A mon tour, il est de mon devoir de vous dire, puisqu'on place les travailleurs du Livre à l'extrême droite du mouvement ouvrier français, combien sont injustes et fausses les appréciations des camarades qui ignorent notre action sociale.

Pour être favorablement apprécié dans le monde ouvrier, faut-il être un révolutionnaire, faut-il constamment, humblement s'incliner devant le dogmatisme intolérant des chefs de la C. G. T. ? N'a-t-on pas la liberté de penser autrement que ceux qui dirigent le mouvement ouvrier français ?

J'estime, depuis que la Fédération du Livre existe, voilà 37 ans, depuis 45 années que je milite dans ma corporation et dans les autres groupements français, nous n'avons jamais démérité du prolétariat.

Dans plusieurs circonstances, j'ai assité au Congrès du Parti ouvrier. Toujours j'ai affirmé mes convictions avec une entière sincérité. Je prétends qu'on n'a pas le droit de suspecter nos intentions, ou le caractère social de notre action corporative et générale.

A tous ceux qui sont de vieux militants, et ils deviennent rares, je veux parler de ceux qui ont pris part aux violentes luttes du Congrès de Bourges en 1904, je leur rappelle un fait qui avait son importance.

Tous doivent se rappeler quelle campagne acharnée, quelle campagne de calomnie, de critiques malveillantes et systématiques a été faite à Bourges, contre la Fédération des travailleurs du Livre et principalement contre moi.

Des brochures, des articles de journaux, menaient une campagne perfide contre les travailleurs du Livre et contre Keufer en particulier. Eh bien! pendant ces huit jours de Congrès, nous avons courageusement affirmé nos opinions et notre action et nous étions, à ce moment-là, énergiquement contre les antimilitaristes et les anti-patriotes, contre les partisans de la chaussette à clous, de l'action directe et du sabotage. Nous avons toujours continué notre action dans ce sens. Il y a même parmi les assistants à ce Congrès un ancien fonctionnaire de la Confédération générale du Travail qui doit se rappeler quelle campagne nous avons menée, non pas pour la journée de huit heures, mais pour la journée de neuf heures, contre la majorité du Congrès de Bourges qui ne voulaient pas tenir compte des conséquences d'une si brusque réduction de la durée de la journée de travail. Ceux qui connaissent le mouvement accompli dans notre Corporation, savent que nous avons réalisé la journée de neuf heures. Ce résultat a été obtenu sans le concours du Parlement, par la seule action des syndicats composant notre Fédération!

Voilà ce qui est intéressant à dire : mais il y a plus encore.

En ce qui concerne le mouvement pour l'introduction de la machine dans notre industrie, y a-t-il une seule corporation en France qui ait, comme la Fédération du Livre, par ses propres moyens, régularisé le travail de la machine, qui ait réduit la durée à 7 et 8 heures du travail, qui ait fait augmenter en même temps de trente pour cent les salaires professionnels en réglant la production ?

J'affirme que pas une des corporations qui nous ont attaqué avec tant de mauvaise foi à Bourges (avouée depuis) n'a fait ce que nous avons réalisé. On nous reprochait d'aller dans les ministères.

Je vous rappellerai, à ce propos, lorsque nous allions trouver les hommes du Parlement et les Ministres, nous y allions pour défendre les intérêts de nos camarades, comme le minoritaire extrémiste Hubert allait trouver le ministre des Travaux Publics, non pour lui, pour des intérêts personnels mais pour défendre les intérêts de sa corporation.

Eh bien! nous aussi, nous avons fait de fréquentes démarches pour défendre les intérêts de nos camarades. Dans toutes les circonstances où nous sommes intervenus, dans les Commissions où nous avons collaboré, jamais, nous n'avons recherché des avantages personnels, jamais nous n'avons vendu notre droit d'aînesse. Nous avons conservé notre indépendance. Je défie qui que ce soit de prouver que nous avons personnellement bénéficié des interventions faites auprès des Pouvoirs Publics.

Voilà ce que je tenais à affirmer, pour bien indiquer l'action sociale et économique exercée par la corporation du Livre. Dans ces conditions, je prétends que personne n'a le droit de nous faire le moindre reproche.

Il est non moins intéressant de nous signaler ce que la Fédération du Livre a fait, en ce qui le concerne, l'organisation internationale des travailleurs.

Vers 1883, au cours d'un voyage que je faisais en Amérique avec une délégation française, j'affirmais la nécessité de l'organisation internationale des travailleurs et, en faisant cette affirmation, je me conformais à la doctrine dont toute mon existence de militant s'est toujours inspirée, c'est-à-dire, la doctrine positiviste, fondée par Auguste Comte, qui mérite d'être étudiée autant que la doctrine de Karl Marx et celle d'autres penseurs. J'ai affirmé cette nécessité de l'organisation internationale des travailleurs en 1889, six ans plus tard. Après l'engagement que j'avais pris en Amérique, je proposais, avec le citoyen Allemane, au premier Congrès typographique international, en 1889, de fonder, pour l'industrie du Livre, une Fédération internationale. Je puis affirmer que j'ai largement contribué à la création du secrétariat international du Livre, qui a été la première organisation internationale dont la France a pris l'initiative. Par conséquent, vous constaterez que nous avons depuis longtemps été favorable à l'idée de l'organisation internationale des travailleurs. Nous avons, par l'organe de ce secrétariat participé, à la défense des intérêts des travailleurs de quelque pays qu'ils soient.

Enfin, je demande la permission de dire encore quelques mots au sujet de notre attitude sur le projet de tenir un prochain Congrès international.

Je déclare qu'au point de vue international, nous maintenons nos principes d'organisation : Nous considérons que l'Internationale ouvrière est une institution indispensable dans l'avenir.

Au Congrès de Clermont-Ferrand, je le déclare une fois encore, nous avons fait à ce sujet, de formelles réserves, non pas que nous ayons voulu revenir sur nos opinions, non pas que nous soyons hostiles à l'organisation internationale, mais nous estimions que les conditions dans lesquelles la guerre nous a été déclarée, ne nous permettaient pas de participer à un Congrès international.

Malgré mes affirmations et mes sentiments personnels que je conserve toujours sur l'organisation internationale, j'ai déclaré que j'étais hostile à un Congrès international avant la fin de la guerre. Je me rallie personnellement et très résolument aux idées de nos camarades américains et anglais. J'ai fait cette catégorique déclaration dans une Conférence des Travailleurs du Livre, qui a eu lieu tout dernièrement. Malgré cela, (et c'est une indication que dans ma corporation les camarades ne suivent pas constamment leur secrétaire général) la majorité des délégués s'est prononcée pour la tenue prochaine d'un Congrès international.

Je tiens à affirmer, pour mon compte, que ce Congrès international ne devrait pas avoir lieu avant la fin de la guerre, et cela en raison de la coupable attitude de la social-démocratie allemande qui soutient la politique du Kaiser odieux, qui n'a jamais eu un mot de protestations contre les crimes effroyables commis par l'armée allemande. En présence des reniements des Scheidemann, des Ebert, des Muller, etc., attitude que vous connaissez bien, je prétends qu'après un Congrès, ces social-démocrates n'inspirent aucune confiance et ils n'auront aucune influence pour modifier la mentalité du peuple allemand. *(Brouhaha.)*

Je me résume, camarades, et je dis simplement ceci :

Je ne crains qu'une chose, c'est que les décisions qui pourront être prises au Congrès international, ne provoquant des mesures dangereuses pour la France et que les Allemands, comme par le passé, violent la parole donnée. Un tel Congrès sera une cause de dangers et de faiblesse pour nous et un avantage pour les Allemands, sans pour cela avancer d'un jour la paix, que je désire aussi ardemment que n'importe qui.

Je termine par là. Je vous ai indiqué le rôle joué par la Fédération du Livre. Je pense avoir démontré que les affirmations et les appréciations faites par divers camarades ne sont pas justifiées. S'il était possible, dans un Congrès, d'éliminer une corporation, que ce soit celle du Livre ou celle des Cheminots, sous prétexte qu'elle ne partage pas la même opinion que les laeders de la C. G. T., ce serait un acte de condamnable intolérance. Je considère que quelle que soit l'opinion de certaines corporations, toutes doivent trouver le même accueil, être comprises au même titre dans le monde du travail. Si vous n'agissez pas comme cela, vous accomplirez une niquité.

Le Congrès, comme la Confédération, doit réunir tous les travailleurs, quelle que soit leur profession, quelles que soient leurs idées politiques, sociales ou religieuses du moment qu'ils défendent énergiquement leurs intérêts, travaillent à leur manière à la rénovation sociale et combattent les abus du capitalisme. *(Applaudissements.)*

BOURDERON. — J'ai rencontré Keufer, dans toute ma vie de militant, je fus un adversaire d'idées de Keufer, et je ne puis ici approuver l'incorrection qu'un certain nombre de délégués ont faite en le sifflant.

LA PRÉSIDENTE. — J'ai ici une motion demandant qu'une Commission de Contrôle fasse paraître un rapport sur la situation financière.

Elle est signée des camarades Julien de Béziers, et Becker, de la Voiture.

La motion est mise aux voix et adoptée, la parole est au rapporteur de la Commission de résolutions.

La Commission des résolutions

LUQUET (rapporteur). — Camarades, je veux accomplir très sobrement et très rapidement le mandat assez délicat d'ailleurs, que la Commission de résolutions m'a confié.

Tout d'abord, il est indispensable que vous sachiez comment la Commission a été composée ; quels étaient les camarades qui la constituaient. Ce sont :

Pour la minorité : Merrheim, Bourderon, Dumoulin, Frossard, Thuillier, Tommasi et Dejonkère.

Pour la majorité : Bled, Savoie, Bardy, Laurent, Boutet, Bidegarray et votre serviteur.

Le temps pendant lequel nous avons travaillé et aussi pendant lequel vous vous êtes impatientés, souligne assez les difficultés que nous devions résoudre avant de nous présenter devant vous.

Pourtant, après nous être expliqués ,nous être remémorés la physionomie de nos débats, et nous être rappelés les uns et les autres les louables efforts de Merrheim d'une part, de Jouhaux de l'autre, en vue d'un rapprochement qu'ils sentaient nécessaire l'un et l'autre, efforts que cimentaient hier les fortes interventions de Bled d'une part, et de notre jeune camarade Dumoulin.

Nous devions constater au sein de la Commission que nous ne pouvions pas nous représenter devant vous, sans vous apporter sinon une motion d'unanimité complète, la motion de la plus forte majorité qui donnerait à la classe ouvrière la puissance qu'elle doit avoir en vue d'une action que vous espérez. *(Applaudissements.)*

C'est dans ces conditions, camarades, que nous nous sommes mis à la besogne pour rédiger le texte dont maintenant il me reste à vous donner lecture :

« Le 19e Congrès National corporatif rappelle le caractère des statuts de la C.G.T. qui assure à toutes les tendances du mouvement leur liberté d'expression dans l'unité ouvrière.

« Cependant, il ne saurait tolérer que les organisations régulièrement confédérés soient privées de la direction des mouvements corporatifs susceptibles de se produire dans leur sein.

« Enregistrant les déclarations faites à sa tribune au nom des tendances : appréciant à leur valeur les efforts salutaires faits de part et d'autre pour dissiper les équivoques qui ont obscurci les positions respectives de chacun et dégagé du passé l'action de la classe ouvrière pour l'avenir :

« Considérant que les débats ont prouvé que le souci des intérêts ouvriers et de la paix du monde ont inspiré exclusivement les atti-

tudes au sein des organisations syndicales de la C. G. T. qui en est l'expression nationale :

« Déclare faire confiance aux militants et aux organisations régulièrements confédérées :

« Ratifie la motion d'action et d'unité votée à la Conférence de Clermont-Ferrand qui condamne toute continuation de la diplomatie secrète et réprouve les tractations faites à l'insu de la Nation ; qui réclame que celle-ci ait connaissance des conditions auxquelles la paix générale juste et durable, la seule possible, pourra être conclue ; conditions qui résument les formules suivantes :

« Pas d'annexion ; droit des peuples à disposer d'eux-mêmes ; reconstitution dans leur indépendance et dans leur intégralité territoriale des pays actuellement occupés ; réparations des dommages causés ; pas de contributions de guerre ; pas de guerre économique succédant aux hostilités ; liberté des détroits et des mers ; institution de l'arbitrage obligatoire pour régler les différents internationaux ; constitution de la Société des Nations ; conditions qui sont celles définies par le président Wilson, par la révolution russe à ses débuts et affirmées par toutes les manifestations interalliées et internationales et même par Zimmervald.

« Il rappelle aux travailleurs que l'obtention des passeports déjà réclamés pour la Conférence de Clermont-Ferrand, pour une Conférence internationale dépend pour une grande part de leur action forte et disciplinée, appuyant celle qu'il donne mandat à la C. G. T. de mener de toutes ses forces, par tous ses moyens, pour imposer au besoin au gouvernement par une démonstration d'ensemble la volonté prolétarienne depuis si longtemps exprimée.

« Il déclare réprouver toute intervention armée des nations de l'Entente en russie en dehors de la volonté du peuple russe lui-même.

« Il appelle enfin toutes les organisations ouvrières à agir méthodiquement pour imposer à tous la reconnaissance des droits ouvriers. »

Voilà la motion qui répond, nous en avons la conviction profonde aux sentiments à peu près du Congrès.

C'est tellement vrai, camarades, que sur treize membres dont la Commission était composée, quatre voix seulement se sont prononcées contre.

J'ai le devoir de vous dire quels sont ceux qui n'ont pas ratifié le texte.

Si je ne vous le disais pas, camarades, ils éprouveraient le besoin de venir eux-mêmes vous le dire, c'est donc pour répondre à leur désir et par souci de loyauté entre nous qu'il était indispensable que je vous dise quels sont les membres de la Commission qui ne se sont pas ralliés à ce texte avec nous : Ce sont : Pour la minorité : Tommasi, Thuillier et Dejonkère.

Un seul pour la majorité : le camarade Boutet.

Je vous demande si vraiment vous avez conscience de votre devoir, de ratifier à l'unanimité le texte que j'ai mandat de vous apporter. *(Applaudissements.)*

THUILLIER. — J'aborde cettte ribune en vous disant que j'ai déclaré à la Commission que je me faisais des réserves et que je tenais à les déclarer au Congrès.

Je n'ai pas voulu accepter cette motion, j'ai fait des concessions sur beaucoup de points, mais, où je ne pouvais pas en faire c'est après cette campagne qui a été menée depuis le début des hostilités, campagne qui a fait en quelque sorte deux clans, c'est-à-dire deux tendances dans le Comité confédéral ; après avoir clamé des blagues de tous les côtés, on voudrait aujourd'hui nous faire voter un blanc-seing au Comité confédéral.

Je dis que pour mon compte, il m'est impossible de l'accepter étant donné ces considérations.

Si j'ai accepté d'aller à la Commission, c'est que j'ai déjà un mandat, j'avais assisté à des réunions de minoritaires qui nous avaient donné un mandat.

Je vous prie de croire que s'il y en a un à qui l'Union est chère, c'est à moi, cependant, vous ne voudriez pas que j'accepte un blâme de mes camarades en félicitant le Comité confédéral.

Je dis que si cette motion est votée, elle ne fera que prolonger, qu'aggraver en quelque sorte la situation qui existe depuis la guerre.

Il fallait que l'on pose ici (et j'en ai le mandat) la question de confiance pour le nouveau départ de la C. G. T.

Je sens qu'il y a des camarades qui sont ici qui ne peuvent pas aller contre les mandats qu'ils ont reçus.

Selon la physionomie que vous allez donner à votre ordre du jour, vous aurez trois ou quatre cents organisations qui ne le voteront pas.

Si, au contraire, on nous posait la question de confiance, ce serait clair, limpide, et, après cet ordre du jour de confiance, nous donnerions les directives nécessaires basées sur l'action dictée par les Congrès antérieurs.

Je vote contre l'ordre du jour qui a été présenté.

Un délégué. — Camarades, il me semble que nous avons oublié nos méthodes des anciens Congrès, nous voilà arrivés aujourd'hui au dernier jour, nous n'avons pas encore liquidé la première question, contestation sur l'ordre du jour et la résolution.

Si on avait agi comme on agissait dans les Congrès précédents comme au Congrès du Havre, où l'ordre du jour était très chargé ; si, au lieu, à ce Congrès, de commencer nos journées à neuf heures on les avait commencées plus tôt, si, pendant que la Commission mixte était en train de rédiger sa résolution, les camarades avaient discuté les autres questions, nous ne serions pas partis de ce Congrès (des camarades étant obligés de repartir ce soir) sans directives sur les questions économiques.

Camarades, veuillez m'excuser de vouloir expliquer mon vote, je suis un élément obscur, perdu dans la foule, et je crois de toute nécessité qu'après les dirigeants du Comité confédéral, il est bon d'entendre précisément les éléments des syndicats.

Je suis venu au Congrès avec un mandat, qui n'est pas un mandat impératif ; si on m'avait donné un mandat impératif, je ne serais pas venu au Congrès.

Mais précisément en province comme nous n'avons pas tous les éléments d'information, nous venons ici, de bonne foi, pour y puiser des renseignements nous permettant d'éclairer nos camarades, je crois qu'il faudrait être de parti pris pour ne pas convenir de l'effort fourni par ceux qui étaient au Comité confédéral, et, en même temps, par ceux qui étaient dans la minorité, et qui ont fait une action qui était peut-être également nécessaire.

Mais précisément le mandat qu'on m'avait donné comportait pour ainsi dire un regret sur ce qu'avait fait le Comité confédéral, parce que nous ne connaissions pas complètement l'action confédérale.

En mon nom personnel — et j'en prends la responsabilité — je retire ce regret que portait mon mandat.

Un délégué. — Camarades, je viens au nom de mon organisation dire que si je ne peux accepter les grandes lignes de la résolution présentée ici, c'est surtout parce qu'on a oublié de mettre dans cette résolution la condamnation ou le regret de l'action passée ; à partir du mois d'août 1914 jusqu'à la Conférence de Clermont-Ferrand.

Je n'accepte pas qu'on donne aujourd'hui le blanc-seing pour l'action passée et je dis aux camarades de la fraction minoritaire à laquelle j'ai appartenu depuis le début, que nous ne pouvons pas avaler l'action personnelle des individus, surtout l'action de la majorité confédérale qui a été durant ces quatre années en opposition avec nos idées de paix, et avec le principe même du syndicalisme français.

Si nous avons réussi, à la Fédération des Métaux, à faire l'unanimité, c'est parce que nous, minoritaires, soit disant extrémistes, nous avions obtenu des déclarations formelles de la part du camarade Merrheim au nom du secrétariat.

Je considère que nous qui avons dit que nous approuvions l'action de la minorité au sein du Comité, nous ne pouvons aujourd'hui approuver également l'action du Comité confédéral dans sa majorité.

Il faut être logique avec soi-même, il ne faut pas quoique nous désirions une unité d'action pour demain, nous faire avaler le passé de trois années.

Dumoulin. — Nous ne sommes plus ici pour faire des discours mais pour prendre position. En réalité, camarades, je considère que quand tout-à-l'heure vous diminuiez par des qualificatifs l'importance de la résolution qui vous est présentée, vous diminuiez également notre Congrès, quand déjà on s'entêtait à dire : cette résolution c'est la confiance, le blanc-seing accordé au Comité confédéral, on diminuait déjà l'importance de l'action qui doit souligner notre Congrès d'aujourd'hui.

Moi, camarades, je ne retire rien du Congrès lui-même ; personne ici de ceux qui ont pris la parole ne retire quoique ce soit des déclarations qui ont été faites. Le Congrès reste dans son entier l'expression de sa pensée tout entière.

Mais, camarades minoritaires, nous avons été tenus de réfléchir et d'interroger nos consciences, songez que si à un moment donné une minorité nombreuse n'accordait pas sa confiance au Comité confédéral, et qu'une majorité diminuée, fortement diminuée, la lui accordait, il faut le dire, demain la C. G. T. ne pourrait pas se représenter devant la classe ouvrière ni devant ses ennemis.

C'est pourquoi, camarades, nous ne voulons pas, je ne veux pas me livrer à cette manifestation pour le plaisir d'une manifestation, je veux, puisque la résolution accorde sa confiance à tous les militants, je veux que la Confédération générale du Travail conserve sa force pour, étant donné l'urgence du péril et la nécessité de travailler utilement, réaliser au plus vite la paix que nous désirons tous. *(Brouhaha dans les tribunes.)*

Merrheim. — On crie des tribunes : Embrassez-vous. S'il avait été dans ma pensée d'avoir des haines personnelles et d'oublier le rôle de l'organisation, vous pourriez me lancer cette apostrophe. Comment ! ceux qui refusent de voter la résolution viennent dire : « Nous ne la voterons pas parce que nous voulons une action plus forte et plus puissante pour la paix », et, au moment même, ils enlèvent à cette action toute la force qu'elle doit avoir. Comment ! vous ne sentez pas, camarades, que si ici, nous, minorité, nous ne prenons pas nos responsabilités à l'heure actuelle, ce n'est pas l'unité d'action que nous allons retrouver mais ce sera la division dans cette action ; et pour la minorité, elle sera encore plus impossible qu'elle n'était dans le passé.

Je veux dire ici ma pensée. Oui, j'ai examiné la situation. Les responsabilités je vous l'ai dit, ont disparu totalement devant la situation qui nous est faite à tous.

Je veux avoir le droit demain, si la majorité ne respecte pas les engagements qu'elle a pris à Clermont-Ferrand, dans la résolution, je veux avoir le droit demain, dis-je, non pas de la blâmer, mais d'être avec vous pour pouvoir la chasser de la Confédération générale du Travail, voilà la vérité.

Ah ! camarades, il faut faire un autre Congrès, dites-vous, Peut-être.

S'il est nécessaire, nous n'hésiterons pas à en prendre les responsabilités.

Mais, je dis qu'à l'heure actuelle, nous avons le devoir ici, dans l'intérêt de notre action de demain, de voter l'ordre du jour présenté qui contient ce que nous voulions qu'il contienne : Une action pour la paix.

Camarades ! ou nous sommes pour une action pour la paix, et alors, la résolution contient ce que nous désirons ; ou nous sommes pour des haines personnelles, nous sommes contre l'action et, en effet, la résolution ne contient pas ce que vous demandez.

C'est ainsi qu'il faut poser la question, et c'est ainsi que je la pose devant le Congrès.

Je vous déclare que, s'il n'y a pas ici une majorité qui se prononce, qui prenne ses responsabilités, nous ne pourrons pas demain faire cette action pour la paix. Il y aura un prolétariat divisé, et toute action devient impossible au moment ou la réaction mondiale fera bloc contre nous.

Je dis que nous n'avons pas le droit de faire des questions de personnalités ; que nous n'avons pas le droit d'oublier la C. G. T., expression de la classe ouvrière organisée, car c'est elle que vous condamneriez.

Voilà ce que je voulais dire au Congrès.

Camarades ! J'ai entendu les mêmes interruptions en 1912 et l'année d'après, ceux qui m'avait interrompu, avec la même violence, me donnèrent raison.

Vous me donnerez raison demain, cela suffira à ma conscience, je prends ici la responsabilité de voter l'ordre du jour.

La Présidente. — Camarades, nous allons passer au vote. *(Brouhaha.)*

Jouhaux. — Camarades, des contestations s'élèvent. A la Commission des résolutions, il avait été décidé que Luquet rapporteur lirait la motion, que Dumoulin, Merrheim et moi-même prendrions la parole et qu'ensuite le vote serait ouvert.

Camarades, je n'ai pas cru devoir prendre la parole quand nos camarades Merrheim et Dumoulin ont eu terminé. J'ai estimé que je n'avais pas à intervenir et que le vote devait se faire dans toutes les conditions de liberté possible.

C'est ce vote qui est commencé. Des camarades prétendent qu'ils doivent expliquer leur vote. Si chacun veut expliquer son vote, nous serons encore ici demain matin, et rien n'aura été fait.

A la Commission, nous avons pris la résolution que personne autre que ceux qui avaient été désignés ne prendrait la parole sur le vote, et notre camarade Boutet qui était contre la motion présentée, a lui-même déclaré qu'il ne prendrait pas la parole.

Par conséquent, après les explications qui ont été données, c'est le vote qui doit avoir lieu, et j'estime pour ma part que ce vote est régulier.

Camarades, on prétend que parce que l'on a pas donné lecture d'une motion, venue après la motion de la Commission de résolutions, le vote ne peut avoir lieu.

C'est inadmissible. Vous avez nommé une Commission. Cette Commission s'est réunie. Elle a travaillé. Elle vous a apporté un texte. Il ne saurait être mis aux voix avant le vote de la motion de la Commission une autre motion quelconque. Quand le vote de la motion de la Commission aura été acquis, vous aurez le droit de présenter au Congrès une autre motion, mais en désignant une autre Commission, et en la chargeant de rédiger cette motion.

Vous avez accepté la discipline, elle vous impose le vote de la motion avant de faire quoi que ce soit.

J'ai une autre communication assez importante à vous faire. Cette communication a trait aux permissions. La question des permissions avait été posée, je crois dire que les camarades qui ont demandé une prolongation de permission doivent apporter leur nom, pour que nous puissions demain matin faire la délégation nécessaire.

Nous ne disons pas, nous obtiendrons les permissions. J'ai posé la question au Président du Conseil. J'étais obligé de le faire parce que je ne pouvais pas aller voir tous les ministres dont dépendent les ouvriers mobilisés.

Je lui ai posé la question. Il ne m'a répondu ni oui ni non. Il m'a demandé seulement de venir demain avec la liste de ceux qui ont besoin de prolongation. Par conséquent, que les camarades qui ont besoin de prolongation veuillent bien donner leur nom et les indications nécessaires pour que nous en dressions la liste et que nous puissions demain matin accomplir notre mission.

On me demande si le Congrès continuera demain.

Pour ma part, je ne le pense pas. En voici la raison : Il y a déjà des camarades, qui, parce qu'ils n'ont pas eu la réponse précise à leur demande de prolongation sont repartis, et comme nous ne savons pas si nous obtiendrons les prolongations demandées, nous ne pouvons pas dire que le Congrès continuera demain.

Toutes les questions qui restent à discuter, questions économiques, sont des questions très complexes pour qu'elles puissent être discutées dans l'atmosphère actuelle.

Je pense, pour ma part, puisque vous avez décidé de transformer dans un délai rapide la constitution du Comité confédéral, qu'il convient de remettre la solution des problèmes économiques à la première réunion du Comité national qui devra se tenir dans un délai de six mois.

Vous avez donc par la même satisfaction, puisque préalablement des brochures exposant ces questions seront envoyées à chaque syndicat, pour que chacun dans leur Fédération et dans leur union les examine et prenne position.

Je demande que le vote continue. Il faut, en effet, nommer une Commission pour dépouiller le vote. Je vous propose, les camarades Moussard, Hubert, Bled, Le Guen, Savoie et Becker. (Ces camarades sont acceptés pour faire le dépouillement du vote.)

Je vous ai dit ma façon de penser sur la continuation du Congrès. Je pense que le Congrès doit être déclaré clos, et que les questions restant en litige devront être discutées par un rapport dans les organisations et par le premier Comité national ensuite.

Les syndicats recevront une brochure explicative sur ces questions. Ils les discuteront soit au sein de leur Union soit au sein de leur Fédération. Les Fédérations et les Unions départementales pour la réunion du Comité national feront connaître ces avis que nous transmettrons ensuite aux organisations syndicales. Nous allons faire une suspension d'une demi-heure, et nous donnerons le résultat du vote.

Le vote de la motion.

Nombre de votants	1.207
Pour	908
Contre	253
Abstentions	46

La séance est levée au milieu d'une grande animation.

Compte rendu de la séance de la Commission chargée d'élaborer la motion

Membres de la Commission :

Jouhaux, Merrheim, Bourderon, Frossard, Bled, Laurent, Tommasi, Thuillier, Savoie, Dumoulin, Bidegaray, Boutet, Luquet, Bardy, Dejonkère.

Bourderon est nommé Président ;
Savoie est nommé Secrétaire.

Luquet. — Il s'agit d'examiner ce que nous avons l'intention de présenter au Congrès. J'ai toujours été d'accord avec la majorité mais je ne considère pas que l'approbation du Congrès soit nécessaire.

Laurent. — Je crois l'approbation utile.

Boutet. — Je suis d'un avis contraire à Luquet, il doit être fait confiance au Comité confédéral et le Congrès doit approuver toute son attitude du passé.

Bardy. — Si la confiance n'est pas demandée et obtenue, c'est la condamnation des Unions départementales qui ont suivi la majorité dont l'action a donné des résultats.

Thuillier. — Il sera difficile de s'entendre au sujet du passé, minoritaire, m'appuyant sur les décisions des Congrès pour juger de l'attitude de la majorité, et l'appréciation de Bardy ne sera peut-être pas partagée par eux, il faut leur demander. L'action des minoritaires a donné des résultats, je ne peux absoudre l'attitude de la majorité du Comité confédéral.

Bled. — Une grande partie de nos amis majoritaires ne pourront pas voter un ordre du jour qui ne contiendrait pas explicitement ou implicitement une approbation de l'action de la majorité.

Bourderon. — Il faut essayer de nous entendre, de nous comprendre si nous voulons arriver à une solution.

Frossard. — Il faut que la résolution définisse surtout la politique d'avenir de la C. G. T., l'on demande l'approbation pour la majorité, c'est alors la condamnation des minoritaires ce contre quoi je suis. Nous ne pourrons nous mettre d'accord. Est-ce que les camarades majoritaires croyent se fortifier en voulant nous conduire à un vote approuvant ou condamnant l'une ou l'autre tendance. Je crois qu'ils se trompent.

Dumoulin. — Nous avons chacun suivant notre tendance la même préoccupation, approuvé l'une, désapprouvé l'autre.

Si, au sein de la Commission, nous ne pouvons pas nous débarrasser de ce point de frottement, nous n'arriverons pas à un résultat. Pour l'action de demain, je suis prêt à faire des concessions sur le passé. Il ne faut pas chercher à amener le Congrès à prononcer une condamnation contre l'une ou l'autre des deux fractions. Nous avons à nous prononcer non seulement sur la situation symbolique, mais aussi sur la situation matérielle.

En cherchant chacun à avoir la confiance du Congrès, nous le couperons en deux.

Envisageons que l'action du passé soit condamnée, ou du moins qu'une forte minorité s'établisse, qu'en résultera-t-il pour l'action de demain ?

Nous voulons que le Comité confédéral ait toute la confiance pour demain.

JOUHAUX. — La motion peut avoir deux aspects. La motion ne peut contenir ni désapprobation ni regret à l'égard de l'une ou de l'autre des deux tendances, mais il faut qu'elle dise clairement qu'en dehors des organisations régulières de la C. G. T., il n'y a pas de place pour des Comités quelconques, car cela serait l'impuissance du fait de heurts qu'ils provoquent, alors qu'il faut une action en force pour réaliser ce qu'a décidé la Conférence de Clermont-Ferrand, si les divisions subsistent après ce Congrès, l'action de la C. G. T. en sera fortement affaiblie.

BOURDERON. — Nous sommes devant deux propositions.

BLED. — Je reste pour l'approbation de l'attitude du Comité confédéral dans sa majorité.

JOUHAUX. — Avec confiance pour l'avenir, et une mise en garde contre toute action divergente de Comité quelconque, l'on peut se passer de l'approbation.

Bourderon donne lecture de la proposition Savoie.

BLED. — Ce texte est insuffisant.

BOUTET. — Il faut y ajouter une phrase approuvant l'attitude de la majorité.

FROSSARD. — Il faut qu'il soit dit que l'action de la minorité n'est pas condamnée.

JOUHAUX. — Il serait inexcusable d'essayer d'exploiter la situation. L'ordre du jour de Savoie ne me donne pas entièrement satisfaction. Si la minorité s'affirme, je m'en irais, cela jettera un trouble inévitablement, voilà pourquoi il faut trouver un texte pouvant éviter à ce que le Congrès se coupe en deux.

MERRHEIM. — Nous nous sommes, nous, efforcés de faire admettre aux extrêmes de la minorité une déclaration reconnaissant le droit dans la C. G. T. à toutes les tendances de se manifester. Il faut que cela figure dans la motion.

THOMMASI. — J'ai mandat de faire l'unité totale entre minoritaires et de rechercher l'unité au sein de la C. G. T. mais nous n'irons pas jusqu'à donner un blanc-seing à l'égard de la majorité.

Dumoulin donne lecture d'une rédaction.

BIDEGARAY. — Dans nos organisations, les uns sont pour, d'autres contre l'approbation, la motion Savoie avec l'adjonction Merrheim pourrait donner satisfaction à tous.

BLED. — Je propose que l'on y adjoigne la résolution de la Conférence de Clermont-Ferrand.

BOURDERON. — Je suis contre la proposition Bled, le vote de la Conférence n'a pas à jouer dans celui du Congrès.

THUILLIER. — Il n'est guère possible de trouver une motion pouvant nous mettre d'accord, il faut que soit désavouée l'attitude de la majorité, autrement on ne fera pas disparaître le malaise, l'on ne peut absoudre, il faut que le Congrès se prononce pour ou contre ; ensuite, il pourra voter une motion d'unanimité.

Si la majorité n'accepte pas d'être désavouée malgré les concessions faites par Merrheim, Bourderon et Dumoulin, il n'y à rien à faire.

Dejonkère. — Il est difficile de présenter au Congrès une motion ne lui donnant pas la possibilité d'apprécier le passé.

Merrheim. — Un vote obligeant l'ancien bureau à partir affaiblirait le bureau nouveau. Même avec la certitude d'avoir une majorité au Congrès j'hésiterais à aller jusque là.

Luquet donne lecture d'un texte.

Jouhaux. — J'accepte le texte de Luquet.

Frossard. — J'accepte aussi ce texte.

Laurent fait des réserves.

Boutet. — Je suis contre ce texte qui ne condamne rien et n'approuve rien.

Frossard. — Si l'on se place tous sur la position de Boutet aucun rapprochement n'est possible.

Bardy. — Nous avons fait de la conciliation, je ne puis suivre Boutet.

Luquet. — Il faut que nous nous haussions à la hauteur des circonstances. Il y a des forces avec lesquelles la majorité s'est trouvée en opposition qui ne sont pas négligeables.

Merrheim et Bourderon ajoutent qu'en certaines circonstances ces forces se sont rapprochées de celles de la majorité, dans l'intérêt général.

Thuilliet et Tommasi n'acceptent pas le texte de Luquet, mais n'en proposent aucun autre.

La Commission charge les camarades Bourderon, Jouhaux, Luquet et Merrheim de mettre le texte de Luquet au point, la séance est suspendue.

Luquet donne lecture de la résolution mise au point.

Bled. — Je voudrais qu'il fut dit que le Congrès fait confiance à ses militants au Comité confédéral et aux organisations ouvrières.

Thuillier. — Je repousse tout ce qui peut, même par allusion, condamner le Comité de Défense Syndicaliste.

Bled. — Je n'insiste pas sur mon adjonction.

La Commission décide de voter la motion en la divisant en trois parties.

Vote sur la première partie.

Pour, 7 : Jouhaux, Bourderon, Bardy, Merrheim, Savoie, Bled, Laurent.

Contre, 4 : Dejonkère, Tommasi, Boutet, Thuillier.

Abstention : Dumoulin.

Vote sur la deuxième partie.

Pour qu'il soit introduit Zimmerwald.

Contre, 8.

Pour, 7.

Vote sur la troisième partie.

Bourderon propose au sujet de l'intervention en Russie, « *contre toute intervention sous n'importe quelle forme* ».

Jouhaux propose qu'il soit mis : « *contre toute intervention en dehors de la volonté du peuple russe* ». La proposition Jouhaux est adoptée.

Vote sur le texte entier modifié.

Pour, 11 : Jouhaux, Bled, Bardy, Dumoulin, Merrheim, Savoie, Laurent, Luquet, Frossard, Bidegarray, Bourderon.

Contre, 4 : Thuillier, Dejonkère, Boutet, Tommasi.

Thuillier déclare se réserver le droit d'intervenir au Congrès.

Boutet. — J'ai voté contre comme Thuillier, mais dans un autre ordre d'idée ; je n'interviendrai pas au Congrès.

Le camarade Luquet est chargé de donner lecture au Congrès de la résolution.

Le Secrétaire,
A. Savoie.

Troisième Partie

Tableaux des Votes par Mandats

TABLEAUX DES VOTES PAR MANDATS

(Chiffres rectifiés après pointage)

Abréviations : P. pour — C. contre — A. abstention — N.V. non votants

DÉLÉGUÉS	ORGANISATIONS	VOTE			
		P.	C.	A.	N.V.
	Fédération des Agricoles du Midi *Bourse du Travail Narbonne (Aude).*				
Marty	Agricole de la ferme d'Arles	p.			
Goffre	Cultivateurs d'Armissan		c.		
Viala	Cultivateurs d'Autignac		c.		
Viala	Cultivateurs de Béziers		c.		
Viala	Cultivateurs de Cazouls-les-Béziers		c.		
Goffre	Cultivateurs de Coursan		c.		
Sarda	Agricoles de Fabrezan			a.	
Goffre	Cultivateurs de Narbonne		c.		
Goffre	Cultivateurs de Rayssac		c.		
Sarda	Agricoles de St-Marcel	p.			
Sarda	Cultivateurs de Saint-Nazaire	p.			
Viala	Cultivateurs de Sérignan		c.		
Viala	Cultivateurs de Vabros		c.		
	Fédération de l'Alimentation *Maison des Syndicats* 33, *Rue de la Grange-aux-Belles, Paris (x*[e]*).*				
Savoie	Boulangers de Bordeaux	p.			
Savoie	Boulangers de Corbeil Essones	p.			
Pottier	Boulangers du Mans	p.			
Saint-Venant	Alimentation de Lille	p.			
Rougerie	Boulangers de Limoges	p.			
Laplanche	Cuisiniers de Lyon		c.		
Laplanche	Pâtissiers de Lyon		c.		
Savoie	Boulangers de Lyon	p.			
Laplanche	Buiscuitiers de Lyon		c.		
Siège	Boulangers de Marseille		c.		
Bos	Employés de cafés, hôtels de Nice	p.			
Constant	Boulangers d'Orléans	p.			
Laurent	Produits Alimentaires de la Seine	p.			
Laurent	Employés d'épicerie de la Seine	p.			
Feuilloley	Biscuitiers de la Seine		c.		
Roger	Dames de restaurant de la Seine		c.		
Tendero	Ouvriers meuniers de la Seine	p.			
Koupfeischmitte	Charcutiers, salaisonniers de la Sine.	p.			
Bos	Limonadiers, restaurateurs de la Seine	p.			
Antourville	Pâtissiers de la Seine	p.			

DÉLÉGUÉS	ORGANISATIONS	VOTE			
		P.	C.	A.	N.V.
	Fédération de l'Alimentation (*suite*)				
Leger	Cuisiniers de Paris	p.			
Henriot	Ouvriers bouchers de la Seine	p.			
Linon	Ouvriers boulangers de la Seine	p.			
Antourville	Ouvriers confiseurs de Paris	p.			
Jussiaux	Cuisiniers et pâtissiers de Pau	p.			
Savoie	Cuisiniers, confiseurs de Perpignan	p.			
Lamy	Ouvriers et ouvrières de l'Alimentation de Ruelle S/Trouvre			a.	
Bauge	Ouvriers boulangers de Toulon		c.		
Blatche	Ouvriers boulangers de Toulouse	p.			
Savoie	Cuisiniers de Toulouse	p.			
Serres	Ouvriers minotiers de Toulouse	p.			
Betesta	Ouvriers boulangers de Tours	p.			
	Fédération des Allumettiers *4, Rue Lecuyer, Aubervilliers (Seine).*				
Simonin	Allumettiers d'Aix	p.			
Simonin	Allumettiers de Bègles	p.			
Simonin	Allumettiers de Marseille	p.			
Simonin	Allumettiers de Pantin-Aubervilliers	p.			
Aschbacher	Allumettiers de Saintines	p.			
Simonin	Allumettiers de Trélazé	p.			
	Fédération de l'Ameublement *2, Rue Saint-Bernard Paris (XIIe).*				
Bonnet	Ouvriers ébénistes et billardiers de Bordeaux	p.			
Margot	Ouvriers du bois de Clermont-Ferrand	p.			
Dreyer	Sculpteurs sur bois de Lyon	p.			
Hallé	Ouv. Pianos et orgues de la Seine	p.			
Meric	Vanniers de la Seine		c.		
Loizel	Ebénistes de la Seine		c.		
Giraud	Sculpteurs de la Seine	p.			
Gobbe	Tapissiers de la Seine	p.			
Batas	Vanniers de St-Malo, St-Servan	p.			
Betesta	Ouvriers d'ameublement de Tours	p.			
	Fédération du Bâtiment *Maisons des Syndicats Paris (X^e^).*				
Chapel	Maçons d'Aix-en-Prvence		c.		
Charbonnier	Charpentiers d'Albi	p.			

DÉLÉGUÉS	ORGANISATIONS	VOTE P.	VOTE C.	VOTE A.	VOTE N.V.
	Fédération du Bâtiment (*suite*)				
Pujos	Ouv. du bâtiment d'Alençon	p.			
Guiot	Maçons d'Angers		c.		
Deronzier	Menuisiers d'Annecy	p.			
Choisy	Ouv. du bâtiment d'Argenteuil	p.			
Dousteyssier	Briqueteurs, fumistes de Bordeaux	p.			
Berloin	Cimentiers de Bordeaux	p.			
Mourgues	Peintres en bâtiment de Bordeaux	p.			
Mourgues	Serruriers de Bordeaux	p.			
Alban	Zingueurs et Couvreurs de Bordeaux	p.			
Berger	Maçons de Bordeaux	p.			
Berbin	Charpentiers de Bordeaux	p.			
Leotard	Menuisiers de Bordeaux	p.			
Mourgues	Serruriers de Bordeaux	p.			
Berloin	Cimentiers de Bordeaux	p.			
Jouhaux	Ouv. du bâtiment de Bourges	p.			
Merle	Tailleurs de pierre de Bouvier		c.		
Escabasse	Ouv. du bâtiment de Caen	p.			
Gay	Ouv. du bâtiment de Castelnaudary	p.			
Chanvin	Carriers de Remigny	p.			
Rideau	Ouv. du bâtiment de Chatellerault	p.			
Bianouf	Ouv. du bâtiment de Cherbourg	p.			
Roux	Ouv. du bâtiment de Clermont-Ferrand	p.			
Taragnant	Serruriers de Clermont-Ferrand	p.			
Veland	Ouv. du bâtiment de Dijon	p.			
Dubois	Couvreurs, plombiers d'Elbeuf	p.			
Dubois	Maçons d'Elbeuf	p.			
Dubois	Menuisiers d'Elbeuf	p.			
Dubois	Peintres en bâtiment d'Elbeuf	p.			
Planchet	Ouv. du bâtiment de Firminy		c.		
Ladd	Ouv. du bâtiment de Flers-de-l'Orne				n.v.
Vialle	Ouv. du bâtiment de la Loire		c.		
Parant	Ouv. du bâtiment de Gray		c.		
Bellavoine	Ouv. du bâtiment de Grenoble		c.		
Duchateau	Ouv. du bâtiment du Havre	p.			
Parisot	Ouv. Terrassiers du Havre		c.		
Pottier	Ouv. du bâtiment du Mans	p.			
Bondues	Ouv. du bâtiment de Lille	p.			
Rougerie	Ouv. du bâtiment de Limoges	p.			
Queutel	Ouv. du bâtiment de Lorient	p.			
Cherian	Granitiers de Louvigné-du-Désert	p.			
Darot	Ouv. briqueteurs de Lyon		c.		
Lefaure	Carreleurs et céramistes du Rhône		c.		
Garnier	Charpentiers de Lyon		c.		
Tronchet	Maçons de Lyon		c.		
Eigeldinger	Marbriers de Lyon	p.			
Eigeldinger	Menuisiers de Lyon	p.			
Eigeldinger	Plâtriers, peintres de Lyon		c.		

DÉLÉGUÉS	ORGANISATIONS	VOTE P.	C.	A.	N.V.
	Fédération du Bâtiment (*sutie*)				
Gachet	Ornemanistes de Lyon		c.		
Gachet	Tailleurs de pierre de Lyon		c.		
Chabert	Terrassiers de Lyon		c.		
Audetat	Ouvrier du bâtiment de Marseille ..		c.		
Jourdan	Ouvrier du bâtiment de Moulins ..	p.			
Charbonnier	Charpentiers de Nantes	p.			
Cassin	Maçons de Nantes	p.			
Daniel	Menuisiers de Nantes	p.			
Cassin	Terrassiers tubistes de Nantes	p.			
Gay	Ouv. du bâtiment de Narbonne ...			a.	
Bondoux	Ouv. du bâtiment de Nevers	p.			
Mourgues	Ouv. du bâtiment de Nice	p.			
Lescalie	Ouv. du bâtiment de Nîmes.......		c.		
Constant	Ouv. du bâtiment d'Orléans	p.			
Constant	Ouv. peintres d'Orléans	p.			
Rochet	Ouv. du bâtiment de Paimbœuf ...	p.			
Coussinet	Menuisiers de la Seine		c.		
Vautrelle	Monteurs électriciens de la Seine ..		c.		
Miller	Ornemanistes de la Seine	p.			
Harasse	Peintres en bâtiment de la Seine ..		c.		
Michaud	Plombiers couvreurs de la Seine ...	p.			
Chanvin	Scieurs de pierres dures de la Seine.	p.			
Chanvin	Sculpteurs décorateurs de la Seine.	p.			
Cordiers	Serruriers de la Seine	p.			
Thuilier	Tailleurs de pierre de la Seine		c.		
Hubert	Ouvriers terrassiers de la Seine		c.		
Bunod	Paveurs de bois, pierre de la Seine.		c.		
Simon	Carriers de la Seine-et-Oise	p.			
Brejaud	Ouv. carriers à grès de Seine-et-Oise	p.			
Ricart	Ouv. du bâtiment de Perpignan ..	p.			
Michaud	Ouv. du bât. de Persan-Baumont ..	p.			
Butiron	Ouv. du bâtiment de Pierrefitte ...		c.		
Martel	Ouv. du bâtiment de Pont-de-Claix.				n.v.
Peignelin	Bâtiment de Pouzin		c.		
Seve	Briqueteurs de la Seine		c.		
Chazot	Ouv. du bâtiment de la Seine		c.		
Monory	Charpentiers de la Seine		c.		
Vallet	Charpentiers en fer de la Seine		c.		
Renault	Dessinateurs de la Seine		c.		
Lacouque	Maçons de la Seine	p.			
Mahoux	Marbriers de la Seine	p.			
Ragon	Ouv. du bâtiment de la S.-et-Oise .		c.		
Chereau	Ouv. du bâtiment de Rennes	p.			
Sigward	Ouv. du bâtiment de Rive-de-Gier.	p.			
Chavastelon	Ouvrier du bâtiment de Roanne ..		c.		
Marion	Menuisiers de Rouen	p.			
Chardon	Peintres de Rouen	p.			
Chardon	Ouv. couvreurs de Rouen	p.			

DÉLÉGUÉS	ORGANISATIONS	VOTE			
		P.	C.	A.	N.V.
	Fédération du Bâtiment (*suite*)				
DESPRES	Ouv. du bâtiment de Sèvres		c.		
CHAVASTELON	Ouv. du bâtiment de la Loire		c.		
VIALES	Ouv. du bâtiment de St-Etienne		c.		
BATAS	Ouv. du bâtiment de Saint-Malo	p.			
GAUTHIER	Ouv. du bâtiment de Saint-Nazaire	p.			
MEDA	Maçons de Toulouse	p.			
ESTAQUE	Ouv. du bâtiment de Tours			a.	
RENAULT	Ouv. du bâtiment de Troyes	p.			
BONNETON	Ouv. du bâtiment de Valence		c.		
VERDY	Maçons de Versailles	p.			
PERRIN	Ouv. du bâtiment de Vichy	p.			
ARGENCE	Ouv. du bâtiment de Vienne		c.		
BOISJOLY	Ouv. granitiers de Vire	p.			
PIERREDON	Ouv. du bâtiment de Voiron	p.			
BERNACHON	Carriers du Puy-de-Dôme	p.			
	Fédération de la Bijouterie-Orfèvrerie-Horlogerie *Maison des Syndicats, Paris (X^e^).*				
FONTENEAU	Bijoutiers de Lyon	p.			
LEGRAND	Bijoutiers de Marseille	p.			
VATARD	Bijoutiers de Paris	p.			
BOES	Gainerie de la Seine	p.			
KARRER	Lapidaires de la Seine	p.			
LEFEVRE	Batteurs d'or de Paris	p.			
RENAUD	Lamineurs tréfileurs de Paris	p.			
LE GUERY	Diamantaires de Paris	p.			
ROSSET-BOLIN	Diamantaires de St-Claude	p.			
	Fédération des Blanchisseurs *Bourse du Travail, 3, rue du Château-d'Eau, Paris (X^e^).*				
RAMLYAT	Blanchisseurs de Paris	p.			
ARGENCE	Blanchisseurs de Vienne		c.		
	Fédération des Brossiers *Hermes (Oise).*				
TRUMELET	Brossiers de la Seine	p.			
AUDINET	Brossiers de Poitiers	p.			
ROSSET-BOLIN	Le Travail Articles de St-Claude	p.			
	Fédération de la Céramique *Impasse Fontaury, Limoges (Haute-Vienne).*				
BONNET	Ouv. de la céramique de Limoges	p.			
COURRIAUD	Ouv de la céramique de Lyon		c.		

DÉLÉGUÉS	ORGANISATIONS	VOTE P.	C.	A	N.V.
	Fédération de la Céramique (*suite*)				
Soudrille	Faïenciers de Montereau	p.			
Beauvais	Ouv. de la céramique de la Seine..		c.		
Guignot	Ouv. de la céramique de Roanne..	p.			
Tillet	Ouv. de la céramique de St-Uze...	p.			
Bardin	Ouv. de la céramique du Cher	p.			
	Fédération des Chapeliers *Bourse du Travail, 3, rue du Château-d'Eau, Paris (X^e).*				
Bezard	Chapeliers d'Essonnes............		c.		
Bezard	Chapeliers de Lyon	p.			
Antomarchi	Chapeliers de Marseille		c.		
David	Chapeliers de Paris		c.		
Bezard	Chapeliers de Romans............		c.		
	Fédération des Chemins de fer 36, *rue Amelot, Paris (XIe).*				
Desoblin	Chemins de fer d'Abbeville	p.			
Demery	Chemins de fer d'Achères		c.		
Bourguet	Chemins de fer d'Aigrefeuille	p.			
Tajan	Chemins de fer d'Albi	p.			
Boisjoly	Chemins de fer d'Alençon	p.			
Bidegaray	Chemins de fer d'Alger P.L.M.	p.			
Barbin	Chemins de fer d'Angers	p.			
Rouland	Chemins de fer d'Angers-Ajou		c.		
Rouland	Chemins de fer d'Angers		c.		
Chagnon	Chemins de fer d'Angoulême		c.		
Guilbaud	Chemins de fer d'Angoulême P.-O..	p.			
Callaud	Chemins de fer d'Argenton	p.			
Lochet	Chemins de fer d'Argenton-s-Creuse	p.			
Lochet	Tramways de l'Indre à Argentan ..	p.			
Tristan	Chemins de fer d'Argenteuil				n.v.
Dussaix	Chemins de fer d'Arles		c.		
Coudur	Chemins de fer d'Asnières	p.			
Simendin	Chemins de fer d'Auxerre	p.			
Midol	Chemins de fer d'Auxonne				n.v.
Horard	Chemins de fer d'Avignon		c.		
Bolle-Reddat ...	Chemins de fer de Bar-sur-Aube ..	p.			
Boisjoly	Chemins de fer de Bayeux	p.			
Desoblin	Chemins de fer de Beauvais	p.			
Voisin	Chemins de fer de Becon-les-Bruyères				n.v.
Dejonkere	Chemins de fer de Beillant		c.		
Bourdin	Chemins de fer de Belfort	p.			
Constant	Chemins de fer de Bellegarde (Loiret)	p.			
Aulagnier	Chemins de fer de Bergerac	p.			

DÉLÉGUÉS	ORGANISATIONS	VOTE P.	C.	A.	N.V.
	Fédération des Chemins de fer (*suite*)				
Fenot	Chemins de fer de Bernay	p.			
Tournaire	Chemins de fer de Béziers	p.			
Dejonkere	Chemins de fer de Blayes		c.		
Sigrand	Chemins de fer de Bois-Colombes		c.		
Bidegaray	Chemins de fer de Bône	p.			
Toulouse	Chemins de fer de Bordeaux-Etat	p.			
Toulouse	Chemins de fer de Bordeaux-Midi	p.			
Guilbaud	Chemins de fer de Bordeaux-P.O.	p.			
Rousseau	Chemins de fer de Bort	p.			
Dussaix	Chemins de fer départementaux des Bouches-du-Rhône		c.		
Mahieu	Chemins de fer de Boulogne	p.			
Lagneau	Chemins de fer du Bourget	p.			
Le Bian	Chemins de fer de Breaute-Bolbec	p.			
Petit	Chemins de fer de Bressuire	p.			
Le Guennic	Chemins de fer de Brest	p.			
Rousseau	Chemins de fer de Brive	p.			
Mouchel	Chemins de fer de Caen	p.			
Cruveiller	Chemins de fer de Cahors		c.		
Mahieu	Chemins de fer de Calais	p.			
Laudier	Chemins de fer de Capdenac	p.			
Fenot	Tramways de l'Aude, Carcassonne	p.			
Renault	Chemins de fer de Carentan	p.			
Coudun	Chemins de fer de Castres	p.			
Horard	Chemins de fer de Cavaillon			a.	
Fraisse	Chemins de fer de Cette-P.L.M.	p.			
Simendin	Chemins de fer de Chablis	p.			
Midol	Chemins de fer de Chagny	p.			
Morel	Chemins de fer de Chalons-s/Marne	p.			
Leguen	Chemins de fer de Chars	p.			
Halgrain	Chemins de fer de Chartres	p.			
Galand	Chemins de fer Chasse		c.		
Pottier	Chemins de fer de Château-du-Loir	p.			
Halgrain	Chemins de fer de Châteaudun	p.			
Dejonkere	Chemins de fer de Châteauneuf		c.		
Lochet	Chemins de fer de Châteauroux	p.			
Bolle-Reddat	Chemins de fer de Château-Thierry	p.			
Bolle-Reddat	Chemins de fer de Chaumont	p.			
Burnouf	Chemins de fer de Cherbourg	p.			
Saulnier	Chemins de fer de Choisy-le-Roi	p.			
Le Guen	Chemins de fer de Cholet	p.			
Drece	Chemins de fer de Clamecy	p.			
Labbays	Chemins de fer de Clermont-Ferrand P.L.M.	p.			
De la Grange	Chemins de fer de Clermont-Ferrand P.O.	p.			
Marchal	Chemins de fer de Conches	p.			
Fournier	Chemins de fer de Connerré-Beille	p.			

DÉLÉGUÉS	ORGANISATIONS	VOTE			
		P.	C.	A.	N.V.
	Fédération des Chemins de fer (*suite*)				
BIDEGARAY	Chemins de fer de Constantine	p.			
KNOCKAERT	Chemins de fer de Corbeil	p.			
DREGE	Chemins de fer de Cosne	p.			
HALGRAIN	Chemins de fer de Courtalin	p.			
GUILBAUD	Chemins de fer de Coutras	p.			
GUILLET	Chemins de fer de Delle	p.			
REINE	Chemins de fer de Dieppe	p.			
RAME	Chemins de fer de Dijon				n.v.
BLED	Chemins de fer de Dinan	p.			
BOUCHEREAU	Chemins de fer de Dreux		c.		
LAREUZE	Chemins de fer d'Elbeuf	p.			
COUDUN	Chemins de fer d'Epernay	p.			
GUILBAUD	Chemins de fer d'Etampes	p.			
TOULOUSE	Chemins de fer d'Evreux	p.			
LAUDIER	Chemins de fer de Figeac	p.			
GUILLOT	Chemins de fer de Firminy	p.			
CONSTANT	Chemins de fer de Gien P.O.	p.			
CONSTANT	Chemins de fer de Gien P.L.M.	p.			
BOISNIER	Chemins de fer de Glos-Montfort ..	p.			
MARTEL	Chemins de fer de Grenoble		c.		
LE GUENNIC	Chemins de fer de Guingamp	p.			
BIDEBARAY	Chemins de fer de Hendaye	p.			
LE GUENNIC	Chemins de fer d'Herbignac	p.			
LAUDIER	Chemins de fer de Juvisy	p.			
POTTIER	Chemins de fer de la Flèche	p.			
DESPRES	Chemins de fer de la Garenne		c.		
HALGRAIN	Chemins de fer de la Loupe	p.			
LE GUENNIC	Chemins de fer de Landerneau	p.			
MAHIEU	Chemins de fer de Langres	p.			
DREGE	Chemins de fer de l'Arbresle	p.			
SIMENDIN	Chemins de fer de Laroche	p.			
POUILLOUX	Chemins de fer de La Rochelle-Pallice	p.			
GALLIOT	Chemins de fer de Laval	p.			
LE BIAN	Chemins de fer du Havre	p.			
POTTIER	Chemins de fer du Mans	p.			
DREGE	Chemins de fer des Laumes	p.			
GUILBAUD	Chemins de fer de Libourne	p.			
ROUGERIE	Chemins de fer de Limoges		c.		
BOISJOLY	Chemins de fer de Lisieux	p.			
BOISJOLY	Chemins de fer de Lison	p.			
GUILBAUD	Chemins de fer de Loches	p.			
TOULOUSE	Chemins de fer de Loudun	p.			
DREGE	Chemins de fer de Louhans	p.			
GAUTIER	Chemins de fer de Louviers	p.			
BOISNIER	Chemins de fer de Lyon Est	p.			
GALLAND	Chemins de fer de Lyon P.L.M.		c.		
BLED	Chemins de fer de Mâcon	p.			

DÉLÉGUÉS	ORGANISATIONS	VOTE			
		P.	C.	A.	N.V.
	Fédération des Chemins de fer (*suite*)				
Halgrain	Chemins de fer de Maintenon	p.			
Constant	Chemins de fer de Malesherbes	p.			
Pottier	Chemins de fer de Connerré	p.			
Vindevoghel	Chemins de fer de Mantes	p.			
Hugues	Chemins de fer de Marguerittes		c.		
Blanc	Chemins de fer de Marseille	p.			
Wisteaux	Chemins de fer de Melun	p.			
Marchal	Chemins de fer de Mézidon	p.			
Le Ny	Chemins de fer de Montbéliard	p.			
Midol	Chemins de fer de Montchanin les-Mines	p.			
Drege	Chem. de fer de Montceau-les-Mines	p.			
Chazal	Chemins de fer de Montereau	p.			
Pascanet	Chemins de fer de Montluçon	p.			
Leguen	Chemins de fer de Montoire-s-Loir	p.			
Drege	Chemins de fer de Moret-les-Sablons	p.			
Calveyrach	Chemins de fer de Mortagne	p.			
Le Bian	Chemins de fer de Motteville	p.			
Boisnier	Chemins de fer de Nantes Etat	p.			
Tournois	Chemins de fer de Nantes P.O.		c.		
Bidegaray	Chemins de fer de Neufchâtel-en-Bray	p.			
Guilbaud	Chemins de fer Neugssurues	p.			
Ameil	Chemins de fer de Nevers	p.			
Hugues	Chemins de fer de Nîmes				n.v.
Moreau	Chemins de fer de Niort	p.			
Degrange	Chemins de fer de Noisy-le-Sec	p.			
Constant	Chemins de fer d'Orléans-Etat	p.			
Laurent	Chemins de fer d'Oullins	p.			
Morel	Chemins de fer de Pantin	p.			
Sigrand	Chemins de fer Ceinture de Paris		c.		
Monmousseau	Chemins de fer de Paris Etat R.D.	p.			
Sigrand	Chemins de fer de Paris Etat rive G.		c.		
Coudun	Chemins de fer de Paris-Est				n.v.
Thys	Chemins de fer de Paris-Nord	p.			
Campanaud	Chemins de fer de Paris-P.L.M.		c.		
Saulnier	Chemins de fer de Paris P.O.	p.			
Guilbaud	Chemins de fer de Paris-Scaeux				n.v.
Terrasson	Chemins de fer de Parthenay	p.			
Delagrange	Chemins de fer de Périgueux	p.			
Delsol	Chemins de fer de Perpignan	p.			
Michaud	Chemins de fer de Persan-Beaumont	p.			
Frossard	Chemins de fer de Petit-Croix	p.			
Guilbaud	Chemins de fer de Poitiers	p.			
Guillet	Chemins de fer de Rennes	p.			
Drege	Chemins de fer de Roanne	p.			
Dupuy	Chemins de fer de Rochefort-s-Mer		c.		
Bidegaray	Chemins de fer de Rodez	p.			

DÉLÉGUÉS	ORGANISATIONS	VOTE			
		P.	C	A	N V.
	Fédération des chemins de fer (*suite*)				
Heckbour........	Chemins de fer de Romilly-s-Seine.	p.			
Chapelle	Chemins de fer de Rouen-Etat	p.			
Desoblin	Chemins de fer de Rouen-Nord ...	p.			
Bernard	Chemins de fer de Roye	p.			
Pottier	Chemins de fer de Sablé	p.			
Dejonkere	Chemins de fer de Saintes		c.		
Bled	Chemins de fer de Salon	b'			
Bled	Chemins de fer de Segré	p.			
Debarre	Chemins de fer de Sembadel	p.			
Toulouse	Chemins de fer de Séverac-le-Château	p.			
Gautier	Chemins de fer de Sotteville-les-Rouen	p.			
Bidegaray	Chemins de fer de Souk-Ahras	p.			
Barbelet	Chemins de fer de Saint-Amand-Montrond				
Dejonkere	Chemins de fer de Saint-André-de-Cubzac		c.		
Le Guennic	Chemins de fer de Saint-Brieuc ...	p.			
Rosset Bobin	Chemins de fer de Saint-Claude ...	p.			
Bouvier	Chemins de fer de Saint-Cloud	p.			
Thys	Chemins de fer de Saint-Denis	p.			
Mathieu	Chemins de fer de Saint-Dizier	p.			
Debarre	Chemins de fer de Saint-Etienne ..	p.			
Gautier	Chemins de fer deSaint-Etienne-du-Rouvray	p.			
Piron	Chemins de fer de Saint-Germain-des-Fossés	p.			
Toulouse	Chemins de fer de Saint-Germain-en-Laye	p.			
Batas	Chemins de fer de Saint-Malo	p.			
Gautier	Chemins de fer de Saint-Nazaire-Etat	p.			
Guilbaud	Chemins de fer de Saint-Nazaire-P.O.	p.			
Rebuchet	Chemins de fer de Bordeaux				n.v.
Desoblin	Chem. de fer de St-Valéry-s.-Somme	p.			
Chasseray	Chemins de fer de Thouars	p.			
Dussaix	Chemins de fer de Tarascon-s-Rhône		c.		
Coudun	Chemins de fer de Toul	p.			
Sauvage	Chemins de fer de Toulouse-Midi ..	p.			
Meda	Chemins de fer de Toulouse sud-est.	p.			
Chauviat	Chemins de fer de Tours-Etat			a.	
Chauviat	Chemins de fer de Tours-P.-O.		c.		
Guilbaud	Chemins de fer de Toury	p.			
Martin	Chemins de fer de Rouen	p.			
Bolle-Reddat ...	Chemins de fer de Troyes	p.			
Bassavy	Chemins de fer de Tulle	p.			

DÉLÉGUÉS	ORGANISATIONS	VOTE P.	VOTE C.	VOTE A.	VOTE N.V.
	Fédération des Chemins de fer (*suite*)				
GAUTIER	Chemins de fer de Vernon	p.			
ARNOUX	Chemins de fer de Versailles-Etat .	p.			
TOULOUSE	Grande ceinture de Versailles	p.			
RABOIN	Chemins de fer de Vierzon P.O. ...				n.v.
CAMPANAUD	Chemins de fer de Villeneuve-Saint-Georges		c.		
LAUDIER	Chemins de fer de Viviez	p.			
HALGRAIN	Chemins de fer de Voves	p.			
	Fédération des Coiffeurs *Bourse du Travail,* *3, rue du Château-d'Eau, Paris (Xe).*				
RAMBAUD	Coiffeurs d'Alger	p.			
AMONOT	Coiffeurs de Carcassonne	p.			
RAMBAUD	Coiffeurs de Limoges	p.			
VEYRAC	Coiffeurs de Marseille	p.			
ROGER	Coiffeurs de Nancy	p.			
RAMBAUD	Coiffeurs de Paris	p.			
BOURGUET	Coiffeurs de Rochefort-sur-Mer ...	p.			
BAUCE	Coiffeurs de Toulon	p.			
	Fédération des Cuirs et Peaux *Maison des Syndicats, Paris (Xe).*				
DERONZIER	Cuirs et peaux d'Annecy	p.			
GUEDARD	Cuirs et peaux d'Arpajon	p.			
BLANDY	Cuirs et peaux d'Aurillac		c.		
SIMENDIN	Cuirs et peaux d'Auxerre	p.			
SERVIENT	Cuirs et peaux d'Avenières		c.		
FAURE	Cuirs et peaux d'Avignon	p.			
CANDY	Cuirs et peaux de Béziers		c.		
MAROLLEAU	Cuirs et peaux de Bordeaux	p.			
MAROLLEAU	Galochiers de Bordeaux	p.			
MAROLLEAU	Selliers, bourreliers de Bordeaux ..	p.			
DRET	Ouv. chaussures de Bourges	p.			
MERCIER	Sabotiers de Brives		c.		
SORNAS	Cuirs et peaux de Châteaurenault .	p.			
DRET	Cuirs et peaux de Clermont-Ferrand	p.			
VELAND	Ouv. chaussures de Dijon	p.			
FEUVRIER	Ouv. chaussures de Fougères	p.			
SERVIN	Cuirs et peaux de Grenoble		c.		
DUCHER	Ouv. chaussures de Limoges	p.			
ROUGERIE	Ouv. sabotiers de Limoges	p.			
CARIOU	Cordonniers de Lorient	p.			
BECIRARD	Ouv. chaussures de Lyon		c.		
ROUX	Cuirs et peaux de Lyon	p.			
LEFAURE	Galochiers de Lyon		c.		
FOURNIER	Cuirs et peaux du Mans	p.			

DÉLÉGUÉS	ORGANISATIONS	VOTE P.	C.	A.	N.V.
	Fédération des Cuirs et Peaux (*suite*)				
NELIQUT	Cuirs et peaux de Marseille		c.		
GARDIES	Peaux de moutons de Mazamet	p.			
POUDERSUS	Ouv. teinturiers de Millau	p.			
POUDERSUS	Palissonneurs de Millau	p.			
POUDERSUS	Gantiers de Millau	p.			
ROUX	Ouv. chaussures de Nancy	p.			
LLOUBES	Fourn. militaires de Nantes				n.v.
LLOUBES	Cordonniers civils de Nantes				n.v.
LLOUBES	Bourreliers, selliers de Nantes				n.v.
LLOUBES	Tanneurs, corroyeurs de Nantes				n.v.
BONDOUX	Ouv. chaussures de Nevers				
CONSTANT	Cuirs et peaux d'Orléans	p.			
BRISSON	Ouv. chaussures de la Seine	p.			
BOSSARD	Cordonniers et piqueurs de Paris	p.			
ROUX	Selliers de la Seine	p.			
CHATEAU	Trav. de la peau de la Seine	p.			
ROSENFELD	Maroquiniers de la Seine		c.		
DRET	Ouv. du siège cuir de Paris	p.			
LAPRUGNE	Fourreurs, lustreurs de la Seine	p.			
BARDOT	Ouv. d'art. de voyage de Paris	p.			
BRISSON	Galochiers, monteurs de Paris	p.			
POIVET	Cuirs et peaux de Rennes	p.			
ROUX	Cuirs et peaux de Roanne	p.			
MARTIN	Ouv. chaussures de Rouen	p.			
BURGANT	Ouv. chaussures de Toulouse			a.	
CARRIÈRE	Selliers, bourreliers Toulouse				n.v.
LASVERGNAS	Cuirs et peaux de Saint-Junien	p.			
COSTE	Cuirs et peaux de Vienne		c.		
	Fédération des Dessinateurs *Bourse du Travail, Paris (X^e).*				
DOUMENQ	Dessinateurs d'arts de Paris	p.			
	Fédération de l'Eclairage 16, *Rue des Abbesses, Paris (XVIIIe).*				
CLAVERIE	Emp. gaz d'Alger			a.	
FROSSARD	Trav. gaz de Belfort	p			
FAUCHIER	Sous-traitants de l'éclair. Bordeaux	p.			
FAUCHIER	Eclairage de Bordeaux	p.			
ST-REQUIER	Eclairage de Calais			a.	
MONTOUX	Gaz de Libourne	p.			
CLEVAT	Eclairage de Lyon	p.			
EXBRAYAT	Gaz et Electricité de Marseille	p.			
BARTHELEMY	Gaz de Nancy			a.	
RHUL	Gaziers de Nantes			a.	

DÉLÉGUÉS	ORGANISATIONS	VOTE P.	C.	A.	N.V.
	Fédération de l'Eclairage (*suite*)				
Claverie	Gaz de Paris			a.	
Friess	Empl. d'électricité de Paris	p.			
Montoux	Gaziers de Périgueux	p.			
Montoux	Gaziers de Roanne	p.			
Montoux	Gaz de Saint-Etienne	p.			
	Fédération des Employés *Bourse du Travail, 3, rue du Chateau-d'Eau, Paris (Xe).*				
Buignet	Empl. de commerce d'Abbeville	p.			
Fenot	Empl. de commerce d'Alger	p.			
Lavielle	Comptables de Bordeaux	p.			
Hervier	Employés de Bourges	p.			
Rousseau	Empl. de commerce de Brives	p.			
Dubois	Empl. de commerce d'Elbeuf	p.			
Feuvrier	Empl. de commerce de Fougères	p.			
Berthet	Empl. de commerce de Grenoble		c.		
Gaillard	Empl. de commerce de Limoges	p.			
Dugier	Empl. de commerce de Marseille		c.		
Fenot	Empl. de commerce d'Orléans	p.			
Robin	Professeurs libres de la Seine	p.			
Cheron	Employés de banque de la Seine	p.			
Kosman	Voyageurs de Paris	p			
Lansac	Comptables de la Seine		c		
Brejaud	Clercs d'huissiers de la Seine	p			
Fenot	Employés de la Seine	p			
Gourlet	Sténographes et dactylos de la Seine	p.			
Delsol	Empl. de commerce de Périgueux	p.			
Fenot	Empl. de commerce de Roanne et du Coteau	p.			
Dubois	Employés de commerce de Rouen				n.v.
Rosset	Employés de St-Claude	p.			
Bouchez	Employés de St-Etienne		c.		
Gautier	Comptables de Saint-Nazaire	p.			
Guizard	Empl. de commerce de Toulouse		c.		
Brejaud	Employés de Seine-et-Oise		p.		
	Fédération des Ouvriers de la Guerre Magasins Administratifs *Bourse du Travail, 3, rue du Château-d'Eau, Paris (Xe).*				
Galice	Ouv. de l'habillement de Bordeaux	p.			
Cornice	Manutentionnaires de Dijon			a.	
Fournier	Ouv. des magasins de guerre du Man	p.			
Legrand	Ouv. des mag. de guerre de Limoges	p.			
Matton	Ouv. de mag. de guerre de Marseille		c.		

DÉLÉGUÉS	ORGANISATIONS	VOTE P.	C.	A.	N.V.
	Fédération des Ouvriers de la Guerre Magasins Administratifs (*suite*)				
Bondoux	Manutentionnaires de Nevers	p.			
Galice	Ouv. de magasins de la Seine	p.			
Galice	Ouv. de magasins de Rennes	p.			
Galice	Ouv. de magasins de Toulouse	p.			
Betesta	Bureaux militaires de Tours	p.			
Betesta	Ouv. de magasins de Tours	p.			
	Fédération du Personnel Civil de la Guerre				
Barthelon	Ouv. de l'arsenal d'Alger	p.			
Gyss	Ouv. de l'arsenal de Besançon	p.			
Lucain	Ouv. des établissements de Bourges	p.			
Berlier	Ouv. du parc d'artillerie de Brest ..	p.			
Berlier	Ouv. des ateliers de Castres	p.			
Bruneau	Ouv. de manuf. d'armes de Chatellerault		c.		
Burnouf	Ouv. de l'arsenal de Cherbourg	p.			
Berlier	Ass. Synd. du parc d'artil. de Gravanches	p.			
Martel	Etablis. militaires de Grenoble		c.		
Boudon	Etabl. militaires de Lyon			a.	
Berliet	Parc d'artillerie de Marseille	p.			
Reisser	Etabli. militaires de Montluçon ...				n.v.
Bouret	Etablissement de guerre de la Seine		c.		
Nuttin	Chargements de Poitiers		c.		
Lacaille	Constructions de Rennes	p.			
Lacaille	Arsenal de Roanne		c.		
Lebraly	Manufacture d'armes de St-Etienne	p.			
Simon	Arsenal de Tarbes		c.		
Valette	Cartoucherie de Toulouse	p.			
Jaucent	Manufacture d'armes de Tulle	p.			
Barthelon	Etablis. militaires de Valence	p.			
	Fédération des Ouvriers d'Habillement *Bourse du Travail, 3, rue du Chateau-d'Eau, Paris (Xe).*				
Dumas	Ouv. de l'habillement d'Agen	p.			
Pujos	Ouv. de l'habillement d'Alençon ..	p.			
Dumas	Tailleurs d'Alger	p.			
Deronzier	Confectionneurs d'Annecy	p.			
Dumas	Ouv. du vêtement d'Aurillac	p.			
Fame	Ouv. d'habillement d'Avignon	p.			
Virot	Tailleurs de Bayonne	p.			
Roch	Couturiers de Béziers		c.		
Present	Habillement de Bordeaux	p.			

DÉLÉGUÉS	ORGANISATIONS	VOTE P.	C.	A.	N.V.
	Fédération des Ouvriers d'Habillement (*suite*)				
PRESENT	Foureuses de Bordeaux	p.			
BARDY	Habillement militaire de Bordeaux.	p.			
BAUDOIN	Tailleurs de Boulogne	p.			
HERVIER	Habillement militaire de Bourges	p.			
ESCABASSE	Equipement militaire de Caen	p.			
RONDOT	Habillement de Chambéry	p.			
LECLERC	Habillement de Clermont-Ferrand.	p.			
LION	Habillement d'Elbeuf	p.			
BARDY	Corsetières de Langoiran	p.			
FRANÇOIS	Tailleurs du Havre			a.	
FOURNIER	Confection militaire du Mans	p.			
FOURNIER	Entrepôts d'effets milit. du Mans	p.			
FOURNIER	Tailleurs du Mans	p.			
ROUSSEAUX	Coupeurs de Lille à Paris	p.			
ROUGERIE	Habillement de Limoges	p.			
BERLAND	Ouvrieres de l'aiguille de Limoges	p.			
LAVILLE	Habillement militaire de Limoges	p.			
CARIOU	Habillement de Lorient	p.			
CHEVENARD	Habillement de Lyon		c.		
LEFAURE	Tailleurs de Lyon		c.		
DREYER	Habillement militaire de Lyon	p.			
AUGIER	Ouv. du vêtement de Marseille		c.		
GARDIES	Tailleurs de Mazamet	p.			
ADER	Habillement de Narbonne			a.	
BONDOUX	Tailleurs d'habits de Nevers	p.			
SAUZE	Couture de Nîmes		c.		
GAUZY	Habillement de Nîmes		c.		
DUMAS	Tailleurs d'Orléans	p.			
CONSTANT	Habillement militaire d'Orléans	p.			
DUMAS, Marie	Ouv. en parapluies de la Seine				
BARBELET	Ouv. en cannes et parap. de la Seine				
LEBRAS	Fleurs, plumes de la Seine				
BOURGEOIS	Brodeuses de Paris				n.v.
MILLERAT	Habillement de la Seine	p.			
MARECHAL	Chemisiers, lingères de la Seine	p.			
COUZAU	Habillement militaire de la Seine	p.			
DELSOL	Habillement de Périgueux	p.			
RICART	Tailleurs de Perpignan	p.			
AUDMET	Couturiers de Poitiers	p.			
DUMAS	Habillement de Rennes	p.			
LION-SUZANNE	Ouv. de l'aiguille de Rouen	p.			
DUBOIS	Coupeurs, chemisiers de Rouen	p.			
ARGELES	Coupeurs, presseurs de Toulouse		c.		
COSTE	Habillement de Vienne		c.		
GRANGER	Ouv. d'ateliers de l'Etat de Vierzon	p.			
GRANGER	Confection militaire de Vierzon				n.v.
THEVENARD	Confection de Villefranche-s-Saône		c.		

DÉLÉGUÉS	ORGANISATIONS	VOTE			
		P.	C.	A.	N.V.
	Fédération des Horticulteurs				
	3, rue du Château-d'Eau, Paris (Xe).				
	Bourse du Travail,				
HODEE	Jardiniers de Paris	p.			
	Fédération des Instituteurs				
	49, rue de Bretagne, Paris (IIIe).				
BRION HÉLÈNE	Instituteurs de l'Ardèche		c.		
BRION HÉLÈNE	Instituteurs de Marseille		c.		
BRION HELÈNE	Instituteurs de Bourges			a.	
DELSOL	Instituteurs de la Dordogne	p.			
BRION HÉLÈNE	Instituteurs de la Drôme			a.	
BRION HÉLÈNE	Instituteurs de l'Indre			a.	
ESTAQUE	Instituteurs d'Indre-et-Loire		c.		
ROSSET-BELIN	Instituteurs du Jura	p.			
CONSTANT	Instituteurs du Loiret	p.			
BRION HELÈNE	Instituteurs de Maine-et-Loire		c.		
COLLIARD	Instituteurs de Saône-et-Loire		c.		
BRION HELÈNE	Instituteurs de la Seine	p.			
VALLET	Instituteurs de Tunisie		c.		
	Fédération des Lithographes				
	Bourse du Travail,				
	3, rue du Château-d'Eau, Paris (Xe).				
ROUDEY	Lithographes de Bordeaux	p.			
ROUDEY	Papetiers de Bordeaux	p.			
CHEVENARD	Cartonniers de Lyon			a.	
PICHON	Imprimeurs de Nantes	p.			
DESPREZ	Photograveurs de Paris	p.			
PINGENOT	Lithographe de Paris	p.			
RAPIN	Cartonniers de la Seine	p.			
VILLARET	Lithographes de Toulouse		c.		
	Fédération des Travailleurs du Livre				
	62, rue Saint-Antoine, Paris (IVe).				
PUJOS	Travailleurs du livre d'Alençon	p.			
DERONZIER	Travailleurs du livre d'Annecy	p.			
KEUFER	Travail. du livre d'Angoulême			a.	
MAMMALE	Typographes d'Aurillac			a.	
KEUFER	Typographes d'Auxerre			a.	
DUFRENE	Travail. du livre de Bayonne, 116e section		c.		
MACK	Typogr. de Belfort, 68e section				n. v.
GYSS	Typographes bisontins	p.			
MAMMALE	Imprimeurs de Bone			a.	
ROUDEY	Typographes de Bordeaux	p.			
MAMMALE	Typographes de Bourges			a.	
HALGRAIN	Typographes de Chartres	p.			

DÉLÉGUÉS	ORGANISATIONS	VOTE P.	C.	A.	N.V.
	Fédération des Travailleurs du Livre (*suite*).				
Leclerc	Typographes de Clermont-Ferrand	p.			
Gorge	Typographes de Grenoble		c.		
Pottier	Travailleurs du livre du Mans	p.			
Keufer	Typographes de Limoges			a.	
Mammale	Typographes de Lorient			a.	
Bourrec	Typographes de Lyon			a.	
Reisser	108e section de l'Allier				n.v.
Mammale	Typographes de Moulins			a.	
Keufer	Typographes de Nantes	p.			
Mammale	Travailleurs du livre de Narbonne			a.	
Constant	Imprimeurs-Typographes d'Orléans	p.			
Constant	Travailleurs du livre d'Orléans	p.			
Dhéron	Impression typographique parisenne	p.			
Cézan	Typographes de Paris	p.			
Keufer	Fondeurs typographes de la Seine			a.	
Villeval	Correcteurs de la Seine	p.			
Audinet	Imprimeurs de Poitiers	p.			
Chereau	Travailleurs du livre de Rennes	p.			
Frecon	Typographes de Saint-Etienne	p.			
Bauge	Typographes de Toulon		c.		
Raynaud	Union des typographes de Toulouse	p.			
Betesta	Typographes de Tours	p.			
Mammale	Typographes de Tulle			a.	
Keufer	Typographes de Valence			a.	
	Fédération des Syndicats Maritimes *Maison des Syndicats, Paris (Xe).*				
Rivelli	Marins du commerce et de la pêche, Bordeaux	p.			
Montagne	Pêcheurs et marins de commerce, Le Havre	p.			
Reaud	Marins et pêcheurs, Marseille	p.			
Reaud	Marins et pêcheurs, St-Nazaire	p.			
	Fédération de la Marine Etat *Bourse du Travail, Place Louis-Blanc, Toulon (Var).*				
Capitaine	Travailleurs du port de Brest		c.		
Burnouf	Travailleurs du port de Cherbourg	p.			
Viaux	Syndicat d'Indret	p.			
Cariou	Travailleurs du port de Lorient	p.			
Gervaise	Travail. de la marine du laboratoire central, Paris	p.			
Lamy	Travail. de la fonderie de Ruelle-sur-Touvre		c.		
Bernard	Travailleurs du port de Rochefort	p.			

DÉLÉGUÉS	ORGANISATIONS	VOTE P.	C.	A.	N.V.
	Fédération de la Marine Etat (*suite*)				
Lamarque	Travail. du port de Sidi-Abdallah.	p.			
Lamarque	Travailleurs de la marine, Toulon..	p.			
	Fédération des Métaux *Maison des Syndicats, Paris (X^e)*				
Dédieu	Métallurgistes d'Agen	p.			
Hugues	Métaux d'Aix-en-Provence		c.		
Ballon	Métallurgistes d'Alais		c.		
Chevallet	Métaux d'Albertville	p.			
Prompt	Métallurgistes d'Albi	p.			
Merrheim	Métallurgistes d'Alger				n.v.
Brun	Métaux d'Allevard		c.		
Guiot	Métallurgistes d'Angers		c.		
Zimmerman	Métallurgistes d'Angoulême		c.		
Deronzier	Mètallurgistes d'Annecy	p.			
Gilin	Métallurgistes d'Apprien		c.		
Joeib	Métallurgistes d'Argenteuil		c.		
Sauviat	Métaux d'Arles	p.			
Mathieu	Métallurgistes d'Athis	p.			
Jouve	Métaux d'Audincourt	p.			
Loth	Métallurgistes d'Auxerre		c.		
Gabarret	Métallurgistes de Bagnères-de-Bigore		c.		
Zimmerman	Métallurgistes de Barbezieux......		c.		
Bellino	Métallurgistes de Bart Noyaucourt.	p.			
Cazals	Métaux de Beaucourt		c.		
Hintzy	Métallurgistes de Beaulieu	p.			
Bourdin	Métaux de Belfort	p.			
David	Métallurgistes de Besançon	p.			
Teston	Métaux de Bessèges		c.		
Julien P.	Métallurgistes de Béziers		c.		
Brizard	Chaudronniers de Bordeaux		c.		
Lauga	Chaudrionners s/cuivre de Bordeaux	p.			
Mendis	Usiniers de guerre de Bordeaux	p.			
Coursan	Mouleurs en métaux de Bordeaux.	p.			
Dugarein	Métallurgistes de Bordeaux	p.			
Carreyre	Ajusteurs, mécaniciens de Bordeaux	p.			
Lapeyre	Mécaniciens du port de Bordeaux ..		c.		
Viro	Métallurgistes de Boucan	p.			
Bois	Tréfileurs de Bourg-en-Bresse	p.			
Van Gysel	Métallurgistes de Bourges				n.v.
Salaun	Métallurgistes de Brest	p.			
Buisson	Métaux de Caen	p.			
Mayer	Métallurgistes de Castelsarrasin ...	p.			
Prompt	Métallurgistes de Castres	p.			
Toupet	Métallurgistes de Chalons-s-Saone .		c.		
Rondot	Métaux de Chambéry	p.			
Craponne	Métallurgistes de Chambon		c.		

DÉLÉGUÉS	ORGANISATIONS	VOTE			
		P.	C.	A.	N.V.
	Fédération des Métaux (*suite*)				
DENIZOT	Métaux de Champagney	p.			
FROSSARD	Métaux de Champagney	p.			
GILIN	Métallurgistes de Charavine		c.		
DUMANS	Métallurgistes de Chartres	p.			
PIFFENNE	Métaux de Chateauvis	p.			
JACOB	Métallurgistes de Châtillon-s/Seine.	p.			
BURNOUF	Métallurgistes de Cherbourg	p.			
SEUX	Métaux de Clermont-Ferrand		c.		
BELLINO	Métallurgistes de Clairval	p.			
PIHET	Métallurgistes de Commentry	p.			
KNOCKAERT	Métallurgistes de Corbeil	p.			
MASSON	Mécaniciens de Cours				n.v.
DUCHÈNE	Métaux de Cousances-aux-Forges..		c.		
PETIT	Métallurgistes du Creusot	p.			
MATHIEU	Métallurgistes de Dammaries-s/Saue	p.			
FROSSARD	Métaux de Daujoutus	p.			
VERDIER	Métallurgistes de Decazeville	p.			
JACOB	Métallurgistes de Dijon	p.			
TARNAT	Métallurgistes de Dole	p.			
TARRAJAT	Métallurgistes de Domêne		c.		
DUPONT	Métallurgistes de Dunkerque	p.			
BUQUET	Métallurgistes d'Elbeuf				n.v.
TESSIED	Métaux d'Etampes	p.			
DELAMARE	Métallurgistes d'Evreux	p.			
JOUVE	Métaux de Fesches le Chatel	p.			
IMMS	Métallurgistes de Firminy et Unieux		c.		
LABE	Mouleurs de Flers	p.			
POUESSEL	Métallurgistes de Fourchambault..		c.		
MASSOULE	Métallurgistes de Fumel	p.			
CABAU	Métallurgistes de Givors		c.		
DUCATILLON	Métallurgistes de Glay et Mislières.		c.		
BARBARET	Métaux de Grenoble		c.		
LABE	Métallurgistes de Groslay	p.			
QENTEL	Métallurgistes de Hennebont......	p.			
MAILLARD	Métallurgistes d'Hérimoncourt		c.		
ROYER	Métallurgistes d'Hyères la Loude..				n.v.
LERNOULT	Métallurgistes d'Imphy		c.		
MANCEL	Electriciens de Grenoble		c.		
CAZALS	Métallurgistes d'Isle-s/Doubs......		c.		
LOCHET	Métaux d'Issoudun			a.	
DAVID	Métaux de Joinville			a.	
MONET	Constructions navales de la Ciotat.	p.			
GILIN	Métaux de Lancey		c.		
BERTRAND	Charp. en fer la Seyne-s/mer	p.			
GAVARY	Métallurg. de la Seyne-s/mer	p.			
MAURIN	Constructions navales de la Seyne	p.			
LEGRAIN	Métallurgistes du Havre		c.		
MONTEIL	Métallugristes du Mans	p.			

DÉLÉGUÉS	ORGANISATIONS	VOTE			
		P.	C.	A.	N.V.
	Fédération des Métaux (*suite*)				
Avril	Mécaniciens de Limoges	p.			
Perrin	Métaux de Livet et Gavet		c.		
Chevaline	Métallurgistes de Lure	p.			
Garin	Métallurgistes de Lyon			a.	
Arnaud	Métallurgistes de Macon	p.			
Lapien	Métaux de Nantes	p.			
Coron	Métaux de Marseille		c.		
Huc	Métallurgistes de Mazamet	p.			
Favre	Métallurgistes de Meaux				n.v.
Moisy	Métallurgistes de Melun	p.			
Knockaert	Métallurgistes de Meudon	p.			
Michelot	Métaux de Nancy	p.			
Nadan	Métallurgirtes de Montbart	p.			
Chazal	Métallurgistes de Montereau	p.			
Bonnemere	Métallurgistes de Montluçon				n.v.
Masquart	Métaux de Montbéliard		c.		
Petit	Métallurg. de Montceau-les-Mines	p.			
Guyon	Métaux de Dijon	p.			
Moisy	Métallurgistes de Nangis	p.			
Daniel	Métallurgistes de Nantes	p.			
Simon	Métallurgistes de Nevers	p.			
Ghiglione	Métallurgistes de Nice	p.			
Devernay	Métallurgistes réfugiés du Nord	p.			
Leinasne	Métaux d'Orléans	p.			
Besse	Métallurgistes d'Orthez				p.
Rochet	Métallurgistes de Paimbœuf	p.			
Pajon	Instruments de chirurgie de la Seine	p.			
Schmitt	Opticiens de la Seine	p.			
Aibierre	Instruments d'optiques de la Seine.	p.			
Blanchard	Instruments de précision de la Seine	p.			
Passerieu	Industrie électrique de la Seine	p.			
Birebent	Dessinat. métallurg. de la Seine.	p.			
Dubreuil	Mécaniciens de la Seine	p.			
Neselhauf	Modeleurs mécaniciens de la Seine.	p.			
Fournier	Mouleurs de la Seine		c.		
Trezal	Polisseurs de la Seine		c.		
Lefevre	Chauffeurs, conducteurs mécaniciens de la Seine	p.			
Couergou	Métaux de la Seine			a.	
Fournier	Robinettiers de la Seine		c.		
Ricart	Métallurgistes de Perpignan	p.			
Michaux	Métaux de Persan-Beaumont	p.			
Berthet	Métallurgistes de Pont de Claix		c.		
Nuttin	Usines de guerre de Poitiers				n.v.
Nuttin	Matériel de guerre de Poitiers				n.v.
Pinaudeau	Construct. navales de Port-de-Bouc	p.			
Desbrun	Métaux de Pouzin		c.		
Hodmon	Métallurgistes de Rennes	p.			

DÉLÉGUÉS	ORGANISATIONS	VOTE			
		P.	C.	A.	N.V.
	Fédération des Métaux (*suite*)				
MANCEL	Mouleurs en métaux de Rives		c.		
MONTMEAT	Métaux de Rive de Gier		c.		
LAPORTE	Métallurgistes de Romorantin				n.v.
FROSSARD	Métaux de Ronchamps	p.			
GILLES	Métallurgistes de Rouen	p.			
ARRIZI	Métaux de Saint-Chamond		c.		
MASSON	Métaux de Saint-Dizier			a.	
SOUBEYRAND	Métaux de Saint-Etienne		c.		
FLEUR	Métallurgistes du Saut-du-Tarn	p.			
MANCEL	Métallurg. de St-Laurent-du-Pont		c.		
LE GALLO	Métallurg. de Saint-Nazaire	p.			
ANDREOLI	Métallurg. de Ste-Suzanne	p.			
LOUVIER	Métallurg. de St-Uze		c.		
CAZALS	Métallurgistes de Seloncourt				n.v.
MERRHEIM	Métallurg. de Serefontaine	p.			
LEVEQUE	Métallurgistes de Sochaux	p.			
DUTIRON	Industrie de guerre de Tarbes		c.		
DARDET	Métaux de Terrenoire		c.		
GUILLARDELLE	Métaux de Toulouse		c.		
LAMBERT	Mécaniciens de Tours	p.			
LAMBERT	Mouleurs de Tours	p.			
JOUCHERET	Métallurgistes de Trignac	p.			
EHLINGER	Métaux de Trouville		c.		
LAURENT	Métallurg. et mouleurs de Troyes	p.			
BONNETON	Mécaniciens de Valence		c.		
BONNETON	Métallurgistes de Valence		c.		
MOURLOT	Métallurgistes de Valentigney	p.			
MOREL	Métallurg., vallée de St-Blaise	p.			
BLIN	Métaux de la vallée de la Risle	p.			
VALHAY	Métallurgistes de la vallée du Gier		c.		
LONCHAMBON	Métallurgistes de Vichy-Cusset	p.			
ARGENCE	Métaux de Vienne		c.		
AUGRAND	Métallurgistes de Vierzon	p.			
PLIEZ	Métallurgistes de Villefranche		c.		
MAZET	Métallurgistes de Viviez	p.			
BALME	Métallurgistes de Vizille		c.		
CHALLE	Métallurgistes de Voiron	p.			
NEYROUD	Mouleurs de Voiron	p.			
ROMARY	Métaux de Xertigny				n.v.
GERVAISE	SYND. monnaies et médailles	p.			
	Fédération des Ports et Docks				
	Bourse du Travail				
CAYRÉ	Charretiers de Béziers		c.		
KERVELLA	Ports et docks de Brest		c.		
BENASSAC	Cammionneurs de Bordeaux	p.			
FAUCHIER	Ports et docks de Bordeaux	p.			

DÉLÉGUÉS	ORGANISATIONS	VOTE P.	C.	A.	N.V.
	Fédération des Ports et Docks (*suite*)				
LESUISSE	Ouv. du port de Calais	p.			
FRAISSE	Charbonniers du port de Cette.....	p.			
FRAISSE	Chargeurs du port de Cette	p.			
FRAISSE	Ouv. en bois du port de Cette				n.v.
POUILLOUX	Ports et docks de la Pallice	p.			
FRANÇOIS	Ouv. du port du Havre			a.	
INKERMANN	Ports et docks de Lorient	p.			
HUC	Charretiers de Mazamet	p.			
PUYJALON	Manœuvres de Nevers	p.			
PUYJALON	Déménageurs de la Seine	p.			
BOUR	Transports et manutention de la Seine	p.			
BRANDY	Emballeurs de Paris		c.		
PUYJALON	Ports et docks de Rouen	p.			
BATAS	Charbonniers de Saint-Malo	p.			
	Syndicat National des Ouvriers des P. T. T. *Bourse du Ttravail 3, rue du Château d'Eau, Paris (Xe).*				
MACHAUX	Ouv. des P. T. T. de Besançon	p.			
LEJEUNE	Ouv. des P. T. T. de Cherbourg ...	p.			
MENARD	Ouv. des P. T. T. d'Epinal	p.			
MACHAUX	Ouv. des P. T. T. de Tarbes	p.			
ABRIOL	Ouv. des P. T. T. de Belfort		c.		
MENARD	Ouv. des P. T. T. de Mt de Marsan	p.			
ABRIOL	Ouv. des P. T. T. du Puy en Velais	p.			
GILLET	Ouv. des P. T. T. d'Annecy	p.			
GAILLOT	Ouv. des P. T. T. de Montauban ..	p.			
MACHAUX	Ouv. des P. T. T. d'Agen	p.			
MACHAUX	Ouv. des P. T. T. d'Ajaccio	p.			
ABRIOL	Ouv. des P. T. T. d'Alençon	p.			
BANLIER	Ouv. des P. T. T. d'Angers	p.			
ABRIOL	Ouv. des P. T. T. d'Angoulème ...	p.			
GILLET	Ouv. des P. T. T. d'Auch	p.			
LEJEUNE	Ouv. des P. T. T. d'Aurillac	p.			
REGNIER	Ouv. des P. T. T. d'Auxerre	p.			
REGNIER	Ouv. des P. T. T. d'Avignon	p.			
MENARD	Ouv. des P. T. T. de Bayonne	p.			
GAILLOT	Ouv. des P. T. T. de Béziers	p.			
BANLIER	Ouv. des P. T. T. de Blois	p.			
MÉNARD	Ouv. des P. T. T. de Bordeaux ...	p.			
HERVIER	Ouv. des P. T. T. de Bourges	p.			
LEJEUNE	Ouv. des P. T. T. de Brest	p.			
GAILLOT	Ouv. des P. T. T. de Caen	p.			
CRUVEILLER	Ouv. des P. T. T. de Cahors				n.v.
GILLET	Ouv. des P. T. T. de Carcassonne..	p.			

DÉLÉGUÉS	ORGANISATIONS	VOTÉ P.	C.	A.	N.V.
	Syndicat National des Ouvriers des P. T. T. (*suite*)				
MENARD	Ouv. des P. T. T. de Chambéry	p.			
GAILLOT	Ouv. des P. T. T. de Chartres	p.			
GILLET	O. des P. T. T. de Clermont-Ferrand	p.			
REGNER	Ouv. des P. T. T. de Dijon	p.			
LEJEUNE	Ouv. des P. T. T. de Dunkerque	p.			
REGNER	Ouv. des P. T. T. de Grenoble	p.			
REGNER	Ouv. des P. T. T. de la Rochelle	p.			
REGNER	O. des P. T. T. de la Roche-s/Yon	p.			
GAILLOT	Ouv. des P. T. T. de la Mayenne	p.			
GAILLOT	Ouv. des P. T. T. de Limoges	p.			
MACHAUX	Ouv. des P. T. T. de Lons-le-Saulnier	p.			
GAILLOT	Ouv. des P. T. T. de Marseille	p.			
REGNER	Ouv. des P. T. T. de Melun	p.			
LEJEUNE	Ouv. des P. T. T. de Nancy	p.			
MENARD	Ouv. des P. T. T. de Nantes	p.			
BANLIER	Ouv. des P. T. T. de Nice	p.			
ABRIOL	Ouv. des P. T. T. de Nîmes	p.			
BANLIER	Ouv. des P. T. T. de Niort	p.			
GAILLET	Ouv. des P. T. T. d'Orléans	p.			
GILLET	Ouv. des P. T. T. de Paris	p.			
GILLET	Ouv. des P. T. T. de Périgueux	p.			
BANLIER	Ouv. des P. T. T. de Poitiers	p.			
MENARD	Ouv. des P. T. T. de Quimper	p.			
REGNER	Ouv. des P. T. T. de Rennes	p.			
BANLIER	Ouv. des P. T. T. de Roanne	p.			
BANLIER	Ouv. des P. T. T. de Troyes	p.			
MACHAUX	Ouv. des P. T. T. de Tulle	p.			
MACHAUX	Ouv. des P. T. T. de Vannes	p.			
MENARD	Ouv. des P. T. T. de Valence	p.			
	Syndicat National des Sous-Agents des P. T. T. *Maison des Syndicats, Paris (X^e).*				
CALVET	S. agents des P. T. T. de l'Allier	p.			
RICHARD	S. agents des P. T. T. de l'Aube	p.			
LOUETTE	S. agents des P. T. T. de l'Aveyron.	p.			
RICHARD	S. agents des P. T. T. section Bisontine	p.			
FLORENTIN	S. agents des P. T. T. du Cantal	p.			
CALVET	S. agents des P. T. T. du Cher	p.			
FIEYRE	S. agents des P. T. T. de la Corrèze.	p.			
PHILIPPE	S. agents des P. T. T. des Côtes-du-Nord	p.			
LASNIER	S. agents des P. T. T. des Deux-Sèvres	p.			
CALVET	S. agents des P. T. T. de la Drome	p.			

DÉLÉGUÉS	ORGANISATIONS	VOTE			
		P.	C.	A.	N.V.
	Syndicat National des Sous-Agents des P. T. T. (*suite*)				
GRANDON	S. agents des P. T. T. du Finistère		c.		
LALANNE	S. agents des P. T. T. de la Gironde	p.			
FLORENTIN	S. agents des P. T. T. de l'Ille-et-Vilaine	p.			
FAYE	S. agents des P. T. T. de la Loire		c.		
MANET	S. agents des P. T. T. du Loiret	p.			
GERMAIN	S. agents des P. T. T. de Maine-et-Loire	p.			
THIEBAUT	S. agents des P. T. T. de Haute-Marne	p.			
BALLOTEAU	S. agents des P. T. T. du Nord	p.			
LOCTOR	S. agents des P. T. T. de Pontoise		c.		
MARSOLAT	S. agents des P. T. T. du Puy-de-Dôme	p.			
GAUYACQ	S. agents des P. T. T. Basses-Pyrénés	p.			
CALVET	S. agents des P. T. T. du Rhône	p.			
DIGAT	S. agents des P. T. T. de la Seine	p.			
BAUGE	S. agents des P. T. T. de Toulon	p.			
CAURETTE	S. agents des P. T. T. de Versailles	p.			
PERRIER	S. agents des P. T. T. des Vosges	p.			
	Fédération des Préparateurs en Pharmacie *Bourse du Travail, 3, rue du Château d'Eau, Paris (X^e^).*				
SAUTEREAU	Préparat. en pharmacie de Bourges	p.			
LE NY	Préparat. en pharmacie de Limoges				n.v.
DIEM	Préparat. en pharmacie de Paris	p.			
	Fédération des Poudreries, Raffinerie *Saint-Médard en Jalles (Gironde).*				
DUMAS	Ouv. poudrerie d;Angoulême		c.		
BONNARDEL	Ouv. prouderie de Bassens		c.		
RIBIER	Poudrerie du Bouchet	p.			
LOUBRADOU	Poudrerie de Bergerac	p.			
SADOUET	Usine de Lanemezan	p.			
LARROQUE	Poudrerie du Moulin Blanc	p.			
LARROQUE	Poudrerie nationale d'Oissel	p.			
ROCHET	Poudrerie de Paimbœuf	p.			
BETESTA	Poudrerie du Ripault		c.		
TOUSSAINT	Poudrerie de Sevran-Livry	p.			
FAUTRIER	Poudrerie de Saint-Chamas	p.			
DESSALES	Poudrerie de St-Médard-en-Jalles	p.			
LACAZE	Poudrerie nationale de Sorgues			a.	
BEDEL	Poudrerie de Toulouse	p.			

DÉLÉGUÉS	ORGANISATIONS	VOTE			
		P.	C.	A.	N.V.
	Fédération des Produits Chimiques *Bourse du Travail,* *Annexe : Rue du Bouloi,* *Paris (IIe).*				
DECOUZON	Caoutchoutiers d'Argenteuil	p.			
BARDY	Produits chimiques de Bordeaux...	p.			
HERVIER	S. Ouv. en toile peinte, Bourges ...	p.			
LECLERC	Produits chim. de Clermont-Ferrand	p.			
NEGRÈL	S. d'extraits taniques, Arnèche....	p.			
CONSTANT	Produits chimiques, Chalette	p.			
BECIRARD	Caoutchoutiers de Lyon		c.		
BECIRARD	Produits chimiques de Lyon		c.		
CORON	Produits chimiques de Marseille...		c.		
ROCHET	Produits chimiques ,Paimbœuf.....	p.			
MICHAUX	Caoutchoutiers de Persan-Beaumont	p.			
DECOUZON	Produits chimiques, Petit-Quevilly.		c.		
PINAUDEAU	Produits chimiques de Port-de-Bouc	p			
ORCEL	Produits chimiques de St-Auban ..			c	
LAMBERT	Prod. chim., St-Pierre-des-Corps...	p.			
CORON	Produits chimiques de Septèmes...		c.		
THIMBAUD	Essence et pétrole de Tours	p.			
FAME	Produits chimiques, Vaucluse.....	p.			
	Fédération du Sciage Mécanique *Bourse du Travail,* 3, *rue du Château d'Eau, Paris (Xe).*				
DERONZIER	Ouv. en scierie d'Annecy	p.			
FOURCADE	Ouv. en scierie de Lyon		c.		
LECLERC	Scieurs, découpeurs de la Seine	p.			
ROUX	Ouv. en scieries de Rumilly	p.			
	Fédération des Services de Santé *Bourse du Travail,* 3, *rue du Château d'Eau, Paris (Xe).*				
THEVENARD	Hôpitaux militaires de Lyon		c.		
GOIRAND	Hospices civils de Lyon	p.			
ANLOMARCHI	Services de santé de Marseille	p.			
DUCOUSSO	Gradés des Hôpitaux de la Seine...	p.			
LEROUX	Hôpitaux, hospices de la Seine.....	p.			
TENDERO	Ouv. de l'assistance publique, Seine	p.			
BOUSQUET	Hospices de Toulouse			a.	

DÉLÉGUÉS	ORGANISATIONS	VOTE P.	C.	A.	N.V.
	Fédération des Syndicats du spectacle *Bourse du Travail,* 3, *rue du Château d'Eau, Paris (X^e).*				
SAUTE	Opérateurs, cinéma de Marseille		c.		
JULLIEN	Choristes de Marseille		c.		
JULLIEN	Synd. de la danse, Marseille		c.		
JULLIEN	Machinistes de Marseille		c.		
KIEFFER	Machinistes de Paris	p.			
PRETE	Art. chorégraphique de Paris	p.			
LEGRIS	Choristes de Paris	p.			
	Fédération des Sous-Sol *Maisons des Syndicats, Paris (X^e).*				
CHABROLIN	Mineurs d'Alais	p.			
TOURREL	Mineurs d'Albi	p.			
OUSTRY	Mineurs d'Aubin	p.			
GEORGET	Mineurs d'Autun	p.			
MAZARS	Mineurs de l'Aveyron	p.			
FRANÇOIS	Mineurs de Banne	p.			
DUCROS	Mineurs de Barjac	p.			
MARTIN	Mineurs de Batère	p.			
BARTUEL	Mineurs de la Bellière	p.			
ARMAL	Mineurs de Bessèges	p.			
BURLAUD	Mineurs de Bézenet	p.			
BOSSY	Mineurs du puits Biver-à-Gardanne.	p.			
GUIRAUD	Mineurs du Bousquet-d'Orb	p.			
VIGOUROUX	Mineurs de Brassac-les-Mines				n.v.
DURANTON	Mineurs de Bully et Fragny	p.			
GAUME	Mineurs de Bruxières-les-Mines	p.			
BERTHON	Mineurs de Carmaux	p.			
COULOMB	Mineurs de Castellane	p.			
DUCROS	Mineurs de Calais	p.			
SIGNORET	Mineurs de Chaligny	p.			
BARTUEL	Mineurs de Champagnac	p.			
VIGOUROUX	Mineurs de Charbonnier	p.			
LOCHER	Mineurs de Chenier	p.			
FRANCE	Mineurs de Chizeuil	p.			
BURLAUD	Mineurs de Commentry	p.			
GILLIN	Mineurs de Communay		c.		
GABE	Mineurs de Cote-Chaude	p.			
GEORGET	Mineurs du Creusot	p.			
BURRAUD	Mineurs de Deneuille-les-Mines	p.			
BURBAUD	Mineurs de Doyet	p.			
BARTUEL	Mineurs d'Epinac-les-Mines	p.			
BERNARD	Mineurs de Faymoreau-les-Mines	p.			
BURBAUD	Mineurs de Ferrières	p.			
BRIVUDE	Mineurs du Firminy	p.			

DÉLÉGUÉS	ORGANISATIONS	VOTE			
		P.	C.	A.	N.V.
	Fédération des Sous-Sol (*suite*)				
Berthon	Mineurs des mines du Frayssé	p.			
François	Mineurs de Gagnières	p.			
Georget	Mineurs de Gemmelaincourt	p.			
Fargal	Mineurs de Graissessac			a.	
Bartuel	Mineurs de la Vallée-du-Gier	p.			
Bardy	Mineurs de Jumeaux..............	p.			
Bartuel	Mineurs de la Chapelle-sous-Dun...	p.			
Bardy	Mineurs de la Combelle	p.			
Dupriez	Mineurs de la Grand-Combe	p.			
Georget	Mineurs de la Ferrière-aux-Etangs..	p.			
Bondoux	Mineurs de la Machine	p.			
Raffin	Mineurs du bassin de la Mure		c.		
Martin	Mineurs de la Pinouse	p.			
Martin	Mineurs de la Tour-de-France	p.			
Lagoutte	Mineurs de Lavaveix-les-Mines....	p.			
François	Mineurs de la Vernazède	p.			
Blandy	Mineurs de Leucamp		c.		
Signoret	Mineurs de Ludres	p.			
Canal	Mineurs de Le Martinet-s/Auzonnet	p.			
Bartuel	Mineurs de Messeix	p.			
Serre	Mineurs de Molières-sur-Cèze	p.			
Feuvrier	Mineurs de Montbelleux	p.			
Merle	Mineurs de Montceau-les-Mines	p.			
Burleau	Mineurs de Montvicq	p.			
Mallet	Mineurs de Noyant	p.			
Gemin	Mineurs de Nozay	p.			
Berthet	Mineurs du bassin de l'Oisons		c.		
Sevenier	Mineurs de Prades	p.			
Bousquet	Mineurs de Péraude			a.	
Martin	Mineurs de Rabouillèdes	p.			
Gemin	Ardoisiers de Renazé	p.			
Servel	Mineurs de La Ricamarie		c.		
Sigward	Mineurs de Rive-de-Gier	p.			
Dumoulin	Mineurs de Roche-la-Molière	p.			
Jullien	Mineurs de Rochessadoule	p.			
Merle	Mineurs de Romanèche-Thorins ...	p.			
Signoret	Mineurs de Secey-aux-Forges	p.			
Pilard	Mineurs de St-Aubin-de-Luigne ...	p.			
Verdeaux	Mineurs de Saint-Bel	p.			
Gemin	Mineurs de St-Clair-de-Halouze ...	p.			
Duranton	Mineurs de St-Eloi-les-Mines	p.			
Giraud	Mineurs de Saint-Etienne	p.			
Bardy	Mineurs de Sainte-Florine	p.			
Dumoulin	Mineurs de St-Genest-Lerpt	p.			
Burlaud	Mineurs de Saint-Hilaire	p.			
François	Mineurs de St-Jean-de-Valériscle...	p.			
Bartuel	Mineurs de St-Maime-Dauphin	p.			
Gemin	Mineurs de St-Mars-du-Coutais	p.			

DÉLÉGUÉS	ORGANISATIONS	VOTE P.	C.	A.	N.V.
	Fédération des Sous-Sol (*suite*)				
Mazars	Mineurs de Saint-Perdoux	p.			
Pilard	Mineurs de Trélazé	p.			
Bossy	Mineurs de Trets	p.			
Rampal	Ardoisiers de Valdonne	p.			
Signoret	Mineurs de Varaugeville	p.			
Bardy	Mineurs de Vergongheon	p.			
Georget	Mines de fer de Wassy et de la Balise	p.			
	Fédération des Teinturiers Dégraisseurs				
	Bourse du Travail,				
Roe	Teinturières de Béziers		c.		
Louis	Teinturiers, dégraisseurs de la Seine	p.			
	Fédération du Textile				
	Maisons des Syndicats, Paris (Xe).				
Reduron	Textile d'Angoulême		c.		
Deronzier	Tissage d'Annecy	p.			
Jouve	Textile d'Audincourt	p.			
Dutiron	Textile de Bagnières de Bigorre		c.		
Frossard	Textile de Belfort	p.			
Huyche	Tullistes de Calais	p.			
Huyghe	Tisseurs de Castres	p.			
Vandeputte	Fileuses de Castres	p.			
Cnudde	Textile de Chauffatailles	p.			
Vion	Textile de Cholet	p.			
Dubois	Textile d'Elbeuf	p.			
Dhooghe	Textile d'Evreux	p.			
Negrel	Textile de Valence	p.			
Pouilloux	Filature de la Pallice	p.			
Cnudde	Textile de Laval	p.			
Fournier	Textile du Mans	p.			
Cnudde	Textile de Lille	p.			
Rougerie	Textile de Limoges	p.			
Cnudde	Apprêteurs d'étoffes de Lyon	p.			
Chevenard	Broderie mécanique de Lyon		c.		
Becirard	Ouv. guimpières de Lyon		c.		
Vandeputte	Textile de Lyon	p.			
Vandeputte	Textile de Maclas	p.			
Cnudde	Textile de Massaguel	p.			
Gardies	Textile de Mazamet	p.			
Gorge	Textile du Moirans		c.		
Huyghe	Bonnetières de Montceau-les-Mines.	p.			
Feney	Bonnetières de Paris	p.			
Bourdon	Tisseurs de Paris	p.			

DÉLÉGUÉS	ORGANISATIONS	VOTE P.	C.	A.	N.V.
	Fédération du Textile (*suite*)				
MONSSARD	Passementiers de Paris	p.			
MONSSARD	Textile de Paris	p.			
MICHAUD	Textile de Persan-Beaumont	p.			
CNUDDE	Appréteuses de Roanne	p.			
HUYGHE	Textile de Roanne	p.			
MICHEL	Textile de Romilly	p.			
BOULARD	Textile de Rouen	p.			
DUBOIS	Déchets de coton de Rouen	p.			
SOUBEYRAND	Teinturiers de Saint-Etienne		c.		
REYNARD	Textile de Saint-Julien	p.			
RENAULT	Textile de Touron	p.			
COSTE	Textile de Vienne		c.		
GORGE	Tissage de Vizille		c.		
PIERRETON	Tissage de Vizille		c.		
	Fédération du Tonneau				
	162, *rue de Charenton, Paris (XIIe).*				
BOURDERON	Entonneurs de Béziers	p.			
MARCHAND	Tonneliers de Bordeaux	p.			
BOURDERON	Soutireurs de Cette	p.			
ROCHETIN	Tonneliers de Lyon		c.		
BOURDERON	Tonneliers de Narbonne	p.			
BOURDERON	Tonneliers de la Seine	p.			
	Bouchonnières de Collobrières			a.	
BONNETON	Tonneliers, cavistes de Valence			a.	
	Fédération des Transports				
	Bourse du Travail,				
	3, *rue du Château d'Eau, Paris (X^e^).*				
MAZAUD	Emp. de tramways d'Angoulême	p.			
FAURE	Emp. de tramways d'Avignon	p.			
LOUIS-LOUIS	Bateliers de Bethune	p.			
GUINCHARD	Tramways de Bourges	p.			
GOIRAND	Tramways de Dijon	p.			
MARIVAIN	Tramways d'Ille et Vilaine	p.			
ROUGERIE	Tramways de Limoges	p.			
GOIRAND	Tramways de Lyon	p.			
CHEND	Camionneurs de Nantes	p.			
CHENET	Tramways de Nantes	p.			
GUINCHARD	Tramways de Nice	p.			
GUINCHARD	Tramways de Roanne	p.			
LOUIS-LOUIS	Bateliers de Dunkerque	p.			
POTTIER	Tramways de la Sarthe	p.			
GUINCHARD	Tramways de Marseille	p.			
LOUIS-LOUIS	Bateliers de la Seine	p.			
GUINCHARD	Cochers et chauffeurs de Paris	p.			

DÉLÉGUÉS	ORGANISATIONS	VOTE P.	C.	A.	N.V.
	Fédération des Transports (*suite*)				
Druy	Laveurs de voitures de la Seine	p.			
Lesouple	Pers. non gradé omnibus Paris	p.			
Raoul	Employés, métropolitain de Paris	p.			
Jaccoud	Pers. non gradé transp. com Seine, S.-et-O.	p.			
Benard	Pers. pompes funèbres de France	p.			
Thimbault	Tramways de Tours	p.			
	Fédération des Travailleurs Municipaux *Bourse du Travail, 39, Cours Morand, Lyon (Rhône).*				
Bardy	Trav. municipaux de Bordeaux	p.			
Hervier	Trav. municipaux de Bourges	p.			
Pochard	Trav. municipaux de Brest		c.		
Dreyer	Trav. municipaux de Lyon	p.			
Lescalie	Trav. municipaux de Nîmes		c.		
Lajarrice	Trav. municipaux de la Seine			a.	
Savoye	Trav. municipaux de Toulouse		c.		
Becirard	Trav. municipaux de Villeurbanne		c.		
	Fédération de la Voiture, Aviation *Bourse du Travail, 3, rue du Château d'Eau, Paris (Xe).*				
Tommassi	Synd. de la voiture de Beaulieu		c.		
Becker	Synd. de la voiture de Bourges	p			
Mercier	Ouv. en voiture du Mans		c.		
Pradeau	Synd. de la voit., aviation de Lyon		c.		
Cassin	Synd. de la voiture de Nantes	p.			
Leclerc	U. de la voit., aviation de la Seine		c.		
Gue	Charrons de Perpignan				n.v.
Texier	Synd. de la voiture de Rennes		c.		
Bonneton	Carrossiers de St-Vallier		c.		
Giraux	Synd. de la voit., aviat. de Versailles	p.			
	Fédération des Verriers *Provisoirement Bourse du Travail, Rive de Gier (Loire).*				
Spinnetta	Verriers d'Albi	p.			
Coquelet	Verriers d'Andréizeux	p			
Stingre	Verriers de Bessège	p			
Delzant	Verriers de Hautoir, Bordeaux	p.			
Delzant	Verriers de Châlons-s/Saône	p.			
Sigvard	Verriers de Couzon	p.			
Delzant	Verriers de la Seine	p.			
Stingre	Verriers de Rive-de-Gier	p.			

Quatrième Partie

Tableaux des Fédérations, Unions et Bourses

TABLEAUX

de la représentation

des Fédérations Nationales,

Unions Départementales

et Bourses du Travail.

Fédérations Nationales

DÉLÉGUÉS	ORGANISATIONS
MARTY	Fédération agricoles du midi
SAVOIE	Fédération alimentation
TOUSSAINT	Fédération ameublement
CHANVIN	Fédération bâtiment
CALVEYRACH	Fédération bijouterie
BIDEGARAY	Fédération chemins de fer
LUQUET	Fédération coiffeurs
DRET	Fédération cuirs et peaux
MONTOUX	Fédération éclairage
FENOT	Fédération employés
GALICE	Fédération guerre (Magasins)
BERLIER	Fédération guerre (Personnel civil)
DUMAS	Fédération habillement
BLED	Fédédration horticoles
PICHON	Fédération Litho-papetiers
KEUFER	Fédération Livre
REAUD	Fédération syndicats maritimes
MERRHEIM	Fédération métaux
PAILLER	Syndicat national ouvriers P. T. T.
CALVET	Syndicat national sous-agents P. T. T.
DIEM	Fédération prép. pharmacie
LARROQUE	Fédération poudreries, raffinieries
DECOUZON	Fédération produits chimiques
ROUS	Fédération sciage mécanique
LEGRIS	Fédération du spectacles
MONTELIMARD	Fédération teintures dégraissage
CNUDDE	Fédération textile
MARCHAND	Fédération tonneau
GUINCHARD	Fédération travailleurs municipaux
BOUTET	Fédération transport

Unions Départementales

DÉLÉGUÉS	ORGANISATIONS
JOUHAUX	Union des Syndicats de l'Ain
DEBAILLIE	Unions des Syndicats du département d'Alger
PERRIN	Union des Syndicats de l'Allier
GAY	Unions des Syndicats de l'Aude
RIVES	Union des Syndicats de l'Aveyron
AUDOYE	Union des Syndicats Bouches du Rhône
BOISJOLY	Union des Syndicats du Calvados
BLANDY	Unions des Syndicats du Cantal
REDURON	Union des Syndicats de Charente
HERVIER	Union des Syndicats du Cher
ROUSSEAU	Union des Syndicats de la Corrèze
LEGUENNIC	Union des Syndicats des Côtes du Nord
DELSOL	Union des Syndicats de la Dordogne
HALGRAIN	Union des Syndicats d'Eure et Loir
LESCALIE	Union des Syndicats du Gard
BOUSQUET	Union des Syndicats de Haute-Garonne
BARDY	Unions des Syndicats de Gironde
CAYRE	Union des Syndicats de l'Hérault
CHEREAU	Union des Syndicats de l'Ille et Vilaine
LOCHET	Union des Syndicats de l'Indre
BERTHET	Union des Syndicats de l'Isère
REYNARD	Union des Syndicats de la Loire
CALVEYRACH	Union des Syndicats du Loir et Cher
CONSTANT	Union des Syndicats du Loiret
CASSIN	Union des Syndicats de la Loire inférieure
PILARD	Union des Syndicats du Maine et Loire
CARIOU	Union des Syndicats du Morbihan
BONDOUX	Union des Syndicats de la Nièvre
SAINT-VENANT	Union des Syndicats du Nord
PUJOS	Union des Syndicats de l'Orne
LECLERC	Union des Syndicats du Puy de Dôme
DUFRENE	Union des Syndicats des Basses-Pyrénées
DUTIRON	Union des Syndicats des Hautes-Pyrénées
RICART	Union des Syndicats des Pyrénées Orientales
BECIRARD	Union des Syndicats du Rhône
LEFEBVRE	Union des Syndicats de Saône et Loire
POTTIER	Union des Syndicats de la Sarthe
RONDOT	Union des Syndicats de la Savoie
BLED	Union des Syndicats de la Seine
LAPIERRE	Union des Syndicats de la Seine et Oise
DUBOIS	Union des Syndicats de la Seine
BUIGNET	Union des Syndicats de la Somme
ROYER	Union des Syndicats du Var
FAURE	Union des Syndicats du Vaucluse
BERNARD	Union des Syndicats de la Vendée
ROUGERIE	Union des Syndicats de la Haute-Vienne

Bourses du Travail

DÉLÉGUÉS	ORGANISATIONS
BUIGNET	Bourse du Travail d'Abbeville
ROUVET	Bourse du Travail d'Albi
DERONZIER	Bourse du Travail d'Annecy
FROSSARD	Bourse du Travail de Belfort
GYSSE	Bourse du Travail de Besançon
JULIEN	Bourse du Travail de Béziers
MAMMALE	Bourse du Travail de Bône
HERVIER	Bourse du Travail de Bourges
POCHARD	Bourse du Travail de Brest
ROUSSEAU	Bourse du Travail de Brive
ESCABASSE	Bourse du Travail de Caen
VION	Bourse du Travail de Cholet
ROUX	Bourre du Travail de Clermont-Ferrand
IMMS	Bourse du Travail de Firminy
FRANÇOIS	Bourse du Travail du Havre
CARIOU	Bourse du Travail de Lorient
DREYER	Bourse du Travail de Lyon
NEBOUT	Bourse du Travail de Marseille
GARDIES	Bourse du Travail de Mazamet
REISSER	Bourse du Travail de Montluçon
CHESNET	Bourse du Travail de Nantes
MICHELOT	Bourse du Travail de Nancy
GAY	Bourse du Travail de Narbonne
BONDOUX	Bourse du Travail de Nevers
SAUZE	Bourse du Travail de Nîmes
DELSOL	Bourse du Travail de Périgueux
ROCHE	Bourse du Travail de Roanne
CHEREAU	Bourse du Travail de Rennes
BERNARD	Bourse du Travail de Rochefort
ACHED	Bourse du Travail de Rouen
REYNARD	Bourse du Travail de Saint-Etienne
PERRIN	Bourse du Travail de Vichy
CHALLE	Bourse du Travail de Voiron

TABLE DES MATIÈRES

Paris. — Imprimerie Nouvelle (association ouvrière), 11, rue Cadet.
A. Mangeot, directeur. — 1393-8-18.

www.ingramcontent.com/pod-product-compliance
Ingram Content Group UK Ltd.
Pitfield, Milton Keynes, MK11 3LW, UK
UKHW012157240726
13966UKWH00002B/412

9 782011 951236